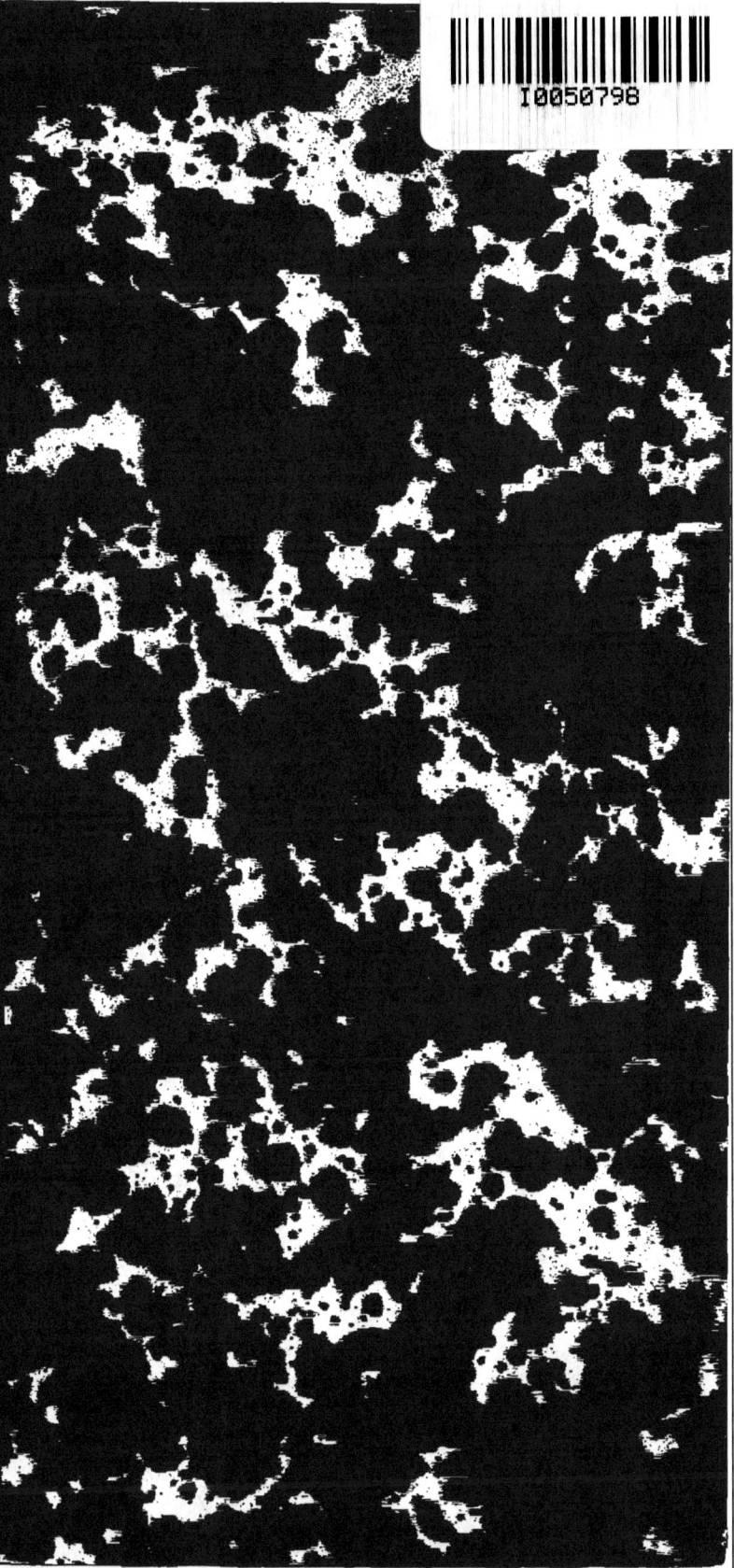

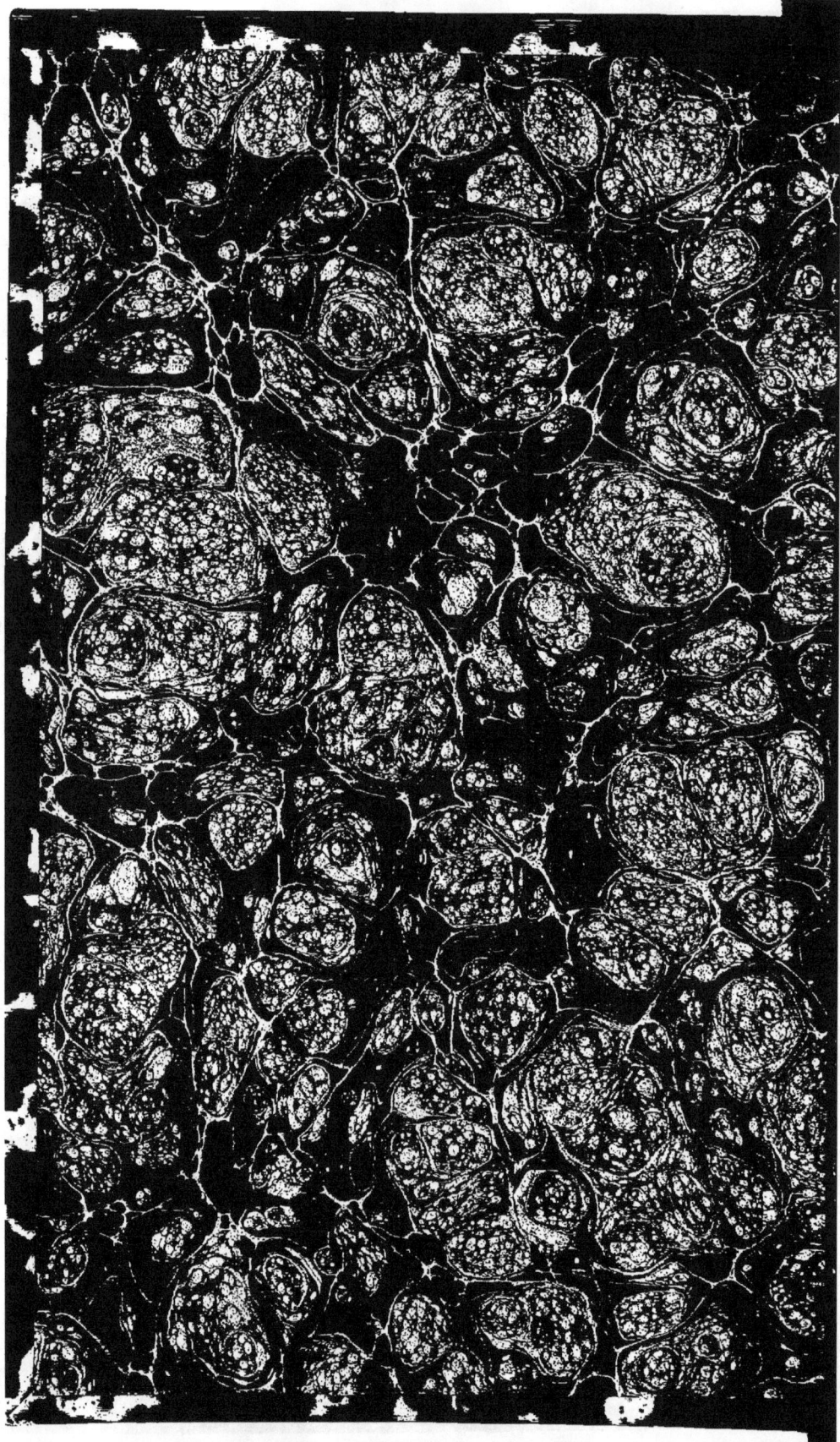

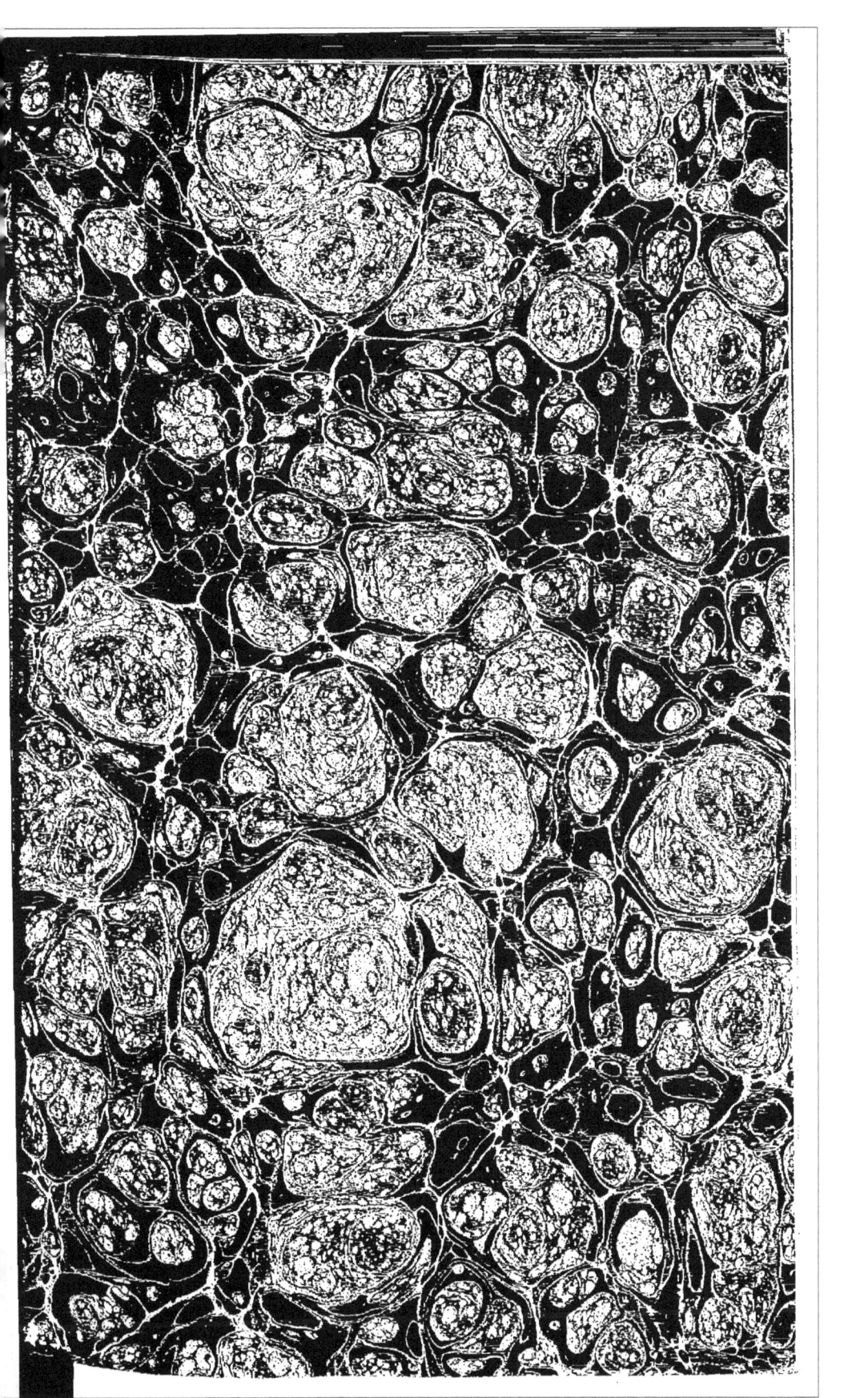

EXTRAIT

DU

BULLETIN DES LOIS.

———

Lois

du Timbre et de l' Enregistrement.

II.

IMPRIMERIE D'A. BÉRAUD,
rue du Foin Saint-Jacques, no 9.

LOIS
DU TIMBRE

ET

DE L'ENREGISTREMENT,

EXTRAITES

DU BULLETIN DES LOIS :

RECUEIL

Composé pour la commodité des Fonctionnaires publics et des Citoyens , suivant le plan tracé par l'*Avis du Conseil-d'État*, du 7 janvier 1813 ;

Avec *Notes*, Conférence des lois entr'elles, *Table* générale des matières , et *Appendice* contenant l'analyse des arrêts de la Cour de cassation , Solutions de la Régie , et autres Décisions particulières relatives au Timbre et à l'Enregistrement ;

Précédé d'une *Introduction* où sont exposés les principes généraux ;

Par M. Cardif,

AVOCAT A LA COUR ROYALE DE PARIS.

.... Indulgentiâ , omnes fore credimus proniores ad solvenda ea quæ .... pro salute communi poscuntur. (CONSTANTIN. *in lege* nemo carcerem 2 , *in fine* Cod. de exact. trib., *et in leg*,3 Cod. Theod. de exactionibus.

TOME SECOND.

PARIS,

GUILLAUME ET COMPIE, LIBRAIRES,

RUE HAUTEFEUILLE, N°. 14.

1826.

EXTRAIT

DU

BULLETIN DES LOIS.

Lois

du Timbre et de l'Enregistrement.

II.

IMPRIMERIE D'A. BÉRAUD,
rue du Foin-S.-Jacques, n° 9

LOIS
DU TIMBRE

ET

DE L'ENREGISTREMENT,

EXTRAITES

DU BULLÉTIN DES LOIS:

RECUEIL

Composé pour la commodité des Fonctionnaires publics et des Citoyens, suivant le plan tracé par l'*Avis du Conseil-d'État*, du 7 janvier 1813;

Avec *Notes*, Conférence des lois entr'elles, *Table* générale des matières, et *Appendice* contenant l'analyse des arrêts de la Cour de cassation, Solutions de la Régie, et autres Décisions particulières relatives au Timbre et à l'Enregistrement;

Précédé d'une *Introduction* où sont exposés les principes généraux;

Par M. Cardif,

AVOCAT A LA COUR ROYALE DE PARIS.

.... Indulgentiâ, omnes fore credimus proniores ad solvenda ea quæ .... pro salute communi poscuntur. (CONSTANTIN. *in lege* nemo carcerem ❜, *in fine* Cod. *de exact. trib.*, *et in leg.* 3 Cod. Theod. *de exactionibus*).

TOME SECOND.

PARIS,
GUILLAUME ET COMP^{IE}, LIBRAIRES,
RUE HAUTEFEUILLE, N°. 14.

1827.

LOIS
DU TIMBRE
ET
DE L'ENREGISTREMENT.

———

APPENDICE,
EN FORME DE DICTIONNAIRE,

Contenant l'analyse des Arrêts de la Cour de cassation, et des Décisions ministérielles, en matières de Timbre et d'Enregistrement.

═══════════

ABA.

ABANDONNEMENT, ou DÉLAISSEMENT de biens.

1. Les actes par lesquels des pères et mères abandonnent leurs biens à leurs enfans, à la charge par ceux-ci de les nourrir, ou de leur payer une rente viagère, ou sous d'autres conditions imposées aux démissionnaires, rentrent dans la classe des donations en ligne directe. —La perception du droit doit porter, non sur le capital de la rente ou des stipulations onéreuses qui grèvent les donataires, mais sur la valeur des biens résultant, soit de l'évaluation qui sera faite et portée à vingt fois le produit des immeubles, ou le prix des baux courans, sans distraction des charges, soit de la déclaration des

parties, s'il s'agit d'effets mobiliers. — La quotité des droits à percevoir doit être réglée à raison *d'un et un quart pour cent*, suivant la nature des biens, et sauf la réduction du droit à moitié, si l'abandon des ascendans se fait par contrat de mariage. (*Décision du Ministre des finances*, du 8 mai 1810, rapportée dans le *Recueil des instructions générales*, sous le n° 476.)

2. Les arrêtés des préfets portant abandonnement des halles au profit des communes sont passibles du droit de *deux pour cent* qui se perçoit sur les adjudications des biens de l'Etat. (*Instruc.* du 25 juin 1806, n° 308.)

3. Les arrêtés portant abandonnement de portions d'usufruit ou de propriétés indivises avec l'État, à ceux auxquels elles appartiennent en vertu de titres authentiques, ne sont point soumis au droit proportionnel : s'ils ont été rédigés en forme de partage, ils doivent être enregistrés *gratis*. (*Décision du Ministre*, du 26 frimaire an 14. — Art. 2209 du *Journal de l'Enregistrement.*)

4. L'arrêté qui, pour remplir les droits de l'épouse d'un condamné dont les biens ont été confisqués, effectue l'abandon d'une partie de ces biens, est passible du *droit proportionnel* fixé pour les ventes (1). (*Solut. de l'Admin.* du 14 mai 1812. — Art. 4225 du Journal.)

5. Les droits d'enregistrement à percevoir sur un acte administratif, portant abandonnement d'immeubles au profit d'une créancière de l'Etat, doivent être supportés par elle ; elle ne peut s'en affranchir, sous le prétexte que l'Etat était débiteur de sommes excédant la valeur de l'objet abandonné. — L'art. 31 de la loi du 22 frimaire an 7, met à la charge des nouveaux possesseurs d'immeubles les droits des

_____

(1) Art. 31 de la loi du 22 frimaire an 7, et 54 de la loi du 28 avril 1816.

actes qui leur en transfèrent la propriété. — (*Arrêt de cassat.* du 13 mai 1817. — Art. 5848 du journal, — Sirey, t. 17.)

6. Celui fait au donataire, pour exécution d'une donation stipulée payable en argent ou en immeubles, au choix du donateur, est soumis au *droit établi pour les donations d'immeubles*, en imputant sur ce droit celui qui a déjà été perçu sur l'acte primitif; et la modération des droits dont jouissent les donations par contrat de mariage s'applique à l'acte de délivrance des immeubles, toutes les fois que cette délivrance a eu lieu en vertu d'une donation alternative, consentie, par contrat de mariage, en faveur des futurs. (*Instruct.* 766).

7. Celui qui est fait par un débiteur à ses créanciers (1) est considéré comme vente, et soumis au *droit proportionnel*, lorsque, d'après les termes du contrat, ils peuvent conserver les biens ou en disposer à leur gré. (*Arrêt de cassat.* du 25 juin 1809.)

8. Le dépôt fait par le débiteur, pour parvenir à la cession judiciaire, n'ayant d'autre but que de mettre en évidence la véritable situation de celui qui réclame ce bénéfice, ce serait aggraver sa position, que d'assujétir au timbre et à l'enregistrement les titres qui sont l'objet du dépôt. L'inventaire est seul passible de ces deux formalités. Néanmoins il y a lieu de poursuivre le recouvrement des droits d'enregistrement des titres de mutation de propriété ou de jouissance non enregistrés dans les trois mois, et, quant au timbre, il y a lieu de constater les contraventions, et de garantir le paiement des amendes encourues et la restitution des droits. (*Décision du Ministre*, du 7 juin 1808, *instruct.* n°. 386.)

_____

(1) Art. 68, §. 4, de la loi du 22 frimaire an 7.

I.

9. L'acte par lequel un fils abandonne à sa mère la jouissance des biens auxquels il a droit dans la succession de son père, moyennant une rente perpétuelle que celle-ci s'oblige à lui payer, renferme une cession à titre onéreux de droits immobiliers, dont le droit de mutation est de *cinq et demi pour cent.* (*Arr. de cass.*, du 7 avril 1823. — Bulletin des arrêts de 1823, page 134.)

10. Les héritiers d'un héritier bénéficiaire peuvent faire, du chef de celui-ci, tout ce qui était permis à ce dernier ; ainsi, quand des héritiers, après avoir recueilli la succession de leur sœur, qui s'était portée héritière bénéficiaire de son père, renoncent à l'hérédité qu'elle avait acceptée sous bénéfice d'inventaire, ils ne doivent point de droit de mutation pour cette hérédité ; leur renonciation est équivalente à l'abandonnement que l'héritier bénéficiaire peut, d'après l'article 802 du Code civil, faire des biens de la succession aux créanciers, pour se décharger des dettes. Les héritiers, dans l'espèce, ont pu renoncer, du chef de leur sœur, à la succession de leur père dont elle était héritière bénéficiaire ; et, au moyen de cette renonciation, la sœur est censée n'avoir jamais été héritière ; dès-lors, on ne peut prétendre qu'il y ait eu, d'elle à ses frères, une mutation de droits dans la succession paternelle. (*Arrêt de cassation* du 6 juin 1815. — Sirey, t. 15, 1ere. part.)

ABANDONNEMENT *maritime.*

Le *droit proportionnel* d'enregistrement sur les abandonnemens par suite d'assurance maritime, doit être liquidé d'après la valeur des objets assurés (1). Il n'est exigible que sur l'acte d'acceptation, ou sur le

---

(1) Art. 51 de la loi du 28 avril 1816.

jugement qui déclare l'abandonnement valable. (*Décision du Ministre des finances*, du 4 janvier 1819. — *Instruct. gén.* n°. 876.)

ABONNEMENS.

Les souscriptions, abonnemens et prestations volontaires, passés en vertu du décret du 5 nivose an 13, à l'effet de pourvoir au traitement des desservans et vicaires des succursales, étant dans l'intérêt des communautés d'habitans, ne peuvent être considérés comme des actes d'administration publique, ni profiter de l'exception accordée en faveur des hospices. Ces actes devront être enregistrés en payant le droit de 5̄o *centimes par cent francs*, conformément au n° 3 du 2ᵉ paragraphe de l'art. 69 de la loi du 22 frimaire an 7, pourvu cependant qu'il ne s'agisse pas d'une donation ou d'une fondation par un acte particulier. (*Décision du Ministre*, du 26 germinal an 13.)

ABSENCE.

Voyez *Certificats de décès.*

ABSENT.

1. L'ABSENT dont l'existence n'est pas prouvée, ne peut être représenté pour recueillir une succession à laquelle il aurait eu droit. (*Arrêt de la Cour de cass.* du 16 décembre 1807. — Jour., 2873. — *Arrêt de la Cour royale de Paris*, du 27 mai 1808. — Journal, art. 2983.)

2. L'administration, qui prétend que des biens sont échus à un absent, est tenue de prouver l'existence de l'absent au moment où les biens ont pu lui écheoir (*Arrêt de cass.* du 18 avril 1819. — Journal, art. 3301. — Sirey, tom. 9.)

3. Le droit acquis à l'héritier présomptif de se faire

envoyer en possession provisoire des biens d'un absent, se transmet par succession aux héritiers dudit héritier présomptif, lorsque ce dernier n'y a pas expressément renoncé. (*Arrêt de la Cour de Paris*, du 11 février 1813. —Journal, 4513. — *Arrêt de Turin*, du 5 mai 1810. — Art. 3788 du Journ.)

4. La nomination d'experts, pour procéder au partage des biens d'un absent, n'équivaut pas à une prise de possession de la part de ses héritiers. (*Jugement du tribunal de Florac*, du 19 mars 1817, auquel a acquiescé l'administration, par une délibération du 24 septembre 1817. — Art. 5946 du Journal.)

5. Les héritiers présomptifs de l'absent, envoyés en possession provisoire de ses biens, sont soumis au paiement du *droit de mutation* par décès. — Il en est de même lorsque, au lieu de déclarer l'absence de la personne qui n'a pas donné de ses nouvelles depuis quatre ans, le tribunal se borne à nommer des administrateurs provisoires de ses biens. (*Décision du ministre des finances*, du 26 septembre 1817. — Journal, art. 5884.)

6. Le délai de six mois (1), dans lequel les envoyés en possession provisoire sont tenus de faire leur déclaration, se compte à partir de l'envoi en possession, et non du jour où l'on fournit la caution exigée par l'article 120 du Code civil. (*Arrêt de cass.* du 9 novembre 1819. Sirey, tom. 20. — Journal, nᵒˢ 6094 et 6580.)

7. Les *droits de mutation* sont dus lorsqu'on se met en possession des biens d'un absent, sans avoir obtenu l'envoi en possession provisoire, quoique l'acte de partage, qui constate le fait d'entrée en possession, contienne l'obligation de rendre à l'absent, s'il reparaît.

_____

(1) Fixé par l'art. 40 de la loi du 28 avril 1816.

(*Arrêt de cass.*, du 26 juillet 1814. — Sirey, tom. 15, — Journal, art. 4899.)

8. Ces droits peuvent également être demandés sur l'aliénation des biens d'un absent par ses héritiers, quoiqu'ils n'aient pas été envoyés judiciairement en possession. (*Arrêt de cass.* du 2 novembre 1813.—Journ. art. 5301.) Il en est de même du partage, de la vente, ou du bail de ses biens par ses héritiers. (*Instruct.* 290 et 386. — *Arrêts de cass.*, des 27 avril 1807, 22 novembre 1816. — *Décis. du ministre des finances*, des 27 décembre 1816 et 14 août 1818. — Art. 5620 et 6145 du Journal.)

9. Le *droit de mutation* peut aussi être demandé, lorsque les frères et sœurs d'un individu absent présumé décédé, prennent dans un acte la qualité de ses héritiers ou représentans; sa succession est considérée comme ouverte. (*Arrêt de cass.*, du 30 avril 1821.)

10. *Militaire.* — On ne doit pas considérer comme ouverte la succession d'un militaire, lorsque le ministre de la guerre constate que, dans telle ou telle campagne, il est resté en arrière de son corps, et a été rayé des contrôles du régiment auquel il appartenait. (*Arrêt de cass.*, du 9 mars 1819. —Journal, art. 6484.)

11. *Militaire.* — A compter du 1er avril 1815, les droits successifs, échus à un militaire absent, dont l'existence n'est pas justifiée, doivent être attribués à ceux qui les auraient recueillis à son défaut, conformément à l'art. 136 du Code civil; il n'y a pas lieu d'appliquer la loi du 11 ventôse an 2, qui réputait les militaires vivans, à l'effet de recueillir les successions à eux échues, parce que cette présomption a dû cesser après la guerre (*Arrêt de cass.*, du 24 janvier 1820.)

ACCEPTATION de succession.

1. L'acte d'acceptation de succession, passé au greffe du tribunal de première instance, n'est passible que du *droit fixe de* 1 *fr.*, attendu que l'art. 44 de la loi du 28 avril 1816 n'établit la perception du droit fixe de 3 fr. que pour les actes passés au greffe énoncés dans les nos 6 et 7 du § 2 de l'art. 68 de la loi du 22 frim. an 7, et que cette disposition ne peut être étendue, même par analogie, aux actes tarifés par le n° 2 du paragraphe 1er. du même article. (*Solut. de l'admin.* du 29 mai 1812. *Diction. de l'enreg.* V°. *Acceptation.*)

2. Le successible, qui est en même temps légataire du défunt, et qui a le choix entre la qualité de légataire et la qualité d'héritier, devient irrévocablement héritier, lorsqu'il a fait par lui-même, ou par son fondé de pouvoirs, des actes emportant adition d'hérédité, à moins qu'il n'ait pas eu la capacité d'accepter, ou que son acceptation ait été la suite du dol ou de la violence. (*Arrêt de cassation*, du 22 janvier 1817.)

3. L'acceptation ne résulte pas de ce que le successible a laissé écouler les trois mois fixés par la loi, sans faire inventaire ; tant qu'il n'a pas fait acte d'héritier pur et simple, il est toujours recevable à remplir cette formalité. (*Cour de Paris*, du 28 août 1815.)

4. L'acte par lequel un fils consent que le créancier de son père s'empare d'un immeuble de sa succession, en paiement de la créance, est réputé vente et adition d'hérédité, quoique déjà il y ait eu répudiation expresse, et que, dans l'acte d'abandon, il soit dit que cet acte est fait pour exprimer plus positivement la répudiation déjà faite. — (*Arr. de cass.*, du 13 avril 1815. — Journal, art. 5241.)

ACCEPTATION de donations.

5. De quel droit est passible une donation passée en l'absence du donataire, et non acceptée par lui ? — Il n'y a pas de transmission, tant qu'il n'y a pas d'acceptation ; il ne peut donc y avoir lieu à la perception du droit proportionnel auquel la transmission seule donne ouverture. — On ne peut en second lieu qualifier d'acte de libéralité éventuelle une donation non encore acceptée, et prétendre que, conformément au n° 5, §. 3, art. 68 de la loi du 22 frimaire an 7, elle est sujette au droit fixe de 3 fr. Une libéralité éventuelle est en effet soumise à l'événement dû décès, ou de toute autre circonstance incertaine ; l'acceptation ultérieure du donataire rend, au contraire, certaine la donation il s'agit. — Le conseil de l'administration a décidé, le 8 thermidor an 12, que ces donations ne donnent ouverture qu'au *droit fixe d'un franc*, et que le *droit proportionnel* de la donation ne doit être établi que sur l'acte d'acceptation, qui détermine la transmission. (*Instruct.* n° 290, nombre 29.)

6. Il n'est dû que le *droit fixe d'un franc* pour l'acceptation des donations entrevifs et testamentaires, 1° aux pauvres et aux hôpitaux. *Instr.* 185 et 209 ; 2° aux congrégations hospitalières. *Instruct.* 432.

ACCROISSEMENT.

1. Le legs hors part, fait par un père en faveur de deux de ses enfans, conjointement, sans assigner la part de chacun d'eux dans les objets légués, appartient en entier au survivant colégataire, par voie d'accroissement. (*Cour d'Orléans*, du 3 mars 1815.)

2. Lorsqu'un legs est fait conjointement à plusieurs

légataires, et que l'un d'eux n'a pas survécu au testateur, le legs tourne par accroissement au profit de
ceux qui sont colégataires. (*Cour de Colmar*, du 31
juillet 1818.)

3. Lorsqu'une seule institution est faite au profit
de deux personnes pour par elles, jouir et disposer
par portions égales, on ne peut pas dire que le testateur ait assigné la part de chacun des colégataires; il
y a legs conjoint, donnant lieu à l'accroissement.
(*Arrêt de cass.*, du 14 mars 1815.—Sirey, t. 15, p. 267.
—Journal, art. 5339.)

4. Il en est de même de la disposition par laquelle le testateur institue trois neveux légataires de
tous ses biens, pour (dans l'exécution du legs) les
recueillir et en jouir par portions égales. (*Arrêt de
cas.*, du 19 octobre 1808. — *Arrêt de rejet*, du 18
nov. 1809. — Sirey, tome 10, p. 57.)

5. L'accroissement a également lieu au profit de
l'héritier légitime, dans le cas de caducité du legs
dont il est grevé. (*Arrêt de cass.*, du 20 juillet 1809.)

ACQUIESCEMENT.

1. *Dans quels cas y a-t-il acquiescement?*

Il y a acquiescement 1°. lorsqu'on signifie un jugement à sa partie adverse, sans aucune réserve ni
protestation (*Arrêt de cass.*, du 12 août 1817.—Sirey,
tom. 17.) — 2°. Lorsqu'une promesse d'exécution
a été faite par écrit, qu'une obligation souscrite par
le fermier a été remise au propriétaire, et que celui-ci
a donné main levée de l'inscription. (*Décret* du 20 janvier 1811.)— 3°. Lorsque le débiteur a payé volontairement une partie des sommes auxquelles il avait été condamné, et qu'il a demandé un délai pour acquitter
le surplus sans protestation ni réserve. (*Décret* du 11
novembre 1813, et *ordonnance* du 25 février 1815.)

—4°. Lorsqu'on a promis, par une déclaration souscrite, de se conformer au jugement, avec dispense de signification. (*Arrêt de cass.*, du 26 fév. 1816.—Sirey, t. 16.) — 5°. Lorsqu'une demande de sursis à l'exécution d'un jugement a été faite, sans donner de motif et sans faire aucune réserve ni protestation. (*Arrêt de cassat.*, du 16 novembre 1818. (Sirey, t. 20.) — 6°. Lorsque la partie condamnée par un jugement en dernier ressort, paie comme contrainte, pour éviter l'exécution, se réservant tous ses droits contre le jugement, même le pourvoi en cassation, et que néanmoins le créancier lui remet toutes les pièces et qu'elle les accepte. (*Cour de Riom*, du 10 juin 1817.— Sirey, t. 13.) — 7°. En faisant signifier sans réserve un arrêt interlocutoire. (*Arrêt de cass.*, du 6 juillet 1819.)

2. L'Administration est censée avoir acquiescé à un jugement qui contient plusieurs dispositions, les unes à son profit, les autres contre elle, par la signification de ce jugement, avec commandement d'exécuter, quoiqu'il fût dit dans l'exploit: *il est fait par la requérante* (l'Admin.), *toutes réserves utiles et nécessaires.* (*Arrêt de cass.*, du 23 décembre 1806. — *Instruct.* n° 389. — Sirey, t. 7.)

3. *Dans quels cas n'y a-t-il pas acquiescement ?*

Il n'y a pas d'acquiescement 1°. lorsqu'après signification d'un jugement faite par une partie, sans réserves ni protestations, la partie adverse se rend appelante, alors celui qui a fait signifier le jugement peut appeler incidemment. (*Code de procéd.*, art. 443.—*Arrêt de cass.*, des 22 février 1806 et 12 juin 1817.

4. — 2°. Quand on signifie un jugement d'avoué à avoué, sans protestations ni réserves. (*Arrêt de Turin*, du 20 mai 1809.—Sirey, t. 10).

5. — 3°. Lorsqu'on exécute un jugement en vertu de sommation de payer dans les 24 heures, en se fai-

sant toutefois réserve de ses droits. (*Arrêt de Cass.*, du 20 octobre 1811.)

6. — 4°. Lorsque l'Administration, en provoquant l'exécution d'un jugement qui ordonne la preuve par témoins qu'un bail enregistré n'a pas été exécuté , s'est réservé la faculté de l'attaquer. (*Arrêt de cass.*, du 21 janvier 1812. — Art. 4130 du Journal.)

7. — 5°. Celui qui satisfait aux condamnations prononcées contre lui par un jugement en premier ressort, non exécutoire par provision, n'est pas réputé y avoir acquiescé, s'il n'a obéi que comme contraint, et avec réserve de se pourvoir en appel. (*Arrêt de cass.*, du 2 janvier 1816. — Sirey , t. 16.)

8 — 6°. La partie qui, en payant le montant des condamnations prononcées contre elle par jugement en dernier ressort, exige de son adversaire la remise des pièces du procès, n'est pas pour cela réputée avoir acquiescé au jugement. (*Arrêt de cass.*, du 31 mars 1819. — Sirey, t. 19.)

9. — 7°. Lorsqu'une partie, condamnée aux dépens par un premier jugement qui en fait distraction au profit de l'avoué de l'adversaire, est déboutée par un second jugement de son opposition à l'exécutoire obtenu par cet avoué, le paiement, même volontaire des dépens, en exécution du second jugement, n'emporte point acquiescement au premier. (*Arrêt de cass.*, du 15 juillet 1818. — Sirey, t. 18.)

10. — 8°. S'il existe plusieurs chefs de demandes indépendans les uns des autres, l'acquiescement à l'un de ces chefs, avec réserve de se pourvoir contre les autres, ne peut être une fin de non-recevoir contre l'appel de ceux-ci. (*Arrêt de cass.*, du 17 frimaire an 11. — Sirey, t. 3.)

11. — 9°. Dans le cas où un jugement prononce sur deux instances distinctes, et qu'une partie a poursuivi

sans réserve l'effet d'une disposition qui lui profite, elle n'a pas mis obstacle au pourvoi sur l'autre disposition. (*Arrêt de cass.*, du 30 décembre 1818. — Sirey, t. 19.)

12. —10°. Lorsque, dans le réglement d'un compte rendu en justice, on consent à l'allocation, sous réserve de se pourvoir contre deux articles, il ne peut y avoir acquiescement quant à ces derniers objets. (*Arrêt de cass.*, du 2 juillet 1817.)

13. — 11°. L'enregistrement à un jugement préparatoire n'empêche pas de se pourvoir contre le jugement définitif. (*Arrêt de cassat.*, du 2 brumaire an 12.)

14. L'acquiescement que le condamné a donné à un jugement, par acte sous seing-privé, sans date certaine, faute d'enregistrement ou autrement, ne peut être opposé à des tiers. (*Arrêt de cass.*, du 22 juin 1818.)

15. L'Administration n'est pas censée avoir acquiescé à un jugement, par la restitution que le receveur a effectuée, d'après la signification du jugement avec sommation d'y satisfaire. (*Arrêt de cass.*, du 21 germinal an 12. — *Inst.* 389.)

16. Il est dû *plusieurs droits fixes* sur un acte par lequel *différens* particuliers acquiescent au bornage de leurs propriétés. (*Journal de l'Enreg.*, art. 5809.)

ACQUISITION.

1. L'ACQUISITION faite par un bureau de bienfaisance est sujette au *droit proportionnel*. — L'art. 11 du décret du 28 février 1809, et la loi du 7 pluviôse an 12 ne peuvent être invoqués. — Le décret s'applique aux congrégations hospitalières, — et la loi s'applique aux acquisitions à titre gratuit, et non aux acquisitions à titre onéreux. (*Délibér.* du 24 juin 1817. — Journal,

art. 5810. — *Décision du ministre des finances*, du 23 janvier 1818. — Art. 6025 du Journal.)

2. L'avis du Conseil d'État, du 27 février 1811, a consacré le principe que le *droit proportionnel* doit à l'avenir être exigé, soit que les biens acquis soient ou non productifs de revenus, soit qu'ils aient ou non une destination d'utilité publique ; il n'a fait aucune distinction ; et il a été implicitement maintenu par les lois de finances rendues postérieurement ; il doit servir de règle pour fixer ce point de la législation. (*Décision du ministre des finances*, du 14 juin 1821. — *Instruct.* n°. 983.)

3. Le *droit proportionnel* est toujours perçu, quoique le prix doive être payé avec les centimes additionnels et facultatifs, ou acquitté avec des fonds généraux. (*Instr.* du 31 mai 1821, n°. 933.—Journ., art. 4258, 6541 et 6816.)

4. Les acquisitions d'immeubles au profit des sociétés d'enseignement mutuel, sont sujettes au *droit proportionnel*, lors même que le gouvernement a fourni une partie de la somme destinée à en solder le prix. (*Décision du ministre des finances*, du 7 septembre 1821.)

5. Il n'est pas dû de droits d'enregistrement pour les acquisitions faites au profit du roi et de ses ayant-cause, c'est-à-dire ses successeurs à la couronne. (*Instruct.* 366.)

6. Les acquisitions et échanges de domaines, faisant partie des grands corps de l'État, jouissent de l'exemption accordée pour les biens de l'État. (*Circul.* des 1er avril 1806 et 11 septembre 1807.)

7. Il en est de même des acquisitions faites par le roi, lorsque l'acte ne fait pas connaître à quel titre Sa Majesté acquiert ; l'acquisition, dans ce cas, étant considérée comme faite pour le domaine de la cou-

ronne. (*Décision du ministre des finances.* — Journal , art. 4215.)

8. Doivent être enregistrées *gratis :* 1°. les acquisitions faites par l'administration des douanes, pour l'établissement des bureaux de ses préposés. (*Décision du ministre des finances*, des 13 janvier 1807 et 10 janvier 1809.— Art. 2478, Journ.) — 2°. Celles faites par l'administration des domaines, lorsque, par une expropriation forcée, suivie à sa requête, l'État devient adjudicataire : il n'est dû aucun droit d'enregistrement, de greffe, d'hypothèque, ni salaire du conservateur. Les feuilles sont visées *gratis*, et celle du registre où se fait la transcription est distraite de la charge du conservateur. (*Inst.* 202).— 3°. Celles, par les communes, d'églises nécessaires pour l'exercice de différens cultes. (*Solut. de l'administ.*, art. 4291 , Journ.)

9. Les acquisitions faites , par la ville de Lyon , des terrains de la place Bellecour , et les reventes immédiates , reçoivent seules *gratis* la formalité de l'enregistrement. (*Voy.* loi du 9 mai 1806.) Les ventes subséquentes par les concessionnaires ne sont pas affranchies du *droit proportionnel.* (*Arrêt de cass.*, des 10 octobre 1814 , 29 juin et 27 août 1816. —Journal, art. 4993 , 5639 et 6127. — Sirey, t. 16.)

10. Les actes d'acquisitions de propriétés pour le compte du domaine militaire, passés devant notaires, entre le préfet et les propriétaires, en présence du chef du génie , sont enregistrables *gratis* , d'après l'article 64 de l'ordonnance du 1er août 1821 , qui applique à ces acquisitions les dispositions des lois des 13 brumaire et 22 frimaire an 7 , relatives aux acquisitions faites dans l'intérêt de l'État. (*Inst.* du 3 octobre 1821 , n°. 998.)

11. Les acquisitions faites par l'École polytechnique doivent être enregistrées *gratis.* Cet établisse-

ment est institué aux frais de l'État, par l'ordonnance du 4 septembre 1816 ; il est sous la surveillance des ministres de l'intérieur et de la guerre ; il ne peut faire aucune acquisition qu'en vertu d'une ordonnance du roi et sur l'autorisation du ministre de l'intérieur. Les acquisitions ainsi faites deviennent propriétés de l'État. (Journal , art. 6567.)

Voy. ACTES PASSÉS *dans les pays étrangers ou dans les colonies.*

ACQUITS A CAUTION.

Les acquits à caution, délivrés aux voituriers qui conduisent des subsistances à une armée, doivent être sur papier timbré. (*Circul.* 1705.)

ACQUITS de lettres-de-change (les) sont *exempts de l'enregistrement*, soit qu'ils résultent de la mention du paiement insérée dans les protêts, soit qu'ils aient été mis sur les lettres-de-change, parce que les dispositions de la loi du 22 frimaire an 7, n'ayant été ni abrogées, ni modifiées, en ce qui concerne les acquits des lettres-de-change, doivent continuer à être suivies. (*Décis. minist.*, du 28 septembre 1821, art. 117 du Recueil.)

ACTES.

1. Leur caractère est déterminé par les clauses qu'ils renferment, et non par la qualification que les parties donnent à leurs conventions. (*Arrêt de cass.*, du 26 avril 1810.)

2. La nature du titre primordial n'est pas changée par les fausses qualifications que renferme l'acte récognitif. (*Arrêt de cass.*, du 12 janvier 1814. — Journal, art. 4982.)

3. (*De leur exécution*), l'exécution provisoire est due au titre, nonobstant l'inscription de faux. (*Arrêt*

de cassation, du 23 brumaire an 13). Il faut cependant distinguer entre l'acte authentique, qui est en même temps exécutoire, de l'acte purement authentique qui ne peut être exécuté qu'en vertu d'un jugement; pour ce dernier, il faut l'autorité du juge ; pour le premier, il est exécutoire *de plano*. (*Arrêt de Nismes*, du 15 mars 1819.)

Sont nuls,

4. Lorsqu'ils sont consentis par un individu en démence. (*Arrêt de cass.*, du 2 janvier 1809.)

5. Lorsqu'ils sont passés entre incapables. — L'acte passé par un incapable n'est pas nul, s'il n'en demande point l'annullation. (*Arrêt de Cass.*, du 1er. mai 1811.)

6. Les actes passés de bonne foi entre un mandataire et des tiers, depuis la faillite du mandant, et dans l'ignorance de cette faillite, sont valables. (*Arr. de cass.*, du 15 février 1808.)

7. L'acte consenti par la femme sous puissance de mari, sans autorisation à cet effet, est nul; mais, si le mari a consenti qu'elle ne passât point en public pour son épouse, il est valable. (*Arrêt de cassation*, du 30 août 1808.)

8. La donation déguisée sous le nom de vente n'est pas nulle, lorsque les parties sont capables de contracter de l'une ou de l'autre manière ; elle est réductible à la quotité disponible, lorsqu'elle l'a excédé. (*Arrêt de cassat.*, du 31 juillet 1816.)

ACTES soumis à plusieurs droits (1).

9. — Lorsque par l'acte contenant une vente d'immeubles, le vendeur fait une donation à l'acheteur

---

(1) Art. 11 de la loi du 22 frimaire an 7.

II.   2

d'une partie du prix , il y a deux actes distincts l'un de l'autre ; c'est-à-dire , vente d'immeubles et donation d'une somme, en telle sorte que la régie peut réclamer séparément les droits établis pour chacune de ces mutations. (*Arrêt de cassat.*, du 14 mai 1817.)

ACTES ADMINISTRATIFS.

1. Les adjudications ou marchés , dont les administrations locales doivent acquitter le montant , sont sujettes au *droit proportionnel de un pour cent.* — L'art. 73 de la *loi* sur les finances, du 15 mai 1818 , n'excepte que le cas où le prix est payé par le trésor, directement ou indirectement. — *Instructions générales*, n° 834. (*Voy.* le n° suivant.)

2. — On ne doit entendre par administrations locales , que celles des communes proprement dites , et non celles des départemens dont toutes les dépenses sont à la charge directe ou indirecte de l'État , puisqu'elles sont acquittées au moyen des centimes additionnels ou facultatifs, qui tous sont versés dans la caisse du trésor , entrent dans la comptabilité générale des finances, et ne peuvent être employés qu'en vertu d'ordonnances ministérielles ou de mandats de préfets. — Il ne sera donc perçu que le *droit d'un franc,* pour l'enregistrement des adjudications ou marchés et des cautionnemens y relatifs , lorsque la dépense sera imputable , soit sur les fonds généraux du trésor, ordonnancés d'après les crédits des ministres , soit sur les centimes additionnels des départemens , ce qui comprend les allocations du budget des dépenses fixes ou communes, et des dépenses variables ordinaires ou facultatives. (*Instructions générales* , n° 844).

3. L'adjudication des travaux à faire à une rivière, pour le compte du gouvernement, n'est passible que

du droit fixe de un franc par chaque adjudicataire, malgré l'obligation imposée aux riverains, postérieurement à l'acte d'acquitter le montant du prix de cette adjudication. (*Décis. du min. des Fin.*, du 10 octobre 1821. — Art. 118 du recueil.)

4. L'adjudication des constructions et réparations de ponts sur des grandes routes, faite moyennant un droit de péage, n'est passible que du *droit fixe*, aux termes de l'article 73 de la loi du 15 mai 1818, parce que les péages reçus sont une sorte de contribution. (*Délibération* du 19 décembre 1821, appr. le 9 janvier suivant, par le *Min. des fin.*, art. 257 du recueil.)

5. L'exemption du timbre accordée par l'article 16 de la loi du 13 brumaire an 7, aux minutes des actes et délibérations de l'administration publique en général et de tous établissemens publics, n'est pas applicable aux délibérations et autres actes relatifs à l'administration particulière des biens des communes et établissemens publics ; ces délibérations et actes, soit qu'ils se trouvent consignés sur des registres, soit que la rédaction s'en fasse sur des feuilles détachées, doivent toujours être en papier timbré ; mais les copies, extraits ou expéditions qui en sont délivrés aux préfets et autres autorités supérieures ne sont point assujétis au timbre, lorsqu'il y est fait mention de cette destination. (*Décis. du Min. des fin.*, du 30 fructidor an 14. *Instruct. gén.*, n° 293.)

6. Les délibérations ayant pour objet d'affermer des revenus communaux, d'intenter ou de défendre des procès, de vendre ou de partager des coupes de bois ou autres biens communaux, de réparer, d'établir des octrois etc., sont des actes d'administration temporelle, dont les minutes ou brevets doivent être sur papier timbré ; il en est de même des projets d'actes, de cahiers de charges, de tarifs et de régle-

mens pour la perception, qui se trouvent insérés dans les délibérations ou qui y sont annexés, lorsqu'ils sont signés par les délibérans. Lorsqu'ils ne portent point de signatures, ils ne peuvent être considérés comme soumis au timbre. — Il n'y a que les actes relatifs à la police intérieure, qui jouissent de l'exemption du timbre. — *Décision du Min. des fin.*, du 31 fructidor an 14. — *Instruct. gén.*, n° 293.

7. Le timbre continue d'être applicable sur les quittances de 10 fr. et au-dessus, délivrées aux receveurs des communes et des établissemens publics, par les parties intéressées ; sur celles de traitement des gardes champêtres et des employés des communes et des établissemens publics, lorsque ce traitement excède 300 fr. et sur le double du compte des mêmes établissemens, remis au receveur, pour opérer sa décharge. (*décis. du Min. des fin.*, du 14 octobre 1818. — Journal n° 6195.)

8. L'arrêté d'un préfet qui concède gratuitement des biens à des habitans, pour l'utilité du département, doit être sur papier timbré et enregistré au *droit fixe de 1 fr.* (*Décis. du Min. des fin.*, du 21 novembre 1809.)

V. Digues. — Arrêtés.

ACTES JUDICIAIRES.

1. Les notes sommaires tenues à l'audience de police, par le greffier, ne sont soumises à l'enregistrement, que sur l'expédition requise par la partie civile. (*Décis. du Garde-des-Sceaux*, du 6 novembre 1819. — Journal, art. 6651.)

2. Les droits de timbre et d'enregistrement des actes et jugemens faits d'office à la requête du ministère public en matière civile, faisant partie des frais

de poursuites, doivent être portés en debet (1), sauf
à les ajouter au montant de la liquidation des autres
frais, et à poursuivre le recouvrement du tout en la
manière ordinaire. (*Décis. du Min. des fin.*, du 22 octobre 1817. — Journal, n° 6208.)

3. Les actes en matière de successions vacantes,
faits à la requête des procureurs du roi ou des curateurs nommés d'office, doivent être *visés pour timbre*
et *enregistrés en debet*, sauf aux préposés, si le produit de la succession est suffisant, à réclamer, sur le
produit, le paiement des droits des actes dont il s'agit.
(*Décis. du Min. des fin.*, du 15 décembre 1820, art.
8862, Journal.)

4. Les actes d'oppositions et levées de scellés, les
actes de tutelle, dans lesquels les juges de paix agissent
d'office, doivent être *enregistrés en debet*.

Les ministres des finances et de la justice ont décidé, les 20 fructidor an 10, et 1er prairial an 13,
qu'il y avait lieu d'étendre à ces actes, les dispositions
de l'art. 70, §. 1er. n°s 1, 2, 3, 4, et 6 de la loi du 22
frimaire an 7. — *Instruct.* n° 290.

Sont aussi enregistrés en debet les procès-verbaux
des maires et adjoints, des ingénieurs des ponts et
chaussées, des agens de la navigation, des commissaires de police et des gendarmes, pour contravention
en matière de grande voirie. (*Décis. du Min. des fin.*,
des 11 frim. et 4 germ. an 11.)

5. Les actes judiciaires d'une date antérieure à la
promulgation de la loi du 28 avril 1816, qui n'étaient
pas susceptibles d'être enregistrés sur la minute d'après
les dispositions de la loi du 22 frimaire an 7, peuvent
continuer à recevoir la formalité sur les expéditions,

---

(1) Art. 70, §. 1er, de la loi du 22 frimaire an 7.

seulement dans le cas où elles seraient requises par les parties (1). (*Décis. du ministre des finances*, du 6 décembre 1816. — *Instr.* n°. 758.)

6. Les receveurs ne donneront *gratis* les formalités du timbre et de l'enregistrement dans le cas prévu par le n°. 1er de l'art. 75 de la loi du 25 mars 1817, que sur la production d'un certificat d'indigence, délivré par le maire et légalisé par le sous-préfet, ou lorsque, dans les cas urgens, ces actes contiendront la mention expresse qu'ils intéressent des personnes notoirement indigentes, et que d'ailleurs la formalité aura été requise par le ministère public. (*Décis. du ministre des finances.* — V. *Instr.* n°. 978, nomb. 2.)

Voyez JUGEMENT.

ACTES SOUS SEING-PRIVÉ.

1. LES anciens réglemens qui défendaient à tous notaires, greffiers, procureurs, huissiers et autres gens de pratique et de loi, d'écrire pour autrui, et de signer comme témoins des actes sous seing-privé, ont été expressément abrogés par les lois du 19 décembre 1790 et du 22 frimaire an 7. (*Avis du conseil d'État*, du 26 mars 1808. — *Instr.* n°. 386, nomb. 4.)

2. Les procès-verbaux d'experts particuliers, nommés par les tribunaux ou par les parties, devant être considérés comme actes privés, on doit les porter sur le registre destiné aux conventions rédigées sous signature privée. Cela résulte de la décision du ministre des finances, du 24 septembre 1808, qui statue que ces rapports ne sont pas assujétis à l'enregistrement dans un délai déterminé, mais qu'il ne peut, aux termes de l'art. 23 de la loi du 22 frimaire an 7, en être fait aucun usage par acte public, en justice ou devant toute autre

(1) *V.* Art. 37 de la loi du 28 avril 1816.

autorité constituée, qu'ils n'aient été préalablement enregistrés. (*Instr.* n°. 406.)

3. Ces actes doivent être enregistrés avant qu'il en soit fait usage, quand même ils auraient acquis une date certaine, par le décès des contractans ou autrement (1). (*Décis. du ministre des finances*, du 14 ventose an 11. — Art. 1400, Journ.)

4. On ne peut en demander la nullité avant qu'ils aient été enregistrés. (*Arrêt de cass.*, du 16 germinal an 6.)

5. Les actes sous seing-privé, déposés sous enveloppe cachetée, autres que les testamens, doivent être préalablement enregistrés. (*Décis. du ministre des finances*, du 25 nivôse an 13. — Diction. de 1823. V°. *Actes sous seing-privé*, n°. 67.)

6. Les dispositions des articles 23, 42 et 47 de la loi du 22 frimaire an 7, sont générales. On ne peut relater, dans les procès-verbaux de non-conciliation, des actes non enregistrés. Les dispositions de ces articles ne s'appliquent cependant pas, en ce qui concerne l'enregistrement préalable des actes, aux poursuites judiciaires que les préposés de l'administration sont dans le cas de diriger pour réclamer les droits d'enregistrement; car il s'ensuivrait qu'ils ne pourraient demander les droits des actes non enregistrés dans les délais qu'après les avoir revêtus de la formalité dont l'omission serait l'objet de leurs réclamations; ce qui serait absurde. (*Instr.* 290, nomb. 2.)

7. La perception du droit d'enregistrement se détermine d'après la substance des actes et leur forme intrinsèque, abstraction faite des intentions secrètes des parties et même de la simulation; ainsi, un acte

---

(1) Art. 47 de la loi du 22 frimaire an 7.

sous seing-privé, translatif de propriété d'un immeuble, ne peut être affranchi de l'enregistrement dans les trois mois, sous peine du double droit, sous le prétexte qu'il n'a pas été sérieux, et par le motif qu'il est resté sans exécution (1). (*Arrêt de cass.*, du 23 février 1824. — Bull. offic. de 1824, p. 68.)

8. L'exemption des formalités du timbre et de l'enregistrement, accordée par l'art. 1er de la loi du 26 frimaire an 8, s'applique non-seulement aux actes sous seing-privé, constitutifs des créances à liquider, mais encore aux actes de cession de ces créances qui établissent la propriété de ceux qui les présentent. Ces derniers actes sont néanmoins sujets au timbre, lorsqu'ils sont passés postérieurement à la loi du 11 février 1791 relative au timbre. (*Décis. du ministre des finances*, des 27 vendémiaire et 9 frimaire an 11.)

9. Les pièces produites à l'appui de la requête des avocats devant le conseil du sceau des titres ne sont point susceptibles de l'enregistrement, quand, par leur nature, elles n'y sont point soumises dans un délai fixé. (*Avis du conseil d'État*, du 13 septembre 1808. — *Instr.* n°. 413.)

ACTE SOUS SEING-PRIVÉ. — VENTE.

10. La vente sous seing-privé d'un immeuble, portant transmission actuelle, prix, quittance, faite double, approuvée et signée des contractans, avec clause qu'il en sera passé acte notarié, n'est pas un simple projet, mais présente tous les caractères d'un acte absolu et définitif, enregistrable dans les trois mois de sa date, sous peine du double droit. (*Arrêt de cass.*, du 13 thermidor an 12.)

11. L'acte sous seing-privé, contenant vente d'immeubles, établit suffisamment la mutation lorsque

---

(1) Art. 22 et 38 de la loi du 22 frimaire an 7.

l'acquéreur ne désavoue pas la signature qu'il y a mise : toute autre preuve est superflue. (*Arrêt de cass.*, du 20 décembre 1814. — Art. 5061 du Journ.)

12. L'Administration n'est pas tenue de représenter un acte de mutation, lorsque l'existence et la date de cet acte ont été avouées et reconnues par la partie. (*Arrêt de cass.*, du 18 décembre 1811.—Art. 4260, Journ.).

13. On peut, en matière d'enregistrement, prononcer des condamnations d'après un acte sous seing-privé non reconnu, ni désavoué par celui auquel on l'oppose. (*Arr. de cass.*, du 28 mars 1810.—Art. 3639, Journ.)

14. Il suffit que les actes translatifs de propriété soient relatés dans des pièces authentiques, pour qu'ils soient passibles du *double droit*, s'ils n'ont pas été enregistrés dans les trois mois de leur date. (*Arr. de cass.*, du 31 août 1818. — Art. 3659, Journ.)

15. Le droit d'une mutation par acte sous seing-privé, énoncé dans un inventaire, doit être réclamé. (*Arrêt de cass.*, du 22 mars 1815.—Art. 5310, Journ.)

16. On ne peut alléguer, pour se dispenser du paiement de ces droits, que les biens vendus appartenaient à des mineurs, et que les formalités prescrites pour la validité de la vente n'ont pas été remplies. (*Arrêt de cass.*, du 21 août 1811.— Art. 3987, Journ.)

17. Le droit de tout acte assujéti à la formalité de l'enregistrement, dans un délai, peut être réclamé, lors même que l'acte ne subsisterait plus, ou qu'on dirait qu'il est demeuré sans effet, parce qu'il suffit qu'un acte ait pris naissance, pour que le droit en soit acquis sans retour. (*Arrêt de cass.*, du 12 déc. 1811.)

18. Un donataire, par acte de démission de biens sous seing-privé, non enregistré, ne peut se dispenser d'en acquitter les droits, sous prétexte qu'il n'a eu

dans le partage , aucune portion d'immeubles. L'arrangement fait entre les co-partageans n'a pu préjudicier aux droits acquis à la Régie, par la démission qui investissait , à l'instant même , chacun des démissionnaires d'une portion dans les immeubles qui faisaient l'objet de la démission. (*Arrêt de cass.*, du 28 août 1816. — Art. 5568 , Journ.)

19. Le droit résultant des actes sous seing-privé doit être perçu sur la somme y exprimée , sans avoir égard aux à-comptes. (*Arrêt de cass.*, du 6 frimaire an 12. — Art. 4087 Journ.)

20. L'acte sous seing-privé, qui, à raison de l'une de ses dispositions , est assujéti à l'enregistrement , dans un délai déterminé, sous peine du *double droit* (1), ne donne pas lieu , lorsqu'il n'est point soumis à la formalité en temps utile , à l'application de cette peine aux autres dispositions , qui n'y sont pas sujettes par elles-mêmes. Ce principe , consacré par deux délibérations du conseil d'administration, des 26 nivôse an 12 et 15 brumaire an 13, est aussi conforme à la jurisprudence. (V. *Instr.* n°. 290 , nomb. 1ᵉʳ.)

21. Les conventions verbales, ou par acte sous seing-privé, qui, de leur nature , ne seraient pas sujettes à l'enregistrement dans un délai fixé, sont passibles des droits , du moment qu'elles ont été constatées par un acte public formant titre à cet égard entre les parties. Ainsi le droit perçu dans un acte de liquidation et partage sur une somme reconnue avoir été constituée en dot hors contrat de mariage, et sur le reliquat du prix d'une vente mobilière, a été maintenu. (*Décis. du ministre des finances*, du 24 décembre 1819. —Art. 6615 du Journ.)

22. La cession par une mère à ses enfans, de ses

---

(1) Art. 11 et 57 de la loi du 22 frimaire an 7.

droits et biens, moyennant une rente, est valable, quoique non faite en autant d'originaux qu'il se trouve de parties, parce qu'il n'existe qu'un seul ot même intérêt dans la convention arrêtée entre la mère et ses enfans. (*Arrêt de cass.*, du 2 mars 1808.)

23. Il n'est dû qu'une seule *amende de 30 francs* pour défaut de timbre d'un acte sous seing-privé, en quelque nombre que soient les doubles écrits sur papier libre, puisqu'il ne s'agit que d'un seul acte. (*Solut. de l'Administr.*, du 2 juillet 1812. — *Décis. du ministre des finances*, du 11 août suivant. — Journ. art. 4254, 4386.)

24. Les actes nuls de plein droit, n'opérant pas de mutation, n'engendrent point de droits : ainsi un acte de vente, sous seing-privé, passé dans la Lorraine, sous l'empire des anciennes lois qui voulaient qu'ils fussent suivis d'un acte authentique dans les quinze jours, sous peine d'une forte amende (mais non du droit), pour être translatifs de propriétés d'immeubles, est *dispensé du droit d'enregistrement* quand cette formalité n'a pas été remplie. (*Arrêt de cass.*, du 27 novembre 1815. — Sirey, t. 18.)

25. L'acte sous seing-privé qui se trouve dans une étude, ou dans un greffe, parmi les minutes, y a nécessairement été déposé. L'officier public, qui n'en a pas dressé acte de dépôt, est en contravention à l'art. 43 de la loi du 22 frimaire an 7. (*Décis. du ministre des finances*, approuvée par le ministre de la justice le 18 avril 1817. — Art. 5738, Journ.)

26. Il n'y a lieu qu'à l'amende et non à la restitution des droits du timbre et d'enregistrement que cet acte eût produit, s'il eût été fait. (*Délibération* du 26 août 1818. — Art. 6186, Journ.)

27. On ne peut demander de droits de mutation pour un acte trouvé dans l'étude d'un notaire après son

décès, sans date, et qui n'indique pas d'une manière précise les biens qu'il concerne. (*Arrêt de cass.*, du 13 novembre 1815). Un autre arrêt, du 9 février 1814, a jugé que le défaut de date d'un acte sous seing-privé, translatif d'immeubles, n'empêchait pas que les droits de mutation ne fussent dus. Dans ce cas particulier, le défaut de date se trouvait suppléé par un calcul d'intérêts qui faisait reconnaître l'époque de la vente. (*Décis. du ministre des finances*, du 23 janvier 1808. — Journ. art. 5982.)

28. Il n'y a pas lieu d'exiger les droits de timbre et l'amende, sur une reconnaissance sous seing-privé, écrite sur papier libre et non enregistrée, trouvée dans l'étude d'un notaire après son décès, par un vérificateur présent à l'inventaire. Son intervention était illégale; l'art. 54 de la loi du 22 frimaire an 7 n'autorise les préposés à agir que contre les dépositaires publics, mais non, après leur décès, contre le gardien des scellés, qui n'est que dépositaire particulier, et contre les officiers qui procèdent à la levée des scellés et à l'inventaire, puisqu'ils ne sont pas dépositaires. (*Décis. du ministre des finances*, du 12 janvier 1818. — Journ. art. 5971.)

29. Un acte de vente sous seing privé, passé le 9 février 1790. présenté à l'enregistrement en 1808, est passible des droits fixés par la loi de frimaire an 7, et non de ceux établis par celle du 19 décembre 1790. — (*Arr. de cass.*, du 12 décembre 1809. Art. 3494. Jour.)

30. Avant la loi du 5 décembre 1790, les mutations d'immeubles, quoiqu'opérées par des actes sous seing privé, ou par des conventions verbales, étaient soumises comme les mutations opérées par actes authentiques, aux droits de mutation, dans un délai de rigueur.

Ainsi l'administration de l'enregistrement, peut réclamer le droit de mutation, et même le double

droit d'après des présomptions légales, et indépendamment de la production ou relation du titre, encore
que la mutation paraisse antérieure à la loi du 9 vendemiaire an 6, s'il est d'ailleurs constant que la muta-
tation remonte à une époque antérieure à la loi du 5
décembre 1790. (*Arrêt de cassation*, des 24 floréal
an 13, 19 juin 1809. — 9 octobre 1811. — Sirey, t. 12,
1ère. part. p. 110. — Jour., art. 2949 et 4073.)

31. — L'acte sous seing privé, translatif de propriété ou d'usufruit d'immeubles, n'est pas sujet au
double droit, lorsqu'il est reconnu d'une date antérieure au 9 vendemiaire an 6, et postérieure au 19
décembre 1790. (*Arr. de cass.* du 29 avril 1807.)

32. Il n'y a pas lieu de demander les droits d'une
mutation d'immeubles, opérée dans l'intervalle de
la loi du 19 décembre 1790 à celle du 9 vendemiaire
an 6, qui n'a été ni produite en justice, ni énoncée
dans un acte public, sauf répétition, si ces deux derniers cas arrivaient. (*Arrêt. de cass.*, des 11 avril, 29
août, 9 octobre 1811 et 27 janvier 1812. — *Solut.*
du 30 septembre 1814, art. 4927. Journal.)

33. — Mais si l'acte sous seing privé qui constate que
cette mutation a eu lieu dans l'intervalle de ces deux
lois, n'a pas acquis une date certaine, avant la dernière
loi, *les droits et doubles droits* peuvent être réclamés,
encore que ledit acte n'ait pas été produit en justice,
ni énoncé dans un acte authentique. (*Arrêt de cass.*,
du 17 janvier 1816, art 5441, journal.)

34. — Un acte translatif de propriété, du 8 février 1785, est soumis aux droits d'après la loi du 22
frimaire an 7, lorsque les droits dûs à l'époque de la
confection, n'ont pas été payés, encore qu'on prétende que cet acte était nul, faute d'avoir été signé
par toutes les parties, lorsque d'ailleurs il a été exécuté, et que les individus, au profit desquels l'acte a
été consenti, sont réputés propriétaires, d'après les

présomptions légales établies par l'art. 12 de la loi du 22 frimaire an 7. (*Arr. de cass.*, du 8 juillet 1814. — Journal, art. 4893.)

35. — Les actes de transmission de biens passés sous seing privé, avant la publication de la loi du 28 avril 1816, ne doivent être soumis qu'aux droits fixés par les lois antérieures. (*Instruct.* 845.)

ACTES passés à l'étranger, ou aux colonies.

1. Les actes passés dans les Pays-Bas, où le timbre et l'enregistrement ont été conservés, ne peuvent pas servir en France, sans y avoir reçu cette double formalité, quelle que soit d'ailleurs celle dont ils aient été revêtus à l'étranger. (*Délibérat.* du 10 oct. 1818, art. 6368 du journal.)

2. L'avis du conseil d'état, du 15 novembre 1806, qui étend l'exemption du *droit proportionnel* aux actes passés en forme authentique, seulement dans les pays étrangers et dans les colonies, contenant obligation, ou mutation d'objets mobiliers, lorsque les prêts et paiemens auront été faits, et les livraisons promises ou effectuées en objets de ces pays et stipulées payables dans ces mêmes pays et dans les monnaies qui y ont cours, n'est pas applicable à un acte d'affrètement passé entre deux négocians de New-Yorck, quoique le prêt fût stipulé payable à New-Yorck, et en monnaie du pays ; l'exception prononcée par cet avis du conseil d'état n'étant exclusivement relative qu'aux actes passés en forme authentique. (*Décis. du Min. des Fin.*, du 26 février 1811. — Journal, art. 4136. — Sirey, t. 12, 2ᵉ. part. p. 141.)

3. Un acte passé par devant notaire dans une colonie, avant l'établissement de l'enregistrement, n'est pas sujet au *droit proportionnel*, lorsque l'on en fait usage en France. L'exemption du droit résulte de

l'art 70 , n° 16 §. 3 de la loi de frimaire an 7. L'article 23 de la même loi s'applique à d'autres actes. (*Arr. de cass.*, du 29 juin 1810. — Journal, art. 3751.)

4. Les actes sous seing privé, passés dans les pays réunis à la France, antérieurement à la réunion, ne sont dispensés de l'enregistrement, que lorsqu'ils avaient une date certaine, antérieurement à la réunion, art. 70, §. 3. n° 16 de la loi du 22 frimaire an 7. (*Arr. de cass.*, du 12 janvier 1814. — Journal, art. 5010.)

5. — Il ne peut être fait usage des actes passés depuis la séparation de Gênes, qu'après les avoir soumis à la formalité, conformément à l'art. 58 de la loi du du 28 avril 1816. — Les actes passés pendant le temps de la réunion, et qui font mention de l'acquit des droits, ne sont plus assujétis à la formalité. A l'égard des actes antérieurs au 1er vendémiaire an 14, époque où les lois sur l'enregistrement ont commencé à recevoir leur exécution à Gênes ; il convient de distinguer les actes sous seing privé, de ceux passés devant notaire. — Les premiers lorsqu'ils auront acquitté postérieurement au 1er. vendémiaire an 14, le droit d'enregistrement sur le pied fixé par les lois françaises, sont exempts de tous droits et de toute formalité ; mais les actes sous seing privé, qui n'ont pas été enregistrés et tous les actes notariés antérieurs au 1er. vendémiaire an 14, n'ayant pas acquitté les droits du tarif français, doivent être enregistrés avant qu'il puisse en être fait usage. (*Décis. du Min. des fin.*, du 6 juin 1817, art. 5915. — Journal.)

6. Les actes passés en pays étranger ou dans les colonies, lorsqu'ils sont antérieurs à la publication de la loi du 28 avril 1816, ne doivent acquitter, lors de l'enregistrement, savoir, les actes de mutation, que *les droits proportionnels* établis par la loi du 22 frimaire an 7, et les actes autres que ceux de muta-

tion, qu'un simple *droit fixe*. —— Tous les actes passés
en pays étranger ou dans les colonies, postérieurement
à la publication de la loi du 28 avril 1816, doivent,
lorsque la formalité est requise, être soumis aux
mêmes droits que ceux établis par cette loi pour les
actes de même nature passés en France. (*Délib.* du
23 décembre 1820. — Journal, art. 6884.)

7. Un acte public translatif de propriété, passé
en 1768 à la Martinique et relatif à des biens situés
en France, doit être soumis à l'enregistrement. La
prescription ne commence à courir contre les droits
de l'administration, que du moment où l'acte a été
connu en France. (*Arr. de cass.*, des 27 mai 1809 et 14
août 1813, art. 3354 et 4690, journal.)

ACTES passés en France pour des biens situés dans les colonies ou en pays étranger.

8. Les actes passés en France portant transmission
de propriété ou d'usufruit de biens situés hors du
royaume, ne sont passibles que *du droit fixe* d'enregistrement. (*Instruct.* du 19 avril 1821, n° 978.)

ACTES passés en conséquence d'un autre.

1. L'amende prononcée par l'art. 56 de la loi du 28
avril 1816, ne l'est que pour le cas où l'enregistrement du second acte aurait lieu avant celui du premier, et non par le défaut de mention de l'intention
où est le notaire de présenter les deux actes à la formalité. (*Décis. du Min. des fin.*, du 17 février 1819.
— Journal, art. 635.)

2. Un notaire contrevient à l'art. 41 de la loi du
22 frimaire an 7, en rédigeant, après le décès du testateur, et sans, au préalable, avoir fait enregistrer le
testament, un acte par lequel il donne connaissance

de ses dispositions. (*Décis. du ministre des finances*, du 1 mai 1815. — Journ., art. 5287.)

3. *Notaires.* — Un notaire encourt l'amende de 5o fr. prononcée par l'art. 42 de la loi du 22 frimaire an 7, lorsqu'il rédige un acte d'adjudication préparatoire, en vertu des affiches qui ont annoncé la vente, sans que, préalablement, les affiches aient été enregistrées. (*Arrêt d'admiss.*, du 15 février 1815. — Journ., art. 4942.)

4. Un notaire ne peut, sans contravention à l'article 41 de la loi du 22 frimaire an 7, passer la quittance d'un legs fait par un testament non enregistré, qui a été rédigé par un autre notaire, même lorsque les parties lui ont déclaré que le testament a été enregistré. (*Décis. du ministre des finances*, du 10 mars 1819. — Journ., art. 6536.)

5. Lorsqu'un notaire relate, dans un acte portant quittance définitive d'une somme quelconque, une autre quittance passée devant un de ses confrères, constatant un paiement à compte sur cette même somme, avant que cette première quittance ait été enregistrée, il ne peut prétendre que la quittance finale n'est pas une conséquence nécessaire de la première; — un tribunal ne peut le dispenser de l'amende de 5o fr. prononcée par l'art. 41 de la loi du 22 frimaire an 7, sous le prétexte que la libération du débiteur aurait pu s'opérer par un seul et même acte. (*Arrêt de cass.*, du 22 octobre 1811. — Journ., art. 4364.)

6. Il encourt cette amende, quand il reçoit le résiliement d'un bail non enregistré, et qui se trouve dans le délai même pour l'enregistrement. (*Arrêt de cass.*, du 11 novembre 1812. — Journ., art. 4364.)

7. Il est aussi en contravention, lorsqu'il reçoit en dépôt un acte de naissance, écrit en langue étrangère, et traduit par un interprète juré, avant d'avoir

II. 3

préalablement fait enregistrer la traduction de cet interprète. (*Délibération* du 18 avril 1818. — Journ., art. 6056.)

8. Il y a contravention de la part du notaire qui relate, dans une minute, un acte passé en pays étranger, qui n'est pas enregistré (1). (*Décis. du ministre des finances*, du 22 ventôse an 12, et *délibér.* du 30 juin 1819. — Journ., art. 6436.);

9. Lorsqu'il reçoit un compte courant et en banque, sans que les quittances produites aient été préalablement enregistrées. (*Décis. du ministre des finances*, du 29 prairial an 8.);

10. Lorsqu'il reçoit la ratification d'un acte non enregistré. (*Arrêt de cass.*, du 12 décembre 1808. — Journ., art. 3233.)

11. *Notaires.* — Les notaires peuvent, sans contravention, relater des actes non enregistrés, 1°. dans un inventaire. (*Circul.*, 1554.); 2°. dans un testament, sauf perception des droits, dans le cas où il serait fait un acte en conséquence, ou si, lors de la publicité du testament, il était constaté que les actes doivent être enregistrés dans un délai. (*Instr.* 390, nomb. 16); 3°. dans un acte de liquidation ou de partage, les inventaires, les actes de liquidation et les actes de partage ne sont pas des titres constitutifs, mais simplement énonciatifs de la créance. (*Arrêt de çass.*, du 24 août 1818. — Journ., art. 6167.) Cet arrêt est applicable au compte de tutelle. (*Solut.* du 30 janvier 1819. — *Dictionn. de manut.*, t. 5, p. 12.)

12. Un notaire peut, sans faire mention de l'enregistrement des titres de créances chirographaires,

(1) Art. 41 et 42 de la loi du 22 frimaire an 7.

les relater dans l'acte d'atermoiement volontaire. (*Solut.* du 28 janvier 1813.);

13. Rédiger une obligation résultant de frais non taxés, sans que les états et mémoires de frais soient enregistrés. (*Décis. du ministre des finances*, du 11 juin 1818.);

14. Rédiger l'acte d'endossement d'une lettre-de-change non enregistrée, et même l'acte de prorogation de cet endossement, mais dans le cas où il n'y aurait pas eu de protêt. (*Délibér.* du 8 avril 1817. — Journ., art. 5720.);

15. Procéder à la seconde vacation d'une vente qui exige plusieurs séances, avant que la première ait été enregistrée, si cette première est encore dans le délai de l'enregistrement. (*Arrêt de cass.*, du 11 septembre 1811. — Sirey, t. 12.);

16. Reprendre une vente de meubles, suspendue en vertu d'une opposition, avant que l'ordonnance sur référé, qui en ordonne la continuation, ait été soumise à la formalité de l'enregistrement. (*Décis. du ministre des finances*, du 26 décembre 1818.);

17. Ne faire enregistrer l'ordonnance apposée à la suite d'un inventaire, interrompu par un référé, qu'avec la continuation de cet inventaire. (*Décis. du ministre des finances*, du 29 décembre 1807. — Journ., art. 2791.);

18. Ne présenter à l'enregistrement les états estimatifs du mobilier et ceux des dettes et charges à annexer aux actes de donation, qu'avec la donation à laquelle ils se rapportent. (*Décis. du min. des finances*, du 24 avril 1810. — Journ., art. 3798.)

19. Ils ne sont pas tenus, lorsqu'ils passent des actes ou des transactions, par suite de jugemens, d'énoncer que les droits de greffe ont été perçus sur les jugemens. L'art. 38 de la loi du 28 avril 1816, qui

assujétit les actes judiciaires à l'enregistrement sur la minute, suffit pour garantir la perception des droits de greffe. (*Décis. du ministre des finances*, du 5 novembre 1819. —Journ., art. 6561.)

20. Il n'y a pas de contravention de la part du notaire qui exprime, dans une adjudication, que les biens appartiennent au vendeur par diverses acquisitions, sans mention de leur enregistrement. (*Solution* du 15 octobre 1807.)

21. Les seuls actes qu'un notaire puisse, sans contravention, relater dans des minutes avant leur enregistrement, sont ceux ayant pour objet des créances à terme, déléguées par un vendeur envers un tiers, parce que la partie ne peut représenter au notaire ces actes en la possession du créancier absent; mais, toutes les fois qu'il a sous les yeux des actes sous seing-privé, en conséquence desquels il établit un compte, il ne peut se dispenser de les soumettre à l'enregistrement. (*Solut. de l'Administr.*, du 19 août 1806.)

22. Un notaire n'est pas en contravention à l'art. 42 de la loi du 22 frimaire an 7, lorsqu'il énonce, dans un acte de démission de biens, que les dettes, mises à la charge du donataire, sont dues par acte sous seing-privé, parce qu'il ne fait qu'exprimer la déclaration du donateur, et qu'il n'est pas au pouvoir de ce donateur de représenter et de faire enregistrer des actes qui sont entre les mains des créanciers. (Art. 258 du Recueil, et 361 du Contrôleur.)

23. *Greffier.* — Le greffier qui délivre expédition d'un procès-verbal d'apposition de scellés, avant que celui de levée soit enregistré, est en contravention, et encourt l'amende prononcée par l'art. 42 de la loi du 22 frimaire an 7. (*Arrêt de cass.*, du 3 juillet 1811.)

24. Il encourt aussi cette amende, lorsqu'il rédige un acte de tutelle, en vertu d'un certificat non

enregistré, par lequel le maire constate l'absence d'un individu de sa commune. (*Arrêt de cass.*, du 20 octobre 1813. — Journ., art. 4709.) — Il en est de même lorsqu'il procède à la levée de scellés à la requête d'un tuteur, avant que l'acte de nomination de ce dernier ait été enregistré, si cet acte est d'un autre greffier. (*Arrêt de cass.*, du 11 novembre 1811. — Journal, art. 4075.)

25. L'ordonnance et le procès-verbal de levée de scellés peuvent être présentés simultanément à l'enregistrement, et être faits sur la même feuille de papier timbré; mais le procès-verbal d'apposition doit être dressé avant celui de levée des scellés. (*Instruction* 634.)

26. — Le tiers-saisi a la faculté de présenter ou d'énoncer à l'appui de sa déclaration des conventions sans qu'elles soient préalablement enregistrées. (*Instruction* 436, nomb. 45.)

27. *Huissier.* — Un huissier est en contravention, lorsqu'il fait une citation en vertu d'un procès-verbal rédigé par le ministère public, en répression de délits, si ce procès-verbal n'est préalablement enregistré. (*Arrêt d'admiss.*, du 2 mars 1815. — Journ., art. 5222.);

28. Lorsqu'il signifie un exécutoire de dépens non enregistré. (*Arrêt de cass.*, du 1er messidor an 12. — Journ., art. 1769.)

29. L'huissier ne se garantit pas de l'amende encourue pour avoir agi en vertu d'un acte sous seing-privé non enregistré, lorsque, en faisant sommation de payer une somme, il dit: *Ainsi que l'actionné s'y est obligé le...*, expressions qui ne peuvent se rapporter qu'à un acte écrit. (*Arrêt d'admiss.*, du 19 mars 1812, — Journ., art. 4400.)

30. L'amende est encourue, bien que l'acte non en-

registré, relaté dans un exploit, ne fût pas nécessaire à rappeler pour la validité de cet acte. (*Arrêt de cass.*, du 31 janvier 1814. — Journ., art. 4790.) L'huissier ne peut, sans contravention, signifier les procès-verbaux des préposés des contributions indirectes qui n'auraient pas reçu préalablement la formalité de l'enregistrement. (*Instr.* 400, nomb. 9.)

31. *Huissier.* — Un huissier peut signifier un acte de déclaration d'appel d'un jugement susceptible d'être enregistré, avant que ce jugement ait reçu cette formalité. (*Délibér.* du 10 février 1815, *approuvée le 27 par le ministre des finances.* — Journ., art. 5048 et 5104.)

32. Il peut aussi signifier, le dimanche, une ordonnance du président, conformément à l'art. 63 du Code de procédure, sans que cette ordonnance ait été préalablement enregistrée. (*Déc. du min. des fin.*, du 1er juin 1813. — Journ., art. 4700. *Instr.* 436, nomb. 2.);

33. Dresser le procès-verbal d'enlèvement et transport de meubles, pour être vendus sur une place publique, avant d'avoir fait enregistrer le procès-verbal de récolement fait la veille, parce que ces deux actes ne sont pas essentiellement la conséquence l'un de l'autre. (*Décis. du ministre des finances*, du 3 mars 1812. — Journ., art. 4302.);

34. Ne faire enregistrer, qu'après la poursuite, la procuration qui lui est donnée, à l'effet de procéder à un emprisonnement ou à une saisie réelle. (*Arrêt de cass.*, des 24 janvier et 10 août 1814.);

35. Présenter en même temps à l'enregistrement une vente mobilière et l'ordonnance du juge qui a prescrit de la faire ou de la continuer. (*Délibér.* du 24 octobre 1818. — *Décis. du ministre des finances*, du 26 décembre suivant. — Journ., art. 6210 et 6399.)

36. Les huissiers et gardes du commerce, qui pro-

cèdent à des arrestations, ou dressent des procès-verbaux de perquisition, en vertu d'ordonnance du juge, dans le cas prévu par les art. 786 et 787 du Code de procédure civile, ou qui ont consigné dans leur procès-verbal et mis à exécution une ordonnance sur référé du président du tribunal, ne sont passibles d'aucune amende, quoique cette ordonnance n'ait pas été enregistrée; il suffit de présenter cette ordonnance à la formalité avec l'acte, soit d'arrestation, soit de perquisition. (*Instruc.* du 9 novembre 1810, n°. 497.)

37. Dans le cas de deux déclarations de surenchère faites, l'une par un notaire, l'autre par un huissier, celui-ci peut rédiger sa notification, sans être tenu de faire enregistrer préalablement celle du notaire. (*Délibér.* du 30 mai 1818. — Jour., art. 6143.)

38. *Arbitres.* — Un arbitre qui rédige lui-même la sentence arbitrale à la suite de l'acte de sa nomination, sans que cet acte ait été préalablement enregistré, a encouru l'amende de 50 fr. prononcée par l'art. 41 de la loi du 22 frimaire an 7. (*Décis.* du min. des fin., du 2 mars 1816. — Journ., art. 5370.)

39. *Juges.* — Il y aurait contravention formelle à l'art. 23 de la loi du 22 frimaire, si un compte judiciaire était présenté au juge et affirmé devant lui, avant d'avoir été revêtu de la formalité de l'enregistrement. (*Instr.* 436, nomb. 41.)

40. Les juges de paix ne peuvent relater, dans un procès-verbal de non conciliation, des actes sous seing-privé non enregistrés; ce serait leur attribuer la fixité de date et l'authenticité qu'ils ne peuvent acquérir qu'après avoir reçu la formalité de l'enregistrement. (*Instr.* 290, n°. 2.)

41. Les juges ne peuvent homologuer un concordat

non enregistré. (*Décis. du ministre des finances*, du 11 avril 1815. — Journ. , art. 5111.)

42. Les juges commissaires, nommés par les tribunaux en vertu de l'art. 454 du code de commerce, peuvent recevoir les affirmations et faire les vérifications de créance sur un failli, sans que les titres représentés, et sur lesquels les créances sont établies, aient été préalablement enregistrés ; puisque ces opérations ne tiennent qu'à des précautions d'ordre public, sauf la perception ultérieure du droit exigible pour le concordat, ou de celui de l'obligation préexistante, si, à défaut de traité, il est rendu un jugement de condamnation. (*Instr.* 390, nomb. 17.)

43. — Les juges peuvent prononcer leur jugement avant l'enregistrement de la citation à bref délai, faite en vertu d'une cédule, dans les cas prévus par l'art. 6 du Code de procédure. (*Instr.* 436, nomb. 2.)

44. La déclaration des parties qui, aux termes de l'art. 7 du Code de procéd. civ., demandent jugement, peut n'être enregistrée qu'avec le jugement qui en est la suite. (*Inst.* 436, nomb. 3.)

45. — On peut, dans les cas urgens, poursuivre l'instruction de la procédure avant que les jugemens préparatoires aient reçu la formalité, pourvu qu'ils soient enregistrés avant le jugement définitif, et toutefois dans les 20 jours de leur date. (*Instr.* 436. nomb. 5.)

46. *Expert.* — Dans les cas prévus par les art. 28 et 29 du Code de procédure, la cédule peut, sans qu'il y ait contravention, être donnée par le juge, et notifiée par huissier. Le procès-verbal d'expertise, peut également être dressé, et le jugement définitif être rendu, sans que le jugement préparatoire'soit préalablement enregistré. (*Instr.* 436, nomb. 5.)

47. — Des experts peuvent, sans contravention, faire leur rapport sur la situation des registres et bil-

lets de commerce d'un commerçant, sans avoir fait timbrer les registres et enregistrer les billets, parce que des experts ne sont point des arbitres. (*Délib.* du 2 décembre 1818. — Journal, art. 6260.)

48. — Ce rapport peut n'être enregistré qu'avec le procès-verbal du juge commissaire. (*Instr.* 436, nomb. 20.)

ACTES de l'état civil.

1. *Enregistrement.* — L'acte de publication de mariage, et l'extrait qui en est affiché, sont dispensés de l'enregistrement. (*Circul.* 1692.)

2. *Timbre.* Les affiches de publication de promesse de mariage sont assujéties au timbre. Le 2e. alinéa du no 1er. de l'art. 12 de la loi du 13 brumaire an 7 leur est applicable; ces actes intéressent des individus et peuvent être produits pour obligation, décharge ou justification. (*Instr.* no 72, nomb. 11.)

3. Les certificats, qui se délivrent aux parties qui se marient dans une autre commune que celle où les affiches ont été apposées, peuvent être écrits sur du papier de 25 centimes; mais si ces certificats renferment la copie littérale des publications de promesses de mariage, ils doivent, dans ce cas, être faits sur papier d'expédition du timbre de 75 centimes, attendu que ce sont alors de véritables extraits. (*Instr.* 371, no 2.)

4. *Timbre.* — *Extraits.* — *Indigence.* — L'indigence de la partie qui requiert les extraits des actes de l'état civil, ne peut être un motif pour s'écarter des dispositions de l'art. 19 de la loi du 13 brumaire an 7, et 63 de celle de 1816. (*Circul.* 1566. — *Instr.* §. 715.)

5. *Timbre.* — *Extraits.* — *Militaires.* — Les extraits de naissance et de mariage, et les certificats de non-

divorce que doivent produire les veuves et les enfans des militaires, pour obtenir des pensions ou des secours de l'état, étaient exempts du timbre, lorsqu'ils renfermaient la mention de cette destination. (*Décis. du Min. des finances*, du 27 octobre 1807. — Journal, article 2737.)

ACTES nuls et refaits.

Le nombre 7 de l'art. 68 de la loi du 22 frimaire est applicable au cas où un second acte de cautionnement est donné en remplacement du premier, lorsque le droit proportionnel a été perçu sur un cautionnement fourni pour un emploi, et que le premier cautionnement n'a pas été admis. Le second n'est, sous tous les rapports, que le remplacement du premier. (*Décis. du Min. des fin.*, du 30 août 1817. (Journal, art. 5896.)

ACTES de complément.

Lorsque deux individus, qui ont acquis une maison par acte notarié, pour en jouir en commun, leur vie durant, conviennent ensuite, par un acte sous seing privé, que l'un d'eux aura la jouissance de la totalité de la maison, en payant à l'autre 1000 fr. de rente, ce second acte n'est pas la suite et le complément du premier; il est introductif d'un droit nouveau, et doit acquitter *le droit proportionnel* de 4 p. 100, établi par le §. 7, n° 1er. de l'art. 69 de la même loi. (*Arr. de cass.*, du 18 juillet 1815. — Journal, art. 5324.)

ACTE de dépôt.

L'acte de dépôt d'un testament olographe est soumis à l'enregistrement, et passible d'un *droit fixe de 1 fr.*, *élevé à 2 fr.* par la loi de 1816, même pendant la vie du testateur (1).(*Arr. de cass.*, du 14 juil-

---

(1) *Voy.* Art. 68, n° 26, de la loi du 22 frimaire au 7, et l'art. 43 de la loi du 28 avril 1816.

let 1823. — Journal des audiences de 1823, page 261.)

ACTES en brevet.

Timbre. — Peuvent être écrits sur papier à 35 cent. (*Circul.* 1566.)

ACTES d'héritier.

V. Acceptation de succession.

1. La veuve, en disposant des marchandises de la communauté, ne fait qu'un acte de bonne et sage administration. En qualité de commune, elle est tenue des dettes, mais seulement jusqu'à concurrence de son émolument à fixer par bon et fidèle inventaire, auquel elle doit faire procéder. (*Arr. de cass.*, du 18 juin 1817.)

2. La déclaration faite au greffe que l'on se porte héritier, autant que cette qualité ne pourra préjudicier à celle que l'on a de donataire, est un acte d'héritier pur et simple, attendu que cette déclaration ne peut être divisée. (*Arrêt de cassation*, du 14 juin 1813.)

3. *Abandon.* — L'abandon par des héritiers bénéficiaires fait en cette qualité à leur mère, des meubles et immeubles de la succession, à valoir sur ses reprises, n'est pas un acte d'héritier. — *Cour d'Amiens*, du 25 février 1809. — Non plus que la demande d'amnistie du défunt. (*Arr. de cass.*, du 8 février 1810.)

ACTIONS.

1. Les actions de la caisse Lafarge, et leur cession, doivent être assimilées aux inscriptions et aux transferts; elles sont exemptes de la formalité du droit d'enregistrement, attendu qu'elles reposent sur des inscriptions au grand livre de la dette publique.

(*Décis. du Min. des fin.*, du 27 pluviose an 10. — Journal, art. 1108.)

2. Les actions *de la tontine perpétuelle d'amortisse-ment*, autorisée par l'ordonnance du 10 mars 1819, à employer en achats de rentes sur l'état le produit des mises des actionnaires, doivent être timbrées con-formément à l'art. 12 de la loi du 13 brumaire an 7. (*Délib.* du 31 juillet 1819. — *Décis. du Min. des fin.*, du 31 janvier 1820. — Journal, art. 6473 et 6610.)

3. La valeur des actions de la banque de France, en cas de transmission par décès, donation ou toute autre main-levée qui nécessite une déclaration, doit se déterminer d'après le cours moyen de la bourse de Paris, au jour de l'ouverture du droit; s'il n'y a point de bourse, au jour du décès ou de la date de l'acte, le cours de la veille servira de règle pour fixer la valeur sujète aux droits (1). (*Décis. du Min. des fin.*, du 27 août 1810, *Instr.* n°. 747.)

4. Les actions *des Salines de l'Est* doivent être comprises comme valeur mobilière active dans les déclarations de mutation par décès. — *L'exemption du droit d'enregistrement*, prononcée en faveur des transferts des actions ne peut s'étendre aux mutations par décès; ce sont des capitaux mobiliers; ils restent soumis aux dispositions de la loi du 22 frimaire an 7. (*Décis. du Min. des fin.*, du 8 juin 1813. — Journal, art. 4531.)

5. Les actions de la *caisse de survivance et d'ac-croissement*, distribuées aux indigens, doivent jouir de l'exemption du timbre, prononcée par l'article 16 de la loi du 13 brumaire an 7, s'il est fait mention, dans le corps des actions, de cette destination et de leur

----

(1) Art. 14 de la loi du 23 frimaire an 7.

délivrance gratuite. (*Décis. du Min. des fin.*, du 9 juin 1820. — Journal, art. 6767.)

6. Les ventes d'ACTIONS ou INTÉRÊTS dans une société formée pour l'exploitation de mines, doivent être réputées ventes de MEUBLES, en ce qui touche la perception du droit d'enregistrement. — (*Code civ.*, art. 529.) Peu importe que les parties paraissent, par leurs expressions, avoir considéré comme *immeubles* les objets vendus ; c'est d'après la nature même des objets, et non d'après la qualification des parties, que l'on doit déterminer la quotité du droit à percevoir (1). (*Arr. de cass.*, du 7 avril 1824. — Sirey, t. 25. 1ère. part., page 7.)

ADITION d'hérédité.

V. *Abandonnement.*

ADJUDICATION.

1. Le droit d'enregistrement d'un acte d'adjudication ne doit pas être exigé de la caution du prix de l'adjudication ; la demande n'est fondée que contre l'acquéreur. (*Décision du Ministre des fin.*, du 15 décembre 1818.)

2. L'adjudication, contenant la clause qu'il en sera passé acte de vente séparé, ne peut, par cela seul, être considérée comme préparatoire ; alors l'adjudication est définitive. (*Délib. du* 1er. pluviose an 11. — Journal, art. 1377.)

3. Celle portant réserve, par le vendeur, de la ratifier dans un délai déterminé, n'est pas moins passible du *droit proportionnel*, s'il n'est pas dit dans l'adjudication, qu'elle ne sera valable qu'après qu'elle aura été ratifiée. (*Solut.* du 22 juillet 1813. — Jour., art. 4570.)

---

(1) Art. 69, §. 5, n° 1er, de la loi du 22 frimaire an 7.

4. L'adjudication des biens d'une succession au profit d'un héritier bénéficiaire, n'opère pas mutation. (*Délibération* du 28 février 1817. — Journal, art. 5688.)

5. Celui qui a acquis un bien dont il a payé le prix, et qui s'en rend de nouveau adjudicataire sur l'expropriation poursuivie par les créanciers hypothécaires de son vendeur, n'est pas tenu de payer un second *droit proportionnel de mutation.* (*Délib*. du 19 août 1818, app. par le ministre le 17 novembre suivant.)

6. *Honoraires.* — Lorsqu'une adjudication est faite, outre le prix, à la charge de payer 5 pour 100 à l'avoué, et des frais taxés et adjugés à d'autres avoués, le droit doit porter sur le tout, comme faisant partie du prix. (*Arr. de cass.*, du 15 mai 1811.)

7. Les adjudications forcées sont comme les ventes volontaires, sujètes au *droit de 5 fr. 50 c. p.* 100. (*Arr. de cass.*, du 25 juillet 1821.)

8. La perception du droit ne peut être retardée, sous prétexte qu'il y a appel du jugement; seulement il y a lieu à la restitution du *droit de 5 fr. 50 c.p.* 100, lorsque l'adjudication est annulée. (*Instr.* 429.)

9. Lorsque, dans une adjudication par-devant notaire, le cahier des charges porte que les adjudicataires paieront au notaire des centimes pour frais et honoraires en sus du prix principal, et que le montant de ces centimes excède ce qui est dû au notaire, pour les honoraires relatifs à la vente dont il s'agit, la régie a le droit de demander que la somme soit réduite, et que le surplus, qui est accordé au notaire pour frais et honoraires alloués pour d'autres opérations, soit considéré comme faisant partie du prix principal, et en conséquence assujéti au droit d'enregistrement. (*Arr. de cass.*, du 10 décembre 1816, qui confirme

un jugement de Clermont - Oise. — Journal, article 5668.)

10. Les sous-traités, cessions, subrogations ou associations, faits par les adjudicataires qui ont traité directement, sont passibles du *droit proportionnel*. (*L'arrêté* du 15 brum. an 12 et le décret du 25 germinal an 13 ne leur sont pas applicables .(*Instr.* n° 286). — Quand même les cessions ou subrogations devraient, sous peine de nullité, être autorisées par un arrêté du ministre ou du préfet. (*Instr.* 366.)

11. Les adjudications au rabais, faites devant le préfet, des réparations à effectuer aux bâtimens d'un palais de justice, sont sujettes à l'enregistrement, conformément au n°. 5, §. 2 de l'art 69 de la loi du 22 frimaire an 7. Le décret du 15 brumaire an 12 ne leur est pas applicable. — Il en est de même des marchés entre les tribunaux et les imprimeurs. (*Décis. du Min. des Fin.*, du 7 juillet 1812. — Journal, article 4393.)

12. *Coupes de bois appartenant à l'état.* — Le droit doit être provisoirement établi sur les quantités de bois qui sont comprises dans l'adjudication ; il est définitivement réglé d'après les procès-verbaux de récolement. Le droit, en cas de surmesure, est dû sur le prix de l'excédant, et il y a lieu de restituer dans la même proportion, s'ils constatent des manques de mesure. (*Solut. de l'admin.*, du 27 fructidor an 10, art. 1273, Journal.)

13. La perception du droit de 2 p. 100, doit être faite, 1° sur les procès-verbaux de délivrances de Chablis, faites aux adjudicataires de scieries nationales, à moins que ce droit n'ait été perçu sur l'acte d'adjudication des scieries, cas où il ne serait dû que 2 fr. (*Lettre du Directeur général des forêts*, du 20 novembre 1806. — Journal, art. 2441); 2°. sur les procès-verbaux de délivrance extraordinaire de bois

dans les forêts de l'état, en vertu d'arrêtés du gouvernement, à des entrepreneurs de travaux publics. (*Décis. du Min. des fin.*, du 4 thermidor an 13. — Journal, art. 2091). 3°. sur les délivrances de bois, dans les forêts de l'état, faites à un entrepreneur de la marine. (*Arr. de cass.*, du 2 novembre 1807. — Journal, art. 2950.)

14. Les adjudications pour les fournitures et entretien des haras ne sont, comme les marchés et adjudications concernant le service des ponts et chaussés, et les actes de cautionnement y relatifs, passibles que du *droit fixe de* 1 *fr.* Le motif d'intérêt public, qui a dicté la disposition de la loi du 7 germinal an 8, et du décret impérial du 25 germinal an 13, s'applique aux haras, puisqu'ils tendent à améliorer la race des chevaux, si utiles pour la culture des terres, les transports, la confection des travaux publics, etc. (*Décis. du Min des fin.*, du 6 février 1810. — Journal, art. 3499.)

15. *Délais.* — On doit, dans les délais, faire déclaration des biens acquis en justice, bien qu'il y ait eu appel du jugement d'adjudication, sauf restitution du droit dans les deux ans de l'arrêt qui annullerait cette adjudication. (*Instr.* 436. nomb. 57.)

ADJUDICATIONS de rentes.

16. Lorsqu'il y a vente forcée en justice, d'une rente saisie sur la tête d'un curateur à une succession vacante, *le droit proportionnel* se détermine sur le prix exprimé, et non sur le capital de la rente. (*Arr. de cass.*, du 1er. avril 1816.)

ADJUDICATIONS au rabais.

17 Les adjudications au rabais pour le nettoiement et l'arrosement des villes, pour un nombre d'années déterminé et moyennant une somme annuelle à

payer à l'adjudicataire, sont passibles du *droit pro-portionnel*, comme marché ou traité, et non comme baux d'industrie. Ces marchés sont compris dans ceux dont parlent les articles 69, §. 2, n°. 3 de la loi du 22 frimaire an 7, et 51 de celle du 28 avril 1816. L'article 8 de la loi du 27 ventose an 9 ne leur est pas applicable. (*Arr. de cass.*, du 8 février 1820. — Journal, art. 6642.)

18. Celle des travaux aux digues de mer, faites par les propriétaires des Polder et des Walteringhes, ne doivent que 1 *fr. fixe*, par le motif que ces dépenses sont, par le fait, une charge du trésor public. (*Solut. de l'admin.*, du 3 nivose an 11. — Jour., art. 1345.)

19. Celle des travaux sur les routes de 3ᵉ classe, ne doivent que 1 *fr. fixe*, parce que le paiement de ces sortes de travaux est un sacrifice fait par les citoyens au trésor public. Ils doivent jouir de la faveur accordée aux adjudications ou marchés qui intéressent le gouvernement par les arrêtés des 6 fructidor an 11, et 15 brumaire an 12. (*Décis du Min. des fin.*, du 23 août 1808.)

20. Les marchés pour abatage, façonnage et transport d'arbres, concernant la délivrance faite au département de la guerre, pour palissades et liteaux, sont exempts du timbre et de l'enregistrement; les mandats de paiement sont seuls assujétis au timbre extraordinaire, ou au visa pour timbre, aux frais de la partie prenante (1). (*Décis. du Min. des fin.*, du 11 juin 1812. — Journal, art. 4251.)

ADJUDICATIONS de biens provenans de successions en déshérence.

21. L'adjudication de biens fonds provenans d'une telle succession, ouverte depuis moins de trente ans,

_____

(1) *V.* Décrêt du 12 avril 1812.

II. 4

ne pourrait profiter de la modération des droits fixés pour la vente des biens de l'état, puisque le temps, pour qu'ils fussent devenus domaniaux, ne serait pas encore expiré. (*Décision du Ministre des finances*, du 11 août 1818.)

ADJUDICATIONS à folle enchère.

22. L'adjudicataire fol-enchérisseur d'un immeuble, qui n'a pas fait enregistrer son adjudication dans les vingt jours, doit le droit en sus sur le prix de son acquisition, quoiqu'il ait été procédé à une nouvelle adjudication sur la folle enchère ; il doit, en outre, le droit ordinaire sur la différence entre le prix de la première adjudication et celui de la seconde, lorsque celle-ci est faite à un prix inférieur. (*Instr.* 463, n. 56. — *Jugement du tribunal de première instance de la Seine*, du 3 avril 1812.)

23. Les reventes de domaines nationaux, par suite de déchéance, ne sont pas des adjudications sur folle enchère ; mais des ventes pures et simples, passibles d'un *nouveau droit proportionnel*, sur l'intégralité du prix. (*Arr. de cass.*, du 28 vendémiaire an 12. — Journal, art. 1659.)

24. Lorsqu'un immeuble, vendu en justice, est revendu par voie de folle enchère, le fol enchérisseur est tenu de payer le *droit de mutation* de la première adjudication, et même le *double droit*, si le droit simple n'a pas été payé dans les vingt jours. (*Arrêt de cassation*, du 27 mai 1823. — Bulletin de 1823, p. 224.)

25. Lorsque, par le cahier des charges d'une vente sur folle enchère, l'adjudicataire est chargé de payer le droit d'enregistrement dû par le fol enchérisseur, cet adjudicataire ne peut se dispenser de cette obligation, lors même que son adjudication serait faite pour

un prix inférieur à la première. (*Cour de Paris* , du 25 juin 1813.)

26. Les articles 68, §. 1er, no. 8, de la loi du 22 frimaire an 7, 44, no. 1er de la loi du 28 avril 1816, n'exigent pas, pour réduire à un simple droit fixe, l'enregistrement des adjudications sur folle enchère, lorsque le droit proportionnel a été payé sur la première adjudication, comme le fait l'art. 12 de la loi du 27 ventose an 9 à l'égard des jugemens portant résolution des contrats de vente pour défaut de paiement du prix, que le premier acquéreur n'ait payé aucune portion de son prix et ne soit point entré en jouissance de l'immeuble par lui acquis. (*Arrêt de cass.*, du 12 décembre 1822. — Bullet. de 1822, p. 353.)

27. Quand la folle enchère présente un excédant sur le prix de la première adjudication, le fol-enchérisseur doit être remboursé des frais payés pour celui-ci, à la décharge des créanciers de la partie saisie, ou de l'adjudicataire définitif : il supporte les droits de mutation, de greffe et de transcription qui ne peuvent être imputés sur le prix des ventes. (*Cour de Paris* , du 1er mai 1810.)

ADJUDICATION sur surenchère.

28. Dans le cas de revente sur surenchère, l'acquéreur ou le donataire, qui conserve l'immeuble mis aux enchères, en se rendant dernier enchérisseur, doit acquitter le supplément des droits d'enregistrement sur l'excédant du prix porté dans le premier contrat. (*Instr.* 233.)

29. L'adjudication sur saisie immobilière, qui n'a pas été enregistrée dans le délai de vingt jours, mais qui a été suivie d'une surenchère, ne doit que *le droit fixe et le double de ce droit*; attendu que l'adjudicataire déchu n'a pas, comme le fol-enchérisseur, à se

reprochér de n'avoir pas rempli ses engagemens ; que la surenchère n'est, à proprement parler, qu'une continuation des enchères, et qu'il n'y a d'adjudication définitive qu'après le concours ordonné par l'article 712 du Code de procédure civile. (*Délibér.* du 24 juillet 1819. — *Arrêt de cass.*, du 23 février 1820. —Journ., art. 6454 et 6649.)

ADJUDICATIONS. *V. Actes Administratifs.*

ADMINISTRATIONS *Locales.* Voy. *Actes Administratifs.*

ADOPTÉ.

Le legs d'immeubles fait par l'adoptant à l'un des enfans de son fils adoptif est seulement passible du droit de mutation *d'un pour cent* réglé pour les mutations immobilières en ligne directe, et non du droit de cinq pour cent auquel les mutations sont assujéties par le n°. 2, §. 8 de l'article 69 de la loi du 22 frimaire, lorsqu'elles s'opèrent en ligne collatérale, ou en faveur d'étrangers (1). (*Arrêt de cass.*, du 2 décembre 1822. — Bull. off. de 1822, p. 333.)

AFFICHES. — AVIS. — ANNONCES.

1. Les affiches, pour adjudication des biens des hôpitaux et maisons de Charité, et celles pour la location des biens de la légion d'honneur, sont comprises dans les dispositions de l'article 56 de la loi du 9 vendémiaire an 6. (*Décis.* du 28 vendémiaire an 9, et du 24 vendémiaire an 13. —*Instruct.* 326, nomb. 1er.)

2. Les avis imprimés, circulant sous la forme de lettres missives, sont soumis au timbre. Art. 1er. de

---

(1) Art. 69, n° 2, §. 8; et §. 3, n° 4, de la loi du 22 frimaire. an 7.

la loi du 6 prairial an 7. (*Arr. de cass.*, du 12 septembre 1809. — Journ., art. 3419.)

3. Les bulletins d'arrivage, délivrés par les courtiers de navires, qui ont pour objet d'annoncer l'arrivée des bâtimens et la nature de leurs cargaisons, sont sujets au timbre. — On ne peut leur appliquer la décision du min. des fin., du 23 septembre 1806, qui exempte du timbre les bulletins que les agens de change, dans les villes maritimes, font distribuer pour faire connaître le cours du change. (*Décis. du Min. des fin.*, du 9 février 1818. — Journal, art. 1931 et 2813.)

4. Les avis, affiches et annonces, imprimés par le procédé lithographique, sont assujétis au timbre. Les art. 68 et 69 de la loi du 28 avril 1816 sont applicables aux imprimeurs-lythographes qui auraient tiré des exemplaires d'avis ou d'affiches sur papier non timbré, et aux personnes qui les auraient affichés et distribués. (*Décis. du Min. des fin.*, du 20 février 1818. — Journ., art. 827.)

5. Pour les affiches, comme pour les journaux, l'augmentation du droit de timbre est d'un centime pour chaque décimètre carré, qui se trouve excéder les dimensions fixées par l'art. 65 de la loi du 28 avril 1816 ; et si l'excédant de dimension du papier est inférieur à 5 décimètres carrés, le supplément de droit de timbre à percevoir doit être d'un centime. (*Décis.* du 11 août 1818. — Journ., art. 6154).

6. *Récidive.* — La loi du 6 prairial an 7, et celle du 28 avril 1816, n'ayant pas multiplié les amendes, à raison de ce que la distribution aurait été faite en plusieurs lieux, ou pendant plusieurs jours consécutifs, ou à diverses époques, il s'ensuit qu'une seule amende est exigible, sauf la répétition des droits fraudés à proportion du nombre des avis distribués. La distribution, quoique

réitérée, ne constitue, relativement à la peine, qu'un délit successif, tant que la récidive n'est pas prouvée. Pour qu'il y ait récidive, il faut que la contravention ait déjà été réprimée, soit par le paiement volontaire de l'amende, en conséquence d'un premier procès-verbal, soit par un jugement de condamnation intervenu avant les procès-verbaux subséquens. (*Décis. du Min. des fin.*, du 15 janvier 1818. — Journ., art. 6252.)

7. *Exemption du timbre.* — Les affiches et autres imprimés relatifs à l'administration des postes et messageries, sont, comme ceux du gouvernement, dispensés du timbre. (*Décis. du Min. des fin.*, du 27 brumaire an 6.)

Cette décision s'applique aux affiches mises par les préposés des domaines, pour vente d'effets saisis. (*Circul.* du 30 frimaire an 6, n°. 1161.)

8. Les affiches apposées par les particuliers sur leurs demeures, pour annoncer une location, un genre de commerce ou d'industrie, ou la vente de la maison même où l'affiche est apposée, sont exemptes du timbre. (*Décis. du Min. des fin.* du 7 décembre 1813. — Journ., art. 4788.)

9. La loi du 28 avril 1816 ne prononce aucune peine contre ceux qui font placarder et distribuer des affiches et annonces manuscrites, non timbrées; les affiches à la brosse ne peuvent être considérées comme imprimées, en sorte que les unes et les autres se trouvent exemptes de la formalité. (*Décis. du Min. des fin.*, du 24 septembre 1819. — Journ., art. 6638.)

10. Les bulletins du cours du change et du prix des marchandises qui circulent de la main à la main, ou par lettres cachetées, sont exempts du timbre. (*Déc. du Min. des fin.*, des 23 septembre 1816 et 31 janvier 1817. — Journ., art. 5660.)

11. Les ordonnances de police qui se crient et distribuent dans les rues et les lieux publics de la ville de Paris et sa banlieue. (*Décis.*, du 10 février 1807);

12. Les nouvelles intéressantes, extraites du Moniteur, qui se crient et distribuent de la même manière. (*Décis. du Min. des fin.*, du 26 septembre 1807. — *Instruc.*, n°. 326., §. 2.);

13. Les billets de naissance, de mariage et d'enterrement. (*Solut.* du 25 floréal an 8. — Journ., art. 468.)

14. Les arrêts et actes de la Cour criminelle peuvent s'imprimer et se distribuer sur papier libre, lorsqu'il est constant que cette impression et cette distribution ont lieu sous la surveillance du procureur général. Ces instructions, ayant pour but d'intimider le crime, rentrent dans la classe des actes de police générale et de vindicte publique. (*Décis. du Min. des fin.*, du 25 mars 1816. — Journ., art. 3790.)

AFFICHES JUDICIAIRES.

1. Les affiches n'ont le caractère d'actes, qu'autant que leur apposition a été constatée dans les formes prescrites ; elles s'identifient alors avec le procès-verbal de l'huissier, ou avec le certificat du maire qu constate l'apposition. La formalité de l'enregistrement donnée au procès-verbal par l'huissier, remplit le vœu de la loi, de sorte que les affiches signées par un notaire, un huissier, un commissaire-priseur ou un particulier, ne sont pas sujettes à l'enregistrement. (*Instr.* 326. *Décis. des Min. des fin. et de la justice*, des 5 et 15 décembre 1818. — Journ., art. 6483.)

2. Dans le cas de vente de biens de mineurs, l'art. 96 du Code de procédure n'exige que le certificat des maires pour justifier légalement l'apposition du placard; il n'est pas nécessaire qu'elle soit accompagnée

de l'acte d'un officier ministériel. (*Décis. du Min. des fin.*, du 27 novembre 1818. — Journ., art. 6259.)

3. Les affiches ou placards qui s'apposent par ordre de justice, tels que ceux qui ont lieu en saisies immobilières, baux judiciaires, etc., et qui sont certifiés par un huissier ou autre officier public, sont passibles du timbre de dimension, l'art. 58 de la loi du 9 vendémiaire an 6 ne pouvant se rapporter qu'aux affiches volontaires. (*Circul.* 1908. — *Instr.* 137.)

4. Le procès-verbal d'apposition d'affiches, qui doit être rédigé suivant l'art. 685 du Code de procédure civile, concernant les saisies immobilières, doit être sur du papier du timbre de dimension, séparé de l'exemplaire du placard qui y demeure annexé. (*Instr.* 468.)

5. Les contraventions qui résultent de l'apposition d'une affiche de vente imprimée, sans nom de l'imprimeur, sur papier non timbré, ne peuvent être attribuées à la partie, ni à l'avoué dénommé dans cette affiche, lorsque ceux-ci prouvent, par des procès-verbaux d'apposition, que les affiches dont ils se sont servis, étaient régulières. (*Arrêt de cass.*, du 28 mai 1816.) (Dans l'espèce qui a donné lieu à cet arrêt, ces faits n'étaient point contestés par l'Administration.)

6. Les trois placards, ordonnés par les articles 960 et 961 du Code de procédure civile, ainsi que le procès-verbal de l'apposition de ces placards ou affiches, et l'exemplaire à joindre au dossier, relativement aux ventes de biens de mineurs, font partie de la procédure, et doivent être écrits sur du papier au timbre de dimension. Il n'a point été dérogé à cette règle par l'art. 65 de la loi du 28 avril 1816, qui ne concerne que les annonces, avis et affiches mentionnés aux lois des 9 et 13 vendémiaire an 6. Ainsi, l'huissier qui dresse procès-verbal d'apposition d'une affiche frappée du

timbre spécial , dont parlent ces dernières lois, est passible d'une amende de 100 fr. , et responsable de l'excédant des droits. (*Arrêt de cass.*, du 2 avril 1818. — Journ. , art. 6095.)

7. La procédure ne peut être annulée en fait de saisie immobilière , sur ce que les affiches ont été timbrées à l'extraordinaire. (*Arrêt de cass.*, du 8 mai 1811.)

8. Les affiches relatives à la vente des biens des mineurs , à faire devant un notaire délégué par le tribunal, sont sujettes au timbre de dimension , comme étant ordonnées par les lois. Mais les exemplaires d'affiches visés et certifiés par les maires, sont dispensés de l'enregistrement. (*Décis. du Ministre des finances* , du 16 février 1818. — Journ. , art. 6008.)

9. Les affiches contenant l'extrait d'un jugement du tribunal de commerce , relatif à l'ouverture d'une faillite , ayant pour objet de donner une connaissance authentique de la faillite , rentrent dans la classe de celles qui sont apposées par mesure d'ordre public, et sont, par conséquent, affranchies de la formalité du timbre. (*Décis. du Ministre des finances*, du 15 mars 1814. — Journ. , art. 4759 et 4852.)

10. Les affiches d'un jugement par lequel un particulier se trouve condamné à la réparation d'un outrage envers un autre, faites en vertu de ce jugement même, sur la poursuite et dans l'intérêt de la partie qui l'a obtenu , sont sujettes au droit de timbre. Il n'y a que celles faites dans l'intérêt public, et à la poursuite d'un fonctionnaire , ayant quelque exercice d'autorité publique, qui en soient exemptes. (*Arrêt de cass.* , du 16 juillet 1811. — Journ. , art. 3982.)

AFFIRMATION de voyage.

1. Il est dû autant de droits qu'il y a de parties affirmantes , quoique impliquées solidairement dans

un procès, parce que chacun doit affirmer son voyage ou son séjour pour pouvoir en répéter les frais. (*Circul.* 1771.)

AFFIRMATION de créances.

2. Les procès-verbaux d'affirmation de créances sont soumis à autant de droits fixes d'enregistrement qu'ils renferment de déclarations, parce que chaque affirmation, faisant titre au créancier respectif, présente une disposition distincte. (*Délibér.* du 15 mai 1819. — Journ., art. 6408.)

AFFIRMATION de procès-verbaux.

3. L'affirmation faite devant un fonctionnaire qui n'a pas qualité pour la recevoir, est nulle ; sa nullité entraîne celle du procès-verbal. (*Arrêt de cass.*, des 5 brumaire an 12 et 18 novembre 1808.)

4. L'affirmation porte essentiellement sur la vérité du contenu aux actes placés sur la même feuille, et à la suite desquels elle se trouve ; la loi n'exige point qu'on y rappelle en détail les faits établis au procès-verbal. (*Arrêt de cass.*, du 9 février 1808. — Journ., art. 5578.)

5. Le défaut d'affirmation ne pallierait point le faux que le procès-verbal pourrait renfermer ; l'omission d'une formalité accessoire, ne tenant point à la substance de l'acte. (*Arr. de cass.*, du 20 novembre 1807.)

AMENDE.

1. Lors même qu'une amende serait attribuée en partie, il n'appartient pas moins exclusivement au receveur de l'enregistrement de la percevoir, sauf à la partie prenante à recevoir des mains de cet employé la portion à laquelle elle aurait droit. (*Circul.* 996 et 1237.)

AMENDES *de consignation.*

2. Se paient au bureau du tribunal saisi de l'appel. (*Circul.* 1820, et *Instr.* 136.) — On peut néanmoins charger des poursuites le receveur du domicile du condamné, qui fera passer le montant du recouvrement à celui auquel il appartient. (*Solut.* du 12 pluviose an 10.)

3. La prohibition renfermée dans l'art. 59 de la loi du 22 frimaire an 7 s'applique également aux tribunaux. (*Arr. de cass.*, des 2 nivose an 7, 13 brum. an 11, 27 février 1806, 23 juin 1807, 23 novembre suivant et 18 mai 1809.)

AMENDES remises.

4. Les amendes, payées antérieurement à la promulgation de l'ordonnance qui en accorde la remise, restent acquises à l'état. (*Décis. des Min. de la just. et des fin.*, des 26 février et 27 juin 1817.)

5. Les préposés devront, avant qu'il soit fait aucun acte de poursuite, faire signifier les jugemens de simple police, même contradictoires, aux parties qui ne se sont pas libérées du montant des condamnations sur l'avertissement préalable qui leur en aura été donné. A l'égard des jugemens en matière de police correctionnelle, on continuera de suivre la marche indiquée par la circulaire 1664. — Si ces derniers sont contradictoires, la signification n'est pas nécessaire. (*Instr.* 943.)

AMENDES. — Poursuites.

6. On ne doit point exercer de poursuites pour le recouvrement des amendes de police correctionnelle, avant qu'il ait été prononcé sur l'appel des redevables ; les poursuites, pour faire prononcer sur cet appel, ne

se prescrivent que par trois ans , conformément à l'article 638 du Code d'instr. crimin. (*Décis. des Min. de la just.* , *et des fin.*, du 18 mai 1813. — Journal , article 4731.)

7, L'Administration de l'enregistrement peut poursuivre le recouvrement des amendes , prononcées par des tribunaux français , contre des étrangers devenus français par la réunion de leur pays à la France. (*Avis du Conseil d'état*, du 4 juin 1806. — *Circul.*, du 24 septembre 1806.)

AMENDES. — Poursuites. — Communauté.

8. Les amendes de police simple ou correctionnelle, prononcées contre le mari , peuvent se poursuivre sur les biens de la communauté ; si c'est contre la femme , sur la nue-propriété de ses biens personnels , tant que dure la communauté. (*Arrêt de cassation* , du 27 septembre 1806. — Code civil. , art. 1424. — Journal , art. 4445.)

AMENDES. — Poursuites.

9. L'Administration n'est point soumise, pour les poursuites qu'elle est dans le cas d'exercer , aux dispositions du Code de procédure , l'art. 64 de la loi du 22 frimaire an 7 , qui prescrit la contrainte , comme premier acte de poursuites, s'applique nécessairement à toutes les perceptions qui lui sont confiées , conformément à l'art. 17 de la loi du 27 ventose an 9. (*Délib. de l'Admin.* , du 25 janvier 1817. — Journal , art. 5670.)

10. Lorsqu'une instance s'élève sur une réclamation d'amende prononcée par un jugement passé en force de chose jugée, le tribunal, saisi de la contestation , ne peut refuser la condamnation , sous prétexte que le prononcé du jugement ne lui paraît pas fondé. (*Arr. de cass* , du 25 mai 1813. — Journal, art. 4575).

AMENDES. — Privilége.

11. L'état n'a point de privilége pour les amendes prononcées en matière criminelle et correctionnelle ; mais le privilége de l'indemnité, due à la partie civile, ne peut primer celui du trésor pour les frais de justice. (*Instr.* 375.)

AMENDES. — Responsabilité.

12. Le mari n'est pas responsable des amendes encourues par sa femme pour délits ordinaires — Le maître n'est responsable des dommages encourus par son domestique, que dans le cas où ils ont eu lieu dans les fonctions auxquelles il l'a employé. (*Arr. de cass.*, du 9 juillet 1807. — Sirey, t. 7.)

13. Il suffit que le délit d'un domestique qui a écorcé des arbres dans une forêt de l'état, en y gardant les bestiaux de son maître, ait été commis pendant la durée des fonctions auxquelles il était préposé, et qu'il soit entré dans la forêt, dans l'intérêt et par l'ordre de son maître, pour que le domestique soit réputé avoir commis le délit dans les fonctions auxquelles son maître l'avait employé, et qu'il y ait lieu à responsabilité du maître. (*Arr. de cass.*, du 13 janvier 1814. — Sirey, t. 14.)

14. La responsabilité civile dans les affaires criminelles, correctionnelles et de police, ne peut, à moins d'une disposition expresse et spéciale de la loi, être étendue aux peines ou amendes que la loi prononce contre les auteurs ou complices. (*Arr. de cass.*, du 19 mars 1818.)

15. Ainsi, la responsabilité civile, à raison d'un délit de pâturage dans un bois communal, ne s'étend point à l'amende. (*Arr. de cassation*, des 11 septembre 1818 et 25 février 1820. — Journal, art. 6501. — Sirey, t. 19 et 20. — Ce dernier arrêt semble faire

penser qu'il en serait autrement, si le délinquant était un subordonné.

16. Il n'en est pas de même pour les délits commis dans les bois de l'état; la responsabilité civile s'étend aux amendes comme aux dommages-intérêts. (*Arr. de cass.*, des 6 avril et 25 février 1820. — Journal , art. 6719. — Sirey, t. 20.)

AMENDES. — Mineurs. — Responsabilité.

17. La poursuite contre les père et mère du mineur condamné à l'amende et au remboursement des frais de justice, ne peut avoir lieu qu'autant qu'ils sont déclarés responsables par le jugement. (*Décis. du Min. de la justice* , du 21 avril 1813. — Journal, article 4665.)

AMENDES. — Complices. — Responsabilité.

18. Les amendes, prononcées en police correctionnelle , sont solidaires, quand même chacun des délinquans serait condamné au *maximum* de l'amende. (*Arr. de cass.* , du 11 septembre 1807.)

AMENDES. — Jugemens de condamnation.

19. Si les préposés avaient connaissance de quelque jugement qui ne portât pas condamnation d'amende, lorsque la loi veut qu'il en soit prononcé, ou qui condamnât à une somme moindre que celle fixée par le code, ils devraient en référer au procureur du roi, et adresser au directeur un extrait du jugement. (*Inst.* 408, nomb. 14.)

20. L'amende, prononcée par l'art. 56 du Code de procédure, ne peut être exigée quand la demande n'est pas portée au tribunal. Si elle y est portée, le jugement, même par défaut, doit y condamner le défaillant : elle doit être prononcée pour devenir exigible. (*Instruc.* 408.)

21. L'opposition à ce jugement ne peut être reçue avant justification du paiement de l'amende. (*Cour de Paris*, du 10 août 1809.)

22. L'amende, prononcée par l'art. 69 du Code de procédure, n'est pas exigible lorsque le non comparant prouve l'impossibilité où il était de comparaître. (*Déc. du Min de la just.*, du 15 novembre 1808.)

23. Mais elle est due, quoique le non comparant allègue qu'il s'est fait représenter, lorsque le mandataire n'était point porteur d'une procuration. (*Arr. d'admission*, du 10 août 1813. — Journ., art. 4779.)

24. Le jugement, portant condamnation à une amende de non comparution au bureau de conciliation, ne peut être annulé sur l'opposition aux poursuites pour le recouvrement, sans que la partie civile ait été mise en cause. (*Arr. de cass.*, du 20 juin 1810.—Journ., art. 3693.)

25. L'amende, prononcée pour défaut de comparution à un conseil de famille, n'est pas exigible, lorsqu'un jugement du tribunal de première instance annule le procès-verbal de la convocation de ce conseil. (*Déc. du Min. des fin.*, du 30 novembre 1819 —Journ., art. 6618.)

AMENDE. — Tierce opposition.

26. L'amende que l'article 479 du Code de procédure civile prononce contre la partie dont la tierce opposition est rejetée, n'est pas encourue, si la cour se déclare incompétente. (*Cour de Bruxelles*, du 9 avril 1808.)

27. Cet article n'est pas applicable à la tierce opposition exercée contre le jugement rendu en police. (*Arr. de cass.*, du 25 avril 1808.)

AMENDES en consignation.

28. La loi du 1er thermidor an 6, qui dispensait les indigens de consigner l'amende pour se pourvoir en requête civile, est abrogée par le code. (*Avis du Conseil d'état.*, du 20 mars 1810. — *Instruc.* 472.)

29. Un accusé, qui a été absous par arrêt d'une cour d'assises, doit consigner une amende de 150 fr. pour se pourvoir en cassation contre la partie de cet arrêt qui le condamne à des dommages-intérêts envers la partie civile. (*Arr. de cass.*, du 12 octobre 1815.) —Cette obligation ne cesserait pas, lors même qu'il aurait été condamné à une peine correctionnelle, à moins que, dans ces deux cas, il ne justifie de son indigence. *Autre arr.*, du 2 novembre 1815. — Journ., art.5563.)

30. Des particuliers qui ont acquis séparément des lots d'une adjudication, n'ont qu'une amende à consigner pour se pourvoir contre l'arrêt qui les condamne à raison de leurs acquisitions.(*Arr. de cass.*, du 20 novembre 1816. — Sirey. tom. 17.)

31. Lorsque deux créanciers, qui ont vainement contesté une collocation qui leur préjudicie, se pourvoient en cassation de l'arrêt qui rejette leurs prétentions, la consignation d'une seule amende suffit pour tous les deux. (*Arr. de cass.* des 27 février 1815 et 3 février 1819. — Journ., art. 5263 et 6375.—Sirey. t. 15 et 19.)

32. Plusieurs particuliers, qui ont le même intérêt à faire annuler une vente, n'ont qu'une amende à consigner pour se pourvoir en cassation contre l'arrêt,quels que soient les moyens présentés par chacun d'eux à l'appui de leur demande. (*Arr. de cass.*, du 15 janvier 1821. — Journ., art. 6951.)

33. Les administrateurs des hospices qui se pour-

voient contre un même jugement qui a réuni diverses instances entre eux et les détenteurs de leurs rentes, n'ont qu'une amende à consigner. (*Arr. de cass.*, du 10 février 1813.)

AMENDE. — Administrations.

— Les administrations publiques, quoique dispensées de la consignation, doivent payer 150 fr. à la partie, quand elles sont déboutées de leur demande par la section civile. — *Décis. du Min. de la just.*, du 15 avril 1806. — Sirey, tom. 7.)

34. L'art. 2 de la loi du 14 brumaire an 5 dispense les indigens de la consignation des amendes prescrites avant le pourvoi en cassation. — On peut délivrer un certificat d'indigence même à ceux qui paient 20 fr. de contribution foncière. (*Décis. du Min. des fin.*, du 9 novembre 1813.)

35. Un individu qui s'est pourvu en cassation, muni d'un certificat d'indigent, n'est pas pour cela dispensé de payer l'amende si son pourvoi vient à être rejeté. (*Arr. de cass.*, du 28 décembre 1812.—Journ. Art. 4413. — Sirey, tom 13.)

AMENDES en consignation. — Fol appel.

36. L'amende de fol appel n'est ordonnée par la loi qu'en matière civile et devant les tribunaux civils; elle n'a pas lieu en matière de police simple. (*Arr. de cass.*, du 19 juin 1817. — Journal, art. 5979. — Sirey, tome 18.)

AMENDE. — Recouvrement.

37. L'amende au profit des pauvres doit être recouvrée par l'administration de l'enregistrement. (*Décis. du Min. des fin.*, du 10 avril 1817.)

38. Les préposés de l'administration ne sont plus chargés de la recette des amendes et confiscations ré-

sultant des contraventions aux lois sur les poudres et salpêtres. (*Instr.* 610.)

AMENDES forestières.

39. Le recouvrement des amendes et des dommages-intérêts, qui résultent de jugemens contradictoires, peut être fait et déterminé par de simples contraintes décernées par le receveur. (*Arr. de cass.*, du 6 juin 1809. — Journal, art. 3557.)

40. Les amendes de contravention aux lois et réglemens, qui régissent une administration de finance, sont reçues par les préposés de l'administration même qui a souffert un préjudice de la contravention. (*Lettre du Ministre des finances*, du 1er complémentaire an 12.)

41. Les receveurs de l'enregistrement et des domaines ont seuls qualité de recouvrer les amendes prononcées au profit de l'état; celles pour délits commis dans les bois de la couronne appartenant au trésor public, ne peuvent être abandonnées aux agens forestiers de la liste civile. (*Décis. du Min. des fin.*, du 1er mars 1820. — Journal, art. 6709.)

AMNISTIE.

1. L'amnistie n'exempte du remboursement des frais de justice qu'autant qu'elle l'énonce formellement. (*Décis. du Ministre des finances*, et *Instr.* du 12 décembre 1817.) — Elle s'étend aux frais de justice, lorsque l'ordonnance fait remise des amendes et condamnations pécuniaires. (*Instr.* 804.)

2. Le décret d'amnistie, du 13 prairial an 12, ne profite qu'aux individus qui étaient en état de détention lors de sa publication. La transaction qui aurait été faite entre le condamné et le domaine, pour le

paiement des frais et amendes, ne peut préjudicier au condamné si elle a été payée avant la publication dudit décret. (*Arr. de cass.*, du 22 juin 1815. — Journ., art. 5229.)

3. Les délits de pâturages ne pouvant être attribués à la rareté des subsistances, ne sont point amnistiés. (*Décis. du Ministre des finances*, du 15 février 1819.)

4. L'amnistie du 11 juillet 1814 ne s'applique pas aux délits de chasse. (*Délibér.* du 30 octobre 1816, approuvée le 15 janvier 1817 *par le Min. des finances.* — Journ., art. 5561.)

5. Par ordonnance du 20 octobre 1820, il a été accordé amnistie pour les délits forestiers commis antérieurement au 29 septembre 1820. (*Instr.* 956.)

ANTICHRÈSE.

1. On ne doit voir qu'une antichrèse dans l'acte par lequel un individu se reconnaît authentiquement débiteur d'une somme, et cède à son créancier la jouissance actuelle de certains immeubles, pour le remplir des intérêts, et lui en abandonne la propriété à titre de vente, dans le cas où il ne lui aurait point remboursé le prêt dans douze ans, à partir de l'acte. La mutation, pendant ce temps, n'est qu'éventuelle, et ce n'est qu'à l'expiration des douze ans que le droit de 5 *et demi pour* 100 doit être exigé, si le capital n'est point remboursé. (*Arr. de cass.*, du 17 janvier 1816. — Journ., art. 5453.)

2. L'obligation qui contient affectation d'hypothèque et antichrèse, ne donne ouverture qu'au seul *droit de* 2 *pour* 100, à cause de l'antichrèse, parce que celle-ci se confond avec l'obligation comme l'affectation hypothécaire elle-même. (*Délibér.* du 27 février 1822. — Journ., art. 7163.)

3. La cession faite par un débiteur de la jouissance

5.

d'un immeuble jusqu'au remboursement de la créance,
est une antichrèse passible du *droit de 2 pour* 100 ,
quoiqu'il ne soit point dit dans l'acte que les fruits du
domaine cédé seraient imputables sur les intérêts ni
sur le capital de la créance. (*Délibér.* du 20 juin 1817.
— Journ. , art. 5819.)

APPEL.

1. La déclaration d'appel de tous jugemens rendus
en police correctionnelle, opère *le droit fixe de* 1 *fr.*
— Art. 68, nº 48 de la loi du 22 frimaire an 7.(*Délibér.*
du 25 octobre 1817. — Journ. , art. 5948.)

2. Les greffiers des Cours royales ne sont tenus
qu'à faire *enregistrer en débet*, dans les vingt jours de
leurs dates, les déclarations de recours en cassation,
en matière correctionnelle, lorsque les condamnés
sont emprisonnés. (*Délibér.* du 4 juillet 1818.)

3. L'acte fait au greffe, en matière de récusation,
conformément à l'article 392 du Code de procédure
civile, n'opère pas, pour le dépôt, un droit particulier
qui ne serait dû que dans le cas où il serait rédigé par
acte séparé. (*Instr.* 436, nomb. 33.)

4. La réserve d'interjeter appel incident en tout
état de cause insérée dans les significations d'avoués à
avoués , dans le cours de la procédure, ne peut être
soumise qu'au *droit de 2 fr.* , et *non de* 10 *fr.* (*Arr. de
cass.*, du 23 janvier 1810.)

5. Lorsqu'en matière de recouvrement des revenus
de domaines, il a été formé une demande au-dessous
de 1000 fr. , et que le défendeur a demandé incidemment une somme de 1200 fr. , à titre de dommages-intérêts, l'appel est recevable. (*Arr. de cass.*,
du 31 mars 1812. — Journ. , art. 4188.)

6. La déclaration faite devant un notaire, qu'on en-
tend appeler d'un jugement, signifiée ensuite par un

huissier pour comparaître dans le délai de la loi, vaut comme acte d'appel. (*Arr. de cass.*, du 16 août 1809. — Journ., art. 3543.)

ARBITRAGE.

1. Lorsque les biens d'une succession sont restés indivis entre les mains d'un des co-héritiers, la sentence arbitrale qui détermine, en dernier ressort, le montant des jouissances et la part qui revient à chaque co-héritier, doit être considérée, sinon comme une condamnation proprement dite, du moins comme une véritable liquidation, et par conséquent être soumise au *droit proportionnel de* 50 *fr. pour* 100, conformément à l'art. 69, §. 2, n°. 9 de la loi du 22 frimaire an 7. (*Arr. de cass.*, du 10 mai 1819. — Journal, art. 6431.)

2. Le droit d'enregistrement est dû sur un jugement arbitral, en vertu d'un compromis qu'on prétend non signé, lorsque la partie poursuivie n'a pas demandé la nullité de la sentence, et qu'on a conservé la faculté d'en exiger l'exécution. (*Arr. de cass.*, du 16 février 1814.)

ARBITRES.

Le rapport des arbitres doit être enregistré quand on veut en faire usage en justice; leur avis verbal, énoncé à l'audience, n'opère point de droit particulier pour la mention qui en serait faite dans le jugement. (*Instr.* 436, nomb. 37.)

Voyez ACTES PASSÉS EN CONSÉQUENCE D'UN AUTRE.

ARRÊTÉS.

1. Les arrêtés d'alignement ne sont pas assujétis au timbre et à l'enregistrement sur la minute, lorsque

les constructions auxquelles ils sont relatifs doivent être faites sur les mêmes fondations; mais, quand le propriétaire acquiert une portion de terrain, ces arrêtés doivent le droit *de 2 pour 100*, ou celui *de 5 et demi*, selon que la concession concerne un terrain national ou une propriété communale.

2. La formalité doit être donnée *gratis* si la concession tourne, soit au profit de l'état, soit à celui de la commune, lorsque, dans ce dernier cas, l'objet de la concession a une destination immuable d'intérêt public (1). (*Décis. du Ministre des finances*, du 5 septembre 1818. — *Instr.* n° 860.)

3. L'arrêté d'un préfet qui concède gratuitement des biens à des habitans pour l'utilité du département, doit être timbré et enregistré *au droit fixe de 1 fr.* (*Décis. du Min. des fin.*, du 21 novembre 1809.)

4. L'arrêté qui maintient en possession provisoire les détenteurs des biens communaux, doit être enregistré comme vente, sauf restitution. (*Décis. du Min. des fin.*, du 27 juin 1809).

ARRÉTÉS des préfets.

5. L'arrêté d'un préfet qui autorise un hospice ou autre établissement public, à recevoir le remboursement d'une rente, et à placer le même capital entre les mains d'un autre particulier, est exempt du timbre et de l'enregistrement, comme n'étant qu'une mesure d'ordre public. (*Instr.* 605.)

6. Les arrêtés des préfets, portant remise aux émigrés, de leurs biens non vendus, sont exempts du timbre et de l'enregistrement, comme purement administratifs. (*Délib. du Min. des fin.*, du 9 août 1816. — Journal, art. 5500.)

_____

(1) Art. 78 et 80 de la loi du 15 mai 1818.

7. Les arrêtés des préfets qui confirment des communes ou des habitans dans la jouissance des droits de pâturage et autres usages dans les forêts de l'état, sont soumis au *droit fixe de* 1 *fr.* dans les vingt jours qui suivent l'approbation du Ministre des finances. Art. 68 de la loi du 22 frimaire an 7, n°ˢ 6, 12, 38 et 51, §. 1ᵉʳ. (*Décis. du Min. des finances*, du 28 juillet 1807.)

ASCENDANS.

1. Les jugemens qui accordent des secours aux ascendans, doivent 50 *cent. p.* 100 sur le capital de la pension qu'ils adjugent. (*Instr.* 390, nomb. 7).

2. Les actes volontaires par lesquels les enfans déclarent qu'ils se soumettent aux obligations que leur impose le code, en fournissant des alimens à leurs ascendans, sans détermination de sommes, ne sont passibles que du *droit fixe de* 1 *fr.* ; s'ils s'engagent à leur payer annuellement une somme convenue pour en tenir lieu, on doit percevoir 25 *cent. p.* 100 sur le capital de la pension stipulée. (*Instr.* 450.)

ASSURANCE (contrats d').

1. Pour l'utilité du commerce, l'enregistrement des contrats d'assurance et d'affrètement des navires peut, *par tolérance*, n'avoir lieu qu'autant qu'il en serait fait usage en justice. (*Décis. du Min. des fin.*, du 27 septembre 1816).

ASSURANCE relative au recrutement.

2. Il n'est dû *qu'un droit fixe* sur l'acte notarié par lequel on déclare prendre intérêt dans l'institution dotale et de secours mutuel de recrutement, au moyen du versement de la somme convenue, et dont se reconnaît chargée, par le même acte, l'administration

de cet établissement, conformément à ses statuts. (*Décis. du Min. des fin.*, du 3 septembre 1819. — Journal, art. 6533.)

ASSURANCE contre la grêle et l'incendie.

3. Les sociétés d'assurance contre les incendies, existant dans les départemens anséatiques, sont rentrées, depuis la réunion de ce pays à la France, dans la classe des sociétés particulières, qui ne sont pas admises à jouir des exemptions accordées aux seuls établissemens publics. (Journal, art. 4546.)

4. Il ne doit être perçu qu'*un droit proportionnel de 1 fr. p.* 100 sur les contrats d'assurance à prime, quel qu'en soit l'objet; et ce droit doit être liquidé sur le montant des primes. (*Décis. du Min. des fin.*, du 9 mai 1821. — *Instr.* 983.)

5. Il n'y a pas lieu à la pluralité des droits sur les procurations à faire relativement à l'association mutuelle contre la grêle, dans le département de la Côte-d'Or, quel que soit le nombre des souscripteurs de ces procurations. Il ne sera perçu que le droit également fixe de 5 fr. sur le traité général stipulé, sauf prime relative à cette association. (*Délib.* du 24 novembre 1821, *appr. le* 20 *décembre*. — Journal, article 7165.)

6. L'acte sous seing-privé, passé entre une compagnie d'assurance mutuelle contre l'incendie, et un particulier, par lequel ce dernier a adhéré à cette société, jusqu'à concurrence d'une somme de 10,000 fr., valeur d'immeubles lui appartenant, et qui, par suite de cette adhésion, se trouvent assurés, n'est passible que du *droit fixe de 5 fr.* (*Délib.* du 6 mars 1822, appr. le 22 *par le Min. des fin.*, art. 336 du contrôleur.)

ATERMOIEMENT.

1. L'acte par lequel un commerçant se reconnaît débiteur de sommes envers ses divers créanciers, et consent à ce que le montant des dettes soit hypothéqué sur ses immeubles, est passible du *droit de 1 pour 100*, comme obligation, et non de celui de 50 c., attendu que cet acte, n'ayant pas été précédé des formalités prescrites par l'art. 519 du Code de commerce, ne peut être considéré comme un concordat qui, sous l'empire de ce code, remplace le contrat d'atermoiement. (Journ., art. 4671.)

2. L'acte d'atermoiement, par lequel un débiteur abandonne à ses créanciers des objets mobiliers qui lui appartiennent, et par lequel ceux-ci font remise pure et simple du surplus de leur créance, est soumis, pour l'enregistrement, à un *droit proportionnel de 2 pour 100*. (*Arr. de cass.*, du 30 janv. 1809. — Sirey, t. 10. — Art. 3402 du Journal.)

AVERTISSEMENT.—Juge-de-paix.

Un avertissement imprimé, non signé de l'huissier, pour comparaître devant le juge de paix, est dispensé de l'enregistrement et de la perception du droit de notification de cédule, quand même il serait rendu jugement sur la comparution volontaire de la partie, d'après cet avertissement. (*Solut.* du 7 frim. an 10. — Journal, art. 1145.)

AVIS *de parens.*

1. Les délibérations de famille, qui se bornent à autoriser le tuteur à dépenser annuellement la somme nécessaire pour la nourriture et l'entretien du pupille, ne donnent ouverture qu'au *droit fixe de 1 fr.*, comme simple autorisation. (*Instr.* 290, nomb. 23.)

2. La délibération qui autorise le tuteur à employer la totalité des revenus des biens de son pupille aux dépenses qu'exige la tutelle, *sans être obligé de rendre aucun compte*, est une cession d'usufruit passible du *droit de 4 pour* 100. (*Décis. du Min. des fin.*, du 9 mars 1813. — Journal, art. 4579.)

3. Le *droit proportionnel de 1 pour* 100 est dû sur les délibérations du conseil de famille, qui autorisent le tuteur acceptant à conserver entre ses mains une somme déterminée appartenant au mineur, pendant un nombre d'années convenu, à la charge d'en payer l'intérêt; mais il n'est rien dû sur l'autorisation à cette cause; parce qu'elle est indispensable pour qu'il y ait obligation. (*Instr.* 449, nomb. 1.)

4. On doit percevoir le même droit sur la délibération du conseil de famille, qui, sur le compte rendu par le tuteur, l'autorise à garder les fonds de son pupille, qui forment le reliquat de ce compte, avec affectation d'hypothèque sur ses biens. (*Arr. de cass.*, du 13 nov. 1820. — Journal, art 6896.)

5. Les délibérations des conseils de famille contenant les déclarations de dettes passives non fondées sur des titres enregistrés, déclarations qui ont pour objet de donner, sauf vérification ultérieure, un aperçu de l'avoir et des charges de la succession, ne sont pas passibles du droit d'obligation. (*Délib.* du 20 mars 1820. — Journal, art. 6683.)

AVOUÉS.

1. Les avoués ou huissiers qui se permettent de faire des copies tronquées, commettent une prévarication répréhensible, et se rendent même coupables de concussion quand ils se font payer des rôles qu'ils ont supprimés, et du papier timbré qu'ils n'ont pas fourni; c'est alors le cas de les dénoncer aux tribunaux qui doivent s'empresser de réprimer de semblables abus;

quant aux significations d'avoué à avoué, l'usage du papier libre, pour ces sortes d'actes, est une véritable contravention à la loi du 13 brumaire an 7, ainsi qu'à celle du 27 ventose an 9, et les contrevenans étant dans le cas de l'amende, l'administration ne doit pas balancer à en faire prononcer la condamnation. (*Lett. du Grand-Juge*, *Instr.* nomb. 397.)

AVOUÉS. — Conclusions.

2. L'avoué est passible d'amendes et du remboursement des droits du timbre, pour avoir déposé au greffe d'un tribunal des conclusions motivées, par lui rédigées et signées sur papier non timbré. (*Arr. d'admiss.* d'un pourvoi en cass., du 24 août 1820.)

3. On peut admettre les avoués à faire timbrer à l'extraordinaire, 1° les significations imprimées des jugemens définitifs (*Délib.* du 29 sept. 1819. — — Journ., art. 6527.); 2° Les mémoires imprimés, et les affiches judiciaires imprimées. (*Instruc.* 137.)

4. L'avoué ne peut être entendu dans les instances relatives à l'enregistrement, au timbre et revenus domaniaux. (*Arr. de cass.*, du 26 février 1816.)

AVOUÉS. — Registre.

5. Le registre, dont la tenue est prescrite aux avoués par l'article 151 du décret du 16 février 1807, doit être timbré; la disposition de l'article 12 de la loi du 13 brumaire an 7 leur est applicable. Mais, attendu que le silence du décret de 1807 a pu laisser aux avoués des doutes sur l'assujétisement du registre à cette formalité, les amendes qu'ils ont encourues jusqu'à ce jour, pour ce défaut de timbre, ne seront point exigées, sous la condition de faire immédiatement timbrer les feuilles de ce registre, qui ont été ou seront employées dans l'année courante, et de remplir exacte-

ment à l'avenir la même obligation. (*Décis. du Min. des fin.*, du 7 novembre 1821.—*Instr.*, nomb. 1005.)

6. L'acte de prestation de serment, prescrit aux avoués par l'article 31 de la loi du 22 ventose an 12, relative aux écoles de droit, n'est soumis *qu'au droit fixe de* 1 *franc*, et non à celui de 15 fr. qui n'est prescrit que pour les seules prestations de serment exigées pour entrer en fonctions (1). (*Arr. de cass.*, du 24 février 1808.)

B.

BAIL (2).

1. On peut poursuivre contre le preneur les droits d'un bail sous seing-privé déposé au bureau par le bailleur qui se refuse au paiement. (*Arr. de cass.*, du 6 avril 1815. — Journ., art. 5198.)

2. L'acte par lequel un propriétaire cède pour douze années, moyennant une somme une fois payée, l'écorce des arbres-liége qui existent sur son domaine, constitue un bail. (*Arr. de cass.*, du 7 décembre 1819. — Journ., art. 6698.)

3. Le bail sous seing-privé, qui n'a pas été enregistré dans les trois mois de sa date, ne cesse pas d'être passible de la peine du *double droit*, par cela que sa durée est expirée (3). (*Arr. de cass.*, du 6 mars 1822. — Journ. des Aud. de 1822, p. 368.)

4. Le bail qui comprend des rentes ne donne ouver-

---

(1) Art. 68, n° 51, de la loi du 28 avril 1816.

(2) *Voy.* loi du 22 frimaire an 7, art. 15, n° 1er, et art. 69, §. 3, n° 2.

Voy. aussi l'art. 1er de la loi du 16 juin 1824.

(3) Art. 38 de la loi du 22 frimaire an 7.

ture qu'au droit ordinaire réglé pour les baux, sur tous les objets affermés, parce que, d'après l'art. 1713 du Code civil, on peut louer toutes sortes de biens, meubles et immeubles. (*Solut.* du 22 juillet 1814. — Journ., art. 4908.)

5. Si le preneur est chargé de payer la contribution foncière, sans déduction sur le prix de son bail, il doit être ajouté au prix un quart pour le montant de la contribution, s'il n'est pas désigné dans l'acte, ou si l'on n'en a pas justifié par le rapport du rôle (1). (*Solut.* du 9 brumaire an 7. — Journ., art. 2.)

BAIL (promesse de).

6. Une promesse de bail, insérée dans un contrat de mariage, par cela seul qu'elle fait partie d'un acte synallagmatique de sa nature, et exécutoire pour tous les contractans qui y ont apposé leurs signatures sans réserve, est passible du *droit proportionnel* (2). (*Arr. de cass.*, du 26 novembre 1822. — Bullet. offic. de 1822, p. 315.)

BAIL à cheptel de fer.

7. (Code civil, art. 1821.) Ce cheptel n'autorise pas la perception d'un droit particulier, si les bestiaux font partie des objets affermés, parce que l'obligation que contracte le fermier de rendre le bétail en valeur égale, est une disposition intégrante du bail; dans cette hypothèse, il n'est dû que le droit ordinaire du bail d'immeuble sur la totalité du prix stipulé. (*Instr.*, n° 290, nomb. 26.)

BAIL à portion de fruits. — Expertise.

8. On ne peut requérir l'expertise pour constater une fausse évaluation dans un bail à portion de fruits.

---

(1) Art. 14 et 15 de la loi du 22 frimaire an 7.
(2) Loi du 22 frimaire an 7, art. 69, §. 2, n° 2.

Les art. 18 et 19 de la loi du 22 frimaire an 7 n'autorisent pas à recourir à l'expertise, quand il s'agit d'une transmission de jouissance. (*Délibér.* du 2 octobre 1806. — Journ., art. 2479.)

BAIL à rente perpétuelle.

9. Il se liquide sur un capital formé de vingt fois la rente ou le prix annuel, et les charges aussi cumulées, en y ajoutant également les autres charges en capital. Cependant, l'évaluation au denier vingt n'a lieu que dans le cas où le bail à rente ne renferme point l'expression de capital ; car, s'il est fixé, comme le preneur ne serait tenu que de rembourser ce capital, il forme réellement le prix de l'aliénation. (*Solut.* du 22 messidor an 8. — Dictionn.)

BAIL à vie.

10. La clause par laquelle un père, en mariant sa fille, reste chargé de l'administration et de la jouissance des biens appartenant à celle-ci jusqu'à la mort de son aïeule, sous l'obligation de lui payer une pension annuelle pour l'équivalent de cette jouissance, doit être considérée comme un bail à vie, et non comme une constitution de pension dotale avec mandat de la fille à son père (1). (*Arr. de cass.*, du 10 mars 1819. — Denevers, p. 336.)

BAIL. — Bois.

11. Le bail de bois en coupe réglée ne donne ouverture qu'aux droits fixés pour les baux ordinaires. (*Décis. du Ministre des finances*, et *Instr.* des 6 juillet 1806 et 16 août 1808.)

---

(1) Loi du 22 frimaire an 7, art. 15, n° 3.

12. Il n'en serait pas de même, et le *droit de 2 pour* 100 serait exigible, si ces actes avaient pour objet la vente d'une coupe prête à être abattue, ou des arbres épars, ou des bois non en coupe réglée, vendus à la charge de les couper en plusieurs années, moyennant un prix pour chaque année. Cet acte aurait le caractère d'une vente, avec terme pour la livraison et le paiement du prix. (*Instr.* 400, nomb. 3.)

13. Il y aurait lieu à la même perception *de 2 pour* 100 sur le bail par adjudication de plusieurs pièces de terre ensemencées en trèfle, pour commencer le 13 juin et finir le 1er novembre de la même année. (*Décis. du Ministre de la justice*, du 17 juillet 1813. — Journ., art. 4716.)

BAIL. — Cautionnement.

14. L'engagement contracté par le père, solidairement avec son fils, à l'exécution des conditions et du paiement du prix d'un bail, n'est pas un cautionnement. (*Solut.* du 5 septembre 1814.)

BAIL. — Co-propriétaire.

15. Si l'un des co-propriétaires se rend adjudicataire, le droit de bail ne doit être perçu que sur la portion revenant aux autres. On peut appliquer, dans ce cas, par assimilation, la disposition du nombre 4, §. 7 de l'art. 69 de la loi du 22 frimaire an 7, relatif aux ventes d'immeubles par licitation, qui porte que le droit de 4 pour 100 ne sera perçu que sur les portions acquises. (Journ., art. 1433.)

BAIL de passage.

16. Il n'est dû que le *droit fixe de* 1 *franc* pour l'enregistrement des baux de droits de passage aux écluses et ponts mobiles. — Ce n'est point donner

d'extension à la loi du 7 germinal an 8, mais en déterminer le sens exact et naturel, que de l'appliquer à tous les baux et marchés concernant les objets qui dépendent de l'Administration des ponts et chaussées. (*Décis. du Ministre des finances.* Voy. *Circul.* du 30 thermidor an 10.)

17. Aucune loi ni arrêté du gouvernement n'autorise à étendre cette faveur aux baux des bacs et droits de passage sur les rivières ; ces actes sont assujétis, ainsi que les cautionnemens qui en résultent, *aux droits proportionnels* établis par les lois des 22 frimaire an 7 et 27 ventose an 9. (*Instr.* 405, nomb. 2.)

BAIL de places aux églises.

18. Pour un temps limité, rentre dans la classe des baux ordinaires, et est soumis aux mêmes droits. (*Décis. du Ministre des finances*, du 29 ventose an 12. — Journ., art. 1582 et 1730.)

19. Lorsqu'il est fait par adjudication, doit être enregistré dans les vingt jours ; et, s'il ne s'agissait que de conventions avec les particuliers, sans adjudication publique aux enchères, l'enregistrement ne serait nécessaire que dans le cas où l'on voudrait faire usage public des actes. (*Instr.* 454, nomb. 17 et 18.)

BAIL fait dans l'intérêt de l'état.

20. Le bail fait pour placer les matériaux nécessaires aux constructions d'édifices publics, dont l'état paie les frais, est enregistrable *gratis.* (*Décis. du Min. des fin.*, du mois de juin 1814.—Journ., art 4863.)

21. Le bail qui a pour objet de pourvoir au logement des lieutenans-généraux, commandant les divisions militaires, est enregistrable *gratis*, lorsque surtout il est stipulé dans l'acte que les preneurs agissent pour le compte du département de la guerre. (*Délib.* du 17

novembre 1821, *app.* le 5 décembre suiv. *par le Min. des finances.*)

BAIL. — Gendarmerie.

23. D'après la décision transmise par la circulaire du 9 septembre 1807, les baux passés devant les pré-'fets pour le casernement de la gendarmerie, devaient être enregistrés dans les vingt jours de la réception de l'approbation du ministre de la guerre.

24. Cette approbation était alors la seule qui fût néces-saire : mais, les baux de l'espèce devant désormais être aussi approuvés par le ministre de l'intérieur, avant d'être rendus exécutoires, le ministre des finances a fait connaître, le 7 avril 1818, que le délai de vingt jours, accordé pour l'enregitrement, ne commencerait à courir que du jour de la réception de celle des deux approbations ministérielles qui parviendrait la der-nière à la préfecture. (*Instruc. gén.,* du 6 mai 1818. n°. 832.)

BAIL. — Hospices.

25. Le décret du 12 août 1807 et la décision du 26 novembre 1811 ne concernent que les *Baux* des biens des hospices reçus par des notaires.—L'art. 78 de la loi du 15 mai 1818 n'a apporté aucun changement à cet état de choses. (*Décis. du Min. des fin.,* du 22 sep-tembre 1820. — Journ., art. 6821.)

V. Hospices.

BAIL illimité.

26. Le bail consenti pour cinq ans, avec pouvoir au preneur de le continuer, à l'expiration, pour le même prix, est un bail illimité qui doit être consi-déré, pour la perception du droit, comme bail à vie.

II   6

(*Arr. de cass.* du 7 décembre 1813. — Journ., art. 4755.)

27. Le bail dont la durée ne doit avoir pour terme que le décès d'une tierce personne, est sujet au *droit de 5 fr. 50 c. pour* 100, parce qu'un tel acte, compris dans le tarif de la loi du 22 frimaire an 7, pour le même droit que les actes translatifs de jouissance immobilière, doit être assimilé aux ventes, ou plutôt aux actes de nature à être transcrits. (*Décis. du Min. des fin.* — Journ., art. 7022.)

28. On considère aussi, comme ayant une durée illimitée, le bail fait pour trois années, dans lequel les parties ont stipulé que celle qui voudrait s'en désister serait tenue d'avertir l'autre six mois d'avance ; sinon, que le bail continuerait, sans terme, jusqu'à ce que l'un ou l'autre des contractans fît sa déclaration de la même manière, aux mêmes clauses et conditions. (*Arr. de cass.*, du 7 germinal an 12. — Journ., art. 1408 et 1723.)

BAIL. — Indemnité.

29. Il n'est pas dû de droit particulier d'enregistrement pour la stipulation d'indemnité faite entre les contractans dans un acte de société ou de bail, en cas de l'inexécution des clauses, et sans l'intervention d'un tiers, parce qu'il serait contraire à l'équité de percevoir un droit pour l'exécution du contrat et un autre droit pour le cas éventuel de son inexécution. (*Instruc.* 548. nomb. 6.)

BAIL. — Militaires.

30. Le bail fait par les militaires, pour tout le temps de leur service dans les armées, doit être considéré comme fait pour les six ans fixés par la loi du 10 mars 1818 sur le recrutement. — (Rapprocher

cette loi de la décision du ministre des finances du 22 avril 1806. — Journ., art. 2283.)

BAIL. — Octrois.

31. Les adjudications à titre de régie intéressée des droits d'octroi sont assujéties, à raison du prix stipulé, aux droits réglés pour les baux. (*Décis. du Min. des fin.*, du 5 nivose an 12. — Journ., art. 1642.)

BAIL. — Pâturage et nourriture d'animaux.

32. Le droit, fixé par l'art. 69, §. 1.er de la loi du 22 frimaire an 7, ne concerne que les baux par lesquels un cultivateur s'oblige, pour une somme convenue, de fournir le pâturage et la nourriture à des animaux qui lui sont confiés; il est étranger aux baux des terres que les fermiers peuvent employer aux pâturages et à la nourriture des animaux; ces derniers baux sont sujets à la même perception que les baux ordinaires, quel que soit l'usage que les fermiers fassent de ces terres (1). (*Instruc.* 386, nomb. 7.)

BAIL. — Prix.

33. La clause par laquelle le bailleur impose au preneur l'obligation de lui livrer annuellement une certaine quantité de denrées, qu'il s'oblige à lui payer au prix courant, fait une partie intégrante du bail; elle n'est qu'un mode de paiement, et n'opère aucun droit particulier. (*Décis. du Min. des fin.*, du 27 novembre 1810. — Journ., art. 4081.)

BAIL. — Quittance.

34. Tout ce qu'on paie par le bail qui est passé, soit pour pot de vin ou deniers d'entrée, ou pour toute

_____

(1) *Voy.* loi du 16 juin 1824, art. 1.er

autre partie des fermages, n'opère pas de droit de quittance; c'est une condition sans laquelle le bail n'aurait pas eu lieu. (*Décis. du Min. des fin.*, du 10 août 1815.— Jour., art. 5230 et 5557.)

BAIL relaté dans les actes.

35. Si le bail est relaté dans un compte de fermage sous seing-privé, cette mention ne suffit pas pour la condamnation au droit de bail, lorsque le fermier conteste sa signature mise sur le compte, et que l'administration n'insiste point sur une vérification d'écriture. (*Arr. de cass.*, du 20 janvier 1814.)

BAIL. — Résiliation.

36. Un acte de résiliation de bail, en faveur du propriétaire, doit être fait sur papier timbré, et être soumis à l'enregistrement dans les trois mois. L'existence de cet acte de résiliation, ainsi que l'indemnité pour laquelle il est fait, est suffisamment établie par le dépôt entre les mains du receveur, du double détenu par le fermier, et par la déclaration que fait ce dernier du montant de l'indemnité. (*Arr. d'admiss. en cass.*, du 27 août 1813. — Journ., art. 4806.)

BAIL sous seing-privé.

37. Les droits doivent en être acquittés par les preneurs. (*Solution* du 21 janvier 1806. — Journ., art. 2861.)

38. La cessation de la jouissance, résultant d'un bail sous seing-privé, avant que la Direction générale ait fait la découverte de l'existence de ce bail, ne s'oppose nullement à l'exigibilité des *droits* et *doubles droits* auxquels le défaut d'enregistrement donne ouverture. (*Arr. de cass.*, du 9 mars 1822. — Journ., art. 7178.)

BAIL. — Tourbière.

39. L'acte qui transmet à un individu, moyennant
un prix déterminé, la faculté d'extraire de la tourbe
pendant un temps limité, est passible du droit fixé
pour les baux ordinaires, lorsque cet acte présente
d'ailleurs les caractères du contrat de louage. (*Décis.
du Ministre des finances*, du 8 février 1814. — Journ.,
art. 4742.)

BAIL. — Vente. — Nouveau possesseur.

40. Par cela seul qu'un bail d'objets vendus, fait
par le nouveau possesseur, a été présenté à la régie et
enregistré, il ne s'ensuit pas que les droits d'enregistrement auxquels est soumise une mutation de propriété, deviennent sujets à la prescription de deux
ans, qui ne peut courir que lorsque le receveur a été
à portée de découvrir la mutation, lors de la présentation du bail, sans recherches ultérieures ; et l'on
ne peut pas dire que le préposé ait été mis à portée
de découvrir la mutation antérieure, lorsque l'acte
qu'on lui a présenté n'indiquait point cette mutation,
et ne lui fournissait aucune trace pour la découvrir.
(*Arr. de cass.*, du 27 mars 1817. — Journ. des Aud.,
de 1817, p. 144.)

BAIL verbal.

41. Le droit proportionnel ne peut atteindre les
locations verbales ou que rien ne prouverait avoir été
stipulées par écrit. (*Arr. de cass.*, des 12 et 17 juin 1811
et 24 juin 1812. — Journ., art. 4272.)

42. Les préposés de l'enregistrement ne doivent
faire la demande du droit de bail ou de location, que
dans le cas où il serait prouvé, comme le veut l'art. 13
de la loi de frimaire an 7, que la jouissance a pour
fondement un bail rédigé par écrit. (*Instr.* 550.)

BAIL. *Voy.* NOTAIRE. — PROMESSE.

BAUX EMPHYTÉOTIQUES.

Le bail amphithéotique, n'emportant pas mutation, n'est pas soumis au droit de transcription, qui ne doit se percevoir que sur les actes emportant mutation de propriété immobilière. L'art. 54 de la loi du 28 avril 1816 ne lui est pas applicable. (*Délibér.* du 20 septembre 1816. — Journ., art. 5658.)

BIENS COMMUNAUX.

1. Les déclarations faites devant les sous-préfets, par les individus qui jouissent, sans titres, des biens communaux, doivent être timbrées et enregistrées. (*Décis. du Ministre des finances*, du 5 mai 1807.)

2. La décision des préfets, qui les maintient en possession provisoire, est sujette au *droit de 5 et demi pour* 100. (*Décis. du Ministre des finances*, du 27 juin 1809.)

BIENS MEUBLES.

1. Une maison dont la démolition a été ordonnée par un décret avant le décès du propriétaire, doit être considérée, pour le droit de mutation, comme chose mobilière. (*Solut.* du 23 nov. 1809.)

2. Les machines, décorations, partitions de musique et autres effets mobiliers d'un théâtre sont meubles et non immeubles par destination. (*Instruc.* 366, nomb. 12.)

3. Les fruits pendans par racine peuvent être saisis et vendus comme mobiliers dans un temps voisin de la récolte. (*Instruc.* 288.) La vente de cette récolte est mobilière. (*Arr. de cass.*, des 9 vendémiaire an 14 et 8 mars 1820. — Journ., art. 6668.)

4. Les métiers à filer et ustensiles relatifs à une filature de coton, sont meubles, quoique les objets soient vendus par le même acte que la maison dans laquelle la filature est établie, mais pour un prix distinct et avec estimation, article par article. (*Délib. du* 15 *juin* 1812. — Journ., art. 5521.)

5. Les charbons de terre et minerais, compris dans la vente d'une forge, sont considérés comme mobiliers, s'ils sont estimés par charges de charbon et hannes de minerai. (*Décis. du Min. des fin.*, du 8 mai 1818. — Journ., art. 6019 et 6112.)

6. La concession des eaux d'une pompe à feu, faite pour un temps illimité, moyennant une redevance annuelle, doit être considérée comme mobilière, lorsque le concédant s'est réservé la faculté de retirer l'eau quand il le croirait convenable. (*Arr. de cass.*, du 18 décembre 1811. — Journ., art. 4141.)

BIENS IMMEUBLES PAR DESTINATION.

1. Les animaux que le propriétaire d'un fonds y a placés pour le service de l'exploitation de ce fonds, sont immeubles. (*Arr. de cass.*, du 20 juillet 1812. — Journ., art. 4691.)

2. Les mines sont immeubles. (Art. 8 de la loi du 21 avril 1810. — Journ., art. 3888.)

3. Les tonneaux dépendant d'une brasserie sont immeubles par destination, et n'en doivent pas moins être compris dans la valeur de l'immeuble déclaré, quoique, postérieurement au décès, ils aient été vendus séparément. (*Arr. de cass.*, du 4 février 1817. — Journ., art. 5741.)

BILAN.

— Il n'est pas nécessaire de remettre au juge-commissaire de la faillite une expédition authentique du bilan déposé au greffe, pour procéder à la vérification de créance, parce que le bilan n'est pas un titre dont le dépot au greffe soit prescrit par la loi, et dont il y ait lieu de délivrer une expédition authentique. (*Décis. des Min. de la just. et des fin.*, des 17 et 30 mars 1813. —Journ., art. 4618.)

BILLET.

1. Lorsqu'un billet sous seing-privé, au dos duquel se trouvent des quittances de paiement à compte, est présenté à l'enregistrement, on doit percevoir le droit sur le montant de l'obligation en entier; mais il n'est rien dû pour les quittances des à-comptes, si les parties n'en requièrent pas l'enregistrement. (*Solut.* du 29 prairial an 7. — Journ., art. 172.)

2. L'art. 6 de la loi du 6 prairial an 7 qui soumet les billets simples à être écrits sur timbre proportionnel, à peine de 30 fr. d'amende, s'applique aux simples billets et promesses de payer, et non aux marchés, transmissions, ventes, cessions et autres actes synallagmatiques, qui continuent de n'être sujets qu'au timbre de dimension, quoique ces actes contiennent des obligations ou promesses de payer. (*Solut.* du 29 messidor an 7.—Journ., art. 202.)

3. Cet article s'applique aussi à une obligation ou promesse de payer, contenant consentement à hypothèque, et pouvoir de déposer cette obligation en l'étude d'un notaire, parce que la créance est l'objet principal de l'acte; (*Solut.* du 2 pluviose an 13. — Journ., art. 1930.)

4. À l'acte, par lequel un individu prête une somme qui doit produire intérêt, avec la clause expresse que le prêteur pourra redemander la somme prêtée, en avertissant le débiteur un mois d'avance; (*Arr. de cass.*, du 1er mai 1809, *et arr. d'admiss.*, du 31 août 1813. — Journ., art. 5045.)

5. Aux reçus ou récépissés de sommes ou créances avec cette clause : *Dont nous lui ferons compte ou valeur de telle date.* (*Arr. de cass.*, du 24 mars 1815. — Journ., art. 4581.)

6. L'on ne peut écrire deux billets ou promesses de payer, à la suite l'un de l'autre, sur la même feuille de papier timbré, sans encourir l'amende. (*Jugem. du tribun. de Chartres*, du 28 ventose an 8. — Journ., art. 530.)

BILLET adiré.

7. La sommation de payer un effet adiré doit, 1°. *le droit fixe* de sommation; 2°. *le droit proportionnel* sur l'effet, sauf restitution, s'il est justifié qu'il ait été enregistré : quant au timbre, il ne sera exigé ni droit, ni amende pour l'effet non représenté. (*Instruc.* 548.)

BILLETS à ordre, et Lettres de change.—Enregistrement.

1. Doivent être enregistrés au bureau d'enregistrement des actes d'huissiers, où il sera tenu un registre particulier. (*Instr.* 739.)

BILLET A ORDRE.

2. Le billet à ordre, causé *valeur en quittance du prix de vente d'immeubles*, est soumis au *droit de 50 cent. pour 100*; il est négociable et susceptible de transmission par la voie d'endossement, qui doit jouir de l'exemption du droit prononcée par l'art. 70, §. 3, n° 15 de la loi de frimaire an 7. (*Arr. de cass.*, du 1er avril 1811.—Journ., art. 4063 et 5885.)

3. Les billets à ordre dont le paiement se poursuit par voie d'assignation, et sans que le protêt en ait été fait, doivent être préalablement enregistrés; ainsi, il y a violation de l'art. 41 de la loi du 22 frimaire, s'ils sont pre-

sentés à la formalité en même temps que l'exploit d'assignation. Cette contravention doit être constatée par procès-verbal, et le recouvrement de l'amende qui en résulte, être poursuivi contre l'huissier par la signification du procès-verbal et la voie de contrainte. (*Inst.* 548.)

4. On ne peut pas, sous peine d'amende, faire le protêt d'un billet à ordre, et donner assignation au débiteur, sans que le billet ait été préalablement enregistré, parce que l'exception étant spéciale au cas où il y a protêt seulement, on ne peut l'étendre à celui où il y a protêt et assignation. (*Délib.* du 28 avril 1819. — Journ., art. 6381.)

BILLETS à ordre. — Notaires.

5. La reconnaissance, devant notaire, de créances résultant de billets à ordre, et contenant déclaration d'hypothèques pour sûreté de ces créances, est passible du *droit de* 1 *fr. pour* 100. (*Instr.* 290, nomb. 11.)

BILLETS à ordre. — Employés des Droits-Réunis.

6. Le billet à ordre, souscrit au profit d'un receveur des contributions indirectes, pour acquit de l'impôt du sel, n'est soumis qu'au *droit fixe de* 1 *franc ;* cette obligation est assimilée aux traites fournies par les adjudicataires de bois appartenant à l'État. (*Décis. du Ministre des finances* , du 17 décembre 1814. — Journ., art. 5068.)

BILLET au porteur.

Le billet au porteur étant essentiellement négociable, il s'ensuit nécessairement qu'il n'est passible que du *droit proportionnel de* 50 *centimes pour* 100, établi sur les effets de cette espèce. (*Instr.* 386, nomb. 8.)

BILLET pour bons offices.

Le billet à ordre, causé pour valeur en bon office, ne doit pas être envisagé comme donation rémunératoire; le *droit de* 50 *centimes pour* 100 est seul exigible. (*Arr. de cass.*, du 12 ventose an 13. — Journ., art. 2045.)

BILLETS de loterie particulière.

Sont assujétis au timbre, suivant le n° 1er, art. 12 de la loi du 13 brumaire an 7. (*Arr. de cass.*, du 30 novembre 1807. — Journ., art. 2957.)

BOIS. *Voy.* BAIL, n°s. 11 et 12.

BONS. — Caisse d'amortissement.

1. Les bons admis en paiement des biens des communes, aliénés en exécution du décret du 21 mars 1813, revenus à protêt, à raison de leur assignation sur des départemens qui ne font plus partie de la France, ne sont assujétis ni au timbre, ni à l'enregistrement. (*Décis. du Ministre des finances.* — Journ., art. 5011.)

BONS. — Fournitures militaires.

2. Les bons de fournitures militaires sont sujets au timbre; ceux qui ont pour objet le paiement des réquisitions de chevaux, de grains et autres denrées, en sont exempts. (*Circul.*, 2042.)

BORDEREAUX d'ordre ou de collocation.

1. Ne sont que des expéditions par extrait du procès-verbal d'ordre, qui a dû être enregistré, et ne peut être assujéti à aucun droit d'enregistrement. (*Instr.* 436, n°. 61.)

2. Doivent être délivrés sur papier d'expédition.

(*Délibér.* du 19 janvier 1809. — Journ. , art. 3138 , et art. 8 de la loi du 13 brumaire an 7.)

3. Chaque bordereau ne doit pas comprendre la totalité du procès-verbal d'ordre, et ce procès-verbal n'est pas sujet à délivrance ; le bordereau et l'ordonnance de main-levée des inscriptions écartées de la collocation , sont deux actes distincts qui doivent être délivrés séparément aux personnes qui y ont intérêt. (*Décis. du Ministre de la justice*, du 27 janvier 1808.)

4. Lorsqu'on présente à l'enregistrement un bordereau de collocation, pour partie d'une somme distribuée par procès-verbal antérieur à la loi de 1816, il y a lieu de percevoir *le droit de 50 centimes pour* 100 sur le total de la somme distribuée en masse , et non sur celle portée au bordereau, parce que le procès-verbal , devant être enregistré avant la délivrance des bordereaux, cet enregistrement ne peut avoir lieu partiellement. (*Solut.* du 26 novembre 1816. — Journ., art. 5610.)

BUREAUX d'enregistrement.

Une déclaration faite dans un bureau , ne pouvant comprendre un domaine situé dans le ressort d'un autre bureau , lorsqu'il n'a point été fait de déclaration de ce domaine au bureau compétent, il y a absence de déclaration de ce domaine, quoiqu'il ait été fait déclaration d'ouverture de succession et des biens la composant, dans l'autre bureau; et la seule prescription, applicable à la demande du droit en résultant, est celle de cinq ans, portée au n°. 3 de l'art. 61 de la loi du 22 frimaire an 7 : ce n'est point de celle de trois ans dont parle le n°. 2 du même article. (*Arr. de la Cour de cass.*, du 28 juin 1820. — Bullet. offic. de 1820 , p. 223.)

Voyez Chose jugée.

C.

CADASTRE.

1. Les extraits de plans et d'états de classemens cadastraux, délivrés aux propriétaires par l'ingénieur vérificateur, sont exempts du timbre, comme les extraits des matrices des rôles des contributions directes, et les réclamations concernant le cadastre. (*Instr.* 1006.)

2. Les traités faits pour la confection du cadastre, entre le géomètre en chef et leurs collaborateurs, ainsi que les arrêtés rendus pour l'exécution de ces traités, sont sujets au timbre, et passibles du droit *de* 1 *pour* 100 d'enregistrement. (*Décis. du Ministre des finances*, du 10 septembre 1817. — Journ., art. 5847.)

CAHIER des charges.

1 Le cahier des charges, pour ventes de biens immeubles, déposé au greffe ou chez les notaires commis à cet effet, doit être enregistré avant le dépôt. (Art. 42 de la loi du 22 frimaire an 7.) Cet acte et le dépôt sont distincts et sont soumis chacun à un droit particulier, l'un de 1 fr. pour le cahier des charges, et l'autre de 2 fr., ou de 3 fr. pour le dépôt, suivant qu'il a lieu en l'étude d'un notaire, ou au greffe d'un tribunal de première instance. (*Décis. du Ministre des finances*, du 16 août 1808. — *Instr.* 400, nomb. 4.)

2. Le projet d'un cahier des charges d'une adjudication, soumis au *visa* de l'autorité supérieure par les administrations municipales et les établissemens publics, est exempt du timbre et de l'enregistrement ; mais, lorsqu'on adjuge avec obligation de se conformer aux charges mentionnées dans le cahier, au pied duquel l'adjudicataire fait sa soumission, ce cahier, formant titre, doit être timbré à l'extraordinaire, ou visé pour

timbre et enregistré en même temps que l'adjudication dont il forme le complément. (*Instr.* 454.)

3. Le cahier des charges des adjudications générales à faire dans les ports, pour le service de la marine, peut être visé pour timbre dans les villes où il ne peut être revêtu du timbre extraordinaire. (*Instr.* 798.)

CAISSE d'amortissement. *Voy.* DÉLAIS.

CAISSE de survivance et d'enregistrement. *Voy.* ACTIONS.

CAISSE LAFARGE. *Voy.* ACTIONS.

CASSATION.

Lorsqu'une clause d'un acte a été l'objet d'une discussion en première instance pour savoir si elle contenait deux transmissions sujettes l'une et l'autre à un droit particulier, l'Administration, tout en reconnaissant qu'il n'y a qu'une mutation, ne peut opposer en cassation que le droit de cette mutation est plus considérable que les deux qui avaient été perçus, si elle n'a pas fait connaître cette insuffisance en première instance. (*Arr. de cass.*, du 6 janvier 1813. — Journ., art. 4532.)

CAUTIONNEMENS.

1. Lorsque la caution affecte des immeubles pour sûreté de ses engagemens, il n'y a pas de droits particuliers sur cette disposition qui dérive nécessairement de la convention principale. (*Décis. du Ministre des finances*, du 16 juin 1807.)

2. Lorsque, dans un concordat entre un débiteur et ses créanciers, un tiers s'est engagé à payer à ces derniers 25 pour 100 de leurs créances, ce cautionnement ne peut s'entendre que des créances vérifiées;

et non du montant des dettes portées au bilan du failli. (*Cour de Rouen*, du 2 juin 1815.—Journ., art. 5419.)

3. Les cautionnemens fournis pour garantir la nationalité des navires sont sujets au timbre ; passés devant notaire, ils doivent être soumis à l'enregistrement; mais, s'ils sont rédigés sous signature privée, ils ne sont sujets à cette formalité qu'avant d'en faire usage ; et, dans ce cas, s'ils se trouvent entre les mains des agens de la marine, cette formalité doit être donnée en débet, et le droit recouvré conformément à l'article 70 de la loi de frimaire an 7. (*Décis. du Ministre des finances*, du 22 prairial an 7. — Journ., art. 165.)

4. Les cautionnemens consentis en faveur des adjudicataires des domaines nationaux, et ceux fournis par les receveurs des communes, sont passibles du droit de 50 *centimes par* 100 *francs*. On ne peut appliquer aux préposés aux recettes le n°. 8, §. 2 de l'art. 69 de la loi du 22 frimaire an 7. Cette modération est une exception qui doit être renfermée dans les termes qui l'expriment. (*Instruc.* du 3 fructidor an 13, n°. 290, nomb. 13 et 14.)

Quelles dispositions doivent être ou ne doivent pas être considérées comme cautionnemens ?

5. L'art. 1431 du Code civil, qui répute simple cautionnement, à l'égard du mari, l'obligation solidaire par la femme, *commune en biens*, n'a pas d'effet en matière fiscale, et ne donne pas lieu à la perception d'un droit particulier d'enregistrement. (*Décision du Ministre des finances*, du 19 avril 1814.)

6. On ne doit pas voir de cautionnement dans la disposition d'un acte par lequel, deux frères ayant affecté, au paiement d'une rente, des biens communs entre eux, le créancier de la rente consent que l'hypothèque soit transférée sur l'immeuble de l'un des obli-

gés, et que le bien indivis en soit dégagé, sans néanmoins préjudicier à la solidarité des débiteurs. (*Décis.
du Ministre des finances*, de 1812.)

7. Lorsqu'un père a fait à son fils, par son contrat
de mariage, donation de ses biens présens et à venir,
mais sans stipulation de transmission actuelle, et qu'ils
vendent ensuite conjointement une portion de ces biens,
moyennant une certaine somme payée en billets souscrits à l'ordre du fils, il y a lieu de percevoir le droit
de cautionnement sur ce dernier acte, à cause du concours du donataire. (*Décis. du Ministre des finances*,
du 10 octobre 1817. — Journ., art. 5904.)

8. Le consentement par des co-propriétaires, à ce
que le bien indivis soit hypothéqué pour raison de l'obligation souscrite par l'un d'eux, et dans son intérêt personnel, est un cautionnement. (*Solut.* du 18 ventose
an 10.)

9. Lorsque les fournisseurs du gouvernement donnent à leurs cautions des garanties en les nantissant,
l'acte opère *le droit proportionnel de 50 cent. pour 100*.
(*Décis. du Ministre des finances*, du 23 mars 1818.)

10. Le même droit *de 50 cent.* est exigible sur une
soumission de caution faite au greffe, pour l'exécution
d'un jugement de condamnation mobilière. (*Arrêt de
cass.*, du 3 prairial an 12. — Journal, art. 1469 et
1852.)

11. La garantie stipulée dans l'acte de vente ou dans
la quittance, de la part du vendeur envers l'acquéreur, n'opère aucun droit particulier ; l'hypothèque
spéciale, consentie par le vendeur dans un acte particulier, n'ajoutant rien au droit légal de l'acquéreur,
et n'étant que le complément de l'acte de vente, n'est
passible que du droit fixe *de 1 franc.* (*Solut.* du 16 novembre 1815. — Journ., art. 5282.)

12. Lorsqu'un débiteur, qui a souscrit une obliga-

tion avec affectation d'hypothèque, accorde, par un second acte, de nouvelles sûretés à son créancier, en lui cédant, à titre de nantissement, des objets mobiliers, il est dû, pour cette garantie non promise par l'obligation, le *droit proportionnel de* 5o c. *pour* 100. (*Décis. du Ministre des finances*, du 26 septembre 1817. — Journal, art. 5925.)

CAUTIONNEMENS sujets au *droit de* 25 *centimes pour* 100 *fr.*

13. Ce sont ceux des comptables envers l'État. (Art. 69 de la loi de frimaire an 7.) Cette perception doit être faite: 1°. sur l'acte par lequel un comptable affecte à la garantie de sa gestion les immeubles qu'il possède, (*arr. de cass.*, du 14 frimaire an 12); 2°. sur celui dans lequel un particulier se rend garant d'un cautionnement fourni par un comptable, (*solut.* du 3o juillet 1812. — Journ., art. 4261); 3°. sur l'acte qui exprime que deux particuliers se sont constitués particulièrement caution, et se sont obligés, sous une condition suspensive, à verser au trésor la somme nécessaire pour solder le débet d'un comptable. (*Décis. du Ministre des finances*, du 19 août 1814. — Journ., art. 5001.)

14. Le cautionnement en immeubles, fourni par les receveurs et employés des octrois municipaux, est également assujéti au *droit de* 25 *centimes pour* 100. (*Décis. du Ministre des finances*, du 20 juillet 1813. — Journ., art. 4621.)

15. Celui fourni en immeubles, par un très-petit nombre de receveurs municipaux, pour complément de celui qu'ils sont tenus de fournir en numéraire, doit être exempt de tout droit, sauf que l'acte de cautionnement immobilier, reçu par un notaire, est enregistré au *droit fixe de* 1 *franc,* comme salaire de la formalité. (*Instruct.* du 5 février 1813, nomb. 618.)

II. 7

16. Les cautionnemens des payeurs de la guerre sont soumis à la même quotité de droit que ceux des comptables publics. (*Décis. du Ministre des finances*, des 31 octobre 1809 et 10 avril 1810. — Journ., art. 8796.)

CAUTIONNEMENS sujets au *droit fixe de* 1 *fr.*

17. Ceux fournis pour les adjudications dont le prix est à la charge de l'Etat. (*Instruct.* du 30 juin 1818, n°. 844.)

18. Les cautionnemens des marchés faits avec le gouvernement, avant et depuis la loi du 15 mars 1818, et dont le prix est acquitté avec les fonds du trésor, mais qui profitent encore à des tiers, en garantissant subsidiairement les créances des sous-fournisseurs, sont aussi assujétis au *droit fixe de* 1 *fr.* (*Décis. du Ministre des finances*, du 11 juin 1818. — Jour., art. 6101.)

19. Le cautionnement à fournir par tout armateur de bâtimens armés en course, aux termes de l'article 20 de l'arrêté du gouvernement, du 2 prairial an 11, n'est assujéti qu'au *droit fixe de* 1 *fr.* Cet acte doit être rangé parmi ceux qui ne contiennent que des dispositions éventuelles. (*Instr.*, nomb. 172.)

20. Il en est de même des cautionnemens à fournir: 1°. par les receveurs particuliers de la navigation intérieure, (*art.* 11 *de l'arrêté du gouvernement*, du 8 prairial an 11); 2°. par les tiers qui interviennent dans les procès-verbaux de saisies des préposés des contributions indirectes, pour contracter l'obligation de représenter les objets saisis, ou d'en payer la valeur. (*Instr.* du 8 janvier 1807, nomb. 323.)

21. L'art. 1er. du décret du 25 germinal an 13 n'est point applicable aux sous-traités, aux cessions, subrogations ou associations qui pourraient être faites par

les adjudicataires ou entrepreneurs qui auraient traité directement avec le département de l'intérieur, pour les services désignés dans ce décret.

CAUTIONNEMENT (second.)

22. Lorsque le droit proportionnel a été perçu sur un premier cautionnement, il ne peut être restitué aux termes de la loi du 22 frimaire an 7, parce que, si le cautionnement est demeuré sans effet, ce n'a été par suite d'aucune nullité radicale, ni par le fait de l'autorité supérieure. — Le second cautionnement, étant une obligation nouvelle contractée par d'autres particuliers, en remplacement de celle des précédentes cautions, ne peut être enregistré qu'en payant le droit proportionnel. (*Décis. du Min. des fin.*, du 3 messidor an 10. — *Instr.* 290, nomb. 12.)

23. Celui donné en remplacement d'un premier cautionnement fourni pour un emploi, qui n'a pas été admis par l'administration, ne doit point de nouveau droit proportionnel, dès que le second acte n'est, sous tous les rapports, que le remplacement du premier. (*Décis. du Min. des fin.*, du 30 août 1817. — Journ., art. 5896.)

CAUTIONNEMENT des employés et fonctionnaires.

24. Le cautionnement des notaires et autres officiers publics, est susceptible de saisie-arrêt pour le paiement des amendes qu'ils ont encourues. Il n'est pas nécessaire de procéder par voie de saisie-exécution. (*Arr. de cass.*, du 11 juin 1811.)

25. Ce n'est pas seulement l'intérêt, mais bien le capital du cautionnement, qui est affecté au paiement des amendes encourues par les officiers ministériels, ainsi que des frais. (*Arr. de cass.*, du 1er juin 1814.)

26. La régie a le droit de poursuivre le recouvrement des droits d'enregistrement, dont les officiers ministériels sont personnellement redevables, sur les fonds formant leur cautionnement; son action ne peut se restreindre aux seuls intérêts de ce cautionnement. (*Arr. de cass.*, du 26 mars 1821. — Journal, art. 6979.)

27. Un tribunal, en déclarant bonne et valable une saisie-arrêt faite par l'administration sur le cautionnement d'un officier public, ne peut juger que cette saisie n'aura son exécution qu'après la cessation des fonctions de celui contre lequel elle est faite. (*Arr. de cass.*, du 4 février 1822.)

CAUTIONNEMENT des éditeurs de journaux.

28. Le directeur de l'enregistrement est chargé de rédiger l'acte du cautionnement fourni, en exécution de la loi du 9 juin 1819, par les propriétaires ou éditeurs de tout journal ou écrit périodique, consacré en tout ou en partie aux nouvelles ou matières politiques. (*Inst.* du 19 juin 1819, nomb. 892.)—Cet acte n'est point assujéti à l'enregistrement. — Ceux qui y seraient présentés volontairement ne sont passibles que du *droit fixe de* 1 *fr.* (*Décis. du Min. des fin.*, du 31 octobre 1820. — Journ., art. 6832.)

CERTIFICAT.

1. Celui de l'imprimeur qui constate l'insertion aux journaux de l'extrait relatif à la saisie immobilière, doit être enregistré avant que sa signature soit légalisée par le maire. (*Instruct.* 436., nomb. 51. *Décis. du Min des fin.*, du 5 novembre 1811.—Journ. art. 4159.) — Il suffit que la feuille qui le contient soit frappée du timbre des journaux. (*Décis. du Min. des fin.*, du 3 décembre 1811. — Journ., art. 4229.)

2. Sont passibles de la double formalité du timbre et de l'enregistrement, les certificats des greffiers, portant : 1°. que l'adjudicataire sur saisie immobilière n'a point justifié de l'exécution des conditions de l'enchère ; 2°. qu'un avoué n'a point rétabli les productions par lui prises en communication. (*Instruct.* 436, *nomb.* 15) ; 3°. qu'il n'existe point d'opposition ou d'appel à un jugement qui prononce une main-levée, une radiation ou un paiement quelconque.(*Nomb.* 44 *de la même instruction.*)

3. Tous ces certificats doivent être enregistrés dans les vingt jours de leur date ; mais, lorsque quelques-uns sont délivrés par les avoués, ils ne sont assujétis à cette formalité, comme acte sous seing-privé, que lorsqu'on veut en faire usage. (*Instruct.* 436, *nomb.* 15, 17, 44 et 55.)

4. Les certificats qui constatent l'inscription des jugemens d'interdiction sur le tableau qui doit être affiché dans la salle des audiences et dans les études des notaires, sont assujétis au timbre, mais ils peuvent être écrits sur l'expédition du jugement d'interdiction. (*Décision du Ministre des finances*, du 23 juin 1807. — Journ., art. 2585, et 2602.)

5. Les certificats de propriété, délivrés par le notaire pour constater les droits des héritiers, et pour parvenir notamment au paiement des sommes dues par le trésor à une succession, ne sont ni assujétis à l'enregistrement dans un délai déterminé, ni susceptibles d'être portés sur le répertoire. (*Délibér.*, du 14 juillet 1821, approuvée le 1er août *par le Ministre des finances.*)

CERTIFICATS. — Actes de l'état civil.

6. Les certificats des maires, constatant l'absence des registres de l'état civil, étant des actes de l'autorité administrative, non dénommés dans l'art. 78 de

la loi du 15 mai 1818, ils se trouvent dispensés de l'enregistrement par l'art. 80 de cette loi, même lorsqu'ils sont délivrés aux parties, et produits par elles dans le cours d'une instance ou d'une procédure. (*Décision du Min. des fin.*, du 4 juillet 1820. — Journ., art. 6714, et 5232.)

V. *Exoines.*

CERTIFICATS.

7. *Certificats assujétis au timbre de 5 pour cent.*

1°. Les certificats de non inscription aux hypothèques, (*instruct.* 433, n° 5); — 2°. les certificats de l'ingénieur en chef, et les mandats de M. le préfet, en faveur des entrepreneurs des ponts et chaussées, se trouvent implicitement désignés dans l'art. 12 de la loi du 13 brumaire an 7, (*décis. du Min. des fin.*, du 25 septembre 1810. — Journ., art. 4000); — 3°. les certificats de propriété de la banque de France, (*déc. du Min. des fin.*, du 7 octobre 1814; — 4°. les certificats délivrés par une chambre d'huissiers, à un individu étranger à ce corps. Art. 12 de la loi du 3 brumaire an 7, (*arrêt de cassat.*, du 17 juillet 1815. — Journ., art. 5203); — 5°. les certificats délivrés aux contribuables, compris dans l'emprunt de cent millions, du dépôt de la quittance finale aux préfectures et sous-préfectures, (*décis. du Min. des fin.*, du 4 octob. 1816. — Journ., art. 5574); — 6°. ceux de quittances et de service délivrés aux préposés de l'administration pour obtenir le remboursement de leur cautionnement, ou pour être admis à la pension. (*Décision du Ministre des finances*, du 16 mars 1815. — Journ., art. 5072.)

CERTIFICAT. — Décès.

8. Les certificats de décès, délivrés dans les bureaux du ministère de la guerre, ne sont pas sujets au

timbre. (*Décis. du Min. des fin.*, du 9 juillet 1819.—
Journ., art. 6448.)

9. Les certificats, constatant l'absence du père, délivrés au fils qui veut se marier, sont soumis au droit
fixe, comme tous autres certificats. On ne peut les as-
similer à un acte de décès du père, encore qu'ils en
tiennent lieu, et les comprendre dans l'acception de
la loi de frimaire, art. 70. (*Arr. de cass.*, du 20 octobre 1815. — Journ., art. 4709.)

CERTIFICATS, exempts des deux formalités.

10. Les certificats d'aptitude, destinés aux élèves
des collèges, sont exempts du timbre, comme acte
d'administration intérieure; mais, les expéditions de
ces certificats qui en sont délivrées aux parties, sont
sujettes au *timbre de* 1 *f.* 25 *c.* (*Instr.* 953.)

CERTIFICATS exempts des deux formalités. —
Légion-d'Honneur.

11. Les certificats de service produits par les membres de la Légion-d'Honneur, sont dispensés du timbre
et de l'enregistrement, lorsqu'ils concernent des militaires; mais ils sont sujets à la formalité, quand ils
sont délivrés à toute autre personne. (*Décis. du Ministre des finances*, du 16 octobre 1816. — Journ.,
art. 5754.)

12. Les certificats de dépôt au greffe des registres
de l'état civil, délivrés aux maires dans l'intérêt public, sont exempts de la formalité du timbre. (*Délibér.*
du 1er mai 1822. — Journ., art. 7210.)

CERTIFICATS. — Veuves de militaires.

13. Les certificats de non divorce, produits par les
veuves de militaires, pour obtenir des pensions ou des
secours du gouvernement, sont exempts du timbre,

pourvu que leur destination soit mentionnée en termes exprès dans l'acte. (*Décis. du Ministre des finances*, du 27 octobre 1807. — Journ., art. 2737.)

14. *Administration forestière*. — Il en est de même des certificats délivrés par l'Administration forestière à ses employés pour toucher leurs traitemens. (*Circul.* 2033.)

CERTIFICATS. — Mariage.

15. Les certificats qui constatent la publication de promesse de mariage que l'on délivre aux parties qui se marient dans une commune, autre que celle où les affiches ont été apposées, doivent être écrits sur papier timbré. (*Instr.* 371.)

CERTIFICATS. — Militaires.

16. Les maires peuvent délivrer, sur papier libre, les certificats attestant les nom, prénom, date et lieu de naissance des militaires qui en ont besoin pour le service des registres matricules de leur corps, en faisant mention, dans ces actes, de leur destination (1). (*Décis. du Ministre des finances*, du 17 décembre 1819. — Journ., art. 6600.)

CERTIFICATS. — *Voy.* Actes passés en conséquence d'un autre.

CERTIFICATS DE VIE (2).

1. Les certificats de vie des actionnaires de la Caisse Lafarge peuvent être délivrés sur du papier au timbre de 25 centimes, et ne sont pas sujets à l'enregistrement : on leur a appliqué la disposition du décret du

---

(1) Loi du 13 brumaire an 7, art. 16.
(2) Loi du 22 frimaire an 7, art. 68.

21 août 1806, relative aux certificats de vie tendant au paiement de la dette publique viagère. (*Instruc. nomb.* 604.)

2. Il en est de même des certificats de vie à fournir pour recevoir les dividendes, par les actionnaires de la Tontine perpétuelle d'amortissement, et généralement par tous intéressés dans les tontines que le gouvernement aura légalement autorisées, et dont les fonds seront employés en achats de rentes perpétuelles sur l'État. Les certificats de vie, exempts de l'enregistrement, sont aussi dispensés de l'inscription sur le répertoire. (*Décis. du Ministre des finances*, du 8 février 1822. — *Instr.* 1021.)

3. Lorsque ces certificats sont délivrés en brevet par un notaire, ils peuvent être sur du papier timbré de toute espèce de dimension; mais, quand ils le sont par un maire, ils sont soumis au timbre-expédition. (*Circul.* 1496.)

CERTIFICATS DE VIE. — Employés.

4. Les certificats de vie que doivent produire les employés en non activité, pour parvenir à être payés de l'indemnité qu'on leur accorde jusqu'à leur remplacement, sont seulement sujets au *timbre de 35 c.* (*Décis. du Ministre des finances*, du 31 octobre 1817. — Journal, art. 6909.)

CERTIFICATS DE VIE. — Légion-d'Honneur.

5. Les certificats de vie délivrés aux membres de la Légion-d'Honneur, et leurs procurations mises à la suite pour toucher les traitemens et gratifications, ne sont sujets ni au timbre, ni à l'enregistrement. (*Décis. du Ministre des finances*, du 11 août 1817. — Journ., art. 5918.)

CERTIFICATS DE VIE. — Militaires.

6. L'ordonnance du 20 juin 1817 étant spéciale, et ne concernant que les certificats pour toucher les pensions militaires et les soldes de retraite, on ne peut étendre ses dispositions aux certificats relatifs aux rentes sur l'État. (*Instr.* du 4 juillet 1817, nomb. 787.)

7. D'où il suit que les militaires qui jouissent de rentes sur le trésor doivent, comme les autres rentiers de l'état, produire des certificats de vie rédigés sur papier timbré. (*Instr.* du 2 juin 1821, nomb. 981.)

CERTIFICATS DE VIE.

8. Il suffit que les certificats de vie des actionnaires de la Caisse Lafarge soient sur du papier du timbre de 35 c. ; l'on ne devra pas exiger qu'ils soient enregistrés. Ils pourront être délivrés par d'autres notaires que par les notaires certificateurs. (*Décis. du Ministre des finances*, du 6 octobre 1812. — *Instr.* 604.)

CERTIFICATS d'origine.

Les préposés des douanes ont droit à la moitié des amendes payées par suite des procès-verbaux qu'ils peuvent rapporter contre les fabricans qui délivreraient, sur du papier non timbré, des certificats d'origine de cotons filés dans leurs fabriques. (*Décis. du Ministre des finances*, du 22 mars 1822. — Journ., art. 7166.)

CESSIONS d'actions.

Les actions créées par des armateurs sur les navires armés en course, n'assurant que la rentrée d'un capital, ou un droit à la propriété de partie du navire, qui est meuble, elles sont purement mobilières, et les cessions qui en sont faites ne donnent ouverture qu'au droit de 5o *cent. pour* 100. (1) (*Circul.* 1678.)

CESSION de baux.

1. On ne peut considérer comme cession de bail, l'acte par lequel le fermier d'un octroi cède à un autre l'exécution de son bail, en se chargeant d'en remplir toutes les conditions, et en laissant à ses risques les événemens des bénéfices ou des pertes. (*Arr. de cass.*, du 27 juillet 1810. — Journ., art. 3710.)

CESSION de baux. — Octroi.

2. Quoique la cession du bail d'un octroi ait été faite avant l'approbation de ce bail par l'autorité, le même droit proportionnel est dû sur chacun de ces actes, lorsqu'ils ont été approuvés par le ministre des finances. (*Délibér.* du 21 avril 1819. — Journ., art. 5380.)

CESSION de baux.

3. Lorsque le preneur, dont le bail a cours, cède sa jouissance à un tiers, en présence du propriétaire qui en accepte le transfert, et en réduisant le prix du bail, décharge le cédant pour les années restant à courir, il est dû le droit de rétrocession outre celui du nouveau bail. (*Solut.* du 20 janvier 1813.)

CESSION de créances.

4. Le droit d'enregistrement d'une cession de créances doit être perçu sur le montant de la créance, et non sur le prix stipulé. Les expressions, *par le capital exprimé dans l'acte qui en fait l'objet*, de l'article 14, n° 7 de la loi du 22 frimaire an 7, signifient

---

(1) Loi du 22 frimaire an 7, art. 69, n° 6, §. 2.

clairement que le droit doit être assis sur le montant de la créance ; le législateur a voulu par là prévenir le cas où le transport de la créance à terme se ferait à un prix inférieur à celui du capital. (*Décis. du Ministre des finances*, du 8 germinal an 8. — Journ. , art. 431.)

5. La cession d'une créance à terme , faite moyennant une rente , équivaut à une constitution de rente. (*Solut.* du 29 floréal an 6. — Journ., art. 1104.)

6. La cession de créance ou de rente , faite au trésor public par les parens d'un comptable en débet , pour libérer celui-ci jusqu'à due concurrence , est enregistrable *gratis* , comme étant dans l'intérêt du trésor. (*Décis. du Ministre des finances*, du 17 mai 1819. — *Instr.* 390, nomb. 3.)

CESSION de créances sur l'État.

7. La cession de créances payables seulement en inscription sur le grand livre, est exempte du droit proportionnel ; mais ce droit est dû lorsque ces créances peuvent être payées, soit en inscriptions, soit en reconnaissance de liquidations. (*Décis. du Min. des fin.*, du 14 août 1817. — Journ., art. 5871.)

8. Les créances arriérées, liquidées même en vertu des lois antérieures à celle du 28 avril 1816, et pour lesquelles il a été délivré des ordonnances de liquidation payables en rentes, peuvent, depuis la publication de cette dernière loi, et jusqu'à l'inscription définitive, être payées en reconnaissances du trésor, au choix des parties, nonobstant l'option qu'elles avaient précédemment faite d'être payées en rentes; ainsi, les cessions de ces créances, par actes notariés, entre particuliers, ne peuvent, dans aucun cas, être considérées comme cessions de créances inscrites ou à inscrire définitivement, ni comme telles, être dispensées du droit proportionnel d'enregistrement. (*Décis. du Min.*

des finan., du 7 mars 1817. — Journal, art. 5781 et 5659.)

9. Le droit proportionnel d'enregistrement est exigible sur les cessions d'effets publics ou étrangers, parce que l'exception en faveur des effets de la dette publique de France, inscrite ou à inscrire, est spéciale, et ne peut s'appliquer aux effets de la dette publique étrangère. (*Délibération* du 3 juin 1817. — Journ., art. 5768.)

10. Les créances espagnoles, comme toutes les autres créances étrangères, ayant dû être liquidées et payées en inscription de rentes, il y a lieu d'appliquer à ces cessions la décision du ministre des finances, du 26 décembre 1818 portant que, lorsqu'un acte contient sans désignation cession de tout ou partie d'une inscription que le cédant a droit d'obtenir, et lorsqu'il résulte des termes et des effets de l'acte que le cessionnaire ne peut prétendre qu'à une inscription sur le grand-livre, et *non à d'autres* valeurs, le droit proportionnel ne doit pas être exigé. (*Décis. du Min. des fin.*, du 29 janvier 1819. — Journ., art. 6266.)

CESSION de droit successif.

11. Toute cession de droit successif, à titre onéreux, donne ouverture au droit proportionnel de vente, attendu qu'elle opère la transmission d'une part héréditaire dans les meubles et immeubles de la succession. (*Arrêts de cass.*, des 19 brumaire au 14 et 22 fév. 1808.)

12. L'acte par lequel un cohéritier se reconnaît rempli de son lot, moyennant une certaine somme, ne doit pas être considéré comme un partage, quand il n'a pas été précédé des formes constitutives prescrites par les art. 819 et suiv. du Code civil. Un tel acte est une cession de droits successifs, passible du

droit proportionnel de vente. (*Arrêt de cass.*, du 31 mars 1817. — Sirey, t. 17.)

CESSION d'études d'avoués.

13. Les actes de cession d'études et de clientelle des avoués, ne peuvent être considérés comme vente d'objets mobiliers, et par suite soumis au *droit proportionnel de 2 pour 100.* Ces cessions ne présentent qu'un abandon de créance, dont les termes de paiement se trouvent, par l'art. 2273 du Code civil, légalement déterminés (1). (*Instr.*, 366. nomb. 10.)

CESSION de priorité d'hypothèques.

14. Quand elle est consentie, sans bourse délier, par un créancier à un créancier moins ancien, pourvu que les deux créances soient utilement colloquées, l'acte ne peut donner lieu qu'au *droit fixe de* 1 f. Mais si, par l'effet de l'ordre arrêté entre les créanciers, il arrivait que le cédant ne fût pas colloqué utilement, et que le concessionnaire fût payé, il y aurait une transmission réelle de droits mobiliers à enregistrer au *droit proportionnel de* 1 *pour* 100. Il faut également considérer comme transport effectif de créances, l'acte par lequel le créancier hypothécaire consent à laisser à d'autres créanciers la priorité sur les sommes devant provenir de sa créance personnelle. (*Instruction* 386, nomb. 11.)

CESSION. *Voy.* Rentes.

CESSIONS JUDICIAIRES.

Voy. Abandonnement. — Dépôt au greffe.

---

(1) Loi du 22 frimaire an 7, art. 69, §. 5, n° 1er.

CHAMBRE de discipline des Notaires.

— Ces chambres étant des établissemens publics, les dispositions du décret du 4 messidor an 13 leur sont applicables; il en résulte que leurs registres de police intérieure, et sans aucun rapport avec des personnes étrangères, ne sont pas sujets au timbre. — Il en est de même des délibérations prises, après avoir entendu des tierces parties, pourvu qu'elles ne soient que de simples actes d'administration d'ordre ou de discipline intérieure, ou de simples avis. — Les actes tendant à établir des conventions quelconques entre la chambre des notaires ou des particuliers, doivent être rédigés en papier timbré, et enregistrés dans les vingt jours de leur date. — Les registres de recette du trésorier de la chambre doivent être en papier timbré, conformément à la loi du 13 brumaire an 7 ; ceux qui avaient été fournis en papier libre, ont dû être timbrés à l'extraordinaire, ou visés pour valoir timbre, sans amende. — Les seules expéditions des délibérations exemptes du timbre, sont celles délivrées au procureur du roi dans l'intérêt de l'administration. Les délibérations prises dans l'intérêt des candidats, quoique remises à ce magistrat pour être envoyées au grand juge, sont sujettes au timbre.(*Inst.* 608.)

CHOSE JUGÉE.

On ne peut, lorsqu'il s'agit de mutation par décès, exciper d'un jugement ayant l'autorité de la chose jugée, rendu pour un bureau, contre la demande des droits, pour raison de biens dépendant de la même succession situés dans un autre bureau. (*Arr. de cass.*, du 7 avril 1807. — Journ., art. 2809. — Sirey, tom. 8, p. 16.)

COLLATION.

1. Les collations des extraits faits par un notaire, sur les actes qu'il a reçus, ou qui lui ont été déposés, ne sont pas sujettes à l'enregistrement, parce qu'elles ne sont que des expéditions de ces actes; ces extraits sont seulement sujets au timbre d'expédition(1). (*Sol.*, des 25 novembre 1806, et 30 décembre 1813.) Mais l'expédition d'un acte reçu par un notaire décédé, et délivrée par un autre notaire avec cette mention : *expédiée sur la minute représentée, et ensuite retirée par la veuve dudit notaire*, est une collation sujette au droit(1). (*Solut.*, du 7 floréal an 10. — Journ., art. 1275.)

2. Le notaire à qui un tribunal a confié les minutes d'un notaire décédé, et qu'il a autorisé à en délivrer des expéditions, n'est pas tenu de les faire enregistrer comme des copies collationnées. (*Décis. du Min. des fin.*, du 22 juin 1813. — Journ., art. 4536.)

COLLÉGES :

— Ne jouissent pas de la faveur de faire timbrer leurs actes en débet. (*Décis. du Min. des fin.*, du 31 août 1813.) Leurs registres sont sujets au timbre. Les baux, marchés, ventes et quittances y sont également soumis, lorsqu'ils sont passés avec des personnes étrangères à l'université. (*Instruct.* 621.)

COLONS.

— Les titres de créance sur les colons de St-Domingue, doivent continuer d'être enregistrés en débet, à la charge, par ceux qui requièrent l'enregistrement, de souscrire l'obligation de payer les droits aussitôt que la loi du 15 avril 1818 aura été rapportée. (*Décis.*

---

(1) Loi du 22 frimaire an 7, art. 68.

du *Ministre des finances*, du 31 mai 1820. — Journ.,
art. 6772.)

— Cette soumission doit être écrite sur papier timbré, et l'article consigné au sommier des débets. (*Circ.*
du 7 août 1811.)

COMMAND (Déclaration de) (1).

1. L'article 709 du Code de procédure qui accorde
à l'avoué, dernier enchérisseur, trois jours pour déclarer l'adjudicataire au nom duquel il a entendu enché-
rir, et l'article 60, §. 1er., no. 24 de la loi du 22 frimaire an 7 qui donne à l'adjudicataire 24 heures pour
la déclaration de command, sont deux dispositions
parfaitement distinctes, dont chacune a son objet particulier, et dont l'une n'a nullement abrogé l'autre. Les
24 heures que ce dernier article accorde à l'adjudicataire pour l'élection de command ou d'ami, ne com-
mencent à courir qu'à compter de la déclaration faite
par l'avoué de l'adjudicataire pour lequel il a enchéri,
déclaration qui peut n'être faite que le troisième jour.
(*Arrêt de cassation.*, du 25 février 1823. — Denevers,
1823.)

COMMAND (Déclaration ou élection de.)

2. Lorsque la déclaration est comprise dans l'acte
même d'adjudication, elle ne donne point ouverture
à un droit particulier. (*Délib.* du 5 mai 1821, appr.
par le directeur général, art. 32 du recueil. — Même
lorsqu'elle n'a pas été précédée d'une réserve. (*Délib.*
du 26 juin 1816. — Art. 5475, Journ.)

3. Quand la réserve d'élire un command a été faite
dans un acte de vente, et que la déclaration de command a été passée dans le délai de la loi, les deux actes

_____

(1) Loi du 22 frimaire an 7, art. 68, §. 1er, no 24.

peuvent être présentés simultanément à la formalité de l'enregistrement, parce qu'ils ne forment qu'un seul et même tout. (*Arrêt de cass.*, des 26 messidor an 13, 13 brumaire an 14 et 23 janvier 1809. — (Journ., art. 2170. — *Instr.* nomb. 357.)

4. Celui qui passe déclaration de command après avoir rempli les formalités prescrites, n'est pas responsable du droit d'enregistrement de l'adjudication, lorsque le command déclaré se trouve insolvable. (*Instr.* 290, nomb. 17.)

5. Si le command élu par l'avoué accepte la déclaration, il doit acquitter le droit du jugement d'adjudication; dans le cas contraire, l'avoué qui a satisfait à la loi n'est pas tenu d'avancer le droit, et le greffier ne peut refuser de recevoir la déclaration, sauf au receveur à poursuivre contre le command, à l'expiration des vingt jours, les droits et doubles droits tant de l'adjudication que de la déclaration de command. (*Déc. du Min. des fin.*, du 22 septembre 1807. — *Instruction* 357.)

COMMAND (Déclaration de), contenant quittance.

6. La quittance du prix de la vente insérée dans cet acte, n'opère pas le droit, puisque la déclaration ne formant qu'un avec l'acte d'aliénation, le paiement doit être réputé fait par l'acte de vente même. (*Inst.* 386, nomb. 15.)

COMMAND (Déclaration de). — Cautionnement.

7. Dans les adjudications de biens immeubles qui se font devant notaire, si l'adjudicataire se réserve la faculté de déclarer un command, et qu'il ait été stipulé qu'il serait garant de la solvabilité de ce command, il résulte de sa déclaration, faite dans le délai voulu par la loi du 22 frimaire an 7, sans que les ven-

deurs l'aient déchargé de sa garantie, un cautionnement au profit des vendeurs, passible du *droit de 50 c. pour 100*. (*Délibér.* du 31 janvier 1817. — Journal, art. 5666 et 5792.)

8. L'administration a autorisé la perception d'un droit particulier de cautionnement, sur une déclaration d'élection d'ami faite par le command nommé par l'avoué, à l'occasion d'une adjudication judiciaire, dans laquelle il était stipulé que, dans le cas de déclaration de command par tout autre que par l'avoué, le déclarant et le déclarataire seraient tenus solidairement du prix de l'adjudication. (Journ., article 6906.)

9. Enfin, une délibération du conseil d'administration, du 5 mai 1821, a établi que le droit de cautionnement était exigible sur la déclaration faite par l'adjudicataire, qu'une clause du cahier des charges rendait obligé solidaire avec ses commands, à l'entière exécution des conditions, et pour le paiement du prix et des intérêts de l'adjudication. (Art. 33 du Recueil.)

10. Ces trois décisions, est-il dit dans le dictionnaire de l'enregistrement de MM. *Roland* et *Trouilhet*, paraissent la conséquence d'un arrêt de la Cour royale de Paris, du 18 mai 1807, duquel il résulte que le mandataire est déchargé, par sa déclaration, de toute obligation envers le vendeur, et que le command seul est tenu d'exécuter la vente. (Journ., art. 2726.)

11. Cependant une décision ministérielle, du 11 septembre 1818, et une délibération du conseil d'administration, du 13 mai 1820, ont admis des principes opposés, par le motif que le droit de cautionnement n'est exigible que lorsque la caution garantit un engagement qui lui est étranger, circonstance que ne présentent pas les divers cas dont il est parlé ci-dessus, puisque l'adjudicataire se trouvait seul personnellement engagé. (Journ., art. 6240 et 6287.)

8,

COMMAND (Déclaration de) en faveur d'un colicitant ou du vendeur.

12. Le droit, dans le premier cas, n'est exigible que sur la portion acquise. (*Décision du Ministre des finances*, du 18 brumaire an 12.—Journ., art. 1585.) La déclaration, dans le dernier cas, anéantit la mutation; il n'est dû qu'un *droit fixe de 3 fr.*, si elle est faite par acte particulier. (*Solut.* du 13 ventose an 6.)

13. Ainsi, lorsqu'un acte porte adjudication d'un immeuble à l'un des vendeurs, propriétaire pour moitié du bien vendu, et que, pour l'autre moitié, il passe, dans le délai, et en vertu de la faculté qu'il s'est réervée, une déclaration de command au profit de son vendeur, propriétaire de cette autre moitié, il n'est dû que *deux droits fixes:* l'un sur l'adjudication, l'autre sur la déclaration de command. (*Déliber.* du 12 septembre 1818. — Journ., art. 6191.)

COMMAND (Déclaration de) pour rentes et obligations.

14. On doit considérer comme simple déclaration de command l'acte par lequel un particulier déclare que la constitution de rente passée en son nom, ou l'obligation consentie à son profit, n'est pas pour son propre compte, mais pour celui de la personne dont il n'est que le mandataire. Le droit proportionnel serait exigible, si la déclaration n'était pas, en vertu d'une réserve antérieure, faite et notifiée dans le délai de la loi, ou si elle présentait novation de clauses, de conditions ou de prix. (*Instruct.* 386, nomb. 14.)

COMMAND (Déclaration de.) — Modification au premier acte.

15. Toute déclaration de command, pour être dispensée du droit proportionnel, ne doit contenir que la remise pure et simple au command des biens acquis pour son

compte, sans novation de clauses, de conditions ou de prix. (*Instruct.* 386, nomb. 14.)

16. Quand le command garantit les objets vendus, change le mode de paiement, ou apporte toute autre modification aux conditions du premier acte, le droit proportionnel est dû. (*Arrêt de cass.*, du 31 janv. 1814. — Journ., art. 4784.)

17. — On doit aussi considérer comme rétrocession passible du droit de revente la déclaration faite dans un contrat de vente au profit de plusieurs, lorsque l'acquéreur a payé comptant le prix de son acquisition, et qu'il accorde aux déclarataires des termes pour la portion déclarée. (*Délibér.* du 17 mars 1821. — Journ., art. 6924.)

18. Lorsque l'acquéreur d'un bien que son débiteur lui vend pour se libérer envers lui, nomme, en vertu d'une réserve expresse dans l'acte d'acquisition, un command qui lui rembourse le montant de sa créance, et qu'un tiers se porte caution pour la validité du paiement, outre le droit de cautionnement, il est dû celui de revente. (*Délibér.* du 26 mai 1819. — Journ., art. 6542.)

COMMAND (Déclaration de). — Avoués.

19. Il y a lieu de ne percevoir que le *droit fixe de 3 fr.* sur les déclarations de command faites dans les trois jours par les avoués, en exécution de l'art. 709 du Code de procédure. (*Instr.* 357.)

20. Ce délai de trois jours est restreint aux déclarations sur ventes judiciaires; le cas d'exception n'existe pas pour les ventes passées devant notaire. (*Instruction* 386, nomb. 17.)

COMMAND (Déclaration de.) — Réserve d'élire, et acte d'élection.

21. L'avoué, dernier enchérisseur, n'est réputé que simple mandataire des cliens, si toutefois il se met en règle, sans qu'il soit besoin de faire mention, dans l'adju-

dication, de ce mandat, ni de réserve d'élire command. S'il fait, dans les trois jours, la déclaration du mandant, il n'est pas dû de droit proportionnel de mutation. (*Instr.* n°. 290, nomb. 17. — *Arrêt de cass.*, du 23 avril 1816.)

22. La faculté d'élire un command, stipulée au cahier des charges qui a précédé l'adjudication même, suffit pour qu'il ne puisse être exigé qu'un droit fixe, si cette faculté a été exercée en temps utile, parce que le cahier des charges ne forme qu'un seul et même acte avec le procès-verbal d'adjudication. (*Décis. du Ministre des finances*, du 25 juin 1819. — Journal, art. 6504. — Contraire à celle du 11 janvier 1814. — Journ., art. 4805.)

COMMAND (Déclaration de) sous seing-privé.

23. Est passible du droit proportionnel de revente, quoique faite dans les vingt-quatre heures; il faut nécessairement qu'elle soit faite par acte public pour être enregistrée au droit fixe. (*Instr.* 386, nomb. 13.)

COMMAND (Déclaration de). — Seconde déclaration.

24. Lorsqu'après une déclaration non acceptée, l'avoué adjudicataire déclare qu'il est redevenu adjudicataire en son nom, et nomme pour command un particulier qui a accepté, cette seconde déclaration est passible des droits proportionnels. (*Délibér.* du 2 décembre 1814, basée sur l'art. 709 du Code de procédure civile. — Journ., art. 4975.)

COMMAND (Déclaration de) au profit d'un tiers.

25. En fait d'adjudication volontaire, lorsque le command passe une déclaration au profit d'un autre, on est autorisé à percevoir le droit de revente. (*Instruction* 390. — *Arrêt de cass.*, du 22 août 1809. — Journ., art. 3622.)

26. Mais, lorsqu'il s'agit de ventes forcées, si l'ad-

judicataire élu par l'avoué enchérisseur déclare qu'il accepte (tant pour lui que pour d'autres individus qu'il nomme) la déclaration de command faite à son profit, il n'est point dû de droit proportionnel, si l'avoué en a fait la réserve dans l'adjudication, parce que le command est censé avoir acquis directement. (*Instruction* 539. — *Arrêt de cass.*, du 23 avril 1816. — Journ., art. 5483. — *Délibér.* du conseil d'administration. — Journ., art. 6906.)

27. La déclaration d'élection d'ami faite par le command élu qui s'était réservé cette faculté au profit d'un tiers, doit être notifiée ou enregistrée dans les vingt-quatre heures de l'adjudication pour être dispensée du droit proportionnel, parce que, relativement au déclarant et au command élu, cette adjudication ne diffère point d'une acquisition par contrat. (*Déc.* de l'administration du 5 juillet 1820.—Journ., art. 6774.)

28. On ne serait pas fondé à prétendre que l'avoué ayant trois jours pour nommer son command, celui-ci doit avoir un délai de vingt-quatre heures, c'est-à-dire quatre jours, à partir de l'adjudication, pour faire connaître le sien. (*Jug. du Trib. de la Seine*, du 31 mars 1821. — Journ., art. 7051. — *Décis. du Ministre des finances*, du 5 octobre 1821.)

29. La déclaration de command, faite par l'adjudicataire déclaré par l'avoué, ne doit profiter de l'exception que lorsque la réserve en a été faite par l'avoué *dans l'adjudication*; le *droit proportionnel* d'enregistrement est exigible, si la réserve a été faite seulement par l'adjudicataire dans l'acceptation de la déclaration de l'avoué. (*Instr.* 644.)

COMMAND (Déclaration de) au profit de plusieurs.

30. Il avait été décidé par l'administration, le 6 mai 1813, que le droit proportionnel de revente était

dû lorsque, par suite d'expropriation, deux objets étaient vendus en un seul lot, et pour un seul prix, et que l'avoué, dernier enchérisseur, en passant déclaration au profit de deux personnes, assignait le prix que chacun des deux commands aurait à payer dans le prix total de l'adjudication, eu égard à la valeur des deux lots formés d'une manière inégale. (Journal, art. 4504.) Depuis, il a été établi en principe que la déclaration de command, faite dans le délai de la loi, en vertu de la réserve d'élire un ou plusieurs amis, au profit de deux individus auxquels l'adjudicataire assigne à son gré les biens que chacun doit posséder et le prix qu'il doit payer, n'est point une revente. (*Arr. de cass.*, des 13 avril 1813 et 8 novembre 1815. (Journ., art. 5112 et 5302.)

31. Le droit proportionnel de revente est étranger à la déclaration par laquelle un adjudicataire divise entre plusieurs commands les biens qui lui ont été vendus en un seul lot, sans faire supporter par chacun de ces commands, proportionnellement à la valeur de son lot, l'augmentation que l'adjudication définitive et en bloc a subie sur les adjudications partielles et provisoires. (*Délibér.* du 5 mai 1821, approuvée par M. le Directeur général, le 11 du même mois.— Art. 31 du Recueil.)

COMMAND (Déclaration de.) — Notification.

32. C'est au receveur, et non au command, qu'elle doit être faite. (*Arrêt de cassation*, du 4 thermidor an 9.)

33. Le délai de 24 heures court de la date du contrat, et non de celle de la déclaration. (*Arrêt de cass.*, du 19 germinal an 12.)

34. La déclaration faite dans les vingt-quatre heures, par suite d'une réserve, doit être notifiée dans ce même délai de 24 heures, sous peine du droit de revente. (*Arr. de Cass.*, du 3 ventose an 11.)

35. Il n'y a pas lieu de considérer comme déclaration de command, et de percevoir le droit proportionnel, à titre de revente, pour défaut de notification dans les 24 heures de la déclaration insérée, au moyen d'un renvoi mis en marge de l'adjudication, par celui qui s'est rendu adjudicataire de biens immeubles, que son acquisition est en totalité ou partie seulement au profit d'un tiers. (*Délib.* du 19 janv. 1822, appr. le 6 fév. suiv. par le Minis. des fin. — Art. 206, du Rec., et 338 du Contr.)

36. Lorsque la déclaration de command est comprise dans l'acte même de l'adjudication, elle est dispensée de la notification ou de l'enregistrement dans les 24 heures de sa date. (*Délib.* du 5 mai 1821, approuvé le 11 par M. le Directeur général.— Article 32 du Recueil.)

37. Il n'est pas nécessaire que la déclaration faite par l'avoué, en matière d'adjudication judiciaire, soit notifiée aux Receveurs de l'enregistrement; il suffit que cette déclaration soit enregistrée dans les 20 jours. (*Arrêt de cassation*, des 3 septembre 1810, 9 avril et 14 août 1811. — *Instr.* 539. — Journ., art. 3730, 3880 et 4056.)

38. Lorsqu'une déclaration est faite en temps utile, mais non notifiée dans les vingt-quatre heures, il n'existe toujours qu'une mutation par rapport aux créanciers, et il n'est dû qu'un seul droit proportionnel pour la *transcription* tant du contrat de vente que de la déclaration. (*Instr.* 316.)

39. Le conseil d'administration a appliqué le même principe à une déclaration de command sur vente volontaire, faite dans les six mois de la vente (délai légal), et présentée à l'enregistrement en même temps que le contrat de vente. (*Délib.* du 20 mai 1806. —Journ., art. 5652.)

40. La notification de la déclaration de command,

lorsqu'il s'agit de ventes de domaines nationaux, doit être faite, dans le délai de trois jours, au receveur de l'enregistrement; la circonstance que la déclaration a été faite au Secrétariat de la Préfecture où était et stipulait en effet l'homme du Gouvernement, mais non pas l'Agent du fisc, ne dispense pas de payer un nouveau droit. (*Arr. de cass.*, du 25 novembre 1811. — Journ., art. 4236.)

41. Lorsqu'une déclaration de command est inscrite sur le répertoire, et que ce répertoire est présenté, dans les vingt-quatre heures de cette déclaration, au visa du receveur, cette présentation doit être considérée comme une notification suffisante. (*Décis. du Ministre des finances*, du 17 février 1807.—Journ., artic. 2508.)

COMMAND (Déclaration de), relative à une adjudication de biens domaniaux.

42. Une telle déclaration n'est exceptée du droit proportionnel d'enregistrement, qu'autant qu'elle a été notifiée dans le délai de trois jours après l'adjudication : le dépôt de la déclaration fait par le Secrétaire de la Préfecture, dans le bureau du receveur, dans les trois jours, mais sans être accompagné du montant des droits, ne peut remplacer la notification prescrite, s'il a négligé de remettre en même temps le droit d'enregistrement. (*Arrêt de cassation*, du 15 novembre 1813. — Journal, art. 4721.) *Voy.* ci-dessus, n°. 40.

43. Dans le cas où la déclaration est considérée comme revente, le droit est celui dû pour les ventes ordinaires, et non celui *de 2 pour* 100. (*Instr.* 386.)

44. En fait d'acquisition de biens de l'état, la déclaration ne peut avoir lieu qu'au profit d'un seul individu. (*Instr.* 42.) On considère comme un seul individu, le mari et la femme vivant en communauté, ou

une maison de commerce formée par acte de société. (*Décis. du Ministre des finances*, du 12 mai 1809.)

COMMAND (Déclaration de) par les entrepreneurs des ponts et chaussées.

45. Elles sont passibles du *droit proportionnel*, si la réserve n'en a pas été faite dans l'adjudication, ou quand la déclaration n'a pas été faite dans les vingt-quatre heures, parce que la prétendue déclaration de command n'est qu'une cession qui ne peut aucunement jouir de la faveur accordée à l'acte primitif du fait du Gouvernement. (*Décis. du Min. des fin.*, du 15 mai 1810. — Journ., art. 3972.)

Voy. RÉTROCESSION.

COMMISSION. — Enregistrement.

1. L'exemption de l'enregistrement prononcée par l'article 70, §. 3, nos. 1, 2 et 3 de la loi du 22 frimaire an 7, s'applique 1°. aux commissions délivrées aux employés de l'enregistrement, des douanes, des droits réunis et aux agens forestiers; (*solut.* du 1er ventose an 7. — Journal, art. 50.) 2°. aux gardes champêtres. (*Circul.* 1707.)

2. La commission donnée par le juge de paix à l'huissier qui supplée l'huissier ordinaire, en cas d'empêchement de celui-ci, n'est pas sujette à l'enregistrement, non plus que la mention qui en est faite dans la notification de la cédule. (*Instr.* 436, nomb. 1er.)

COMMISSIONS. — Timbre.

3. Les commissions délivrées à tous employés sont sujettes au timbre. (*Circul.* 2033.) Celles de greffiers de police près des maires en sont affranchies (*Instruc.* 537.), ainsi que les commissions délivrées aux porteurs de contraintes. (*Solut.* du 15 pluviose an 9.—Journ., art. 766.)

COMMUNAUTÉ. *Voy.* Amendes.—Donations.

COMMUNES.

1. On ne peut étendre aux communes l'article 70, §. 2, nº. 1er. de la loi du 22 frimaire an 7, aux termes duquel doivent être enregistrés *gratis* les acquisitions, échanges et partages faits par l'état. — Dans le cas où l'état retire avantage de l'acquisition faite, la commune peut, s'il y a lieu, faire rejeter sur l'état une partie du droit proportionnée à l'avantage qu'il retire de l'acquisition. (*Arrêt de cass.*, du 18 novembre 1823. —Journ. des aud., 1823, p. 455.)

COMMUNES. — Droits d'enregistrement.

2. Une commune ne peut arguer du défaut d'autorisation, afin d'éviter le paiement des droits de mutation d'une acquisition de bois faite à son profit par différens habitans munis de pouvoirs à l'effet d'acheter ; surtout lorsque son nom se trouve inscrit au rôle de la contribution, et qu'elle ne disconvient pas du paiement des impositions qu'on lui impute. (*Arrêt de cass.*, du 27 décemb. 1805.—Journ., art. 3496.)

COMMUNE. — Timbre.

3. Il a été accordé aux maires un délai, jusqu'au 1er. avril 1822 exclusivement, pour faire viser pour timbre, sans amendes, les quittances ou autres pièces qui, aux termes de la loi du 13 brumaire an 7, devaient être timbrées, et qui se trouvent jointes aux anciens comptes communaux déposés dans les archives des mairies, sous la condition que ces fonctionnaires acquitteront immédiatement les droits de timbre, et se conformeront exactement, à l'avenir, à la loi précitée. (*Instr.* 1003.)

4. L'exécution de cette décision devait partir du

1er. janvier 1818, et il avait été décidé qu'il ne serait pas donné suite aux contraventions commises par les maires à la loi sur le timbre, qui seraient antérieures à ladite époque. (*Instr.* 1014.)

5. Depuis, S. Ex. a statué qu'il ne serait pas revenu sur le passé, et que l'exécution des décisions des 26 septembre et 30 novembre 1821, rappelées dans les deux instructions ci-dessus, ne partirait que du 1er. janvier 1822. (*Instr.* 1041.)

6. L'exemption du timbre prononcée par l'article 16 de la loi du 13 brumaire an 7, en faveur des quittances que les collecteurs des contributions directes délivrent aux contribuables, s'applique aux récépissés délivrés par les receveurs des finances, aux receveurs municipaux qui font des versemens pour le compte de leurs communes ; ainsi il ne doit pas être exigé de droit de timbre pour ces sortes de quittances. (*Instr.* 1041.)

COMMUNES. *Voy.* PARTIES CIVILES.

COMMUNICATION.

1. — *Entre Avoués.* — La communication de pièces entre avoués se fait ou par récépissés sujets à l'enregistrement, quand on veut en faire usage, ou par dépôt au greffe dont le greffier doit rédiger un acte enregistrable dans le délai de vingt jours. (*Instr.* 436, nomb. 18.)

2. — *Au ministère public.* — L'ordonnance de soit communiqué est exempte de l'enregistrement, comme n'étant que de forme. (*Instr.* 436. nomb. 66.)

COMMUNICATION aux préposés.

1. Un acte sous enveloppe et sous cachet, portant pour suscription qu'il ne doit voir le jour qu'au gré d'un ami de confiance ou en présence de parties in-

téressées, n'a pas une existence parfaite, et ne peut avoir d'effet. C'est un dépôt de chose ignorée aux yeux de la loi et des magistrats ; ce n'est pas là un dépôt d'acte dont la communication puisse être exigée par la Direction de l'enregistrement, sous prétexte de défaut d'enregistrement. (*Arrêt de cass.*, du 4 août 1813.)

2. Les préposés n'ont pas le droit de vérifier les papiers d'une faillite sujets au timbre qu'un huissier aurait en dépôt comme agent de cette faillite. (*Décis. du Ministre des finances*, du 11 août 1820. —Journal, article 6807.)

3. Un Notaire ne peut refuser de laisser prendre à un employé de l'administration l'extrait d'un acte qui lui a été confié, sous prétexte que cet acte n'a pas été remis en ses mains, en sa qualité de Notaire, mais en celle d'homme de confiance. (*Arrêt de cassation*, du 13 décembre 1809. — Journal, art. 3488.)

4. L'officier ou le dépositaire de titres publics doit communiquer généralement tous les actes et registres dont il a la garde en vertu de ses fonctions, sans qu'il puisse assigner de bornes à l'examen, sous prétexte que, par la date de certains actes, toute recherche contre lui serait atteinte de prescription ou autrement, attendu que la loi n'est point restrictive pour l'époque. (*Décis. du Min. des fin.*, du 16 mai 1819. —Journ, art. 6440.)

5. Les Agens des contributions directes sont tenus de communiquer aux préposés de l'enregistrement les états de mutations. Le Directeur de l'enregistrement doit inviter celui des contributions à lui remettre ces états aussitôt qu'il en aura été fait usage pour les rôles, et les adresser au receveur de la situation des biens qui les compare avec ses tables, et y relève

toutes les mutations dont il ne trouve point la trace dans son bureau. (*Instr.* 934.)

6. Les employés peuvent prendre communication, sans déplacement, des matrices cadastrales, dans les mairies où elles se trouvent déposées, lorsqu'elles sont définitivement approuvées. (*Décision du Ministre des finances*, du 30 novembre 1813. — Journ., art. 5091.)

7. Ils ne peuvent exiger la communication des registres tenus par les compagnies d'assurances, pour vérifier s'ils sont timbrés, ces sociétés de commerce n'étant point des établissemens publics. (*Délibération* du 16 nov. 1819 — Journ., art. 6547 et 6652.)

8. Le percepteur des revenus particuliers des communes n'est pas du nombre de ceux tenus de communiquer leurs registres aux préposés de l'enregistrement. (*Délibér.* du 3 février 1819.—Journal, article 6295.)

COMPENSATION.

— Les droits d'enregistrement dus pour une succession ne peuvent être compensés avec les revenus à restituer par l'état aux héritiers du débiteur de ce droit, ou avec le prix que le gouvernement a reçu d'une vente qu'il avait faite pendant le séquestre des biens qui dépendaient de cette hérédité. (*Décis. du Ministre des finances,* du 18 germinal an 8.—*Arrêt de cass.*, des 22 vend. an 9 et 28 vend. an 14. — Journ., art. 2370.) .

COMPÉTENCE.

1. Les oppositions aux contraintes ne peuvent jamais devenir la matière d'une simple ordonnance de référé ; elles ne peuvent être suivies que devant les tribunaux, à l'audience et sur le rapport d'un juge.

(*Arrêt de cassation*, du 6 août 1817.—Journ., art. 5984.)

2. L'opposition à la contrainte décernée pour droit d'enregistrement, ne peut être portée qu'au tribunal civil dans le ressort duquel se trouve situé le bureau d'où part l'action. (*Arrêt de cassat.*, des 1er. thermid. an 12, 23 flor. an 13, et 5 mai 1806. — Journ., art. 2079 et 2470.)

3. Ainsi, puisque le droit d'un jugement doit être perçu au bureau établi dans le lieu ou siége le tribunal qui a rendu ce jugement, les oppositions ne peuvent être jugées que par le tribunal civil dans le ressort duquel est situé le bureau, quel que soit le domicile de la partie. (*Arrêt de cassation*, du 30 décembre 1806.)

4. Par la même raison, l'opposition à une contrainte décernée pour supplément de droit d'un acte sous seing-privé, ne peut être portée que devant les juges de la situation du bureau où a été décernée la contrainte. (*Arr. de cass.* des 30 mess. an 10, et 14 niv. an 11 — Journ., art. 1364.)

5. C'est devant les tribunaux de première instance que doit être formée la demande contre les syndics d'une faillite, pour obtenir le paiement des droits d'enregistrement résultant d'actes sous seing-privé, translatifs de propriété d'immeubles, dont l'existence a été constatée par l'inventaire. (*Arr. de cass.*, du 10 mai 1815. — Journ., art. 5169.)

COMPÉTENCE. — Saisie-arrêt.

6. La demande en saisie-arrêt formée contre l'acquéreur d'immeubles d'une succession dont les droits de mutation n'ont pas été acquittés, n'est qu'un accessoire de celle résultant de la contrainte décernée contre les débiteurs directs : en conséquence, lorsque

ceux-ci ont été inutilement poursuivis, l'administration n'a d'autre formalité à remplir à leur égard, que de leur dénoncer cette saisie et d'en poursuivre la validité devant le tribunal, ce qu'elle fait en lui présentant un mémoire à cet effet, et en le faisant signifier au tiers-saisi, avec assignation pour le voir ainsi prononcer. (*Arrêt de cass.*, du 7 janvier 1818. — Journ., article 5996.)

7. La demande en validité d'une saisie-arrêt faite à la requête de la régie de l'enregistrement, pour obtenir un recouvrement de droits, ne peut être portée qu'au tribunal du lieu où est établi le bureau de perception. (*Solut.* du 28 avril 1814.—*Arrêt de cass.*, du 14 décemb. 1819.— Journ., art. 6613.)

COMPÉTENCE.

8. Les actions exercées par la régie contre ses agens ou préposés doivent être jugées par le tribunal du lieu dans lequel était situé le bureau du comptable, sans avoir égard au domicile de ce comptable. (*Arr. de cassation*, du 23 janvier 1822. — Sirey, 1822, page 316.)

9. Il n'appartient pas aux tribunaux de connaître de l'exécution des actes de l'administration de l'enregistrement relatifs au placement de ses employés. (*Arrêt de cass.*, du 1er. nivose an 6. — Journ., art. 130.)

10. En matière de recouvrement des revenus des domaines nationaux, le juge de l'arrondissement du bureau chargé par la loi de viser les contraintes, est seul compétent pour connaître les nullités desdites contraintes et de leurs suites. (*Cour de Paris*, du 21 juil. 1810 — Journ., art. 3755.)

COMPÉTENCE. — Cours d'assises. — Mineur.

11. La Cour d'assises, qui a condamné un mineur à vingt ans d'emprisonnement et aux frais de la procédure, est incompétente pour déclarer responsable de ces frais le père du condamné; c'est à l'administration de l'enregistrement, comme chargée de toutes poursuites ayant pour objet le recouvrement des frais en matière criminelle, à demander l'application de cette responsabilité devant le tribunal civil du domicile du père. (*Décision du Ministre de la just.*—Journ., art. 6960.)

COMPROMIS.

1. Si la déclaration des parties qui comparaissent volontairement devant un juge de paix, soit pour la prorogation de la compétence ou de la juridiction de ce magistrat, n'est constatée que par le contexte même du jugement, on ne doit pas percevoir deux droits; la déclaration voulue par l'art. 7 du Code de procédure civile, étant faite dans un acte particulier et distinct du jugement, le droit d'enregistrement sur cet acte doit être de 1 *fr.*, si les parties et la cause sont justiciables du juge de paix, et de 3 *fr.* comme compromis, si les parties prorogent la compétence ou la juridiction du juge de paix (1). (*Déc. du Min. des fin. et de la just.*, des 16 et 27 octobre 1820. — Journal, art. 7017.)

COMPTABLES. *Voy.* Contraintes n°. 15. — Contraintes par corps n°. 23. — Privilége.

COMPTES (2).

1. Il n'est dû que le droit fixe d'enregistrement de 2 *francs*, comme décharge pure et simple, lorsque

---

(1) Loi du 22 frimaire an 7, art. 11; et loi du 28 avril 1816, art. 44.
(2) Loi du 22 frimaire an 7, art. 69, §. 3, n°. 3.

le rendant compte balance la recette par des actes en forme et authentiques, par des quittances sous seing-privé et enregistrées, et qui lui ont été délivrées par ceux auxquels il a fait des paiemens au nom des mineurs ou autres personnes à qui le compte est rendu. Ces quittances enregistrées libèrent le comptable.(*Circulaire* 1954.—*Délib.* du 29 septemb. 1808.—Journ., art. 3082.)

2. Si le compte est soldé au moyen des paiemens établis par des actes sous seing-privé non enregistrés, et par le solde du reliquat, le receveur est fondé, d'après l'art. 23 de la loi de frimaire an 7, à exiger l'enregistrement des quittances sous seing-privé produites à l'appui du compte, indépendamment de la perception qui se fait sur le reliquat soldé, et l'un et l'autre de ces droits sont dus à raison de 50 *cent. par* 100 *fr.* (*Circul.* 1954.)

3. Dans un compte rendu à l'amiable, le comptable peut énoncer des paiemens sans indiquer ni rapporter des quittances; par exemple, en exprimant qu'il a payé à un tel la somme de... à tel autre celle de... etc. Si celui qui reçoit le compte, le décharge du montant de la recette au moyen de ce qu'il paye une somme fixe pour le reliquat, le *droit de* 50 *cent. par* 100 *fr.* doit être perçu sur le total des sommes dont le comptable est déchargé. Cette perception est fondée sur ce que, dans l'espèce, le comptable, débiteur de la somme à laquelle s'élève la recette, ne justifie d'aucune quittance; d'où il suit qu'étant libéré de cette somme par l'arrêté de compte, le droit doit être établi, non seulement sur le reliquat soldé, mais sur la totalité de cette recette. (*Circul.* 1954.)

4. Le droit de 50 *cent. pour* 100 ne serait dû que sur le reliquat soldé, si les quittances produites au soutien du compte avaient reçu la formalité.(*Idem.*)

5. Si, dans un arrêté de compte, l'une des parties

s'oblige de payer une somme pour reliquat ou avance, la perception sur cette somme doit être de 1 *fr. pour* 100 *fr.;* si l'on crée une rente pour ce reliquat ou cette avance, le droit sera de 2 *fr. pour* 100; s'il y a abandon de meubles ou immeubles en paiement de la somme due, il y aura lieu d'exiger 2 *francs*, ou 5 ½ *pour* 100, suivant que la vente sera mobilière ou immobilière. (*Circul.*, 1954.)

6. Les quittances de fournisseurs, ouvriers, maîtres de pension et autres de même nature, produites comme pièces justificatives du compte, sont dispensées de l'enregistrement. (*Cod. de proc.*, art. 537.) — Cette exception s'applique aux comptes rendus à l'amiable ou par-devant notaires, comme aux comptes judiciaires. (*Instr.* 436, nomb. 42.)

7. Le compte dans lequel, après avoir établi celui des arrérages d'une rente, on reconnaît que, sur le reliquat, telle somme a été payée, est passible du droit de quittance sur cette dernière somme, et de celui de 1 *fr. pour* 100 sur le reliquat, quoique l'obligation de le payer ne fût pas formellement prise. (*Solut.* du 20 août 1811.)

8. Il n'est dû que 1 *fr.* sur un compte ni débattu, ni arrêté qui n'est qu'un projet; le droit de quittance ou d'obligation sur le reliquat n'est dû que sur l'acte qui le ratifie. (*Solut.* du 16 novembre 1813.)

9. Il y a lieu de percevoir le *droit proportionnel de* 50 *c. pour* 100 sur le compte rendu par les syndics d'une faillite aux créanciers et au failli, des recouvremens et des paiemens qu'ils ont faits, dans lequel les créanciers déclarent libérer entièrement le failli.(*Arr. de cass.*, du 26 novembre 1821. — Journ., art. 7115.)

10. Lorsque le mandat est donné avec pouvoir de gérer, disposer, on doit considérer le mandataire comme tenu de rendre compte, et la décharge qui lui

est donnée comme une libération passible du *droit de* 50 *c. pour* 100, et le résultat du compte dû par le mandataire, et non acquitté, comme une obligation passible *du droit proportionnel de* 1 *pour* 100. (*Solut. de l'administration*, du 19 juin 1813.—Journ., art. 4652.)

COMPTE. — Timbre.

11. Les arrêtés de compte pour recettes et dépenses, portant obligation de sommes, peuvent être mis sur papier de dimension. (*Instr.* 371, nomb. 1er.)

12. Le compte rédigé sur papier libre trouvé dans les papiers d'un failli, déposés au bureau du receveur, ou dont on aurait eu autrement une connaissance légale, est passible du timbre et de l'amende, quoiqu'il n'en soit pas fait usage devant les tribunaux ou les autorités administratives. (*Arr. de cass.*, du 16 mai 1815. —Journ., art. 5171 et 5217.)

COMPTES de recettes ou gestions publiques.

13. Le double du compte des recettes des communes et des établissemens publics, qui est destiné au receveur, est seul assujéti au timbre, et les droits en sont à sa charge. (*Instr.* 454.)

14. Les comptes rendus par les hospices aux sous-préfets sont dispensés du timbre; mais les comptes particuliers des receveurs des hospices opérant leur décharge individuelle, sont assujétis à cette formalité. (*Décis. du Min. des fin.*, du 29 avril 1806. — Journ., art. 2290.)

15. Les comptes que rendent les comités de bienfaisance de l'emploi des fonds affectés aux secours extraordinaires, par le décret du 24 mars 1812, et les pièces à l'appui, sont exempts du timbre. (*Décis. du Min. des fin.*, du 9 juin 1812. — Journ., art. 4238.)

CONCESSION de terrain.

1. La concession faite pour un temps déterminé par l'administration forestière, à la charge de repeupler le terrain, est exempte de l'enregistrement. (*Déc. du Min. des fin.*, du 26 thermidor an 12. — Journal, art. 1543 et 2072.)

2. Les concessions définitives autorisées par une ordonnance du 20 septembre 1817, passées par les communes au profit des détenteurs de marais communaux, sont passibles du *droit proportionnel*, fixé pour les mutations d'immeubles. (*Décis. du Ministre des fin.*, du 31 janvier 1820. — Journ., art. 6624.)

3. Les concessions gratuites de bâtimens nationaux, pour établir les casernes de la gendarmerie et les maisons d'arrêt et de justice, faites par le préfet en vertu d'ordonnance de S. M. au profit d'un département, sont soumises au timbre de dimension, et au *droit fixe de 1 fr.* (*Décis. du Ministre des finances,* du 21 novembre 1809. — Journ., art. 3421.)

CONCESSION de terrain pour sépultures dans les cimetières.

4. Elle est soumise au *droit de 5 $\frac{1}{4}$ pour* 100 sur le capital de la fondation ou de la donation en faveur des pauvres et hôpitaux, réunie à la somme payée à la commune, qui forment ensemble le prix de la concession; mais la perception ne doit être faite que dans les vingt jours de l'approbation de l'autorité. (*Instr.* 459.)

CONCLUSIONS (1).

Dans les affaires qui doivent être jugées sur le rapport d'un juge et sur les conclusions du ministère pu-

_____

(1) Loi du 22 frimaire an 7, art. 65.

blic, il n'est pas nécessaire que ces magistrats soient entendus de nouveau à l'audience où le jugement est rendu, lorsqu'ils l'ont déjà été à l'audience où la cause a été appelée. (*Arr. de cass.*, du 23 avril 1816. — Journal des audiences de 1816, p. 299.)

CONCORDAT.

1. Le concordat fait en justice doit être enregistré dans les vingt jours de sa date et avant d'être homologué, sauf à restituer les droits perçus si l'homologation était refusée. (*Décis. du Ministre des finances, du 11 avril 1815. — Journ.*, art. 5111.)

Voy. Atermoiement.

2. Le traité intervenu entre le failli et ses créanciers, par lequel ces créanciers, après avoir fait union, accordent la libération de leur débiteur moyennant l'abandon qui leur est fait de l'actif de la faillite, ne constitue pas un simple contrat d'union entre les créanciers; c'est un concordat, passible comme tel, du *droit proportionnel* d'enregistrement de 1 *pour* 100, réglé pour tous transports ou cessions de créances à terme. (*Loi* du 22 frimaire an 7, art. 63, §. 3, n°. 3, et art. 68, §. 3, n°. 6. — *Arrêt de cassation*, du 3 janvier 1820. — Sirey, t. 20. — Journ., art. 6634.)

CONFISCATION. *Voy.* Abandonnement, n°. 4.

CONGRÉGATIONS hospitalières.

Les actes de donation, legs ou acquisitions légalement faits en leur faveur doivent 1 *fr. fixe.* (*Instruction*, 432.)

CONSEIL des prises,

Supprimé par ordonnance du 9 janvier 1815. Les dépositaires des archives sont chargés de délivrer des expéditions des actes. — Les jugemens et décisions préparatoires ou d'instruction, émanés de l'ancien conseil des prises, doivent être enregistrés suivant les bases établies par la loi du 28 avril 1816, moyennant le *droit fixe de* 3 *fr.;* les jugemens et décisions qui valident purement et simplement des saisies faites par les préposés des douanes ou autres, de marchandises dont la confiscation est ordonnée au profit de l'État, sont passibles du *droit fixe de* 5 *fr.* — Les jugemens et décisions qui, indépendamment des confiscations, prononcent des amendes, ne doivent que le *droit fixe,* quel que soit le montant des amendes; il en est de même de ceux qui valident les prises faites par les corsaires français de navires ennemis. — Il n'est dû que le *droit fixe de* 5 *fr.* sur les jugemens et décisions qui déclarent les prises nulles. Quant à ceux rendus en matière de transactions sous seing-privé, entre les corsaires et les propriétaires de navires capturés, il est dû, si la transaction est homologuée, 5 *fr.* pour homologation, et 1 *p.* 100 sur le montant des transactions; et, dans le cas où elle ne l'est pas, et qu'il intervient par suite une condamnation pécuniaire, 1 *p.* 100 sur la condamnation. — Les règles de perception, indiquées pour les jugemens sur transactions, sont applicables aux décisions et jugemens ayant pour objet des traités de rançon en mer. (*Décision du Ministre des finances,* du 23 avril 1819. — Journ., art. 6559.)

CONSENTEMENT.

On ne doit voir qu'un simple consentement dans l'acte par lequel les enfans renoncent à la faculté de s'opposer à l'exécution du testament de leur père; mais si le consentement avait lieu moyennant une somme, il y aurait cession de droits successifs, et le *droit proportionnel* serait exigible. (*Solut.* du 24 floréal an 13. — Journ., art. 2011.)

CONSTITUTION de rentes perpétuelles ou via-
gères.

1. L'acte sous seing-privé, par lequel un père a
constitué gratuitement, au profit de son fils et de sa
fille, non acceptans, une pension alimentaire de
1,200 fr., payable à terme, et une autre de 600 fr.,
exigible seulement après son décès, n'est passible que
du seul *droit fixe de 5 fr.*, comme donation éventuelle, dès que la constitution n'est pas acceptée.
(*Décis. du Ministre des finances*, du 12 octobre 1818.
— Journ., art. 6250.)

2. Les actes par lesquels des père et mère con-
tractent l'obligation, dans le cas où leur fils sera admis comme élève à l'École spéciale militaire, de
payer la pension annuelle résultant de cette admission, engendrent le *droit de* 1 p. 100 sur la somme totale des années de pension stipulées, y compris la valeur du trousseau. (*Délibér.* du 19 septembre 1818. —
Journal, art. 6257.)

3. Ceux par lesquels les parens des juges auditeurs
leur garantissent un revenu annuel de 3,000 fr., aux
termes de l'art. 2 du décret du 16 mars 1809, sont
passibles du *droit proportionnel* d'enregistrement. (*Déc.
du Ministre des finances*, du 8 novembre 1808.—Sirey,
tom. 9. — Journ., art. 3563.)

4. La constitution de rente viagère, consentie pour
services rendus, n'est point une véritable donation,
c'est un contrat unilatéral. (*Cour de Paris*, du 12 novembre 1810. — Journ., art. 4078.)

5. Bien que les transferts sur le grand-livre soient
exempts du droit d'enregistrement, l'acte de transport d'une rente perpétuelle sur le grand-livre, moyennant une rente viagère, est passible du *droit de 2 fr.
pour* 100 sur le capital au denier 10 de la rente viagère, puisque l'objet de l'acte est la création d'une

rente viagère. (*Déc. du Min. des fin.*, du 2 juillet 1819.
— Journal, art. 6472.)

CONSULTATION (1).

1. Une consultation d'avocat écrite sur deux feuilles
de papier non timbré, et déposée au greffe avec les
pièces d'une demande tendante à être admis à une
distribution de deniers, est passible de l'amende de
100 fr. (*Arr. de cass.*, du 6 février 1815. — Journal,
art. 5100.)

2. Un écrit signé d'un avocat, et intitulé *avis*, bien
qu'il ne soit qu'un simple modèle de conclusions motivées à prendre par l'avoué, doit être réputé *avis*,
pouvant être produit pour la défense du client, et,
comme tel, il est soumis au timbre. (*Arr. de cass.*,
du 8 janv. 1822. — Sirey, tome 22. — Journ., art. 7186.)

Voy. l'Introduction.

CONTRAINTES.

1. Doivent être, dans le cas d'empêchement d'un
juge de paix et de ses suppléans, visées et rendues
exécutoires par le juge de paix du canton le plus voisin, que le tribunal de première instance aura désigné. (*Décis. du Ministre de la justice.* — Journal,
art. 3662.)

2. La contrainte devenue exécutoire par le visa,
doit être suivie comme s'il y avait un jugement; c'est
par cette voie qu'il faut suivre l'effet des procès-verbaux de contravention rapportés par les préposés de
l'administration en matière d'enregistrement, de greffe
et d'hypothèque. (*Instr.*, n°. 12.)

3. Les contraintes, significations et autres actes de
poursuites, ayant pour objet le recouvrement des per-

---

(1) Loi du 13 brumaire an 7, art. 12.

ceptions confiées à l'administration, sont enregistrables en débet. (*Instruc.* 115.)

4. Lorsqu'une contrainte est décernée sauf à augmenter ou diminuer d'après déclaration à passer, on n'est point fondé à refuser les offres réelles que la partie ferait du montant de la somme y portée, sauf à décerner une nouvelle contrainte à défaut de déclaration. (*Arrêt de cass.*, du 2 décembre 1806.—Journal, art. 2461.)

CONTRAINTES (Nullité des).

5. La contrainte est nulle si elle est signifiée à un domicile qui n'est ni légal ni prouvé. (*Arrêt de cassation*, du 9 fructidor an 12. — Journal, art. 1985.)

6. La contrainte décernée pour le recouvrement des amendes de condamnation est nulle, si elle a été mise à exécution avant d'avoir été soumise au visa du juge de paix. (*Arrêt de cass.*, du 8 mai 1809.—Journal, art. 3967.)

7. La nullité de la contrainte décernée contre une veuve personnellement, lorsqu'elle ne doit qu'en qualité de tutrice, peut être opposée en tout état de cause. (*Arrêt de cass*, du 9 juillet 1815. — Journal, art. 5219.)

CONTRAINTES (Validité des).

8. La contrainte peut être valable, quoiqu'elle n'énonce pas l'acte sur lequel elle est fondée, lorsque, d'ailleurs, l'administration a rectifié ces fausses énonciations dans le cours de l'instance. (*Arr. de cass.*, du 25 juillet 1814. — Journ., art. 4894.)

9. La contrainte décernée par la régie pour droit et double droit, doit être maintenue pour le simple droit dans le cas où le double droit n'est pas dû. (*Arr. de cass.*, du 28 fevrier 1813. — Sirey, tom. 16. — Journal, art. 5431.)

10. Il suffit que les contraintes contiennent un ex-

posé précis de l'objet de la demande; il n'est pas nécessaire que les receveurs spécifient, par tenans et
aboutissans, les biens sur lesquels les droits de mutation sont dus. (*Arrêt d'admiss.* du 30 décembre 1811.
— Journal, art. 4480.)

11. La contrainte décernée par la régie, qui n'a été
visée ni rendue exécutoire par le juge de paix, n'est
point fappée d'une nullité substantielle, opposable en
tout état de cause; cette nullité peut être couverte par
le silence des parties; donc si on n'a pas fait mention
de ce moyen devant les premiers juges, il ne peut
être admis devant la cour de cassation. (*Arr. de cass.*,
du 14 novembre 1815. — Sirey, tom. 18.)

12. Le procès-verbal qui précède une contrainte
est surabondant. La régularité de la contrainte garantit seule la validité des poursuites. (*Arrêt de cass.*,
du 9 juin 1816.)

, 13. On peut décerner contrainte, sans autorisation
préalable, contre les communes débitrices de droits
et créances. (*Décis. du Min. des fin.*, du 30 frimaire
an 12.)

14. Les héritiers étant solidaires pour le paiement
des droits de succession, la contrainte peut être signifiée à un seul pour le tout. (*Arrêt de cass.*, du 20
germinal an 11.)

15. Celle décernée contre un comptable en débet,
ne peut être annulée par un tribunal de première instance, sous le prétexte que le débet a pour objet un
vol constaté. (*Arrêt* d'une cour d'appel, du 14 fructidor an 9. — Journal, art. 961.)

16. Les contraintes visées par le juge de paix doivent être signifiées par les huissiers de la justice de
paix, et celles en matière de domaines et bois, qui
sont visées par les présidens des tribunaux civils,

doivent être signifiées par les huissiers de ces tribunaux. (*Instr.* 129 et 659.)

CONTRAINTES. — Timbre.

17. Les contraintes pour recouvrement des contributions directes doivent être sur papier timbré. (*Décis. du Min. des fin.*, du 26 fructidor an 7. — Journal, art. 246.) — Cependant elles peuvent être mises à la suite d'un procès-verbal timbré à l'extraordinaire. (*Arrêt de cass.*, du 15 juillet 1806. — Journ., art. 2503.)

18. Les contraintes collectives décernées par les préposés des contributions indirectes contre les redevables d'un même arrondissement, doivent être rédigées sur papier de 35 c., sans qu'on puisse exiger autant de droits de timbre qu'il y a d'articles du rôle ou de la contrainte collective. (*Décis. du Min. des fin.*, du 20 décembre 1808. — Journ., art. 3097.)

CONTRAINTE par corps (1).

19. L'exercice de la contrainte par corps n'est que facultatif, et doit être considéré non comme une prolongation ou une commutation de peine, ainsi que cela se pratiquait sous l'empire de la loi du 5 octobre 1793, mais seulement comme un moyen d'exécution autorisé par la loi, pour parvenir au recouvrement des amendes et autres condamnations pécuniaires prononcées par jugement. L'art. 197 du Code d'instruction criminelle charge spécialement le directeur de l'enregistrement et des domaines de faire les poursuites et diligences relatives à cet objet; c'est donc aux agens de la régie ou de toute autre administration publique intéressée au recouvrement des restitutions et amendes, à exercer ou à suspendre les effets de la contrainte par corps, selon qu'ils le jugent utile ou

_____

(1) Loi du 22 frimaire an 7, art. 68, n° 46.

convenable. Faute par eux d'avoir fait écrouer ou recommander le débiteur solvable ou non, on ne peut, sous le prétexte de la vindicte publique, le retenir en prison après qu'il a subi sa peine ; et s'il n'a été condamné à aucune peine corporelle, le ministère public doit s'abstenir de le faire arrêter d'office, à moins qu'il n'en soit expressément requis par l'administration poursuivante, (*Décis. du Grand Juge*, du 1ᵉʳ. août 1812. — *Instr.* 600.)

20. Il y a lieu à la contrainte par corps pour le paiement des frais de justice criminelle et correctionnelle. (*Décret* du 20 septembre 1809.)

21. De ce qu'une amende a une destination spéciale et est applicable, par exemple, aux hôpitaux, notamment dans le cas où elle est prononcée contre l'individu qui a tenu des loteries non autorisées, il ne s'ensuit point que l'amende ne soit pas prononcée au profit de l'État : dans ce cas, la contrainte par corps peut être exercée, et le condamné insolvable peut réclamer son élargissement six mois après l'expiration de sa peine. (*Arr. de cass.*, du 7 juillet 1818.—Sirey, tome 19.)

22. La condamnation aux frais, vis-à-vis du fisc, en matière de police, entraîne la contrainte par corps, quand même elle ne serait pas prononcée par le jugement. (*Arrêt de cass.*, du 2 janvier 1807. — Mode d'exécution , *instr.* 531.)

23. La contrainte par corps ne peut pas être exercée contre un comptable de deniers publics, à raison de billets par lui souscrits, si ces billets énoncent une cause étrangère à sa comptabilité et à toute opération commerciale. (*Arrêt de cass.*, du 15 juillet 1817.— Journal , art. 6271.)

24. Il n'entre point dans les attributions de l'administration d'employer la voie de la contrainte par corps contre des condamnés reconnus insolvables, par

le seul motif que cette mesure peut servir à réprimer les délits; elle ne doit y avoir recours que lorsqu'elle juge que la contrainte par corps amènera le redevable au paiement. (*Décis. du Min. des fin.*, du 18 mai 1821.)

25. La disposition de la loi du 15 germinal an 6, qui autorise l'incarcéré pour dettes à demander son élargissement après cinq ans d'emprisonnement, n'est pas applicable aux dettes non commerciales contractées sous l'empire du Code de procédure; le débiteur incarcéré pour dette civile, ou divertissemens de deniers publics, ne peut invoquer d'autres causes d'élargissement que celles déterminées par l'article 800 de ce même Code. (*Cour de Paris* du 26 mai 1815.— Journal, art. 5561.)

26. La contrainte par corps exercée contre un débiteur d'amende pour défaut de paiement, ne le dispense pas d'être poursuivi pour les frais de justice, lorsqu'il devient solvable. (*Arrêt. de cass*, du 11 mars 1812.— Journal, art. 4190.)

CONTRAVENTION.

1. Il n'appartient pas au juge d'apprécier les circonstances qui rendraient plus ou moins excusable une contravention reconnue et déclarée constante; simples applicateurs de la loi, les juges sont tenus de se conformer rigoureusement à sa disposition; en matière d'impôts, l'existence du fait matériel de la contravention suffit pour que les juges ne puissent se dispenser d'y appliquer la peine déterminée par la loi; ce n'est qu'à l'administration qu'appartient le droit d'apprécier les circonstances du fait et sa moralité, et d'accorder ou de refuser, d'après cet examen, la remise ou la modération des amendes encourues. (*Arrêt de cass.*, des 11 juin, 7 août et 11 septembre 1818.)

2. Les employés doivent constater les contraven-

tions aux dispositions des art. 41, 42 et 47 de la loi du 22 frimaire an 7, par des procès-verbaux dont il doivent suivre l'effet dans la forme ordinaire. (*Instr.* 29°, n°. 2.)

3. La preuve d'une contravention peut être faite par tous les moyens indiqués par la loi ; on ne peut la refuser, quand surtout celle qu'on offre est littérale. (*Arr. de cass.*, du 20 août 1818.)

CONTRAVENTION. *Voy.* Acte passé en conséquence d'un autre.

CONTRE-LETTRE.

1. La contre-lettre sous seing-privé, dont l'objet est d'augmenter le prix exprimé dans une vente, donne ouverture au triple droit, quoiqu'elle ait été annulée par jugement. Son existence reconnue et sa production en justice suffisent pour légitimer la demande de ce droit. (*Arrêt de cassation*, du 13 novembre 1811. — Journ., art. 4116.)

2. Il y a également lieu d'exiger le triple droit de la contre-lettre, lorsque son existence est constatée par une transaction devant notaire, qui cite des billets à ordre souscrits pour le complément du prix de la vente. (*Solut.* du 13 février 1812. — Journal, art. 4139.)

3. Celle écrite sous seing-privé, non signée de l'une des parties, mais certifiée par deux témoins, ne donne pas lieu à poursuivre le droit d'enregistrement. L'acte séparé par lequel on renonce à une créance en faveur d'un marché qu'on vient de faire n'est pas une contre-lettre dans le sens de l'article 40 de la loi de frimaire an 7. (*Arrêt de cass.*, du 30 octobre 1809. — Sirey, tom. 10.)

4. L'acte sous seing-privé tenu secret, contenant vente moyennant 10,000 fr., et qu'on fait enregistrer

après l'acte notarié qui a réalisé la vente au prix simulé de 6,000 fr., n'est pas une contre-lettre. On doit liquider le droit et le double droit sur les 10,000 fr., et tenir compte du droit perçu sur l'acte notarié, moins le droit fixe à retenir pour le salaire de la formalité. (*Déc. du Min. des fin.*, du 29 mai 1819. — Diction. de Manut., tom. 5.)

5. Quand même un vendeur se ferait réintégrer par défaut de paiement et à la faveur d'une contre-lettre, cette réintégration n'en serait pas moins une rétrocession quant aux droits d'enregistrement. (*Arrêt de cass.*, du 11 juillet 1814.)

6. Une déclaration sous seing-privé par laquelle un acquéreur fait connaître que son acquisition n'était pas sérieuse, doit être considérée comme une rétrocession sujette au *droit de 5 fr. 50 c. p.* 100, plus le double droit qui est dû à défaut de présentation à l'enregistrement dans le délai de la loi. (*Décis. de l'Admin.* du 11 brum. an 11. — Journ., art. 1344.)

7. Des arrêts de cassation des 13 fruct. an 11 et 10 janv. 1809, ont décidé que l'article 40 de la loi de frimaire an 7, qui prononce la nullité des contre-lettres sous seing-privé, contenant augmentation du prix de ventes d'immeubles, n'a pas été abrogée par l'art. 1321 du C. C. Ce principe a été fortifié par arrêt de la Cour de Metz, du 17 févr. 1819 (Sirey, tom. 19); mais un autre arrêt de la Cour de cassation, du 6 janv. 1819, reconnaît que les contre-lettres de cette nature, qui ont été passées depuis la publication du code, sont valables contre les parties.

CONTRIBUTION.

Le procès-verbal de contribution du juge-commissaire ne sera ni levé ni signifié, et il ne sera enregistré que lors de la délivrance des mandemens aux créanciers. (*Article* 99 du décret du 16 févr. 1807.)

II.

COPIE.

1. Les copies collationnées que les engagistes de domaines nationaux sont tenus de remettre de leurs titres aux secrétaires des préfectures, sont dispensés du timbre et de l'enregistrement, pourvu qu'il soit fait mention expresse de leur destination pour les bureaux de la préfecture. (*Décis. du Ministre des finances, du 5 septembre 1809. — Journ.*, art. 3338.)

2. La copie de la citation faite à l'adjudicataire des coupes de bois de se trouver au recollement, et que l'arpenteur joint à son procès-verbal, doit être sur papier timbré. (*Instr.* 897.)

COTE. *Voy.* Paraphe.

COURTIERS. — Délais.

Les traités de ventes de marchandises et navires que les courtiers sont autorisés à consommer, sont enregistrables dans les 10 jours de leur date ; mais il n'en est pas ainsi des négociations dont ils sont chargés, et qui ne sont constatées que par les carnets ou registres, dont la tenue leur est prescrite par l'art. 11 de l'arrêté du gouvernement du 26 prairial an 10. (*Instruction* 173.)

CRÉDIT.

Il est défendu de faire crédit pour les droits d'enregistrement. (*Lettre de M. le Directeur général aux Administrateurs*, du 19 août 1816), ainsi que pour le timbre destiné à la confection de la table décennale de l'état civil. (*Instruct.* 770.)

CURATEURS aux causes.

1. Leur nomination ne donne lieu à aucun droit, lorsqu'elle est contenue dans l'acte d'émancipation dont elle est une conséquence naturelle et nécessaire. (*Instr.* 449. nomb. 3.)

2. Mais la nomination d'un curateur spécial, n'étant pas prescrite par la loi, et ne tenant, dès lors, qu'à des circonstances ou à la volonté des parties, est, quoique renfermée dans l'acte d'émancipation sujette au *droit de 2 fr.*, indépendamment de *celui de 5 fr.* résultant de l'émancipation. (*Idem.*)

D.

DATE (1).

1. Le défaut de date dans l'acte qui opère la mutation, n'est pas un obstacle à la demande des droits d'enregistrement, lorsqu'il résulte d'ailleurs des circonstances que les parties n'étaient plus dans le délai utile pour faire enregistrer cet acte. (*Arrêt de cass.*, du 9 février 1814. — Journ., art. 4928.)

2. La date d'un acte sous seing-privé, devenue certaine, peut, d'après l'article 62 de la loi du 22 frimaire an 7, être opposée pour la prescription ; mais cela ne peut s'entendre des cas dans lesquels la régie n'aurait pas été en état de connaître l'existence des actes. (*Arr. de cass.*, du 16 novembre 1813. — Bulletin offic. des arrêts de 1825, p. 382.)

DATION EN PAIEMENT.

L'acte par lequel on remplace, par des immeubles, le capital d'une rente constituée au profit d'un hospice, n'est qu'un mode de libération passible du *droit de 5 1/2 pour 100.* (*Décis. du Min. des fin.*, du 20 mars 1807. — Journ., art. 2529.)

DÉCHARGE (2).

1. Lorsque, par suite d'un testament contenant institution judiciaire, la remise de la succession est faite

---

(1) *Voy.* art. 62 de la loi du 22 frimaire an 7.
(2) Loi du 22 frimaire an 7, art. 7. — Art. 68, §. 1, n°. 22.— Loi du 28 avril 1816, art. 43, n°s. 8 et 11.

à l'héritier élu par l'institué, conformément au vœu du testateur, à la charge par lui de désintéresser ses co-successeurs de la manière également voulue par le testament, l'acte qui réalise ces dispositions n'est passible que du droit de décharge. (*Décision du Ministre des finances*, du 19 avril 1819. — Journ., art. 6391.)

2. La décharge donnée par un porteur de lettres de change à l'endosseur, de la garantie de son endossement, opère seulement le *droit fixe de 2 fr.* (*Délib.* du 23 mai 1818. — Journ., art. 6085.)

3. L'acte par lequel un particulier, chez lequel a été ouverte une souscription en faveur de la veuve et des enfans d'un ouvrier qui a péri dans la construction d'un bâtiment, remet aux parties intéressées le produit de cette souscription, en déclarant que telles sommes ont été données par telles personnes, n'est passible que du seul *droit fixe de 2 fr.*, comme décharge, parce que le don s'est opéré manuellement, et que l'acte en question ne saurait tenir lieu d'une donation par écrit, puisqu'il est passé en l'absence et sans le consentement des souscripteurs ou donataires dont le nom est indiqué. (*Délib.* du 17 avril 1822 — Art. 348 du contr.)

4. L'acte notarié qui constate la remise de la grosse de l'obligation faite volontairement par le créancier à son débiteur, est passible du *droit de 50 cent. pour 100*, comme quittance. (*Décis. du Min. des fin.*, du 1er. janvier 1811.)

5. Chaque décharge partielle ou définitive, mise à la suite ou en marge des procès-verbaux de vente de meubles, doit être enregistrée; il est dû, pour chacune d'elles, autant de *droits fixes* qu'il y a de comparutions de propriétaires non communs d'effets vendus. (*Décis. du Min des fin.*, du 8 juin 1821, rendue sur la réclamation des commissaires-priseurs de Rouen.) Cette décision ajoute qu'il ne sera fait aucune recher-

che au sujet des décharges enregistrées antérieurement à la connaissance qu'ils auront acquise de cette solution. (Art. 273 du recueil.)

6. La décharge ou quittance donnée personnellement à un notaire, à la suite d'un acte par lui reçu, doit rester en la garde du notaire dont elle opère la libération, quoique signée par un autre notaire ; elle sera néanmoins enregistrée au bureau du notaire qui l'aura reçue, et portée sur son répertoire, avec mention de la garde par l'autre notaire dispensé de l'inscrire sur le sien. (*Instr.* 909.)

7. Quand on trouve dans une étude des décharges données sur des feuilles particulières et non timbrées, il convient de répéter les amendes contre l'officier public, sauf à lui à réclamer auprès du Ministre des finances une remise ou modération, s'il s'y croit fondé. Les employés supérieurs doivent s'occuper de constater ces omissions. (*Solut.* du 2 janvier 1818.)

DÉCHARGE au survivant.

8. Le survivant qui, profitant de la faculté accordée par l'article 453 du Code civil, remet à ses enfans le montant du mobilier de la succession, n'est pas censé acquérir ces meubles, il ne fait que se libérer d'une dette : il n'est dû pour ce paiement que le droit d'enregistrement établi pour les actes contenant libération de sommes. (*Décis. des Min. de la just.*, et des *fin.* — *Instr.* 548, nomb. 3.)

DÉCHARGE à un Procureur fondé.

9. Il ne doit être perçu que le droit simple de décharge pour la quittance donnée par un commettant à son procureur fondé, des sommes que celui-ci a payées à des tiers par des actes enregistrés. (*Délib.* des 18 septembre 1808, et 18 novembre 1818.—Journ., art. 6241.)

DÉCHARGES aux greffiers.

10. Les décharges de pièces que les avoués donnent, aux termes de l'article 115 du Code de procédure civile, par un émargement sur le registre des productions, tenu en conformité de l'article 108, ne sont passibles d'aucun droit d'enregistrement. (*Instr.* 436, nomb. 16.)

11. Les décharges données aux greffiers de la remise des registres des faillis qui leur sont déposés, sont de véritables actes judiciaires, assujétis comme les dépôts, dans les vingt-jours de leur date, à la formalité de l'enregistrement sur la minute, et au *droit fixe de* 2 *fr.*, conformément aux n°ˢ. 6 et 7, §. 2, art. 69 de la loi du 22 frimaire an 7. On ne peut les considérer comme des actes sous seing-privé qui ne seraient soumis à la formalité qu'autant qu'il en serait fait usage en justice. (*Décis. du Min. des fin.*, du 21 frimaire an 2. — Journ., art. 1631.)

12. Il en est de même de celles des pièces remises au greffe, en cas de vérification d'écritures; le *droit de* 3 *fr.* est dû, indépendamment de celui de procès-verbal. (*Instr.* 436, nomb. 20.)

13. Les décharges de pièces de conviction données par les particuliers, en matière criminelle, ne sont sujettes au timbre et à l'enregistrement, que lorsqu'il y a une partie civile en cause. (*Instr.* 952.)

DÉCIME par franc.

1. Contribution extraordinaire établie par la loi du 6 prairial an 7, et maintenue par le budjet de chaque année, entre tout entière dans les caisses du trésor. (*Instr.* 121.)

2. Il est dû, même pour les actes d'une date antérieure à cette loi. (*Décis. du Min. des fin.*, du 6 messidor an 7. — Journal, art. 224.)

3. Il s'étend sur la totalité des amendes, même sur celles attribuées en tout ou en partie. (*Arr. de cass.*, du 19 mars 1806. — *Décis. du Min. des fin.*, des 16 fructidor et 16 vend. an 8.)

4. Les confiscations et dommages-intérêts ne sont pas sujets au décime. (*Circul.* 1643 et 1719.) Il en est de même des forcemens et erreurs de calculs relatifs à des perceptions antérieures à son établissement. (*Circul.* 1591.)

5. Le décime qui est un accessoire du droit, participe au même privilége que le principal, et se poursuit par les mêmes voies. (*Instr.* 31.)

6. Les amendes prononcées contre les détenteurs de capitaux appartenant au commerce anglais, ne sont pas passibles du décime et de l'attribution aux communes et aux hospices. (*Décis. du Min. des fin.*, du 1er. février 1812. — Journal, art. 4285.)

DÉCLARATION.

1. La déclaration par laquelle une personne qui tient un hôtel garni, en vertu d'une patente, reconnaît que l'établissement et la totalité des meubles qui y sont placés, appartiennent au propriétaire de la maison, donne ouverture au *droit proportionnel*, comme cession ou vente. (*Décis. du Min. des fin.*, du 30 mai 1820. — Journ., art. 6737.)

2. Si, dans un contrat de vente consenti par un mari et une femme, d'un bien appartenant à celle-ci, moyennant un prix payé comptant, avec promesse de faire jouir solidairement, etc., il a été consenti hypothèque sur les biens meubles et immeubles présens et à venir des vendeurs, et que, par acte postérieur, la femme, devenue veuve, déclare consentir que l'acquéreur prenne hypothèque sur deux pièces de terre provenant de ses propres, pour garantie supplé-

mentaire de la vente, il est dû sur ce dernier acte de complément 1 *franc*, comme moindre salaire pour les actes qui ne donnent pas ouverture au *droit pro-portionnel*. (*Solut.* du 16 novembre 1815. — Journ., art. 5282.)

3. Les déclarations des propriétaires qui, pour ne pas payer de contributions, renoncent à leurs pro-priétés, sont sujètes à l'enregistrement dans les 20 jours, moyennant 1 *fr. fixe*, à la charge de la com-mune. (*Décis. du Min. des fin.*, du 18 août 1812. — Journ., art. 4425.)

4. La déclaration donnée par le Juge en matière de récusation, dans les cas prévus par les art. 46 et 386 du Code de procédure civile, est exempte d'enre-gistrement. (*Instr.* 436.)

5. Dans le cas où une somme a été donnée aux futurs par contrat de mariage, avec stipulation qu'elle sera payée la veille du mariage, dont la célébration vaudra quittance, la déclaration portant que cette somme n'a point été acquittée, est un acte de bonne foi qui n'ajoute rien à l'obligation contractée par le donateur, dans le contrat de mariage des donataires ; on ne peut considérer cette déclaration que comme le complément de la donation, et il ne doit être perçu que le *droit fixe de* 1 *fr.* (*Déc. de l'Admin.* — Journ., art. 1536.)

6. Les déclarations des pères de famille, pour l'ad-mission de leurs enfans aux colléges, en exécution de la loi du 29 ventose an 13, opèrent le *droit fixe de* 2 *fr.* (*Instr.* 328.)

DÉCLARATIONS d'établissement ou de change-ment de domicile.

7. Elles sont passibles du timbre, et exemptes de l'enregistrement. (*Instr.* 579.)

8. Les Maires ne sont pas tenus de tenir un registre spécial de ces déclarations, et s'ils le faisaient, ce registre ne serait pas sujet au timbre. (*Décis. des Min. de l'intérieur et des fin.*, des 14 et 24 juin 1815. — Journ., art. 5211.)

DÉCLARATIONS des titulaires de cautionnement (1).

9. Celles faites conformément au décret du 22 déc. 1812, pour faire acquérir à leurs bailleurs de fonds le privilège du second ordre, doivent, sans distinction, être enregistrées au *droit fixe de 1 franc*, en exécution de ce même décret. (*Décis. du Min. des fin.*, du 23 mars 1822.)

10. Suivant cette décision, les receveurs ne percevront que le *droit fixe de 1 franc* pour l'enregistrement des déclarations dont il s'agit, qu'elles aient ou non été précédées d'un acte d'emprunt enregistré au *droit proportionnel* d'obligation. (*Instr.* 1030.) Un arrêt de cassation, du 4 décembre 1821, a jugé dans le même sens.

11. Les déclarations à faire par les titulaires de places sujettes à cautionnement, pour assurer aux bailleurs de fonds le privilège du second ordre, sur le montant des cautionnemens, et que l'article 4 du décret du 22 décembre 1812 qui en règle la forme, ne soumet qu'*au droit fixe de 1 franc*, ne peuvent être assujéties au *droit proportionnel*, sous prétexte qu'elles contiennent implicitement, de la part du titulaire, une obligation des sommes au profit de son

---

(1) *Voy.* art. 68, §. 1er., n°. 16 de la loi du 22 frimaire an 7; — art. 43, n°. 6 de la loi du 28 avril 1816; — décret du 22 décembre 1812, art. 4.

bailleur. (*Arr. de cass.*, du 4 décembre 1821.—Journ. des aud. de 1822, p. 29.)

DÉCLARATIONS. — Biens provenans d'émigrés.

12. La déclaration qui porte que l'acquisition d'un bien d'émigré n'a été faite que dans l'intention de le conserver à cet émigré, auquel il est remis, est une rétrocession sujette *au droit de 5 francs 50 cent. par* 100. (*Décis. du Ministre des finances*, du 29 août 1821.)

DÉCLARATIONS. — Biens communaux.

13. Celles faites par les détenteurs sans titre, conformément à l'article 3 de la loi du 9 vent. an 12, sont pures et simples, et sont sujettes au timbre et à l'enregistrement, dans les vingt jours, moyennant 2 *fr. fixes.* Le droit est à la charge des déclarans qui sont dans le cas de la maintenue provisoire ; à l'égard des déclarations d'après lesquelles les détenteurs devraient être dépossédés, il est juste que le droit soit supporté par la commune, qui seule doit en profiter. (*Instr.* 528.)

DÉCLARATIONS de dettes. — Inventaires.

14. Celles contenues dans les inventaires ont uniquement pour objet de donner, sauf vérification ultérieure, un aperçu de l'avoir et des charges de succession ou de la communauté ; elles sont de l'essence de l'inventaire, et en font une partie nécessaire ; elles ne peuvent, d'ailleurs, engager les héritiers ou l'époux déclarant, ni former obligation au profit des créanciers désignés ; en un mot, elles établissent une simple présomption, insuffisante, à défaut de titres positifs, et inutile, s'il en existe ; ainsi, elles ne sont pas passibles du *droit de 1 fr. pour* 100, lors même qu'elles sont faites par le mari survivant. (*Instr.* 290, nomb. 18.)

Il n'en est pas de même des déclarations par lesquelles un ou plusieurs des héritiers présens à l'inventaire, se reconnaissent personnellement débiteurs, soit envers la succession, soit envers un ou plusieurs de ses cohéritiers. Celles-ci rentrent dans la classe des obligations ordinaires. (*Idem.*)

15. Les déclarations de dettes dans les inventaires ne sont que des reconnaissances approximatives, sujettes à être contestées ; mais la même déclaration dans une liquidation suivie de partage, où tout est réglé en conséquence, n'est plus sujette à contestation ; elle forme un titre au créancier, et elle est soumise au *droit de 2 pour* 100. (Journ., art. 7069. Voy. aussi *Instr.* 548, nomb. 4.)

DÉCLARATIONS de grossesse.

16. Celles faites aux greffes de justice de paix, ou devant notaires, ne sont enregistrables que sur l'expédition qui en serait délivrée. (*Instr.* 390. — *Décis. du Ministre des fin.*, du 20 février 1818. — Journal, art. 5981.)

DÉCLARATION. — Militaire.

17. La loi n'exige pas le concours de l'inscription du décès d'un militaire au registre de l'état civil de la commune de son domicile, et de la mise en possession de ses biens par les héritiers ; elle ne parle de cette dernière circonstance que comme devant suppléer à la première, qui, le plus souvent, a lieu postérieurement ; il suffit dès-lors que le décès d'un militaire mort en activité de service, hors de son département, ait été connu légalement, pour faire courir le délai de six mois, et avec d'autant plus de raison, que celui de cinq ans courrait depuis la même époque ; faute de déclaration dans les six mois, soit de l'inscription au registre de l'état civil, soit

de la prise de possession de fait, il y a lieu d'exiger la peine du demi-droit en sus. (*Solut.* du 5 septembre 1817. — *Arrêt de cassation*, du 29 avril 1818.)

DÉCLARATION. — Délai. — Somme inconnue.

18. Lorsque les héritiers passent, après les six mois du décès, déclaration d'une somme dépendant de la succession, découverte dans un endroit secret pratiqué dans la maison du défunt, il n'y a pas lieu à un demi-droit en sus. (*Solut.* du 1er. juillet 1813. — Journ., art. 4553.)

DÉCLARATIONS. — Tiers saisi.

19. Les déclarations, faites au greffe des tribunaux civils par le tiers-saisi, sont considérées comme déclarations pures et simples en matière civile, et, comme telles, passibles du *droit fixe de 2 fr.* (*Décis. du Min. des fin.*, du 3 septembre 1819. — *Dict. de Manut.*, t. 5, p. 183.)

20. Il n'y a pas lieu d'exiger que les quittances et autres titres mentionnés dans ces déclarations soient préalablement enregistrés, ni de percevoir des droits proportionnels, à raison des actes ou conventions que ces déclarations peuvent indiquer, sans préjudice de ceux qui pourraient résulter de la condamnation; mais, si des actes translatifs de propriété ou de jouissance n'avaient pas été soumis à la formalité dans les délais, la demande des droits devrait être formée contre les parties. — Les quittances, ou autres pièces produites, seraient susceptibles d'être enregistrées si, en cas de contestation sur l'objet, la date ou le montant des paiemens, le tiers-saisi était tenu de les opposer en justice aux prétentions du saisi. (*Instruction* 436, nombre 45.)

21. D'après l'article 578 du Code de Procédure civile, si la saisie-arrêt ou opposition est formée sur des effets mobiliers, le tiers-saisi sera tenu de joindre à sa déclaration un état détaillé desdits effets. La décision du Ministre des finances, rappelée dans l'Instruction 351, relative aux états estimatifs de mobilier à joindre aux donations, et qui ne sont soumis qu'*au droit fixe de* 1 *franc*, est applicable à l'état qui doit accompagner la déclaration du tiers-saisi. (*Instr.* 436, nombre 46.)

DÉCLARATION de command. *Voy*. Command.

DÉCLARATION de succession. *Voy*. Succession.

— *Voy*. aussi Action. — Partage.

DÉLAI (1).

1. Quand la loi prononce une peine pour défaut d'enregistrement dans le délai, les juges ne peuvent dispenser du *double droit*, sous prétexte de bonne foi. (*Arr. de cass.*, du 11 nov. 1812.)

2. L'imputation à un tiers, du retard apporté dans la présentation d'un acte à l'enregistrement, ne peut dispenser du payement du *double droit* et amendes prononcés par la loi. (*Arrêt de cassation*, du 28 mai 1808.)

3. L'amende est encourue par l'officier qui n'a pas soumis à la formalité, dans le délai fixé par la loi, des actes susceptibles d'être enregistrés *en debet* et même *gratis*. (*Décis. du Min. des fin.*, des 25 therm. an 13, 2 déc. 1806, et 17 janv. 1817.)

_____

(1) Loi du 22 frimaire an 7, art. 20.

DÉLAI pour les actes administratifs, et pour les actes qui concernent les établissemens publics.

4. Le délai de vingt jours, dans lequel doivent être enregistrés, sous peine de *double droit*, ceux de ces actes qui sont translatifs de propriété ou de jouissance, ne commence à courir que du jour où l'approbation du préfet est parvenue à la mairie. — Mention expresse doit être faite que l'exécution sera suspendue jusqu'à l'approbation; et pour les procès-verbaux d'adjudication des coupes de bois royaux, à compter du jour du renvoi, lorsque l'enchérisseur, auquel ce renvoi est fait, n'y a pas renoncé dans les vingt-quatre heures. (*Instr.* 290, nomb. 5 et 20.)

5. Toutes les fois que des préfets rédigent des actes sujets à l'enregistrement, ils sont tenus d'y faire mention expresse que leur exécution sera suspendue jusqu'à l'approbation du Ministre, lorsque cette formalité sera nécessaire; alors, le délai pour l'enregistrement de ces actes ne courra que du jour où l'approbation sera parvenue à la préfecture. Tout acte dans lequel cette mention n'aura pas été exprimée, sera censé parfait, et comme tel, devra être présenté à l'enregistrement dans les vingt jours de sa date. (*Instr.* 290, nombr. 5.)

6. Ces dispositions s'appliquent : 1°. aux baux des biens affectés à la dotation de la légion d'honneur; (*Circul.* du 12 mars 1806.) Le délai ne court que du jour de la ratification qui en est consentie par le Chancelier. (*Décis. du Min. des fin.*, du 12 janvier 1816.); 2°. aux marchés pour fournitures passés par les agens du gouvernement, et qui doivent être ratifiés par le Ministre-directeur de l'administration de la guerre. (*Décis. du Min. des fin.*, du 7 nivose an 2. —Journ., art. 1360); 3°. aux procès-verbaux de vente

de prises et de navires , ou bris de navires , par les officiers de la marine. (*Article 7 de la loi* du 27 ventose an 9.)

7. Les receveurs doivent, dans l'enregistrement de ces actes, faire mention de la réserve suspensive de leur exécution , jusqu'à l'homologation nécessaire , et indiquer le jour de sa réception à la préfecture où lesdits actes ont été rédigés. (*Instruction* 290, nombre 5.)

8. Il ne suffit pas de déposer un acte au bureau dans les trois mois de sa date, pour être dispensé de payer le double droit, à défaut d'enregistrement dans le délai; il faut encore que les droits en soient payés au receveur. (*Arr. de cass.*, du 21 flor. an 8.— Journ., art. 547.)

9. Les actes d'administration temporelle et extérieure des établissemens publics , reçus par un secrétaire ou autre officier de l'établissement, et qui constatent qu'on s'est présenté devant lui pour rédiger les conditions y portées, sont assujétis à la formalité dans les vingt jours ; tous les autres actes dressés en forme de délibérations de l'établissement, même avec le concours des particuliers, ne sont considérés que comme actes sous seing-privé, qu'il suffit de faire enregistrer dans les délais déterminés par la loi. (*Instruction* 293.)

10. Les récépissés de dépôt délivrés par les préposés de la caisse d'amortissement, ne sont assujétis à la formalité, dans le délai de cinq jours, par la loi du 28 nivose an 13, que pour assurer le recours contre cette caisse : on peut ne les enregistrer que quand on veut en faire usage. (*Instr.* 272.)

11. Les délais énoncés en l'article 20 de la loi du 22 frimaire an 7 sont de rigueur, et les indications

erronées de dates, d'arrêts ou d'actes donnés, par exemple, par un avoué à son client, n'en peuvent relever. (*Arr. de cass.*, du 23 mai 1808.)

12. L'enregistrement d'un procès-verbal peut être fait le cinquième jour, quand le quatrième, qui est le jour de l'échéance du délai, tombe un jour de fête ou de dimanche. (*Arr. de cass.*, du 18 février 1820. —Journ. des aud., vol. 1820, page 273.)

DÉLAIS. — Cautionnement.

13. Les délais pour l'enregistrement des actes de cautionnement passés devant notaire, pour sûreté de paiement du prix des adjudications faites administrativement, courent du jour où ces actes ont été passés, et non de celui où les adjudications ont été approuvées par le préfet. (*Délib.* du 14 mars 1815. — Journ., art. 5059.)

DÉLAIS. — Dispositions éventuelles.

14. Les dispositions éventuelles faites entre époux, par actes qualifiés de donations entre-vifs, doivent être enregistrées dans les dix ou quinze jours de leur date. (*Instr.* 432, nomb. 3.)

DÉLAI. — Exploits. — Procès-verbaux.

15. La disposition de l'art. 20 de la loi de frimaire an 7, qui fixe à quatre jours le délai pour l'enregistrement des exploits et procès-verbaux, s'applique aux actes extra-judiciaires, que les employés de la régie des droits réunis sont autorisés à faire, en vertu de l'art. 28 du décret du 1er. germinal an 13. Ces préposés, lorsqu'ils remplissent le ministère d'huissier, doivent satisfaire aux obligations imposées aux huissiers, et soumettre leurs actes à la formalité de l'enregistrement, dans les délais prescrits pour ces officiers. (*Instr.* 390, nomb. 10.) L'enregistrement du procès-verbal avant

la délivrance de la copie n'est pas nécessaire. (*Instr.* 930, nombre 10.)

16. Le même principe est applicable : 1°. aux significations faites par les secrétaires des mairies, d'arrêtés ou autres actes qui intéressent les communes. (*Instr.*, 290, nomb. 68); — 2°. aux citations pour appeler devant les Prud'hommes celle des parties qui n'a pas comparu, ainsi qu'à toutes significations des actes et jugemens de ces magistrats, quel que soit l'officier qui ait instrumenté, (*Instr.* 437) ; — 3°. aux procès-verbaux rapportés par les maires et adjoints, les agens des ponts et chaussées, ceux de la navigation, les gendarmes et autres, pour constater les délits en matière de grande voirie, (*Instr.* 290, nombre 61.—Voy. *procès-verbaux*); —4°. aux procès-verbaux rédigés par les préposés des diverses administrations et autres agens publics qui, par la nature de leurs fonctions habituelles, sont dans le cas de rapporter des procès-verbaux, (*Instruc.* 406);— 5°. aux significations d'avoué à avoué, dans le cours des instances et des procédures devant les tribunaux, (Art. 15 de la loi du du 27 vent. an 9); 7°. aux procès-verbaux des commissaires de police. (*Arr. de cass.*, du 22 juillet 1813. — Journ. , art. 4615.)

DÉLAI pour les actes des Notaires.

17. Quand les notaires procèdent, sur l'invitation des parties, ou d'après une commission du tribunal, à la vente des biens de mineurs, ils observent, pour l'enregistrement, les délais qui concernent les notaires, et non ceux relatifs aux greffiers. (*Inst.* 366, nomb. 11.)

18. Les notaires ne doivent jamais recevoir d'actes, sans que les parties soient présentes à la rédaction définitive ; mais si elles n'y sont pas toutes, le délai court de la date des premières signatures, parce qu'alors le contrat, revêtu également des signatures du notaire et des témoins, est parfait à l'égard des parties qui ont

II.   11

signé; et que celles qui signeraient après ne font que ratifier l'acte en ce qui les concerne. (*Instr.* du 5 juin 1809, nomb. 432.)

19. Les actes déclarés nuls par la loi du 25 ventose an 11, ou qui ne peuvent valoir que comme écrits sous seing-privé, n'en sont pas moins sujets à l'enregistrement dans les délais déterminés. (*Instruct.* 263.)

DÉLAIS. — Adjudication de coupes de bois de la Couronne.

20. Le Notaire qui aura rédigé et signé seul, comme officier public, un procès-verbal d'adjudication de cette nature, doit le faire enregistrer dans le délai fixé pour ses autres actes; faute par les adjudicataires de lui remettre les fonds, au plus tard dans les 24 heures de l'adjudication, chacun en ce qui le concerne, ce fonctionnaire devra, dans le même délai, et sous peine de responsabilité du droit, délivrer extrait au receveur chargé de poursuivre directement le recouvrement des droits contre les adjudicataires en retard. Si les actes étaient signés concurremment par un membre de l'autorité administrative, et par un notaire, ils ne seraient enregistrables que dans les vingt jours de leur date; mais le notaire, après ce terme expiré, demeurerait personnellement responsable des droits et doubles droits, s'il avait omis, dans l'intervalle des vingt jours, de remettre l'extrait au receveur. (*Décis. du Min. des fin.*, du 14 février 1809. — Journ., art. 5623.)

DÉLAIS, *Voy.* Adjudication. — Déclarations, n°. 17. — Novation n°. 5. — Quittance sous seing-privé. — Testament.

DÉLÉGATION (1).

1. Dans un contrat de vente, le vendeur stipule que

---

(1) Loi du 22 frimaire an 7, art. 68, n°s. 21 et 23. — Art. 69. §. 3, n°. 3.

le prix ou portion du prix sera payé en son acquit au créancier non présent qu'il indique : si le titre de la créance a été enregistré, il n'est point dû de droit proportionnel ; mais s'il n'est pas énoncé que le titre du créancier délégataire soit enregistré, le *droit proportionnel* est dû, non pour la délégation, mais à cause de la reconnaissance de la dette ; ce droit est restituable, s'il est justifié d'un titre enregistré. (*Instr.* 290, nomb. 21.)

2. C'est ainsi que le Ministre des finances a décidé le 15 mars 1814, que la délégation acceptée ou non, est passible du *droit de* 1 *fr. p.* 100, lorsqu'à défaut de titre enregistré elle peut servir de titre au créancier. (Journal, art. 4855.)

3. Il n'est pas nécessaire que l'acceptation du délégué soit formelle dans l'acte de vente, il suffit que l'acte qui la contient soit signé par le délégataire ou son procureur fondé, ou quelqu'un se disant agir pour lui. (*Instr.* 290.)

4. Le droit proportionnel de transport, qui n'a pas été perçu sur la délégation, à défaut d'acceptation par le créancier délégataire, serait exigible si, par un acte ultérieur, celui-ci consentait au transport de la créance et au changement de débiteur. (*Instruct.* 290, nombre 21.)

5. La clause d'un contrat de mariage, portant que la future se constitue en dot une somme de 30,000 fr. que, par un acte de vente dans lequel elle n'a pas comparu, son père a chargé l'acquéreur de lui payer, pour la remplir de ce qui lui revenait dans la succession de sa mère, équivaut à une acceptation de transport, et donne lieu au *droit proportionnel de* 1 *pour* 100. (*Délibérat.* du 2 juillet 1817. — Journal, art. 5834.)

6. La délégation d'un prix de vente par acte posté-

11.

rieur au contrat, quoique non acceptée par le créancier délégataire, n'est pas moins sujète au *droit proportionnel*, d'après les dispositions d'un avis du comité du
conseil d'état, du 7 avril 1820, approuvé le 3 mai suivant par le Ministre des finances, parce que la disposition de l'article 69, §. 3, n°. 3, de la loi de frimaire,
ne fait aucune distinction entre les transports et délégations faits par actes séparés, du prix de la vente,
qui sont acceptés, et ceux qui ne le sont pas, et qu'elle
les soumet indistinctement au *droit de* 1 *pour* 100.
(Journ., art. 6735.)

DÉLÉGATION. — Acceptation.

7. On ne peut ordonner la restitution du *droit proportionnel* perçu sur une délégation non acceptée,
sous le prétexte qu'une délégation de cette espèce ne
constitue qu'une simple indication de paiement passible seulement d'un *droit fixe de* 1 *fr.*, établi par
l'art. 68, n°s. 21 et 23 de la loi du 22 frimaire. L'art.
69, §. 3, n°. 3, ne fait aucune distinction entre les
délégations acceptées et celles qui ne le sont pas. (*Arr.
de cass.*, du 11 novembre 1822. — *Bullet. offic.*, de
1822, p. 289 et 292. — *Voy.* aussi un autre *Arr.* du 31
décembre 1823. — *Bullet. offic.* p. 497.)

8. Le *droit de* 1 *pour* 100 est dû sur l'acte par lequel un acquéreur se tient pour signifié le transport
fait par son vendeur à ses créanciers, d'une portion du
prix des biens acquis, et promet de se libérer entre
les mains des cessionnaires de ce prix, lors même
qu'il pourrait s'élever des difficultés sur la régularité
du transport. Mais, par cette clause, l'acquéreur ne fait
que garantir l'accomplissement de sa propre obligation
résultant de son contrat de vente, de payer à qui de
droit le prix de son acquisition; cette stipulation n'est
donc pas un cautionnement; pour qu'il y eût cautionnement, il faudrait qu'un tiers se constituât garant du
paiement de la somme due par cet acquéreur en vertu

de son contrat d'acquisition et de son acceptation de transport. (*Délib.* du 8 mai 1822. — *Décis. du Min. des finances*, du 27 juin suivant.

9. La charge imposée à l'acquéreur de payer une somme, en déduction du prix, au vendeur ou aux créanciers hypothécaires que celui-ci *indiquera*, est une délégation conditionnelle ; mais si, hors la présence du vendeur, l'acquéreur paye à l'un de ses créanciers qui le subroge dans ses droits, il n'est dû que 50 *c. pour* 100 *fr.*, puisque les créanciers ne sont pas désignés dans l'acte de vente, et que celui qui reçoit est fondé en titre. (*Délibération* du 11 avril 1818.—Journ., art. 6035.)

10. La délégation, *improprement* dite, par laquelle un débiteur délègue à son créancier les fermages de sa terre, ou lui cède, sans l'intervention du tiers débiteur délégué, des créances à terme, opère le *droit de* 1 *fr. pour* 100, quand même le titre de ces créances serait enregistré. Un tel acte n'est qu'un transport pur et simple. (*Instr.* 290, nomb. 21.)

DÉPOT (1).

1. Les reconnaissances de dépôts à la caisse des consignations, délivrées par les préposés de cette caisse, sont passibles du *droit fixe de* 1 *fr.* (*Instr.* 272.)

2. Les reconnaissances de dépôt sont sujètes au *droit proportionnel* lorsqu'elles présentent les caractères d'une obligation déguisée. (*Instr.* 377.)

3. L'acte de dépôt de plusieurs procurations données par des personnes qui ont des intérêts distincts, opère autant de droits qu'il y a de procurations, bien qu'il ne s'agisse que d'un seul acte de dépôt. (*Décis. du*

_____

(1) Loi du 22 frimaire an 7. — Art. 68, § 1 ; no. 26. — Loi du 25 avril 1816, art. 43, no. 10.

Ministre des fin., du 3 octobre 1817. — Journal , art.
5919.)

DÉPOTS de pièces.

4. Les officiers publics qui contreviennent à l'art.
42 de la loi du 22 frimaire an 7, ne doivent que l'a-
mende et non les droits d'enregistrement et de timbre
de l'acte qu'ils n'ont pas rédigé, parce que ces droits
ne sont exigibles pour des actes que lorsque ces actes
existent. (*Délibérat.* du 26 août 1818. — Journ., art.
6186.)

5. Lorsqu'un notaire a reçu le dépôt d'un acte sous
seing-privé non enregistré, qu'il refuse de représenter,
il y a lieu de constater la contravention par un procès-verbal, pour le contraindre à remettre l'acte au receveur de l'enregistrement, et à payer les droits et
l'amende qu'il a encourue. (*Décis. du Min. des fin.*
du 13 janvier 1807. — Journal, art. 2480.)

DÉPOT. — Notaire.

6. Un notaire peut recevoir un acte en dépôt comme
personne privée, sans que l'administration ait le droit
de faire ouvrir le paquet. (*Arr. de cassation*, du 4 août
1811.)

7. Les notaires peuvent recevoir en dépôt, sans enregistrement préalable, les testamens et pièces qui s'y
trouvent renfermées, quand la remise leur en est faite
en vertu de l'ordonnance du juge, aux termes de l'art.
1007 du Code civil; mais ils doivent fournir aux receveurs de l'enregistrement, dans les dix jours qui suivent l'expiration du délai de trois mois, à compter du
décès des testateurs, des extraits certifiés des testamens dont les droits ne leur auront pas été remis par
les héritiers ou légataires. (*Instr.* 359.)

8. Il n'y a pas lieu, dans ce cas, de dresser un acte
notarié du dépôt, parce que ce dépôt est établi par un
procès-verbal dont la minute reste au greffe du tribu-

nal, et dont l'expédition est remise au notaire avec le testament déposé. Mais ces actes doivent être portés sur le répertoire. (*Décis. du Ministre de la just.*, du 9 sept. 1812. — Journ., art. 4441.)

9. L'acte constatant la remise de l'extrait et de l'insertion au tableau dans les chambres des Notaires, des contrats de mariage et jugemens de séparation de biens, sera rédigé sommairement sur le registre de la chambre, et enregistré dans les 20 jours au *droit fixe de* 1 *fr.*; l'expédition qui en doit être délivrée sur papier de 1 fr. 25 cent., n'est sujète à aucun droit d'enregistrement. Le dépôt au greffe est passible du *droit fixe de* 3 *fr.*, outre le droit de greffe de rédaction, de 1 *fr.* 25 *cent.* (*Instr.* 637.)

DÉPOTS.

10. Actes dont il n'est pas nécessaire de constater le dépôt.

1°. La remise faite en vertu du décret du 14 juin 1813, par les huissiers au greffe du tribunal de première instance de leur résidence, de leurs nominations et réceptions. — C'est une mesure d'ordre qui n'a pas besoin d'être constatée par un acte de dépôt. (*Instruction* 659). — 2°. Le dépôt des registres de l'état civil. (*Instr.* 405, nomb. 5.)

11. Le dépôt des répertoires doit être constaté par autant d'actes de dépôt distincts qu'il y a de notaires déposans; mais le greffier ne peut les astreindre à lever expédition de ces actes. (*Décision du Ministre des finances*, du 20 mars 1810. — Journal, article 8777.)

12. Les dépôts des répertoires des notaires ne sont point sujets à l'enregistrement. (*Décis. du Min. des fin.*, du 16 avril 1819. — *Instr.* 590.)

13. Il en est de même des actes de dépôt du dou-

ble des répertoires des commissaires-priseurs. (*Délib.* du 15 avril 1817.—*Instr.* 5739.)

DÉPOTS aux greffes (1).

14. Actes qui doivent être enregistrés avant d'être déposés.

Les pièces justificatives des comptes de construction de bâtimens armés en course, déposées aux greffes des tribunaux de commerce, doivent être préalablement enregistrées. (*Solution* du 23 messidor an 13. — Journ., art. 2065.)

15. *Procès-verbal de dires.* Le dépôt du procès-verbal de dires, en fait de licitation et partage, est soumis à l'enregistrement, et le procès-verbal doit être enregistré avant d'être remis au greffe. (*Instruct.* 436, nomb. 75 et 76.)

16. *Dépôt de pièces en fait de vérification d'écritures.* S'il s'agit d'une pièce sous seing-privé, non exempte de la formalité, elle doit être enregistrée avant d'être produite, et par conséquent avant d'être déposée. — L'acte de dépôt doit être enregistré. (*Inst.* 436, nomb. 19.)

DÉPOT aux greffes.

17. Actes qui peuvent être déposés aux greffes, quoiqu'ils ne soient pas enregistrés.

Les pièces remises conformément à l'art. 898 du Code de procédure civile, par un débiteur malheureux et de bonne foi, et qui profite du bénéfice de l'article 1268 du Code civil pour obtenir sa liberté et la faculté de faire en justice l'abandon de ses biens à ses créanciers, peuvent être admises au dépôt par le greffier, quoiqu'elles ne soient pas timbrées ni enregistrées, pourvu que l'inventaire de ces titres

_____

(1) Loi du 22 frimaire an 7, art. 68, §. 2, n°. 6.

soit sur timbre, et revêtu de l'enregistrement, sauf aux préposés à former contre les parties la demande des droits relatifs aux actes de mutation qui ne seraient pas enregistrés, ainsi que les droits et amendes, quant au défaut de timbre. (*Instruct.* 386, nomb. 18.)

DÉPOT aux greffes. — Compte d'armement.

18. Les pièces déposées aux greffes des tribunaux de commerce, avec le compte d'armement de corsaire, pour constater au besoin la situation des armateurs et des actionnaires, peuvent ne pas être enregistrées ; mais la formalité serait indispensable si elles devaient être produites. (*Décis. du Ministre des finances.* — Journ., art. 1590.)

DÉPOT aux greffes. — Jugement arbitral.

19. Les greffiers peuvent recevoir en dépôt, sans enregistrement préalable, les jugemens des arbitres ; mais, les droits de l'acte de dépôt, ainsi que ceux du jugement arbitral, ne devant point être avancés par le greffier, cet officier reste seulement soumis à l'obligation qui lui est imposée par l'art. 37 de la loi du 22 frimaire an 7, de fournir au receveur l'extrait de l'acte de dépôt et du jugement dans les délais indiqués, afin que ce préposé puisse suivre contre les parties le recouvrement des droits à payer sur ces deux actes. — On ne peut, à cet égard, faire de distinction entre les sentences arbitrales contenant transmission d'immeubles, et celles qui ne renferment pas de dispositions sujètes à la formalité dans un délai déterminé : les droits d'enregistrement doivent, pour les unes comme pour les autres, être acquittés en même temps que ceux résultant de l'acte de dépôt. (*Instr.* 436, nomb.77.)

DÉPOT. *Voyez* Abandonnement. — Actes sous seing-privé.

DESSERVANS. *Voy.* Quittances.

DEVIS (1).

Les devis rédigés par les ingénieurs sont exempts du timbre et de l'enregistrement; mais les expéditions qui en seraient délivrées à des particuliers doivent être sur papier timbré. (*Instr.* 290 , nombre 25.)

DIPLOME. — Sages-femmes.

L'enregistrement au greffe des diplômes de sages-femmes, n'étant qu'une simple mention d'ordre, ne donne lieu à aucun droit. (*Décis. du Min. des fin.*, du 11 mai 1819.) — S'il est rédigé un acte de présentation de diplôme au tribunal de première instance, les droits d'enregistrement et de greffe sont dus ; il suffit d'ailleurs que le diplôme fasse mention de l'enregistrement au greffe, sans que la partie soit tenue de lever l'expédition de l'acte qui constate la formalité. L'enregistrement du diplôme à la sous-préfecture ne donne lieu à aucun droit. (*Instr.* 558.)

DIGUES.

Les travaux des directions des digues ne sont publics que lorsqu'ils ont été ordonnés par l'administration des ponts et chaussées, et payables sur les fonds du gouvernement. — Les rôles d'impositions pour les frais et travaux des digues sont exempts du timbre. — Des deux registres des délibérations prises dans la matière, l'un est sujet au timbre ; l'autre, de police intérieure , en est exempt. — Les mandats des préfets , les certificats des négocians, et les expéditions des arrêtés, annexés au registre des délibérations, sont sujets au timbre , ainsi que les comptes que rendent ces directions. — Les plans et devis des ingénieurs sont exempts du timbre ; rédigés par d'autres, ils y sont sujets. Le cahier des charges est,

-----

(1) Loi du 22 frimaire an 7, art. 68, §. 1er.

sans exception , passible de cette formalité. (*Décis. du Ministre des fin.*, du 19 octobre 1813. — Journ. , art. 4869.)

DISSOLUTION. *Voy.* RÉSOLUTION.

DOMICILE. *Voy.* CONTRAINTES , n°. 5.

DOMAINE congéable.

1. Il est dû 2 *pour* 100 seulement sur l'acte par lequel le domanier abandonne les droits réparatoires au propriétaire foncier, parce que le propriétaire foncier, en rentrant dans les édifices et superfices par lui engagés pendant un temps, ne peut être assimilé à un nouvel acquéreur , et par conséquent être assujéti à faire transcrire son acte pour purger les hypothèques. (*Décis. du Min. des finances*, du 6 mai 1817. —Journ., art. 6059.)

2. Le premier détachement des édifices et superfices faites par le foncier, lorsqu'il fait de son héritage un bail à domaine congéable, a toujours été assujéti, dans l'ancien régime , au centième denier ; actuellement il est sujet au 5 1/2 *pour* 100., parce qu'il y a réellement transmission d'une propriété immobilière ; mais comme elle perd à l'instant ce caractère, et qu'elle devient mobilière à l'égard seulement du foncier , il est évident que, s'il exerce le congément, il ne doit être perçu, sur la valeur des édifices et superfices, qu'un *droit proportionnel* de 2 *pour* 100 ; mais si le congément est exercé par un cessionnaire de ce droit, il est dû 5 1/2 *pour* 100. (*Arr. de cass.* des 25 nivose an 10, et 1er. ventose an 12. — Journ., art. 4090 et 6828.)

3. Le congément, pour les baux à domaine congéable, postérieurs à la loi du 6 août 1791, peut être exercé par le preneur comme par le bailleur. (*Arr. de cass.*, du 17 avril 1815. — Journal , art. 5311.)

DONATIONS.

1. La réduction du droit étant restreinte aux seules donations en faveur des futurs, on ne peut l'étendre à celles faites au profit des personnes mariées, et l'exception ne doit porter que sur les donations stipulées dans les contrats passés avant le mariage. (*Circul.* 1721.)

2. La donation par des père et mère à leurs enfans, à la charge de les nourrir ou de quelque autre condition onéreuse, est passible du droit de transcription, (*Instr.* 832.)

3. Les donations entre-vifs, d'effets négociables, opèrent les mêmes droits d'enregistrement que les donations des autres biens mobiliers. (*Circ.* 1678.)

4. Celles faites à des alliés, telles que les donations consenties par un beau-père ou une belle-mère en faveur de son gendre ou de sa bru, sont assujéties aux droits réglés pour les donations entre personnes non parentes, attendu que l'assimilation entre les parens et alliés, qui résulte des art. 161, 162, 407 et 410 du Code civil, est seulement relative aux personnes, et aux rapports et obligations, et qu'elle n'est point applicable aux biens et à leur transmission, soit par décès, soit par actes de libéralités entre-vifs. (*Déc. du Min. des finances,* des 1er. mai et 21 juillet 1820.— Journ., art. 6764.)

5. On ne peut admettre une évaluation sans déclaration du revenu des biens donnés. (*Arr. de cass.,* du 19 déc. 1809. — Journ. , art. 3487.)

6. Le droit se perçoit, non sur la valeur vénale déclarée par les parties, mais sur le montant au denier vingt de ce revenu, quoique plus faible que le capital attribué, sauf à requérir l'expertise, s'il paraît insuffisant. (*Solut. de l'Adm.,* des 19 germinal an 12,

19 novembre 1812 et 28 juillet 1815. — Journ., art. 5155 et 5254.)

7. Pour la perception du droit d'enregistrement des donations, on ne doit faire aucune distinction entre les donations à titre onéreux, et celles à titre gratuit: toutes sont soumises au même droit. (*Arr. de cass.*, du 3 mai 1807.)

8. Les charges considérables imposées au donateur ne peuvent changer le caractère de la donation, et la faire envisager comme une simple vente, parce que le Code civil, art. 945, 949, 953, 954 et 956, permet de stipuler les charges dans les actes de donation. (*Décis. du Ministre des finances*, du 31 octobre 1816. — Journal, art. 5693.) — Il faudrait, pour asseoir le droit, que les parties déclarassent formellement qu'elles se dessaisissent à titre de vente. (*Instruction* 527.)

9. On doit distraire les réserves que le donateur s'est faites sur les biens donnés. (*Arrêt de cass.*, du 28 janvier 1818. — Journ., art. 6004.)

10. Quand la donation comprend un bien fonds dont les donateurs chargent les donataires de payer le prix au vendeur, cette disposition ne change pas la nature de la convention, qui ne peut être considérée que comme donation à titre onéreux. (*Instr.* 366, nomb. 8.)

11. Lorsque le donateur se réserve la faculté de payer en argent ou en immeubles l'objet de la donation, le droit se perçoit comme sur une simple créance. (*Instr.* 766.)

12. La donation par une mère à l'un de ses enfans, à la charge de payer une somme à ses frères, n'est assujétie à aucun droit pour la donation secondaire, attendu que le droit sur la donation principale est perçu sur la valeur entière du bien. (*Arrêt de cass.*, du 21 janvier 1812. — Journ., art. 4138.)

DONATIONS actuelles.

13. On ne doit pas considérer comme éventuelle la donation par un mari à sa femme d'une somme à lui due, et des intérêts à écheoir, pour en jouir, dès à-présent, avec la liberté de faire inscrire la donation à tous bureaux d'hypothèques, mais à la charge de ne pouvoir disposer, jusqu'au décès du testateur, que des intérêts. (*Délib.* du 16 nov. 1814. — Journ., art. 4966.)

14. Il en est de même de celle acceptée par le donataire, et dans laquelle le donateur stipule que la somme donnée, et dont il se reconnaît dès actuellement débiteur, ne sera payable que six mois après son décès, et lorsqu'il fait courir les intérêts du jour de la donation. (*Arr. de cass.*, du 22 avril 1817. — Journ., art. 6013.)

DONATION. — Immeubles.

15. C'est d'après le prix des baux courans que le droit à percevoir sur la donation d'immeubles doit être déterminé. Lorsque le bail est authentique, les parties ne peuvent être admises à prouver, par témoins, qu'il a été résilié, et l'administration est fondée à se prévaloir de ce bail, sans être tenue de justifier qu'il n'était pas résolu à l'époque où la mutation s'est effectuée. (*Arr. de cassation*, du 7 février 1821. — Journ., art. 6948.)

DONATION. — Pension alimentaire.

16. Si, par l'acte de donation des biens immeubles par une mère à ses enfans, moyennant une rente viagère formant le revenu de ses biens, les donataires lui constituent une pension alimentaire, outre le droit de donation, il est dû celui de constitution de pension alimentaire, si la constitution a lieu volontairement, et sans que les donataires soient astreints à

la consentir par une des conditions de la donation faite à leur profit. (*Solut.* du 13 août 1811.)

DONATION. — Communauté.

17. Lorsque , pendant le mariage de deux époux mariés sous le régime de la communauté, une somme est donnée à la femme en propre , et que le mari reconnaît l'avoir reçue , la donation n'engendre pas le droit proportionnel d'obligation , lorsqu'il est stipulé que le revenu de l'objet donné doit entrer en communauté. (*Délib.* du 22 juillet 1818. — Journ. , art. 6168.)

DONATION. *Voy.* ÉTAT ESTIMATIF.

DONATIONS sujètes au *droit fixe de 1 fr.*

18. Telles sont : 1°. celles de maisons faites à une commune pour y établir , sous la direction des sœurs de l'instruction charitable , une école gratuite , pour les jeunes filles pauvres , et soigner les malades, (*Décis.* du *Min. des fin.*, des 7 décemb. 1813 et 9 mai 1815. — Journ., art 4791); 2°, celles en faveur des congrégations hospitalières, et de la congrégation charitable dite de Saint-Maurice, (*Décrets* des 18 février 1809 et 19 janvier 1811. — *Instr.* 432); 3°. les donations faites aux fabriques , (*Décret* du 30 décembre 1809. — *Instruc.* 504); 4°. celles faites aux hospices et aux pauvres, (*Arrêté du Gouvernement*, du 15 brumaire an 12, loi du 7 pluviose an 12. — *Instruc.* 185); 5°. celles au profit des séminaires ou écoles secondaires ecclésiastiques, (*Décret* du 6 novembre 1813. — Journ. , art. 4699); 6°. la donation d'un revenu annuel pour le service d'une chapelle. (*Décis. du Min. des fin.*, du 26 novembre 1814.)

19. On doit aussi borner à 1 *fr. fixe* le droit à percevoir, 1°. sur un legs d'une somme d'argent ou d'un immeuble, fait pour servir à l'érection et à l'entretien

d'une chapelle destinée à l'exercice du culte protestant, avec stipulation que l'objet de ce legs sera employé ou administré par les membres du consistoire de l'arrondissement; 2°. sur la donation faite au consistoire du culte réformé, d'une rente (à acquérir sur l'état) pour être employée aux dépenses dudit culte, attendu que, d'après l'article 8 de la loi du 18 germinal an 10, organique des cultes, les consistoires de l'église reformée doivent être assimilés aux fabriques, et que, d'une autre part, aux termes du décret du 30 décemb. 1809, les dons et legs faits aux fabriques n'opèrent, lors de l'enregistrement, que le *droit fixe de* 1 *fr.* (*Délibération* du 24 août 1821. — Journal, 7043, art. 59 du recev. , et 270 du control.; et 26 janvier 1822, appr. le 13 février suivant par le Min. des fin. — Art. 278 du recev.)

20. Il en est de même des legs de sommes d'argent affectés à des messes de *requiem* à célébrer par les curés et autres prêtres. (*Délib.* du 8 septembre 1821, appr. le 28 par le Ministre des finances. — Art. 148 du recev.)

21. Les donations d'immeubles faites aux hospices, à la charge de nourrir et entretenir le donateur sa vie durant, ne sont passibles que du *droit fixe*, parce que c'est une convention qui se lie essentiellement avec l'acte de libéralité. Il en serait autrement, et le *droit proportionnel* serait exigible, si la donation était faite moyennant une rente viagère, ou si la nature des stipulations démontrait que la forme adoptée n'a été employée que pour couvrir l'espèce du contrat, et que celui-ci a le caractère et les effets de la transmission à titre onéreux. (*Délib.* du 19 janvier 1822. — Art. 213 du recev.)

22. Le Ministre des finances a décidé, le 8 septembre 1820, que l'on devait enregistrer p. 1 *fr. fixe* les donations faites aux hospices, de sommes d'argent

et de créances, sous la condition que le donateur serait logé et nourri dans l'établissement pendant le reste de sa vie. (Journal , art. 6820 , et 143 du contr.)

23. Quant aux donations d'immeubles faites par contrats de mariage ou tout autre acte notarié , par le Roi , contractant en son nom personnel, elles sont exemptes de l'enregistrement; mais les actes subsé- quens , qui peuvent avoir lieu par suite de la donation, ou de la part des préfets pour la réaliser, si les biens sont purement nationaux , ou de celle des intendans des domaines de Sa Majesté , s'ils proviennent de ses domaines, doivent acquitter les *droits ordinaires* de mutation. (*Décis. du Min. des fin.* , du 27 mars 1810. — Journal , art. 3775.)

24. Ces diverses exceptions ne s'appliquent pas aux donations ci-après, et il y a lieu de percevoir le *droit proportionnel* sur celles faites, 1°. à l'Institut, pour fon- dation de prix, attendu que la loi n'excepte point cet établissement public, (*Solut.* du 15 prairial an 10. — Journ. , art. 1260) ; 2°. et en faveur des maisons établies dans les communes pour instruire les enfans; ces associations n'étant pas exclusivement destinées au soulagement des pauvres. (*Décis. du Ministre des fin.* , du 2 août 1808. — Journ. , art. 2964.)

DONATIONS sujètes au *double droit.*

25. Lorsque, après une déclaration de succession, on reconnaît que les héritiers avaient joui des biens déclarés en vertu d'une donation non enregistrée, il y a lieu de liquider les droits et doubles droits de cette donation sur la valeur déclarée , et de les récla- mer sous la déduction de ceux payés pour cette décla- ration. (*Décis. du Ministre des fin.* , du 8 décem.1814. — Journ., art. 5126.)

DONATIONS éventuelles.

26. Celles qui ne transportent pas, dans le moment de la passation de l'acte, la propriété ou l'usufruit des biens, mais en vertu desquelles le donataire, par l'événement de la condition, peut seulement dans la suite les recueillir, opèrent *le droit fixe de* 5 *fr.* (1).

27. Les institutions contractuelles ne sont considérées que comme donations soumises à l'événement du décès. (*Arr. de cass.*, du 19 pluviose an 11.—*Instr.* 290, nomb. 35.) — Il en est de même de la donation de pensions faite par les tuteurs officieux à leurs pupilles. (*Circ.* du 24 nov. 1806.)

28. Les donations faites entre époux pendant le mariage, étant déclarées révocables par l'article 1096 du Code civil, n'opèrent pas mutation de propriété, et ne doivent être assujéties qu'au *droit fixe de* 5 *fr.,* sauf, dans le cas de non révocation, le paiement du *droit proportionnel* sur la déclaration du donataire, dans les six mois du décès du donateur. (*Inst.* 290, nomb. 2.)

29. Si une donation comprend des biens présens et à venir, et qu'à cet acte il n'ait pas été annexé un état des dettes et charges actuelles du donateur, aux termes de l'article 1084 du Code civil, qu'en outre celui-ci se soit reservé l'usufruit des biens donnés, ce donateur ne pouvant donner que les biens existans à l'époque de son décès, il s'ensuit que le donataire n'est saisi actuellement que d'une expectative éventuelle, et que la donation n'est point passible, avant le décès, d'*un droit proportionnel*, comme pour une mutation actuelle. (*Arr. de cass.*, du 17 mai 1815. — Journ., art. 5208.)

30. On doit aussi considérer comme éventuelle la donation faite par contrat de mariage de biens présens et à venir, avec réserve d'usufruit au profit du dona-

---

(1) **Art.** 45 de la loi du 28 avril 1816.

taire, et de la faculté de disposer d'une certaine somme.
—Quoiqu'il soit dit qu'il y a dessaisissement actuel, au
profit de la future, de tous droits de propriété, le donataire ne peut être irrévocablement saisi qu'au décès
de la donatrice. (*Arr. de cass.*, du 28 janvier 1819.
— Sirey, tome 19.)

DONATIONS. *Voy*. Expertise.—État estimatif.—
Constitution de rente, n°. 4. — Partage, n°s. 11,
13, 22.

DOT. *Voy*. Quittance.

DOUANES.

Les décisions du jury institué par la loi du 28 avril
1816, en matière de douanes, doivent être soumises à
l'enregistrement dans les vingt jours de leur date,
comme les actes administratifs et judiciaires. Les droits
des formalités du timbre et de l'enregistrement données en débet à ces actes, en vertu de la décision du
11 avril 1821, doivent être recouvrés avec le principal
des condamnations par les receveurs des douanes, lesquels verseront, à la fin de chaque trimestre, le montant
de ces droits dans la caisse du receveur de l'enregistrement, en lui remettant à l'appui un borderau détaillé. — A l'égard des villes de l'intérieur où l'administration des douanes n'a pas de préposés, le recouvrement tant des amendes que des frais, sera suivi
par le receveur de l'enregistrement. (*Décision du Min.
des finances*, du 22 juin 1822.)

DOUBLE. *Voy*. Vente.

E.

ÉCHANGE d'immeubles (1).

1. Le droit d'enregistrement des échanges d'immeu-

---

(1) Loi du 22 frimaire an 7, art. 15, n°. 4. — Art. 69, §. 5,
n°. 3.—Loi du 16 juin 1824, art. 2. *Voy*. aussi la loi du 28 avril,
art. 54.

bles sans soulte ni retour doit, en exécution de la
loi du 28 avril 1816, être *de 3 et ½ pour 100 sur*
l'une seulement des deux parts; la transcription continuant à être facultative pour chaque échangiste, chacun d'eux, lorsqu'il requiert cette formalité, doit payer
un *droit fixe de 1 fr.* (*Décis. du Ministre des finances,*
du 1er. juin 1821.—*Instr.* 983.)

2. S'il y a retour ou plus value, le droit sera payé
à raison de 3 *fr.* 50 *cent. pour* 100 sur la moindre portion, et de 5 *fr.* 50 *cent. pour* 100 sur le retour.
(Art. 69 de la loi de frimaire an 7; art. 54 de celle
du 28 avril 1816, combinés avec l'instruction sus-
rappelée.)

3. Lorsque les biens échangés sont situés en pays
étranger et d'égale valeur, il ne doit être perçu que le
droit fixe de 1 franc, suivant l'instruction n°. 978;
si l'un d'eux seulement était situé dans l'étranger, le
droit de 3 *francs* 50 *cent. pour* 100 serait exigible. La
soulte, en supposant qu'elle ait pour cause l'excédant
de valeur de l'immeuble situé en pays étranger, est
exempte du *droit proportionnel* par suite du même
principe, et de celui établi par la délibération du
Conseil du 7 novembre 1818 (Journ., art. 6249),
qui l'avait affranchie du droit de transcription : si, au
contraire, l'un des échangistes ne fait un retour que
par la plus value de l'immeuble situé en France, il
n'y a point de raison pour le soustraire à la perception
indiquée au numéro précédent. C'est ce qui résulte
en partie de la décision du Ministre des finances, du
25 mai 1813. (Journ., art. 4517.)

4. La vente faite par un particulier d'un immeuble
moyennant une somme, pour le paiement de laquelle
l'acquéreur lui vend un autre immeuble de même valeur, mais avec faculté de pouvoir le reprendre dans
cinq ans, en remboursant ladite somme, est un échange,
sauf perception du droit comme vente, si le rachat

est exercé par la suite. (*Décis. du Min. des fin.*, du 4 septembre 1810.)

5. De ce que la soulte est réputée prix de vente, en ce qui touche la quotité du droit, il ne s'ensuit pas qu'à l'égard de l'objet plus valant pour lequel il y a soulte, le contrat doive être réputé vente quant à la détermination du prix; l'objet principal d'un pareil contrat étant l'échange, la loi du 22 frimaire n'a rien innové à cet égard par le n°. 4 de l'article 15. Aller chercher une autre base dans ce qui est prescrit au n°. 7 du même art., d'après lequel, pour les ventes pures et simples, la valeur est déterminée par le prix exprimé ou par estimation d'experts, c'est déplacer ces estimations pour les appliquer aux échanges avec soulte. Ainsi, pour les échanges de biens immeubles, le droit relatif à la plus value compensée en argent, doit être liquidé d'après une évaluation en capital du revenu multiplié par vingt, qui, en cas d'expertise, doit seul servir de base. (*Arr. de cass.*, des 13 déc. 1809 et 29 avril 1812. —Journ., art. 4245.)

6. L'art. 15, n°. 4 de la loi du 22 frimaire an 7, qui fixe le mode d'évaluation des objets échangés d'après le revenu, n'ajoutant pas que l'appréciation de ce revenu annuel sera exclusivement déterminée par les baux existans de ces immeubles, et que les parties ne pourront en requérir le réglement par voie d'expertise, tandis que, dans les n°s. 7 et 8 du même article, ainsi que dans l'article 19, qui sont relatifs aux transmissions de propriété ou d'usufruit opérées à titre gratuit ou par décès, la loi n'autorise l'expertise qu'à défaut de baux courans ou autres actes constatant le véritable revenu des biens, il s'ensuit que le législateur a entendu admettre l'expertise en cas d'insuffisance présumée de l'évaluation par les parties, malgré l'existence de baux courans ; la seule différence à observer en ce cas, entre l'expertise qui a eu lieu en matière de vente,

et celle qui a eu lieu en matière d'échange, c'est qu'au premier cas, l'expertise a pour objet de déterminer la valeur vénale de l'immeuble vendu, par sa comparaison avec les fonds voisins de même nature, tandis qu'au second cas elle a pour objet de déterminer le revenu annuel de l'immeuble échangé, revenu qui, multiplié par vingt, devient ensuite la base de la perception. Les deux arrêts cités dans l'article précédent n'établissent rien de contraire, puisqu'ils décident seulement que la plus value doit être fixée d'après le mode relatif aux échanges. (*Arr. de cass.*, du 27 déc. 1820.—Journ. du Palais, t. 2, de 1821.)

7. La totalité du droit d'enregistrement d'un échange sous seing-privé peut être demandée à l'un des échangistes, sauf son recours pour la portion qui est due par l'autre. (*Décision du Ministre des finances*, des 14 ventose an 7, et 8 fructidor an 8. — Journal, art. 714.)

8. La mutation de propriété d'un domaine, opérée par voie d'échange, est suffisamment établie, quant à la perception du droit d'enregistrement, par la mise en possession du copermutant dans ce domaine, et par l'inscription de son nom au rôle de la contribution foncière. Il importe peu que cet échange se soit opéré sans convention écrite, puisque cette circonstance ne met aucun obstacle à l'exigibilité des droits, ainsi que l'a déclaré l'article 4 de la loi du 27 ventose an 9. (*Arr. de cass.*, du 29 décembre 1819. — Bullet. off. des arr. de 1819, page 269.)

ÉCHANGE. — Restitution.

9. Le droit d'enregistrement perçu sur un contrat d'échange ne doit pas être restitué, quoique ce contrat soit déclaré avoir été, dès son principe, infecté d'une nullité radicale. — Aucune demande en restitution de droit n'est admissible, lorsqu'il s'est écoulé deux an-

nées depuis l'enregistrement de l'acte (1). (*Arr. de cass.*, du 10 mars 1823. — Bulletin off. de 1823, pag. 93.)

ÉCHANGE. *Voy.* Expertise.

ÉCOLE POLYTECHNIQUE. Voy. ACQUISITIONS.

EFFETS négociables ou de commerce.

1. C'est le cours légal des monnaies, et non celui du commerce ou de la bourse, qui doit servir de base pour établir la quotité des sommes, et le timbre proportionnel sur lequel les effets négociables doivent être écrits. (*Décis. du Min. des fin.*, du 29 juillet 1812. — Journ., art. 4722.)

2. Les effets négociables venant de l'étranger, ou des îles et colonies françaises, où le timbre n'a pas encore été établi, sont, avant qu'ils puissent être négociés, acceptés ou acquittés en France, soumis au timbre ou au visa pour timbre (2). (*Arrêt de cass.*, du 16 juillet 1806. — Journ., art. 2368.)

3. L'amende, en cas de contravention, peut être prononcée contre le porteur du billet qui l'a fait protester, quoiqu'il n'ait point apposé sa signature au bas ni au dos de cet effet. (*Arr. de cass.*, du 3 juin 1811. — Journ., art. 3976.)

4. L'administration ne peut être obligée de diriger ses poursuites contre le signataire de l'effet. (*Arrêt d'admiss.*, du 7 janvier 1813. — Journal, art. 4859.)

5. Le signataire peut être contraint au paiement de l'amende, bien qu'il n'ait fait aucun usage de cet effet, et que l'administration n'en ait eu connaissance que parce qu'il a été déposé au greffe d'un tribunal, sur inventaire, et après le décès du créancier. (*Arrêt de cass.*, du 1er. juillet 1811. — Journ., art. 3975.)

(1) Loi du 22 frimaire an 7, art. 60 et 61.
(2) Loi du 13 brumaire an 7, art. 15.

6. L'amende résultant de la souscription d'un billet sur papier du timbre inférieur à celui qui eût dû être employé, est exigible contre le souscripteur, quoique l'effet n'ait point été présenté à la formalité par l'une des parties intéressées, et que le procès-verbal du préposé, qui constate la contravention, ne fasse pas mention de la qualité de la personne qui l'a présenté. (*Arr.* du 2 novembre 1813. — Journal, article 4979.)

7. L'effet négociable souscrit sur papier de dimension, par une femme en puissance de mari, et non autorisée à le consentir, est passible de l'amende du vingtième, bien qu'elle prétende cet effet nul, tant que la nullité n'a point été prononcée avec la partie légitime. (*Arr. de cass.*, du 13 février 1815. —Journ., art. 5105.)

8. Un mandat peut être écrit sur papier de dimension, du même prix qu'aurait produit le timbre proportionnel, si l'on se fût servi de papier d'effets de commerce, dès que le droit est de même quotité. (*Solut.* des 17 déc. 1807, et 9 sept. 1814. — Journ., art. 4924. — Sirey, tom. 14.)

EFFETS PUBLICS.

Les effets qui se délivrent aux actionnaires de la caisse des tontines d'épargnes sont exempts du timbre (1). (*Décis. du Ministre des finances*, du 11 janv. 1813. — Journ., art. 4789.)

EMIGRÉS. — Héritiers.

Le délai pour faire la déclaration des biens restitués aux émigrés, comme héritiers, ne se compte que du jour où le nouveau séquestre du 13 mars 1815 a été levé. (*Décis. du Ministre des finances*, du 4 janvier 1816. — Journ., art. 5303.)

---

(1) Loi du 13 brumaire au 7, art. 16.

ÉMIGRÉS. *Voy.* Déclaration, n°. 12. — Partage, n°. 4. — Quittance, n°. 18.

EMPLOYÉS. — Serment.

Les actes reçus par les autorités administratives, pour constater la prestation de tout serment, n'ayant pas d'objet politique doivent, pour la formalité de l'enregistrement et la perception des droits, continuer d'être régis par les lois spéciales des 22 frimaire an 7, et 27 ventose an 9 ; mais, toutefois, il n'y a lieu de percevoir que le simple *droit fixe de* 1 *franc*, comme salaire de la formalité, pour la prestation de serment de préposés qui, ayant seulement changé de résidence, sans changer de grade ni d'attributions, renouvelleraient, devant un préfet, un serment déjà prêté dans un autre département. (*Décis.* du 12 décembre 1821.) Par une nouvelle décision du 17 avril 1822, il a été statué qu'il n'y avait lieu de faire courir l'exécution de la décision dont il s'agit, qu'à dater du 1er. janv. 1822. — *Voy. Instr.*, n°. 1035.

ENDOSSEMENT.

1. L'endossement d'une obligation pour créance à terme, passée par-devant notaires, avec stipulation que le créancier pourra en passer l'ordre, est sujet à l'enregistrement ; on ne peut le ranger dans la classe des billets à ordre, que l'art. 7, §. 3 de la loi du 22 frimaire an 7 excepte nommément de la nécessité du droit d'enregistrement. (*Arr. de cass.*, du 5 pluviose an 11. — Journ., art 1479.)

2. Lorsque l'endossement d'une lettre-de-change ou d'un billet à ordre, exprime la valeur reçue par ces mots seuls : *valeur reçue*, au lieu d'énoncer cette valeur reçue par la désignation de la somme, il cesse d'être un endossement véritable, pour ne valoir que comme procuration, ainsi qu'il résulte des arrêts des Cours de Bruxelles et de Liége des 9 août et 13 dé-

cembre 1810 , (Journ., art. 4047) ; il n'en est pas
moins exempt de l'enregistrement. (*Décis. des Ministres de la justice et des finances* , du 18 mai 1813.
— Journ., art. 4519.)

3. L'endossement d'un billet à ordre causé pour
don , est valable comme s'il était causé pour valeur
reçue. (*Cour de Paris* , du 6 mai 1815. — Journ.,
art. 5482.)

ENQUÊTE.

1. Lorsque, dans les causes sujètes à appel , il est
dressé procès-verbal de l'audition des témoins ou de
la visite des lieux, cet acte opère un droit particulier
et indépendant de celui du jugement, quand même
le juge prononcerait sur le lieu même sans désemparer ; mais si , comme dans les causes non sujètes à
appel , il n'est pas dressé de procès-verbal , il n'est dû
aucun droit pour la disposition du jugement qui
contient les résultats de l'enquête. (*Instruc.* 436,
nomb. 7.)

2. L'ouverture des procès-verbaux d'enquête n'est
pas sujète à un droit distinct de celui qui est perçu
sur les procès-verbaux , après que l'enquête est terminée. La mention de l'ordonnance du juge dans le
procès-verbal, n'est pas un acte séparé, mais une suite
de l'ordonnance du juge, enregistrée précédemment.
(*Délib.* du 24 juillet 1819. — Journ., art. 6457.)

3. Les notes tenues par les greffiers des tribunaux
de police, de la déposition des témoins, sont exemptes
de l'enregistrement. (*Décis. du Min. des fin.* , du 6 novembre 1819.)

ESTIMATION (1).

1. L'article 18 de la loi du 22 frimaire an 7 , n'est

_____

(1) Loi du 22 frimaire an 7, art. 14, 16 et 27.

point appliquable aux déclarations d'immeubles transmis par décès; il est relatif aux transmissions d'immeubles à titre onéreux, et ne met les frais de l'expertise et le double droit à la charge de l'acquéreur qu'autant que l'évaluation des experts excède d'un huitième au moins l'évaluation faite par les parties ou le prix énoncé au contrat. (*Arr. de cass.*, du 11 mai 1824. —Bullet. off. de 1824, pag. 166.)

2. Si l'estimation est évidemment exagérée, les parties feront, à la suite du premier acte, un autre acte déclaratif de la véritable valeur du bien et de l'erreur commise, qu'on enregistrera au *droit fixe de 1 fr.*, et qui servira à rectifier la perception du premier. (*Sol.* de l'administration, du 29 germ. an 7. — Journ., art. 114.)

3. Lorsqu'une vente a été faite moyennant un prix à déterminer par des experts, que les parties se sont réservé de nommer, et que, néanmoins, l'évaluation du bien vendu a été provisoirement fixée pour l'assiette du droit d'enregistrement, le refus que font ensuite les experts convenus de déterminer le prix de ce bien, n'annulle pas tellement la vente qu'il n'en soit dû aucun droit. (*Arr. de cass.*, du 14 avril 1807. — Sirey, tom. 7.)

ESTIMATION (Insuffisance d').

4. Lorsqu'après le décès de l'un des conjoints, le survivant a fait procéder à l'inventaire des effets mobiliers dépendant de la succession, il ne peut se soustraire à la peine encourue pour l'insuffisance qui résulte de la déclaration, lorsque cette dernière contient une évaluation inférieure à celle portée dans l'inventaire. (*Arr. de cassation*, du 11 avril 1815. — Journ., art. 5179.)

ETAT ESTIMATIF.

1. L'état estimatif d'effets mobiliers qui accompa-

gne un acte de donation, d'après l'article 948 du Code civil, doit être enregistré au seul *droit fixe de* 1 *franc;* la même règle s'observe pour les états de dettes et charges du donateur, existant au jour de la donation que l'on doit annexer aux actes mêmes de donation, en conformité de l'art. 1084 du Code civil. (*Instruc.* 351 et 386, nomb. 19.)

2. Lorsque le partage est une des conditions essentielles de la donation, eu que le donateur assigne lui-même à chaque donataire la portion de biens qu'il se trouve posséder par l'effet du partage, il n'est dû de droit que pour la donation; ce droit, dans ce cas, doit être liquidé séparément sur la valeur de chaque portion, l'acte devant être considéré comme contenant autant de donations partielles qu'il y a de donataires ou de copartageans. Mais il y aurait lieu au *droit fixe* de partage, outre celui de donation, si les donataires partageaient seuls entre eux sans le concours des donateurs. (*Instruc.* 290, nomb. 30.)

ÉTAT CIVIL. *Vey.* Dépôts, n°. 10.

ÉTRANGERS.

Les étrangers sont passibles, pour les successions mobilières comme pour les successions immobilières qu'ils recueillent en France, des droits de mutation auxquels sont assujétis les Français. Ainsi, un legs mobilier fait par un étranger, est soumis au *droit proportionnel* fixé par l'article 4 de la loi du 22 frimaire an 7, si le paiement de ce legs a été effectué en France. (*Arr. de cass.*, du 16 juin 1823. — Sirey, t. 23, p. 342.)

EXOINE.

1. Certificat constatant qu'une personne citée, comme témoin, ou appelée à remplir des fonctions dans une

procédure criminelle ou de police générale, se trouve dans l'impossibilité de se rendre. — Cet acte est exempt de l'enregistrement. (*Circul.* 1740.)

2 Les exoines fournies par des témoins assignés à la requête des parties civiles, doivent être assimilées aux certificats purs et simples, que l'art. 68 de la loi de frimaire soumet au *droit fixe de* 1 *franc.* (*Décis. du Ministre des finances*, du 4 juillet 1820. — Journal, art. 6714.)

EXPÉDITION. *Voy.* Devis. — Quittance.

EXPERTISE (1).

Quand peut-elle être requise ?

1. — 1o. Sur la vente faite avec réserve d'usufruit, lorsque le prix y exprimé, joint à la moitié qu'on ajoute, forme un total au-dessous de la valeur vénale, (*Arrêt de cassation* , du 10 juin 1810); 2°. sur celle dont les charges même éventuelles paraissent avoir été insuffisamment déclarées, (*Arrêt. de cassation*, du 24 juin 1811); 3°. sur la vente volontaire attaquée par une surenchère; 4°. sur les biens compris dans un partage, lorsqu'il s'agit de déterminer la quotité de la soulte, toutes les fois qu'elle est inconnue, (*Arr. de cass.*, du 8 février 1813. — Journal, article 4436); 5°. sur l'une des parts d'un échange ou sur toutes les deux ensemble, suivant les circonstances, (*Solut. de l'Administr.* — Journal, art. 3025. — *Arr. de cass.*, du 15 déc. 1809); 6°. sur une vente à rente viagère dont le capital, n'est pas exprimé, lorsque ce capital, formé au denier 10, ne représente pas la valeur vénale de l'immeuble; 7°. sur une vente à faculté de rémérer, sans attendre l'expiration du délai stipulé pour l'exercice du retrait, (*Sol.* du 18 février.

---

(2) Loi du 22 frimaire an 7, art. 17 et 19.

— *Délib.* du 2 juillet 1807. — *Instruc.* 386, nomb. 40.
— *Trib. de Paris*, du 2 mars 1810. — *Arr. de cass.*, du
5 nov. 1811. — Journ., art. 2842, 3573, 3998 et
4089); 8°. sur les transmissions entre-vifs de propriété, à titre onéreux, bien qu'il existe des baux courans, s'agissant d'une valeur vénale, (*Solution* du 2
ventose an 10. — Journ., art. 1119 et 1269); 9°. sur
une cession de droits successifs, lorsqu'il existe des
dettes non déclarées, et que le prix y énoncé, y compris les charges, est au-dessous de la valeur vénale,
(*Décision du Ministre des finances*, du 7 décembre
1814); 10°. il en est de même lorsque la cession est
faite moyennant une rente viagère. (*Arr. de cass.*,
du 1er. juin 1808. — Journ., art. 2963. — *Inst.* 386,
nomb. 21.)

EXPERTISE. — Délai pour la requérir.

2. S'il y a soulte dans un échange, et si l'estimation du retour portée au contrat est inférieure à sa valeur réelle, la régie peut demander un supplément
de droit après le délai d'un an, et avant l'expiration
du délai de deux ans. (*Arr. de cass.*, du 13 décembre
1809. — Sirey, t. 10, p. 143.)

3. Si une déclaration de succession a été postérieurement rectifiée par les héritiers, le délai de deux ans
pour provoquer l'expertise court de la date de la déclaration, et non de celle de la rectification. (*Délibération* du 23 octobre 1816. — Journal, article 5572.)

4. Le mémoire qui contient la demande en expertise, doit être signifié à la partie, dans l'année ou
les deux années, et l'original de la notification enre-
registré dans le même délai. (*Arrêt de cassation*,
des 7 germinal an 11, et 18 germinal an 13. —
Instr. 306.)

5. Tout contrat, aux termes de l'art. 1106 du

Code civil, est à titre onéreux, lorsqu'il assujétit chacune des parties à donner ou à faire quelque chose; en conséquence, on doit comprendre dans les contrats de cette nature, la démission de biens faite par une mère en faveur de ses enfans, sous la réserve d'une jouissance viagère sur les biens personnels des cessionnaires : dans ce cas, l'administration ne peut être admise à prouver autrement que par la voie de l'expertise, que la déclaration de la valeur des biens désignés dans la démission est inexacte ou insuffisante. (*Arr. de cass.*, du 2 septembre 1812. — Journal, article 4554.)

6. Un contrat, contenant donation d'immeubles par une mère à ses enfans, et obligation solidaire par les enfans, de payer à leur mère une pension viagère déterminée, est un contrat à titre onéreux : s'il y a lieu de requérir l'expertise des immeubles évalués dans l'acte, la demande doit être formée dans l'année du jour de l'enregistrement, en conformité de l'art. 17 de la loi du 22 frimaire an 7. (*Arrêt de cassation*, du 20 janvier 1817. — Journal, article 6942.)

7. Le délai pour requérir l'expertise est de deux ans, s'il s'agit d'une insuffisance d'évaluation dans une transmission à tout autre titre qu'à titre onéreux. (Art. 61 de la loi de frim. an 7.)

8. Lorsque, dans un acte de transmission à titre gratuit, il a été fait une évaluation des biens, l'administration jouit du délai de deux années, à compter du jour de l'enregistrement du contrat, pour former la demande en expertise. L'art. 17 de la loi du 22 frim., qui veut que l'expertise soit requise dans l'année, n'est relatif qu'aux actes faits à titre onéreux; l'article 19, qui admet également l'expertise pour les transmissions consenties à tout autre titre, ne fixant pas, comme l'art. 17, le délai dans lequel l'expertise doit avoir

lieu, il faut recourir à la disposition générale de l'article 61, d'après lequel il y a prescription après deux années, pour la demande des droits, s'il s'agit d'une fausse évaluation dans une déclaration, et pour la constater par voie d'expertise. Cette disposition est particulièrement applicable au cas d'une donation entre-vifs, qui ne contient en effet, sur l'évaluation des biens, qu'une simple déclaration des parties. (*Arrêt de cass.*, du 26 février 1812. — Journ., art. 4187.)

Quand ne peut-on pas avoir recours à l'Expertise?
9. — 1°. Lorsqu'il s'agit d'un contrat de vente résilié comme n'étant pas sérieux, (*Solut.* du 4 juillet 1812); 2°. d'un bail à portion de fruits, puisqu'il ne transmet qu'une simple jouissance, (*Solut.* du 2 octobre 1806. — Journ., art. 2479); 3°. d'une cession de rente. (*Arr. de cass.*, du 28 messidor an 13.)

10. Lorsque l'évaluation en revenu, toutes les fois qu'elle est prescrite par la loi, est établie par des actes qui la font connaître, tels que les baux courans, un procès-verbal d'experts fait à la requête des parties dans l'année du décès, pour parvenir au partage, la partie ne peut demander la preuve de son expertise. (*Loi du* 22 frim. an 7, art. 19. — *Solut.* du 2 octobre 1806. *Arr. de cass.*, des 7 germinal an 12, 18 février et 25 novembre 1807; 5 avril 1808, 13 février, 14 juin et 13 décembre 1809. — Journ., art. 1718, 2764, 2835, 2932 et 3574. — Sirey, tome 10, pag. 143 et 145.)

EXPERTISE. — Surenchère.

11. Le cas de surenchère n'autorise pas les tribunaux à différer, jusqu'à l'adjudication, l'expertise demandée par la régie de l'enregistrement, pour constater, afin de perception du droit de mutation, la véritable valeur de l'immeuble vendu. (*Arr. de cass.*, des 7 mai 1809 et 6 juillet 1812. — Journ., art. 3254 et

4270. — *Jugement du tribunal de la Seine*, du 29 mai 1812. — Journ., art. 4354.)

21. Cette expertise doit être ordonnée dans les dix jours de la demande, sans qu'on puisse alléguer que la surenchère portera le prix à sa valeur réelle. (*Arr. de cass.*, du 27 juin 1809. —Journ., art. 3707.)

EXPERTISE. — Mineur.

22. L'intérêt d'un mineur ne doit pas être, pour les tribunaux, un motif pour retarder une expertise demandée par la régie, relativement à des droits de mutation. (*Arr. de cass.*, du 4 février 1807.—Journ., art. 2787.)

EXPERTISE. — Procédure.

23. Les lois spéciales sur l'enregistrement, qui déterminent la forme de la procédure en expertise, ne sont point abrogées par l'art. 303 du Code de procédure: elles sont toujours en vigueur. (*Instr.* 436.—*Arr. de cass.*, du 2 mai 1810.)

EXPERTISE. — Jugement.

24. L'art. 323 du Code de procédure civile, portant que les juges ne sont pas astreints à suivre l'avis des experts, si leur conviction s'y oppose, n'est pas applicable aux expertises en matière d'enregistrement, où la loi a indiqué l'expertise comme moyen spécial de vérifier le fait. (*Arrêt de cassation*, du 7 mars 1808. —Journ., art. 2870. — Sirey, tome 8, page 212.)

25. Dans ce cas, ils peuvent ordonner une nouvelle expertise. (*Arr. de cass.*, du 17 avril 1816.—Journ., art. 5466.)

EXPERTISE. — Mode et base de l'expertise.

26. La valeur déterminée dans le rôle de la contribution foncière, ne peut servir de base pour l'évaluation des immeubles, en matière de droit de muta-

tion par décès, et l'expertise peut être requise, lorsque cette évaluation a été faite d'après le revenu porté sur la matrice du rôle. (*Arr. de cass.* , du 4 août 1807. — Journ. , art. 2681.)

27. En matière d'enregistrement, les experts chargés d'estimer la valeur d'un domaine considérable, peuvent et doivent, s'il y a lieu, faire autant d'estimations séparées, qu'il y a de parties de nature différente dans l'immeuble qu'il s'agit d'apprécier, et comparer ensuite chacune de ses parties détachées avec les fonds voisins de chaque nature. (*Arr. de cass.*, du 9 brumaire an 14. — Sirey, tome 6., deuxième partie, page 904.)

28. Tous les objets, même les arbres de bordure, doivent concourir à l'estimation des biens échus par décès. (*Arr. de cass.*, du 15 juillet 1812.)

29. Pour la nue-propriété aliénée, on ne doit pas estimer la valeur entière du bien, mais seulement la valeur vénale de cette nue-propriété, pour y ajouter ensuite la moitié pour l'usufruit. (*Arr. de cass.*, du 10 juillet 1810.)

30. En matière d'échange, c'est le revenu des immeubles échangés, multiplié par vingt, qu'il convient de faire évaluer. (*Solut. de l'Administ.* — Journ., art. 3025.) *Voy.* aussi Échange.

31. Lorsque, dans un acte translatif de propriété, le prix énoncé paraît inférieur à la valeur vénale des objets vendus, et que l'administration des domaines a requis une expertise, les experts doivent nécessairement faire l'estimation par comparaison avec les fonds voisins de même nature. Ils ne peuvent fixer la valeur de l'immeuble au denier 20 du revenu; l'art. 15 de la loi de frimaire qui le permet, est restreint au cas d'échange et de baux à rente perpétuelle. (*Arr. de cass.*, des 23 mars et 29 mai 1812. — Sirey, t. 12, p. 264.)

EXPERT (Tiers).

1. Le tiers expert, nommé en cas de partage des premiers, n'est point tenu d'adopter l'avis de l'un ou de l'autre de ces premiers experts. (*Arr. de cass.*, du 18 août 1823, — Bullet. off. de 1823, pag. 385.)

2. Lorsqu'un tribunal annule une première expertise provoquée par la régie de l'enregistrement, dans le cas où l'évaluation donnée aux immeubles dans les contrats translatifs de propriété paraît inférieure à la valeur vénale de ces immeubles, il doit laisser aux parties, et, le cas échéant, au juge de paix, la nomination de nouveaux experts pour procéder à une seconde opération. — L'art. 322 du Code de procédure qui permet aux tribunaux de faire, dans ce cas, cette nomination d'office en matière ordinaire, ne s'applique point aux expertises en matière d'enregistrement (1). (*Arr. de cass.*, du 16 juin 1823. — Bull. off. de 1823, pag. 266.)

EXPERTS. — Nomination.

3. La régie et la partie adverse de la régie ont chacune, dans les cas d'expertise, le droit de nommer leur expert. Ce n'est qu'après sommation faite de procéder à cette nomination (et non sur une récusation de l'expert nommé par elle), que le tribunal peut nommer d'office l'expert de la partie refusante : il y a violation dè l'art. 18 de la loi du 22 frimaire an 7. (*Arr. de cass.*, du 26 octobre 1813. — Bull. off. de 1813, page 332.)

4. Cet article 18, attribuant expressément au juge de paix la nomination du tiers expert, dans le cas ou les experts, étant partagés, ne peuvent convenir du tiers expert, par suite de cette attribution, le juge

_____

(1) Loi du 22 frimaire an 7, art. 18.

de paix est seul compétent pour juger en premier ressort du mérite de la récusation donnée contre le tiers expert par lui nommé, sauf l'appel de la décision devant le tribunal civil de l'arrondissement. (*Arr. de cass.*, du 30 décembre 1822. — Bull. off. des arrêts de 1822, page 373.)

5. On doit considérer comme faites hors jugement 1°. les nominations d'experts contenues dans les procès-verbaux de subrogé-tutelle, (*Délibér.* du 29 novembre 1816. —Journ., art. 5608); 2°. celles faites en bureau de paix ou de conciliation. (Journ., art. 5529.)

EXPLOITS (1).

1. Il est dû autant de droits qu'il y a de demandeurs non solidaires contre une seule personne ou contre plusieurs personnes solidaires, et *vice versâ*. S'il s'agit de plusieurs demandeurs et de différens défendeurs, on doit exiger autant de droits qu'il se trouve de demandeurs, et relativement au nombre des parties contre lesquelles chacun poursuit : ainsi, s'il y a quatre demandeurs et trois défendeurs, et que chaque demandeur ait un intérêt distinct et personnel contre chaque défendeur, il est dû douze droits. (*Instruct.* 400, nombr. 5.)

2. Il est dû autant de droits qu'il y a d'avoués demandeurs ou défendeurs, sans avoir égard au nombre de leurs cliens. (*Circ.* 2018.)

3. Les délits étant personnels, et les poursuites individuelles, quoique dirigées collectivement contre tous les complices d'un même fait, il doit être perçu sur les exploits d'assignation, un droit pour chaque délinquant; l'exception faite par l'art. 68, § 1er., n°. 30 de la loi de frimaire, n'est pas applicable aux indi-

_____

(1) Loi du 22 frimaire an 7, art. 68, §. 1er., n°. 30.

vidus qui peuvent être condamnés solidairement pour un même délit, en vertu de l'art. 55 du Code pénal. (*Décis. du Min. des fin.*, du 19 avril 1814. — Journ., art. 4801.)

4. La signification de billet et protêt à plusieurs endosseurs, avec assignation au tribunal de commerce, n'opère qu'un seul droit, en quelque nombre que soient ces endosseurs, attendu que les débiteurs, dans l'espèce, sont solidaires. (*Delib.* du 28 janvier 1817. — Journ., art. 5685.)

5. Il est dû deux droits pour la notification d'une cédule à deux experts, au tiers expert et au défendeur; l'un, pour la notification aux experts, en quelque nombre qu'ils soient, et l'autre pour celle au défendeur. (*Déc. du Min. des fin.*, du 16. brumaire an 8.—Journal, art. 292.)

6. On doit se borner à percevoir un seul *droit de 2 francs* sur les congés suivis de commandement, parce que ces deux dispositions paraissent essentiellement liées ensemble. (*Délib.* du 16 mars 1822. — Journ., art. 7180, et 283 du recev.)

7. Mais il est dû deux droits sur le procès-verbal d'emprisonnement qui contient commandement au débiteur, et signification au geolier. (*Décis. du Min. des fin.*, du 4 juillet 1809.)

8. Sur un exploit de signification de surenchère; fait à la requête d'une femme mariée et autorisée à ester en jugement, par lequel son père a déclaré se rendre caution de sa fille, pour raison de toutes les obligations qu'elle contractait à cet égard, il doit être perçu *le droit de cautionnement* sur le prix de la vente et sur le montant de la surenchère, indépendamment du *droit de l'exploit.* (*Sol.* du 9 vendém. an 11. — Journ., art. 1279.)

EXPLOIT.

9. L'exploit par lequel le co-propriétaire d'un bien communal dénonce aux autres co-propriétaires le commandement qu'il a reçu du percepteur, comme solidaire pour le paiement de la totalité de la cote de contribution assise sur ce bien, avec sommation de lui rembourser leurs parts dont il a été obligé de faire l'avance, n'est pas sujet au droit d'enregistrement, lorsque cette cote n'excède pas 25 francs. (*Décision du Ministre des finances*, du 3 février 1818. — Journ., art. 6022.)

Voy. Avertissement.

EXPROPRIATION pour cause d'utilité publique.

Les nominations d'experts pour procéder à la fixation des indemnités, les procès-verbaux des experts du gouvernement, et les arrêtés qui fixent définitivement les indemnités, sont sujets à l'enregistrement gratis. Les pétitions présentées par les particuliers expropriés pour faire fixer leur indemnité, les nominations de leurs experts, et les rapports de ceux-ci sont sujets au timbre et à l'enregistrement. (*Décis. du Min. des fin.*, du 9 octobre 1810. — Journ., art. 3999.)

EXTRAIT d'actes.

1. Les simples extraits d'actes publics, ainsi que les expéditions, ne peuvent être délivrés que sur du papier timbré d'un format inférieur à celui de 1 *fr.* 25 cent. (*Circ.* 1887. — *Arr. de cass.*, du 23 mai 1808. — Journ., art. 3242.)

2. Les extraits d'actes publics enregistrés sur minute, n'étant que des expéditions abrégées, doivent, comme ces expéditions, faire mention de l'enregistrement par la transcription entière et littérale de la quittance du receveur, sous peine de 10 fr. d'amende. (*Jugement*

du Tribunal de la Seine, du 6 mars 1812. — Journ., art. 4288.)

EXTRAIT de saisie immobilière.

3. Celui que le greffier doit placer au tableau placé dans l'auditoire, en vertu de l'article 682 du Code de procédure civile, est sujet au timbre, mais exempt de l'enregistrement. (*Instruct.* 436. nomb. 49.)

EXTRAITS délivrés aux administrations publiques.

4. Les extraits de jugemens de condamnations à amendes et frais, délivrés aux préposés de l'enregistrement ou aux agens forestiers, par les Procureurs du Roi ou les greffiers, sont exempts du timbre et de l'enregistrement. (*Circul.* du 24 brumaire an 14. — *Ins.* 301 et 557.) — Néanmoins, avant de prendre inscription aux hypothèques, il faut les faire timbrer et enregistrer en débet. (*Instruct.* 316.)

5. Cette exemption s'applique aux extraits délivrés soit aux préposés des douanes, (*Décis. du Ministre des finances*, du 21 juillet 1812); soit aux préposés des contributions indirectes. (*Autres Décis.* des 12 décemb. 1809, 30 mars 1818 et 1819. — Journ., art. 6029 et 6507.)

EXTRAITS. *Voy*. Cadastres.

F.

FAILLI. — Succession. — Curateur.

Lorsqu'après la mort d'un failli, les syndics de la faillite ont fait, en temps utile, la déclaration de ses biens, en se réservant la faculté de faire une déclaration supplémentaire après la levée des scellés, le curateur nommé à cette succession n'encourt point la peine du *demi droit en sus*, pour n'avoir pas fait cette déclaration supplémentaire dans les six mois de la levée des scellés. Il n'est dû que le supplément de droit sans amendes. (*Arr. de cass.*, du 26 novembre 1810. — Journ., art. 3768.)

FAILLITE.

1. L'acte passé entre le failli et ses créanciers, par lequel ceux-ci déclarent s'unir pour agir en nom collectif dans toutes les opérations de la faillite, et tenir quitte le failli de toutes ses dettes, au moyen de la cession que ce dernier leur fait de son actif, constitue un concordat ou une cession de créances à termes et non un contrat d'union (1). (*Arr. de cass.*, du 3 janvier 1820. — Journal des audiences de 1820, p. 158.)

2. Toutes les fois que le failli est hors d'état de faire l'avance des droits de la déclaration à laquelle il est astreint, cette déclaration doit être enregistrée en débet, ainsi que tous les actes nécessaires pour l'exécution des dispositions des chapitres 1, 2, 3, 4, 5, 6, 7 et 8 du Code de commerce, jusqu'à la levée des scellés, s'il se trouve dans l'actif du failli de l'argent comptant; jusqu'à l'inventaire, s'il ne se trouve pas d'argent, mais des créances exigibles et d'un recouvrement certain; jusqu'à la vente mobilière, si ces deux dernières circonstances ne se trouvent pas, ou jusqu'au concordat, s'il se forme un arrangement : mais sous condition expresse que l'enregistrement de ces actes successifs ne pourra avoir lieu qu'après que les droits des actes antérieurs, enregistrés en débet, auront été soldés. (*Décision des Ministres des finances et de la justice*, du 20 septembre 1814. — Journal, article 4932.)

3. Les droits d'enregistrement à recouvrer contre une faillite doivent être poursuivis par la voie de con-

_____

(1) Loi du 22 frimaire an 7, art. 68, §. 3, n°. 6. — Art. 69, §. 3, n°. 3.

trainte, ainsi qu'on en agit contre les particuliers. (*Arr.
de cass.*, du 10 mai 1815.)

4. Le procès-verbal d'inventaire en matière de faillite peut, sans contravention, contenir celui de levée
des scellés ; le procès-verbal est enregistrable dans les
vingt jours ; il n'est dû, dans ce cas, que *deux francs*
par chaque vacation, les deux opérations étant dépendantes l'une de l'autre. (*Décision du Ministre des fin.*,
du 27 octob. 1812.— Journ., art. 4340.)

FOURNITURES. *Voy.* Traité.

G.

GARDES-CHAMPÊTRES.

1. Le procès-verbal d'un garde-champêtre constа-
tant un délit de chasse sans permis de port-d'armes,
ne peut être annulé, pour défaut d'enregistrement, dans
le délai prescrit par l'article 34 de la loi du 22 frimaire
an 7.—La nullité que prononce cet article est restreinte
par l'article 45 de la même loi aux actes sur lesquels sont
rendus des jugemens en faveur des particuliers ; elle
ne s'applique point aux actes qui intéressent l'ordre
et la vindicte publique (1). (*Arr. de cass.* du 15 janvier 1824. — Journal des audiences de 1824, p. 115.)

2. Les nominations des gardes et les délibérations
qui contiennent la nomination par les communes,
des gardes-champêtres, sont exemptes de l'enregistrement, comme actes d'administration publique. (*Circ.*
1707.)

3. Cette exemption a lieu soit que ces délibérations
contiennent ou non stipulation de traitement. La prestation de serment insérée dans l'acte est seule passible

_____

(1) Loi du 22 frimaire an 7, art. 34 et 47.

du droit. (*Délibér.* du 20 janvier 1818. — Journ., art. 6136.)

GARDES DU COMMERCE. — Enregistrement.

Leurs actes doivent recevoir la formalité de l'enregistrement soit au bureau dans l'arrondissement duquel se trouve leur établissement, qui est leur domicile légal, soit à celui du domicile des personnes auxquelles les actes sont signifiés. (*Décis. du Min. des fin.*, du 17 janv. 1809. — Journ., art. 3195.)

GENDARMERIE. *Voy.* Bail. — Procès-verbaux et Actes en matières criminelle, correctionnelle et de simple police.

GREFFIERS.

— Ne sont pas assujétis à tenir une feuille d'audience pour les jugemens en matière de police correctionnelle ou de simple police. (*Décis. des Min. des fin.*, et *de la just.*, des 3 janv. et 19 févr. 1823. — *Instr.* n°. 1074.)

GREFFIERS. *Voy.* Actes passés en conséquence d'un autre. — Dépôt. — Enquête.

H.

HÉRITIERS.

1. Les héritiers, dans l'évaluation des biens qu'ils sont tenus de déclarer à la régie de l'enregistrement, ne peuvent pas faire distraction du recours subsidiaire accordé à la femme sur les biens personnels de son mari, en cas d'insuffisance des meubles et immeubles de la communauté, pour la remplir de ses reprises. Ce recours ne constitue pas un droit de propriété au profit de la femme; c'est une charge dont les biens du mari sont grévés, et dont il ne peut être fait distraction dans la perception des droits auxquels la transmission

de ces biens donne lieu contre lesdits héritiers (1).
(*Arr. de cass.*, du 18 mai 1824.—Bull. offi. des arr.,
p. 186.)

2. L'héritier de la nue-propriété doit, comme
l'acquéreur de la mi-propriété, acquitter de suite le
droit intégral de mutation, et il ne peut en différer le
paiement jusqu'au moment de la réunion de l'usufruit
à la propriété, parce qu'il résulte des dispositions de la
loi que la propriété doit être évaluée à vingt fois le
produit des biens, sans égard à la charge de l'usufruit;
que la loi n'est pas facultative, ne laisse pas à l'héritier le choix du moment où il doit acquitter les droits,
et établit seulement qu'il n'est rien dû pour la réunion
de l'usufruit à la propriété, lorsque le droit d'enregistrement a été acquitté sur la valeur entière de la propriété. (*Arr. de cass.*, des 11 septembre et 18 décem.
1811.)

HÉRITIERS. — Biens vendus et acquis à réméré.

3. Les héritiers ne doivent ni déclaration, ni droits
pour raison d'une faculté de réméré, qui leur est transmise par le décès de leur auteur. (*Solut.* du 6 vent.
an 11. — Journal, art. 1399.)

4. Mais, lorsqu'ils exercent le retrait en tems utile,
en vertu de la faculté réservée par celui qu'ils représentent, ils doivent, indépendamment de l'acquit
du droit d'enregistrement *de 50 c. pour 100*, sur le montant du remboursement, fournir, dans les six mois
du décès, au bureau de la situation des biens, la déclaration de ceux dont ils sont devenus propriétaires,
en vertu du droit réel qui leur a été transmis à titre
d'hérédité, et en payer le droit de mutation par décès.
(*Inst.* 245.)

------

(1) Loi du 22 frimaire an 7, art. 15, n°. 7.

5. Les héritiers qui ont trouvé dans une succession une faculté de réméré réservée dans une vente d'immeubles, et qu'ils ont déjà cédée à un tiers, doivent déclarer comme immobilier le prix qu'ils ont reçu de cette faculté, dans les six mois de la cession. (*Décis. du Min. des fin.*, du 2 juin 1812. — Journ., art. 4312.)

Voy. Émigrés.

HÉRITIERS. — Changement du degré de parenté.

6. Lorsque les biens déclarés en ligne directe passent, par l'événement d'un procès, à des héritiers collatéraux, le délai, pour la déclaration, doit courir, pour ces derniers, du jour du jugement, sauf la restitution du droit payé. (*Arrêt de cass.*, du 11 février 1807. — Journ., art. 2810.)

HÉRITIERS. — Contumax.

7. Ce n'est qu'à l'expiration des cinq ans qui suivent la date de l'exécution du jugement par effigie contre un contumax, que court le délai pour la déclaration de sa succession ; ceci résulte de l'arrêt de la cour de Paris, du 10 mai 1815. (— Journal, art. 5382.)

HÉRITIERS. — Décès dans l'étranger.

8. Deux décisions des ministres de la justice et des finances, des 24 et 30 mai 1809, (Journal, art. 4487. — Sirey, tom. 9.), avaient établi que, pour les décès arrivés dans les Colonies, le délai, pour la déclaration des successions auxquelles ces décès donneraient ouverture, ne devait courir qu'à partir de la mise en possession. Mais cet état de choses, qui a dû être maintenu pendant la guerre, a dû cesser à la paix, puisque l'envoi au ministère de la marine, des registres de l'état civil, est fait régulièrement : en conséquence, le délai commence a courir du jour du

décès. (*Décis. du Min. des fin.*, du 10 mars 1820. — Journ., art. 6674.)

9. Lorsque des héritiers avaient donné une procuration pour recueillir la succession d'un individu décédé hors de France, le délai, pour faire la procuration, courait à compter, non de la date de cette procuration, mais de la date de l'envoi en possession des biens. (*Décis. du Min. des fin.*, du 18 août 1814. — Journal, art. 5028.)

HÉRITIERS. — Indignité.

10. L'indignité emportant exclusion, aux termes de l'art. 727 du Code civil, n'étant légalement constatée qu'après le jugement définitif, ce n'est qu'alors que les héritiers légitimes sont désignés, et c'est seulement de cette époque que court le délai de la déclaration. S'il y a pourvoi en cassation, ceux qui héritent par l'effet de l'exclusion, ont six mois à compter de l'arrêt qui confirme la condamnation pour acquitter les droits d'enregistrement. (*Instr.*, 386, nomb. 37.)

HÉRITIERS. — Biens incertains.

11. Les biens contestés à l'héritier, mais dont il est en possession, doivent être compris dans sa déclaration, sous la réserve que le droit acquitté sera restitué si, par le jugement de la contestation, l'héritier est définitivement exproprié. (*Sol. de l'admin.*, du 18 nivose an 10. — Journ. art. 1089.)

12. Si l'héritier n'est pas en possession des biens qui lui sont contestés, il doit faire sa soumission d'en passer la déclaration dans les six mois de l'acte ou du jugement par lequel ses droits auront été définitivement reconnus. (*Décis. du Min. des fin.*, du 22 avril 1806. — Journ., art. 2296.)

HÉRITIERS. —Biens rentrés dans l'hérédité.

13. Lorsque des héritiers recueillent des biens, au moyen de la renonciation faite par la veuve, plus de six mois après le décès, ils ont six mois, à compter du jour de la renonciation, pour passer déclaration de la moitié de la communauté qu'ils recueillent par l'effet de cette renonciation. (*Délib.* du 21 octobre 1814.— Journal, art. 4958.)

14. Les héritiers qui viennent à la propriété de biens, au moyen de l'annulation d'une vente consentie par le défunt, doivent passer déclaration de cet objet, dans les six mois de leur envoi en possession par le jugement, ou par l'arrêt confirmatif, s'il est interjeté appel, sans avoir égard à la prescription qui pourrait être encourue. (*Arr. de cass.*, des 30 mars 1813, 15 mars 1814, 20 août 1816, 10 février 1817.— Journ., art. 4540, 5158 et 5602.)

Voy. Contrainte, n°. 14. — Succession.

HOSPICES.

Les actes autres que les *Baux*, sujets à la formalité sur la minute, qui seraient passés sous la signature des administrateurs, sans le concours d'un officier public, auraient, pour l'enregistrement, le délai de vingt jours, établi par la loi du 22 frimaire an 7, et par celle du 15 mai 1818, pour les actes des établissemens publics. (*Décision du Min. des fin.*, du 22 sept. 1820. — Journ., art. 6821.)

Voy. Bail.

HUISSIER (1).

1. L'huissier qui signifie, d'avoué à avoué, une requête dans laquelle on se sert d'un acte sous seing-

---

(1) Loi du 22 frimaire an 7, art. 41.

privé non enregistré, n'est pas en contravention ; l'avoué seul est passible de l'amende. (*Arrêt de cass.*, du 8 août 1809. — Journ. , art. 3337.)

2. L'acte de prestation de serment des huissiers, fait en exécution de l'art. 7 du décret du 14 juin 1813, doit le *droit de 3 fr.* ou de *15 fr.*, d'après les distinctions établies par les nombres 3, §. 3, et 4 §. 6, art. 68 de la loi du 22 frimaire an 7, attendu qu'il est relatif au ministère de l'huissier qui promet de se conformer aux lois et réglemens, et de remplir ses fonctions avec exactitude et probité. (*Instr.* du 17 mars 1814.)

3. L'art. 37 du décret du 14 juin 1813, continuant aux huissiers la faculté de procéder aux prisées et ventes publiques des meubles et effets mobiliers, concurremment avec les notaires et les greffiers, dans les lieux où il n'est pas établi de commissaires priseurs, les dispositions de la loi du 22 pluviose an 7, concernant la déclaration préalable à faire au bureau de l'enregistrement, continuent aussi de leur être applicables. (*Instruction* du 17 mars 1814.)

4. Les actes faits par un huissier et inscrits sur son répertoire, avec mention de leur enregistrement, ne doivent pas être réputés enregistrés, si rien ne prouve d'ailleurs qu'ils l'aient été, surtout s'ils ne sont pas portés sur les registres du receveur de l'enregistrement, et si les originaux des actes ne sont pas produits (1). (*Arr. de cass.*, du 2 octobre 1810.)

5. Tous les huissiers-audienciers, près les cours et tribunaux du royaume, tiendront chacun deux répertoires : l'un, des actes qu'ils feront comme huissiers-audienciers ; l'autre, des actes qu'ils dresseront et signifieront par suite de clientèle et de confiance

---

(1) Loi du 22 frimaire an 7, art. 34.

particulière, à la charge de se conformer, du reste, aux dispositions des art. 49 et 51 de la loi du 22 frimaire an 7. (*Décis. du Min. des fin.,* du 19 février 1823. — *Instr.* n°. 1075.)

Voy. Actes passés en conséquence d'un autre. — Contraintes, n°. 16. — Dépôts, n°. 10. — Procès-verbaux.

I.

IMPRIMEURS.

La quotité du droit d'enregistrement de la prestation de serment d'un imprimeur et d'un libraire, n'ayant été fixée par aucune loi et par aucun décret, il a paru qu'il devait être classé sous le nombre 51, §. 1er. de l'art. 68 de la loi du 22 frimaire an 7, et enregistré sur la minute. (*Décis. du Min. des fin.,* du 10 août 1813. — (*Instruct.* 645.)

INDIGENCE. *Voy.* Actes de l'état civil.

INSTANCE (Nouvelle). — Chose jugée.

L'administration déboutée, à défaut de preuves suffisantes, d'une demande en paiement de droits d'une mutation présumée, peut former une nouvelle demande des mêmes droits, sans qu'on puisse lui opposer l'autorité de la chose jugée, lorsqu'elle justifie d'un acte qui établit la mutation. (*Arr. d'admiss. en cass.,* du 26 août 1813. — Journ., art. 5058.)

INSTANCE. — *Voy.* Compétence.

Il y a nullité de jugement lorsqu'il énonce que l'avoué du défendeur a été entendu, en bureau ouvert, dans une affaire relative aux droits d'enregistrement, ou que les parties ou leurs défenseurs ont produit à l'audience des consultations ou pièces non signifiées qui ont déterminé le tribunal à prononcer sur des moyens dont l'administration n'a pas eu connaissance.

(*Arrêt de cassation*, des 13, 18 janvier et 19 octobre 1808 ; 4 décembre 1810 ; 5 mars 1811 ; 22 février et 22 mars 1814 ; 7 mai 1815 ; 31 janvier, 26 février et 13 novembre 1816 ; 2 et 5 février et 7 mai 1817. — Journ., art. 3460, 5426 et 5714.)

INTERDICTION (Jugement d'). *Voy*. Jugemens.

Les certificats constatant que les jugemens d'interdiction et ceux de nomination du conseil ont été affichés dans la salle de l'auditoire et dans les études des notaires de l'arrondissement, conformément aux articles 501 du Code civil, et 897 du Code de procédure civile, peuvent être écrits sur les expéditions de ces jugemens, et sont exempts de l'enregistrement. (*Décision du Ministre des finances*, du 23 juin 1807. — Journ., art. 2587 et 2602.)

La notification faite à la chambre des notaires, aux termes de l'art. 491 du Code civil, du jugement d'interdiction pour démence ou fureur, rendu à la requête du ministère public, doit être, non en papier libre, mais sur papier visé pour timbre dont le droit se recouvre comme celui d'enregistrement, sur la partie. (*Décis. du Ministre des finances et de la justice*, des 11 et 19 octobre 1813. — Journal, articles 4817 et 4972.)

INTÉRÊTS.

1. Le retard de paiement des droits d'enregistrement, de timbre, de greffe et d'hypothèques, n'autorise pas à exiger, ni à demander en justice les intérêts des sommes dues. (*Instr.* 314.)

2. L'administration de l'enregistrement, ni les redevables ne peuvent être assujétis à payer les intérêts des sommes à répéter, soit en cas de restitution d'une perception indûment faite, soit de supplément, à raison d'une perception insuffisante : le jugement qui

condamnerait à payer les intérêts, violerait la loi. (*Arr. de cass.*, des 25 therm. an 2, 2 floréal an 13; 11 févr. 1806; 8 mai et 12 juin 1810; 13 août 1817; 28 janv. et 23 févr. 1818 et 31 mars 1819.—Journ., art. 3646 et 3586. — *Instr.* 574.)

Voy. Toullier, tom. 6.

INVENTAIRE (Clôture d'.)

1. La clôture d'un inventaire en est une partie intégrante, (Code civil, art. 1456), et n'opère aucun droit particulier d'enregistrement. (Journ., art. 2379.)

INVENTAIRES. — Enregistrement.

2. Les seuls notaires près les cours royales, et pour les inventaires seulement, peuvent faire enregistrer les actes dans les bureaux où ils instrumenteront, excepté la dernière vacation, qui doit toujours recevoir la formalité au bureau de leur résidence. (*Inst.* 290, nomb. 32.)

INVENTAIRES. *Voy.* Déclarations.

J.

JUGEMENS.

1. Les droits d'un jugement doivent être supportés par la partie qui en profite. C'est à elle qu'on doit les demander, ainsi que les doubles droits, quand ils n'ont pas été acquittés par le greffier (1). (*Instruc.*, du 19 mai 1824, nomb. 1132.) *Voy.* aussi arrêts de cassation des 28 août 1808, 10 mars 1812, 16 février 1814, et 23 février 1824.

2. Les jugemens des tribunaux de commerce, en matière de faillite, par lesquels un juge-commissaire est nommé en remplacement d'un autre juge, sont

---

(1) Art. 31 et 37 de la loi du 22 frimaire an 7.

exempts de l'enregistrement. (*Instr.* du 8 septembre
1824, n°. 1146.)

3. Les juges ne peuvent, sans encourir la responsabilité prononcée par l'art. 47 de la loi du 22 frimaire,
1°. statuer sur l'opposition formée aux jugemens par défaut, avant que ces jugemens n'aient été enregistrés.
(*Intruc.* 290, nomb. 67.)

4. — 2°. Apposer l'ordonnance d'exequatur sur un jugement arbitral, avant que celui-ci n'ait reçu la même formalité. (*Instr.* 436, nomb. 77. — *Arr. de cass.*, du 3 août 1813.)

5. Lorsqu'un jugement contient une disposition à cause de laquelle il doit être enregistré sur la minute,
la formalité ne peut lui être donnée, qu'on ne paie en même temps les droits des autres dispo itions qu'il se trouve renfermer, quoiqu'elles soient du nombre de celles qui, si elles étaient seules, n'assujétiraient les jugemens à l'enregistrement que sur les expéditions (1). (*Inst.* 34.)

6. C'est à la partie qui a obtenu un jugement favorable, à avancer les droits d'enregistrement de ce même jugement, et non à la partie condamnée. (*Arr. de cassation*, du 10 mars 1812. — Journ, art. 4252.)

7. En général, dès qu'un jugement est sujet à l'enregistrement, c'est à celui qui doit le faire revêtir de la formalité à en acquitter les droits, et même la peine du double droit lui est personnelle; c'est contre cette partie qu'il convient de décerner contrainte.
(*Arr. de cass.*, du 24 août 1808.—*Instr.* 386, nombre 2.)

8. Lorsqu'un jugement condamne à payer le montant d'une obligation dite pour prêt, dans les poursui-

_____

(1) Loi du 22 frimaire an 7, art. 11 et 78.

14.

tes préalables, et qu'ensuite il est reconnu que cette obligation est causée pour prix d'une vente d'immeubles sous seing-privé, les droits et doubles droits de cette vente ne peuvent être répétés que contre l'acquéreur. (*Délibération* du 27 février 1812. — Journ., art. 5843.)

9. Les droits de la vente verbale d'immeubles, reconnue par un jugement, doivent être exigés des parties qui ont obtenu ce jugement, sauf leur recours contre l'acquéreur. (*Arrêt de cassation*, du 6 sept. 1813.)

10. Lorsque, après la dissolution d'une société commerciale, un des membres, en ayant été nommé le liquidateur, a fait fixer par des arbitres, en vertu d'un compromis, à 27,000 fr. la somme revenant à la société, les droits d'enregistrement dus sur cette somme sont exigibles contre un membre de l'ancienne société, bien qu'il n'ait pas signé le compromis, si d'ailleurs il n'a pas contesté la sentence arbitrale. (*Arr. de cass.* du 16 février 1814.—Journ., art. 4783.) *Voy.* aussi l'art. 1020 du Code de procédure civ.

11. Lorsqu'un jugement ordonne qu'un individu qui s'est reconnu en possession d'objets mobiliers, et a promis d'en faire compte suivant l'estimation, rendra ce compte, on ne peut considérer cette disposition comme une condamnation de sommes, parce que le résultat éventuel de ce compte peut, par l'effet des compensations ou autrement, n'opérer aucune mutation réelle de propriété mobilière, et ne peut donner lieu, par suite, à aucun *droit proportionnel.* (*Arrêt de cass.*, du 16 févr. 1822. — Journal, art. 7201.)

12. Le jugement de justice de paix qui ordonne le paiement d'arrérages de rentes, sans énoncer aucun titre, est passible du *droit proportionnel* sur la constitution de rente, indépendamment de celui du jugement. (*Solut.* du 30 septembre 1813. — Journal, article 4640.)

i3. Le jugement même par défaut qui, d'après un compte précédemment ordonné à l'effet de régler les comptes d'une société, condamne l'un des associés à payer à un ou plusieurs autres sociétaires une somme déterminée, est passible, non seulement du *droit de* 5o *cent. pour* 100, mais encore de celui auquel sont soumis les arrêtés de compte mentionnés au n°. 3 du §. 3 de l'art. 69 de la loi du 22 frimaire an 7. (*Arr. de cass.*, du 24 mars 1812. — Journ., art. 42i3.)

i4. Les jugemens de justice de paix portant condamnation de sommes modiques pour salaires d'ouvriers ou domestiques, mois de nourrice, prêts ou ventes de comestibles, ou autres objets réclamés en vertu de conventions verbales, doivent, indépendamment du *droit d'enregistrement* perceptible sur le jugement, celui auquel l'objet de la demande aurait donné lieu, s'il avait été convenu par acte public. (*Instr.* i32.)

i5. Les jugemens qui condamnent les parties à payer aux notaires et avoués le montant de leurs honoraires et avances, à raison d'actes de leur ministère, sont dispensés d'un droit spécial sur l'objet de la demande; le seul droit exigible est celui résultant du jugement. Cependant, lorsque la prescription établie par l'art. 2273 du Code civil est acquise, l'action devient une demande ordinaire, et doit, aux termes de l'art. 2274, être justifiée par un compte arrêté, ou tout autre titre susceptible d'être enregistré. (*Décis. du Ministre des finances*, du 8 pluviose an 9. — Journ., art. 25i9.)

i6. Lorsqu'un jugement, par lequel il est prononcé des condamnations sur les conventions verbales, est présenté à la formalité, après le délai fixé par l'art. 20 de la loi de frimaire an 7, il y a lieu de percevoir le double *droit* sur le montant de la condamnation prononcée, et seulement le droit simple sur la convention qui fait la matière de la demande, à moins que cette couvention n'ait pour objet une transmission de propriété, d'usufruit ou de jouissance d'immeubles, susceptible par elle-même de la peine du *double droit*, à défaut d'enregistrement dans les délais fixés par la loi, auquel cas seulement le *double droit* est aussi perçu sur la convention. (*Instr.* 452.)

17. Il n'est dû qu'un seul droit sur un jugement qui condamne dix individus à diverses amendes montant en totalité à 150 fr. ; parce que la pluralité des droits ne peut porter que sur la pluralité des dispositions, et non sur le nombre des personnes. (*Délibér.* du 18 août 1817. — Journ., art. 5920.)

18. Il est dû deux droits proportionnels sur un jugement portant condamnation au paiement d'une créance due par titre enregistré, et autorisation au demandeur de toucher une somme due par un tiers saisi ; cette dernière disposition, comme indépendante de la condamnation, doit engendrer le droit de collocation *de* 50 c. *pour* 100, sauf à restituer une partie de ce droit, si, par suite de la déclaration à faire par le tiers-saisi, la somme n'est pas suffisante pour éteindre la créance. (*Jugement du tribunal de la Seine*, du 19 juin 1820. — Journal, art. 5791.)

19. Lorsque le tireur d'une lettre de change, causée pour prix de marchandises, est condamné à en rembourser le montant à son créancier, et que pareille condamnation a lieu à son profit contre son débiteur, la partie du jugement qui contient ces dispositions ne doit que 50 *centimes pour* 100 sur chacune des deux condamnations, sans qu'il y ait lieu de percevoir 2 *p.* 100 sur le montant de la lettre de change, parce que le jugement a été rendu sur cette lettre de change qui était enregistrée, et que la demande récursoire, formée par le tireur contre son débiteur, ne dépendait pas nécessairement de la demande principale. (*Délib.* du 4 août 1822, appr. le 24 du même mois par *le Min. des fin.* — art. 44 du recev.)

20. Le jugement d'un tribunal de commerce, qui liquide le produit d'une prise maritime, et colloque les sociétaires pour la somme qui leur revient, est passible du droit de 50 c. p. 100. (*Arr. de cassation*, du 27 avril 1814. — Journ., art. 5470.)

21. Le droit de celui portant liquidation de croisières maritimes, antérieures au 1er. avril 1814, doit être payé sur la valeur nominale des sommes remboursables en reconnaissances de liquidation, et sur la valeur réelle de celles liquidées en inscriptions; laquelle dernière valeur sera déterminée par le cours moyen de la bourse de Paris, au jour du jugement contenant la liquidation. (*Décision du Ministre des finances*, du 15 juin 1818.—Journ., art. 6137. — Autre *Déc.* du 24 oct. 1821. — Art. 145 du Recueil.)

22. Le droit proportionnel, perçu sur un jugement par défaut, doit être maintenu, quoique le jugement contradictoire qui intervient ensuite, porte une condamnation d'une moindre valeur; seulement il n'est dû qu'un *droit fixe* sur ce dernier jugement. (*Délib.* du 29 janv. 1820.)

23. Le jugement d'un tribunal de commerce qui autorise les Administrateurs du Mont-de-Piété à payer à un prêteur qui a perdu ses reconnaissances, le montant des sommes qu'il a prêtées, à la charge par lui de fournir caution, est passible du droit de 50 c. p. 100 sur le montant de la condamnation, et pour le cautionnement; celui de 1 p. 100, à raison du titre, ne peut être perçu en outre, parce que tous les actes du Mont-de-Piété sont exempts de l'enregistrement. (*Décis. du Min. des fin.*, du 19 juin 1818.— Journ., art. 3875.)

24. Le jugement qui ordonne l'expertise, et donne acte de la nomination des experts par les parties, est soumis à deux droits. Il n'est dû aucun droit pour la disposition du jugement qui contient les résultats de l'expertise. (*Instr.* 436, nomb. 24.) *Voy.* Serment.

25. Les deux dispositions d'un jugement par lequel le tribunal, après s'être déclaré compétent, statue sur le fond, dérivant nécessairement l'une de l'autre, ne peuvent donner ouverture à deux droits. (*Instr.* 436, nomb. 36.)

26. La condamnation aux dépens est une suite nécessaire de la condamnation principale et ne peut, dans le cas où les dépens ne sont pas liquidés par le jugement, motiver la perception d'un droit fixe. (*Solut.* du 22 nivose an 10. — Journ., art. 1050.)

27. La distraction de dépens, en faveur de l'avoué qui en fait les avances, contenue dans le jugement même de condamnation, n'est sujète à aucun droit fixe ou proportionnel. (*Solut.* du 22 nivose an 10. — Journ., art. 1052.)

28. Sur le jugement qui ordonne, avant faire droit, une expertise, et portant nomination d'experts, si les parties n'en nomment point, on ne peut percevoir qu'un droit comme jugement préparatoire ; il en serait dû deux, si la nomination émanait des parties, et que le jugement ne fît que la proclamer. (*Solut.* du 13 août 1814.)

29. Le jugement qui contient enquête et visite de lieux est soumis à un droit indépendant de celui de jugement, quand même le juge prononcerait sur le lieu même sans désemparer, s'il est dressé procès-verbal de l'audition des témoins ou de la visite. Dans les causes en dernier ressort, où il n'est pas rédigé de procès-verbal, aucun droit n'est dû sur la disposition du jugement qui contient les résultats de l'enquête, attendu que les mentions que le jugement énonce, en font partie intégrante. — Même règle pour les expertises. (*Instr.* 436, nomb. 7 et 34.)

30. D'après les art. 1017, 1018 et 1020 du Code de procédure civile, et lorsque, par suite du partage

d'opinion, entre les deux arbitres, un tiers arbitre prononce, le jugement contient l'avis distinct et motivé des arbitres et du tiers arbitre : dans ce cas on ne peut dire que ce jugement contienne trois dispositions distinctes dans les avis séparés des deux premiers arbitres et du tiers arbitre, il n'est passible que d'un seul droit. (*Délib.* du 8 juin 1822. — Journal, art. 7231.)

31. Celui qui prononce séparation de biens, et autorisation à la femme mariée de retirer sa dot des mains dans lesquelles elle a été déposée, n'est passible que du *droit fixe*, parce que cette autorisation dérive de la loi même. (*Délib.* du 7 mars 1818. — Journ., art. 6021.)

32. Quand un jugement est assujéti au *double droit*, les parties ne peuvent se prévaloir de l'erreur sur la date des jugemens, pour se refuser à ce payement (*Arr. de cass.*, du 26 mai 1808), non plus que de l'incompétence du tribunal de paix, saisi à tort de l'affaire. (*Arr. de cass.*, du 30 nov. 1807.)

33. Les arrêts des Cours royales en matière correctionnelle, soit entre parties, soit avec la partie civile, ne sont passibles que du *droit fixe de 1 fr.*, lorsqu'ils ne portent pas condamnation de sommes, ou que la condamnation n'est pas susceptible de produire un droit supérieur. (*Délib.* du 25 octobre 1817. — Journ., art. 5948.)

34. Les décisions rendues en police ordinaire entre les ouvriers et apprentis, fabricans et artisans, par les maires et adjoints, les préfets et commissaires généraux de police qui, en vertu de l'attribution que leur donne la loi du 22 germinal an 11, exercent les fonctions de juges, sont soumis aux mêmes droits de timbre et d'enregistrement que les jugemens rendus contre les contrevenans en matière de simple police. (*Instr.* 271.)

JUGEMENS. — Tribunaux de première instance,
de commerce et d'arbitrage.

35. Les jugemens préparatoires ou d'instruction de
ces tribunaux sont soumis au *droit fixe. de* 3 *francs.*
(*Article* 44 *de la loi* du 28 avril 1816.)

36. Les nominations d'experts faites par l'autorité
judiciaire, ainsi que les actes séparés qu'elle décerne,
les prestations de serment et affirmations des experts
doivent, comme actes préparatoires et d'instruction,
acquitter *le droit fixe de* 1 *franc ou de* 3 *francs,* suivant
qu'ils ont eu lieu devant les juges de paix ou les tribunaux de première instance; mais le droit réglé pour
les jugemens définitifs serait exigible dans le cas
où le jugement, portant nomination d'experts, statue-
rait que les droits des parties seront définitivement,
et sans l'intervention ultérieure du tribunal, fixés par
le procès-verbal d'expertise. (*Décis. du Min. des fin.*
du 5 nov. 1811. — Journ., art. 4205.)

JUGEMENT. — Acquiescement.

37. L'administration est censée avoir acquiescé à
un jugement signifié sans réserve à sa requête, et non
à celle d'un simple préposé; elle n'est donc plus recevable à se pourvoir en cassation. (*Arr. de cass.*, du
25 décembre 1807.)

38. Quand les préposés inférieurs agissent en leur
qualité d'employés, sans ordre ou mandat spécial,
l'administration n'est pas liée par leur fait, lors même
que, sur un jugement signifié, ils auraient payé, sans
faire aucune réserve, le montant de la condamnation;
dans ce cas, il n'y a pas acquiescement, le paiement
est forcé, il est effectué pour éviter des frais, et n'ôte
pas à l'administration le droit de se pourvoir. (*Arr.
de cass.*, des 21 germinal an 12, et 16 février 1813.
— Journ., art. 4458.) *Voy.* Acquiescement.

JUGEMENT. — Restitution.

39. La restitution du droit de mutation perçu sur un jugement par défaut, portant résolution d'une demande, ne peut être demandée contre la régie de l'enregistrement, dans le cas où le jugement est rétracté sur l'opposition de l'acquéreur, l'art. 12 de la loi du 27 ventose an 9 n'exceptant du droit proportionnel les jugemens portant résiliation de vente faute de paiement du prix, qu'autant, 1°. qu'il n'y a eu aucun paiement fait sur le prix de la vente, et 2°. que l'acquéreur n'est pas entré en jouissance de l'objet vendu. (*Arr. de cass.*, du 6 décembre 1820.) *Voy.* aussi *arr.* des 24 thermidor an 13, 26 frim. an 14, 7 mai 1806, et 8 février 1813.

40. La rétractation par voie d'opposition, ou l'infirmation par voie d'appel d'un jugement par défaut, ne sont pas au nombre des cas prévus par la loi pour la restitution du droit proportionnel perçu régulièrement. Celui qui a été perçu en vertu d'un jugement par défaut, contenant une transmission de droits mobiliers, l'ayant été régulièrement, n'est point sujet à restitution. (*Arr. de cass.*, du 7 nov. 1821.—Bull. off. de 1821, pag. 288.)

JUGEMENT. — Régie.

41. Le jugement portant que l'avoué de la partie a été entendu, n'établit pas suffisamment qu'il y ait eu plaidoierie pour autoriser un pourvoi en cassation. (*Arr. de cass.* du 11 juillet 1815.)

42. Les parties ne sont pas plus admises que leurs défenseurs à exposer, développer ou expliquer leurs moyens verbalement à l'audience ; (*Décis. des Minis. des fin. et de la just.*, des 8 et 22 prairial an 8.—Journ., art. 510); cependant les parties peuvent être entendues au tribunal, si les juges le trouvent nécessaire pour éclai-

rer leur religion. (*Arr. de cass.*, du 20 mars 1816.
— Sirey, t. 16 p. 314.)

JUGEMENT. — Régie. — Délai.

43. Le délai de trois mois, accordé à la régie par
l'art. 65 de la loi du 22 frimaire, pour mettre sa demande en état, n'est point de rigueur. (*Arr. de Cass.*,
des 4 mars 1807, 2 août 1808 et 19 juin 1809. —
Journ., art. 2549, 3335 et 3336.)

JUGEMENT. — Rapport.

44. Le rapport doit être fait au jour indiqué.
Lorsqu'il est signifié une ordonnance portant indication de l'audience, avec assignation à jour fixe, et
qu'avant le jour fixé, il est statué sur l'instance, le jugement est nul, parce que les parties, qui n'ont pu être
présentes au rapport, ont été privées de proposer leurs
observations, si elles croyaient devoir en faire dans
leurs intérêts. (*Arrêt de cass.*, du 23 février 1817. —
Journ., art. 5748.)

45. Le jugement est nul, s'il ne constate pas qu'il
a été précédé d'un rapport fait par l'un des juges du
tribunal. (*Arr. de cass.*, des 25 avril 1808 ; 19 sept.,
13 et 19 déc. 1809 ; 28 mars et 8 mai 1810 ; 5 mars,
2 juill. et 19 août 1811 ; 2 juillet 1812 ; 10 août et 21
déc. 1813 ; 1er. juin et 3 oct. 1814 ; 25 janv. et 15 juillet 1815 ; 31 janv. et 1er nov. 1816 ; 2 avril 1817 et 10
févr. 1819 ; et 5 mai 1824.—Journ., art. 2924, 3488,
4012, 4734, 4779, 4902 et 5089.)

46. Le certificat délivré par les juges, constatant
qu'un jugement, rendu contradictoirement entre l'administration et un redevable, a été fait sur le rapport
d'un juge, ne peut point suppléer à la mention du rapport émise dans le jugement. (*Arr. de cass.*, des 25 avr.
1808 et 3 janv. 1820.— *Instr.* 606.—Journ., art. 6662.)
— Un arrêt du 26 septembre 1817 avait déjà établi que
les formalités qui ne sont point constatées par le procès-

verbal de la séance d'un tribunal, doivent être réputées n'avoir pas été observées.

47. Lorsque le jugement, en matière d'enregistrement, n'a pas été rendu sur le rapport préalable d'un juge, il est nul, quand même il eût été précédé des conclusions du ministère public. (*Arréts de cass.*, des 28 janvier et 2 avril 1817. —Journ., art. 5835.)

48. Il est également nul, s'il ne contient pas la mention qu'il a été rendu sur les conclusions *verbales* du procureur du roi. (*Arr. de cass.*, des 16 juillet 1806; 25 août 1808; 19 déc. 1809; 8 mai 1810; 5 mars 1811; 1er. juin 1813; 14 mars 1814; 31 janv. 1816; 15 oct. 1818; et 14 mars 1821. — Journ., art. 3523, 3586, 4940 et 5534.)

JUGEMENT. — Ministère public.

49. Celui qui exprime que le ministère public était présent à l'audience, sans constater qu'il ait été entendu dans ses conclusions, est pareillement nul. (*Arr. de cass.*, du 10 févr. 1819.—Journ., art. 6362.)

50. Lorsque, après avoir entendu le rapport d'un des juges, et les conclusions du procureur du roi, le tribunal renvoie la cause à une autre audience pour prononcer le jugement, il n'est pas nécessaire qu'au jour du jugement ces magistrats soient entendus de nouveau. (*Arr. de cass.*, des 23 avril 1816 et 30 décembre 1818.—Journ., art. 5483.)

JUGEMENT. — Rapport.

51. Le jugement qui n'énonce pas qu'il a été rendu sur le rapport d'un juge, fait en audience publique, mais dans lequel existe seulement la mention qu'au nombre des juges siégeait le *juge d'instruction rapporteur*, présente une violation de l'art. 14, titre 2 de la loi du 24 août 1790, et de l'art. 65 de la loi du 22 fri-

maire an 7. (*Arr. de cass.*, du 5 mars 1822. Art. 7183, du journ. , et 287 du recueil.)

52. Le jugement qui constate que le rapport a été fait en la chambre du conseil, est nul, parce que la loi veut qu'il le soit en audience publique. (*Arrêts de cass.*, des 14 août 1815 et 7 janv. 1818. —Journ., art. 5307 et 6006.)

53. Il est encore dans le cas d'être annulé, quand il ordonne que les pièces resteront entre les mains d'un juge, pour le rapport être fait par lui en la Chambre du Conseil et en l'audience indiquée, parce que ce rapport doit être fait en audience publique. (*Arr. de cass.* , du 13 mai 1806.)

54. Il suffit que le jugement indique qu'il a été rendu à l'audience, pour qu'on ne puisse pas prétendre qu'il n'a pas été prononcé publiquement. (*Arr. de cass.*, des 27 janvier et 26 juin 1817 et 27 mai 1818.—Journ., art. 6223.)

JUGEMENT (Rédaction du.)

55. Dans toutes les affaires relatives aux perceptions et revenus, qui se jugent sur mémoires et sans ministère d'avoué, il y a lieu de rédiger le jugement sans signification préalable de qualités. (*Instr.* 369.)

56. La signification des qualités ne doit être exigée que dans les affaires où l'Administration se sert du ministère des avoués, comme dans les saisies immobilières, ouvertures d'ordre, et généralement dans les questions de propriété. (*Déc. du Min. de la just.*, du 18 février 1810.—Journ., art. 3897.)

57. Les jugemens sont sans appel, et ne peuvent être attaqués que par voie de cassation. (*Art.* 65 *de la loi* du 22 frimaire an 7. —*Arrêt de cass.*, du 8 juin 1812.)

58. Les jugemens rendus contre l'Administration, sans qu'elle ait fait signifier ses défenses, ne cessent

pas d'être des jugemens par défaut, susceptibles d'opposition; ils ne deviennent point contradictoires par cela seul qu'ils ont été précédés de l'audition du ministère public. (*Arrêt de cass.*, des 4 mars 1807, 11 mars et 8 juin 1812.— Journ., art. 4190.)

59. Mais, si l'Administration, après avoir produit son mémoire, garde le silence sur plus amples défenses de la partie, le jugement est contradictoire, et l'opposition n'est plus recevable. (*Arr. de cass.*, du 13 févr. 1815. — Journ., art. 5105.)

60. Les jugemens ne peuvent être attaqués que par la voie de l'opposition, lorsqu'ils portent qu'ils ont été rendus sur les mémoires et pièces de l'une des parties, et faute de produire de la part de l'autre, encore que celle-ci eût produit des défenses dans plusieurs incidens survenus au procès. (*Arr. de cass.*, du 17 juillet 1811. — Journ., art. 4043.)

JUGEMENS. — Opposition.

61. L'opposition à une contrainte, devant être motivée, contient, par cela même, la défense plus ou moins étendue du redevable, à la demande formée contre lui; ainsi, le jugement qui statue sur les moyens développés dans l'opposition, et sur ceux contenus au mémoire fourni par la Direction générale qui l'a fait signifier, est un jugement contradictoire qui ne peut être attaqué par la voie de l'opposition. (*Arrêt de cass.*, du 24 avril 1822.— Journal, art. 7214.)

62. Un jugement définitif est réputé par défaut, quoiqu'une des parties ait comparu au commencement de l'instance, sur un jugement interlocutoire qui a ordonné une expertise, si elle n'a assisté ni à l'expertise, ni signifié de nouveaux mémoires avant le jugement définitif. (*Arrêt de cass.*, du 8 juin 1812. — Journ., art. 4248.)

63. L'opposition est recevable jusqu'à l'exécution

du jugement. (Art. 158 du Code de procédure civile.
—*Instr.* 606.)

64. Aux termes de l'art. 159 du Code de procéd.
civile, un jugement est réputé exécuté, dès que les
frais ont été payés, ou qu'il y a quelque acte duquel
il résulte évidemment que l'exécution a été connue
de la partie défaillante. (*Instr.* 606.)

65. Le jugement qui est rendu sur des conclusions
prises respectivement sur le fond de l'affaire, mais
par défaut, faute de plaider, est regardé comme contradictoire, et ne peut être attaqué qu'en cassation.
(*Arrêt de cass.*, du 23 mars 1819.)

JUGEMENS. — Requête civile.

66. Les directeurs de l'enregistrement, qui suivront
la voie de la requête civile, ne pourront le faire qu'a-
près un ordre spécial de l'administration pour chaque
affaire. (*Instr.* 606.)

JUGEMENT. — Droits proportionnels.

67. Le *droit proportionnel* seul doit être perçu sur
la disposition du jugement qui affecte au paiement du
résidu de la dot d'une femme, tels ou tels biens vendus par son mari. Une telle disposition n'est ni une
condamnation, ni une liquidation, ni même une
collocation; mais seulement une application de l'hypothèque légale déjà acquise aux héritiers sur tels
biens plutôt que sur d'autres. (*Délibér.* du 25 nov.
1814. — Journ., art. 4992.)

68. Lorsqu'un fils, donataire de son père, répudie
la succession après le décès de celui-ci, et que, sur la
demande en reddition de compte de l'administration
qu'il a eue des biens répudiés, formée par un créancier de la succession vacante, il intervient un jugement qui le renvoie de cette demande, comme n'é-
tant point débiteur de la succession, et le constitue au

contraire créancier, on doit percevoir, sur ce jugement qui contient une véritable liquidation, le droit de 5o p. 100, bien qu'il soit rendu en l'absence du curateur à cette succession. (*Arr. de cass.*, du 9 avril 1812. —Journ. art. 4178.)

69. Pour la perception du *droit de 5o c. pour* 100, il faut joindre le montant des dépens liquidés à celui des autres condamnations. S'ils ne sont pas liquidés, le *droit proportionnel* se perçoit sur la somme énoncée dans l'exécutoire que la partie se fait délivrer ultérieurement. (*Solut.* du 22 niv. an 10. — Journ., art. 1050.)

70. Ce droit est exigible, quoique les actes qui ont servi de base à la condamnation aient été enregistrés. (*Décis. du Min. des fin.*, du 16 germinal an 7. — *Arrêt de cassation*, du 1er. ventose an 8. — Journal, art. 118 et 398.)

71. Le droit *de 2 pour* 100 à percevoir sur les dommages-intérêts représente celui de condamnation qui, dans les autres cas, est *de 5o c. p.* 100 : on ne peut donc asseoir en même temps, sur les dommages-intérêts, l'un et l'autre de ces deux droits ; ainsi le jugement qui condamne à 1000 fr. de dommages, et à 5o fr. de dépens, est passible du *droit de 3o cent.* sur 5o *fr.*, et de celui de 20 *fr.* sur 1000 *fr.* (*Solut. de l'administration.*)

72. L'acte du juge qui autorise la demande de frais et déboursés adjugés à un particulier, ou réclamés par un huissier, même quand ces frais résultent d'actes enregistrés, est passible du *droit de 5o c. pour* 100. (*Arrêt de cass.*, du 1er. mess. an 8.)

73. Lorsque le *droit proportionnel* aura été acquitté sur un jugement par défaut, la perception sur le jugement contradictoire qui pourra intervenir n'aura lieu que sur le supplément des condamnations;

il en sera de même des jugemens rendus sur appel, et des exécutoires. S'il n'y a pas de supplément de condamnation, le jugement sera enregistré pour le *droit fixe* qui sera toujours le moindre droit à percevoir. (*Loi* de frimaire an 7, art. 69, §. 2, n°. 9.) *Voy*. le n°. 101 ci-après.

74. On ne doit percevoir que le *droit fixe* sur un jugement portant condamnation de sommes qui ont donné lieu à la perception du *droit proportionnel*, sur un précédent jugement annulé pour vice de forme, d'après l'art. 68, §. 2, nomb. 7, de la loi du 22 frim. an 7, qui n'assujétit qu'à ce droit les actes refaits pour cause de nullité, ou autre motif, sans aucun changement qui ajoute aux objets des conventions, ou à leur valeur. (*Délib*. du 17 nov. 1821.—Recueil, art. 146.)

75. Le jugement qui déclare un père agent de change, propriétaire de cinq actions de la Banque de France, dont il avait remis le montant à sa fille mineure, en vertu d'une délibération de conseil de famille, pour lui assurer une somme de 10,000 fr. provenant des droits de celle-ci dans la succession de sa mère, n'est passible que du *droit de* 50 *c. pour* 100, parce que l'intérêt des actionnaires de la Banque ne consiste que dans le produit annuel des actions. (*Décis*. du 31 janvier 1815. — Journ. art. 5309.)

76. Celui qui porte confiscation de marchandises au profit de l'Etat, et condamnation à une amende, ne doit que 50 *c. p.* 100, lorsqu'il porte explicitement que c'est à titre de dommages-intérêts que la confiscation est ordonnée. (*Décis du Min. des fin.*, du 1er. juillet 1816. — Journ., art. 5469.)

77. Le jugement qui ordonne, 1°. qu'un individu, comptable envers une succession, présentera son compte qui sera vérifié et apuré; 2°. qu'il versera à la caisse des consignations les sommes dont il sera reconnu débiteur par le résultat de ce compte, n'est

point passible *du droit proportionnel*, parce qu'il ne peut être considéré comme portant condamnation d'une somme fixe, ni d'une somme à déclarer, puisqu'on ne peut prévoir l'événement du compte, ni le présumer. (*Solut.* du 12 mai 1819. — Journal, article 6030.)

78. Celui qui accorde des secours à l'époux qui a obtenu la séparation de corps et de biens, doit 50 c. pour 100 sur le capital, au denier 10, de la pension. (*Instr.* 390, nomb. 7.)

79. Le jugement portant qu'un immeuble sera vendu, et que, sur le prix, il sera payé à un créancier une somme déterminée, n'est passible que du *droit fixe*, et non de *celui de 50 c. pour 100*, parce que la vente de l'immeuble n'étant pas opérée, il n'y a pas de prix à répartir, ni par conséquent de collocation utile. (*Décis. du Min. des fin.*, du 21 juillet 1818. — Journal, art. 6302.)

80. Le jugement, qui autorise, par *provision*, et en attendant une liquidation de droits successifs, l'un des héritiers à toucher une somme due par divers acquéreurs des biens de la succession, dont un autre héritier avait eu l'administration, ne contient pas une collocation. — On avait soutenu pourtant que la disposition de ce jugement était une véritable collocation, parce que, pour parvenir à fixer la provision, il avait fallu évaluer la part qui revenait à l'héritier, afin de s'assurer si la provision n'excédait pas cette part, et que l'héritier administrateur qui avait vendu y était autorisé par la justice ; mais la Cour suprême a reconnu que le mot *provision* au jugement exclut l'existence d'une liquidation qui doit être la fixation définitive des créances, seule passible du *droit proportionnel*, que l'héritier peut être obligé à rapporter ; que l'autorisation de toucher des adjudicataires de la succession ne donne pas à l'héritier de nouveaux débiteurs

15.

qui déjà l'étaient directement, et qu'ainsi on pouvait accorder cette autorisation sans colloquer aucun créancier sur le débiteur de son propre débiteur. (*Arr. de cass.*, du 11 avril 1822. — Journ., art. 7233.)

JUGEMENS portant transmission d'immeubles, ou résolution de contrats.

81. Lorsqu'un individu a acquis seul un immeuble, et a payé les droits de mutation, et qu'un jugement reconnaît ensuite qu'un autre individu a une part dans cet immeuble, comme co-acquéreur, ce jugement, qui est censé opérer la mutation, forme un titre pour ce dernier, et donne ouverture aux *droits proportionnels*, sans qu'il y ait lieu à aucune restitution sur le premier droit qui a été perçu. (*Arrêt de cass.*, du 6 oct. 1813. — Journ., art. 4729.)

82. Le jugement qui envoie une femme en possession d'un immeuble appartenant à son mari, pour la remplir de ses reprises matrimoniales et autres menues dépenses, est passible du *droit proportionnel*, lorsque, par le contrat de mariage, le mari avait la faculté de se libérer envers sa femme avec les mêmes deniers qu'il avait reçus en dot, et qu'il n'avait été apporté par celle-ci que de l'argent. (*Arr. d'admis. en cassation*, du 30 décembre 1813. — Journal, article 5005.)

83. Il n'est dû que le *droit fixe de 5 fr.* pour celui qui envoie une veuve dans la propriété de biens acquis par son mari, lorsque ses biens dotaux ont été vendus, et que le contrat de mariage accordait au mari la faculté de les vendre, à la charge de remploi en fonds de terre. (*Arr. de cass.*, du 29 mai 1816. — Journ., art. 5539.)

JUGEMENS qui prononcent des résolutions de contrats.

84. Les jugemens de commerce et ceux rendus par les arbitres, qui prononcent des résolutions de contrats pour cause de nullités radicales, sont soumis au *droit proportionnel* ; la faveur du *droit fixe* n'est due qu'aux jugemens émanés des tribunaux civils. (*Arrêt de cass.*, des 1er. et 17 décembre 1811. — Journal, art. 4114.)

85. Ainsi le jugement arbitral qui déclare une vente simulée et radicalement nulle, est une rétrocession de l'immeuble qui engendre le *droit proportionnel.* Ce jugement ne peut être regardé comme un commencement de preuve suffisant pour faire admettre la preuve testimoniale de simulation, à l'égard de la Régie, d'un tiers qui n'a pas été partie dans le jugement. (*Arrêt de cassation*, du 8 janvier 1817. — Sirey, t. 17.)

86. Un autre arrêt de la Cour de cassation, du 29 décembre 1821, a déclaré que le jugement arbitral qui prononce la nullité d'une vente d'immeubles par le motif que les parties ont reconnu qu'elle n'était que fictive ou simulée, ne doit être considéré que comme l'instrument d'une rétrocession volontaire, sujète au même droit que la vente. (Art. 233 du recev.—Sirey, t. 22, p. 175.)

87. La résolution pour cause de lésion, même énorme, ne peut être considérée comme ayant lieu pour cause de nullité radicale ; elle est passible du *droit proportionnel.* (*Arrêt de cass.*, du 17 décem. 1811. — Journal, art. 4114.)

88. Celle prononcée par jugement, pour cause de simulation, opère une mutation nouvelle. (*Arrêt de cass.*, du 5 décembre 1810. — Journ., art. 3780.)

89. Le jugement qui prononce l'annulation d'une

adjudication d'immeubles pour cause intrinsèque (une moindre mesure que celle exprimée), ne peut être regardé comme opérant rétrocession, et donner lieu à un *droit proportionnel*, quand même le Tribunal aurait dû se borner à réduire le prix. (*Arr. de cass.*, du 8 avril 1811.)

90. Celui qui porte rétrocession d'une donation faite en ligne directe, par contrat de mariage, sous prétexte qu'elle est plus onéreuse que profitable, doit 4 pour 100, y compris le droit de transcription. (*Déliber.* du 13 août 1817. — Journal, art. 6120.)

JUGEMENT. — Douanes.

91. Le droit de condamnation sur l'amende et la confiscation pour délit de contrebande, en matière de douanes, doit être liquidé sur le prix de la vente des marchandises confisquées. (*Délib.* du 13 janv. 1821. — Journal, art. 6893.)

92. L'art. 9 de la loi du 9 flor. an 7, dispense les procès-verbaux des douanes, lorsqu'il n'y a pas de bureau dans la commune, du dépôt des marchandises, ni dans celle où est établi le tribunal chargé de prononcer: cette exemption est absolue, et l'on ne peut exiger le droit d'enregistrement de ces procès-verbaux sur les jugemens rendus en conséquence. (*Déc. du Min. des fin.* du 1er. sept. 1820.— Journal, art. 6818.)

JUGEMENS étrangers.

93. Toutes les fois que des parties ont recours à un tribunal français pour faire rendre exécutoires des jugemens ou actes émanés des juges ou autres fonctionnaires étrangers, et auxquels la loi n'accorde pas d'exécution en France, il est incontestable que le jugement qui intervient sur cette demande, est passible de tous les droits auxquels les jugemens ordinaires sont assujétis. (*Instr.* 436, nomb. 43.)

JUGEMENS exempts de l'enregistrement.

94. Les jugemens portant remise de cause ou continuation d'audience, ne sont assujétis à l'enregistrement que lorsqu'ils sont rendus pour la production de pièces ou de preuves ordonnées; dans tous les autres cas, ils sont exempts de la formalité. Tout jugement qui ordonne qu'une cause sera instruite par écrit, devra être enregistré sur minute. (*Décis. du Min. des fin.*, du 27 février 1822. — *Instr.*, n°. 1026.)

— Les jugemens de la juridiction commerciale sont soumis, pour l'enregistrement, aux mêmes règles que ceux des tribunaux de première instance. (*Inst.* n°. 1026.)

JUGEMENS. *Voy.* Amendes.

JUGES. *Voy.* Actes passés en conséquence d'un autre.—Jugemens.

JUGES DE PAIX. *Voy.* Actes passés en conséquence d'un autre.

JURY. *Voy.* Douanes.

L.

LÉGATAIRE. — Délais.

— Le légataire n'a que six mois pour passer la déclaration de ce qui lui est échu, soit qu'il ait ou non accepté le legs ou obtenu la délivrance; plus tard, il encourt *le demi-droit en sus* (1). (*Arrêt de cass.*, des 16 janvier 1811 et 4 février 1812.)

LETTRE de change (2).

1. Une traite qui, tirée sur une autre place, serait indiquée, par l'acceptation de celui qui doit l'acquitter,

---

(1) Loi du 13 brumaire an 7, art. 39.

(2) Loi du 22 frimaire an 7, art. 69, §. 2, n°. 6. — Loi du 28 avril 1816, art. 50.

payable dans la ville ou place du tireur, a, dans son origine, tous les caractères d'une lettre de change, et elle doit être réputée telle, à moins que les parties intéressées ne lui en contestent les effets. En avouant, ou en approuvant que la remise de place en place ait été supposée lors de l'émission de la traite, et que l'acceptation dont il s'agit était convenue avant toute négociation, alors seulement cette traite devrait être rangée dans la classe des simples promesses, aux termes de l'article 112 du Code de comm.; mais on ne doit pas facilement présumer cette supposition frauduleuse. (*Instr.* du 8 décembre 1808, n°. 410.)

2. Une lettre de change est la cession d'une somme faite par le tireur à un tiers, pour être payée par son correspondant dans un autre lieu que celui où la lettre de change a été tirée; le billet portant : « J'ai reçu de J..... la.... dont je lui tiendrai compte, est un arrangement ordinaire et non une lettre de change. (*Arrêt de cassation*, du 19 janvier 1813.)

3. Le protêt ne rend pas passible du droit d'enregistrement une lettre de change non acceptée ; c'est l'assignation ou la demande après le protêt qui rend ce droit exigible. (*Décis. du Min. des finances*, du 1er. août 1817. — Journal., art. 6434.)

4. Il y a contravention aux articles 41 de la loi de frimaire an 7, 50 et 77 de celle de 1816, lorsqu'une lettre de change, protestée faute de paiement, n'est soumise à l'enregistrement qu'après l'assignation sur protêt. (*Arrêt de cass.*, du 7 novembre 1820. — Journ., art. 6868.)

5. Les lettres de change enregistrées au *droit fixe de 1 fr.*, conformément à l'instr. 410, sont passibles du *droit proportionnel*, lorsqu'elles forment l'objet d'une action en justice. (*Délib.* du 24 décembre 1817. — Journ., art. 5976.)

6. Des effets, souscrits en forme de lettre de change, et causés pour valeur reçue en quittance du prix d'adjudication d'immeubles nationaux, suivant la circulaire du 13 nivose an 13, n'ont pas le véritable caractère de lettres de change, et ne sont pas soumis à la prescription de cinq ans. (*Arr. de cass.*, du 19 août 1811. Sirey, t. 13.)

LETTRES missives.

7. Le pouvoir peut, sans contravention au timbre, être donné par lettre missive ou sur papier libre, en la faisant timbrer ou viser pour timbre avant de s'en servir. (*Décis. du Ministre des finances,* du 25 octobre 1808. — Journ. , art. 3057.)

LETTRES de voiture.

1. Un écrit signé de celui qui expédie des marchandises, et indiquant le nom du voiturier et le prix à lui payer pour sa voiture, jusqu'à certaine distance de la route, doit être considéré comme lettre de voiture et susceptible du timbre. On ne pourrait prétendre qu'un tel écrit s'identifie avec une lettre de voiture sur papier timbré, portant direction pour un lieu plus éloigné, mais, sans indication du nom du voiturier, du délai et du prix de la voiture. (*Décis. du Ministre des finances* du 27 avril 1819. — Journal, art. 6489.)

2. Les lettres de voiture faites, depuis le 1er. janvier 1815, sur papier à l'ancien timbre et non contretimbrées au type royal, sont en contravention. (*Arr. de cass.*, du 23 juin 1817. — Journal , art. 5797.)

3. Le propriétaire qui fait conduire, par ses voituriers et ses propres domestiques, le produit de ses récoltes, est dispensé de se pourvoir de lettres de voiture. (*Instr.* 419.) — Il en est de même du manufacturier qui fait transporter ses produits dans ses magasins par ses voitures et ses propres chevaux. (*Délib,* du 1er. février 1816. — Journ., art. 5367.)

LICITATION.

1. On ne doit percevoir que 4 *fr. pour cent* sur la vente faite à un père, par ses enfans, de la moitié indivise d'une maison dépendant de la communauté qui a existé entre lui et son épouse, parce que cette vente est une véritable licitation. (*Délibér.* du 8 août 1821. — Recev., art. 150.)

2. Mais la perception du droit de 5 *fr.* 50 *cent.* par 100 *fr.* devient applicable à la vente faite, par un particulier à son co-propriétaire, de la moitié indivise dans un immeuble qu'ils avaient acquis en commun, parce que la décision contenue dans l'instr. n°. 903, n'est applicable que pour les actes de partage et de licitation entre co-héritiers. (*Délibér.* du 22 août 1821, *appr.* le 7 sept. suiv. par le *Min. des fin.*, 4e. division. — Article 62 du recev.)

3. Il en est de même, lorsqu'un immeuble, acquis en commun par deux particuliers, est adjugé, par licitation, à l'un d'eux, bien qu'il soit mentionné dans l'acte que les étrangers ont été appelés à concourir. Chacun des co-acquéreurs ayant pu grever sa part d'hypothèques, l'acte par lequel l'un d'eux devient propriétaire de la totalité de l'objet commun, doit nécessairement être transcrit pour purger les hypothèques qui ont pu être consenties jusqu'au moment de la licitation. (*Délib.* du 16 févr. 1822, appr. le 8 mars suiv. par le *Min. des fin.* — Art. 288 du recev.)

4. L'art. 54 de la loi de 1816, qui soumet à une augmentation d'un et demi pour cent, le droit des contrats susceptibles d'être transcrit, n'est pas nécessairement applicable aux actes de partage et de licitation, qui ne sont que déclaratifs de propriété, et le co-héritier qui acquiert une part quelconque dans l'immeuble indivis, étant censé avoir procédé seul et immédiatetement à cette part. (*Arr. de cass.,* du 27 juillet 1819.)

· 5. — Les licitations entre co-donataires en avancement d'hoirie, ne sont pas du nombre des actes sujets à transcription dans le sens de la loi du 28 avril 1816, et, par suite, ils ne sont pas passibles du droit additionnel imposé par cette loi. (*Arr. de cass.*, du 29 novembre 1821. — Sirey, t. 22.)

6. L'art. 69, §. 7, nos. 1 et 4 de la loi du 22 frimaire an 7, assujétit également à un *droit proportionnel* de 4 *pour* 100, et les rentes d'immeubles proprement dites, et les acquisitions de parts indivises d'immeubles par voie de licitation; la loi du 28 avril 1816, en imposant, par son article 52, sur les ventes d'immeubles, un droit additionnel *de* 1/2 *pour* 100, ne contient pas une semblable disposition à l'égard des licitations entre co-propriétaires. (*Arrêt de cass.*, du 27 novembre 1821. — Bullet. off., p. 311.)

. 7. Lorsqu'un des héritiers d'une succession indivise acquiert, par licitation, une partie des biens de l'hérédité, avec clause que, jusqu'à réglement définitif des droits de chaque héritier, la soulte ou le prix de licitation demeurera indéterminé, le droit doit être perçu sur la somme qui, d'après le contenu de l'acte, et dans l'état où sont les choses, forme le prix apparent de cette acquisition, sauf restitution ultérieure, si, dans les deux ans du jour de l'enregistrement, les parties justifient, par un réglement définitif, que la somme, considérée comme soulte ou prix de licitation, à l'époque de l'enregistrement, n'est point une soulte, ou qu'elle n'est réelle que pour une moindre somme. (*Déc. du Min. de la just.*, du 22 oct. 1819.—Journ., art. 6573.)

LIQUIDATION.

1. Les actes produits pour la liquidation des créances anglaises, sont assujétis aux mêmes droits du timbre et d'enregistrement que s'ils avaient été passés en France, et ne peuvent être produits aux commissaires

liquidateurs qu'après le paiement de ces droits. (*Décision du Ministre des finances* du 25 septembre 1816. — Journ., art. 5540.)

LIQUIDATION de succession et reprises.

2. L'acte par lequel un héritier se reconnaît débiteur envers la veuve du défunt, du douaire stipulé par le contrat de mariage de celle-ci, doit être considéré, non comme le titre d'une obligation nouvelle, mais bien comme l'exécution d'un titre antérieur (le contrat de mariage). En conséquence, cet acte n'est point assujéti au *droit proportionnel* établi par l'art. 69, §. 3 de la loi de frimaire an 7, mais seulement au *droit fixe* de l'article 68; §. 1er., n°. 6. (*Arr. de cass.*, du 10 décembre 1817. — Sirey, t. 18.)

3. Un acte portant liquidation de ce qui reste dû par un père à ses enfans, en vertu de son contrat de mariage pour les reprises de leur mère, et contenant l'énumération des sommes payées, ainsi que l'énonciation de celles restant à acquitter, avec un délai pour le paiement, donne lieu au droit de quittance sur les sommes dont le père est libéré; mais le droit d'obligation n'est pas exigible sur le reliquat, attendu que, dans l'espèce, il n'y a pas d'obligation nouvelle, et que le compte renferme seulement l'exécution et le complément d'un acte antérieur enregistré. (*Arr. de cass.*, du 13 octobre 1813.)

M.

MAIN-LEVÉE.

1. La main-levée pure et simple, donnée dans un acte civil, doit être assimilée à un consentement; elle est passible du *droit fixe de* 2 *fr.*, en vertu de l'article 43 de la loi d'avril 1816. (*Instr.* 768.)

2. On ne doit percevoir que 2 *fr.* sur l'acte qui contient main-levée, par un individu, de quatre inscrip-

tions , dans l'effet desquelles il se trouvait subrogé jusqu'à concurrence, et pour sûreté d'une même créance
sur plusieurs débiteurs solidaires, parce qu'il est de
principe qu'il n'est dû qu'un seul droit, lorsque, par le
même acte, un particulier donne main-levée de plusieurs
inscriptions prises contre un seul débiteur (1). (*Délib.*
du 5 juin 1822. — Seine.)

3. Lorsque, dans une quittance, il est donné main-
levée de l'opposition ou inscription que le créancier
avait formée sur son débiteur, cette disposition est un
accessoire et la suite immédiate de la quittance; ainsi
elle ne peut être assujétie à aucun droit. Le seul à
percevoir, fût-il inférieur à 2 fr., *est de* 50 *cent. pour*
100. (*Instr.* 390, nomb. 8.)

4. Cependant l'acte notarié , qui constate la main-
levée d'une inscription prise d'office sur des acquéreurs de biens des hospices, est passible, outre le *droit
fixe de 2 fr.*, de celui *de* 50 *cent. p.* 100, à défaut de
représentation de quittance enregistrée, sur le montant du prix de l'adjudication, lorsque l'expédition des
autorisations qui sont jointes à la minute, consacre la
libération de l'acquéreur. (*Décis. de l'Adm.* du 25
sept. 1815. — Journ., art. 5294.)

5. Lorsque le receveur d'un hospice, d'une commune ou d'une fabrique, est autorisé, par le Conseil
de préfecture, à donner main-levée, et qu'il doit être
passé un acte authentique pour consentir la radiation ,
l'autorisation préliminaire n'est sujète ni au timbre, ni
à l'enregistrement , conformément à l'instruction,
n°. 605. Mais l'acte ultérieur qui contient le consentement à la radiation, doit être revêtu de ces deux formalités. (*Instr.* 638.)

---

(1) Loi du 22 frimaire an 7, art. 68, n°. 30. — Art. 43 de
la loi du 28 avril 1816.

6. Les arrêtés des préfets, portant consentement de radier des inscriptions dans l'intérêt de l'État, lorsqu'ils suffisent pour que le Conservateur procède à la radiation, sans qu'il soit besoin d'actes subséquens, doivent être sur papier timbré et enregistrés dans les vingt jours de leur date. Il ne peut en être délivré expédition aux parties que sur papier à 1 fr. 25 c. (*Idem.*)

MAJORAT.

— Le droit de mutation par décès des biens affectés à un majorat, doit être payé, par l'appelé, dans le même délai que la loi fixe aux héritages de toute autre nature. (*Décis. du Min. des fin.* du 26 février 1818. — Journ., art. 5990.)

MARAIS (desséchemens de.)

— Les pièces à produire par les entrepreneurs, conformément à la loi du 16 septembre 1807, sont assujéties au timbre, sauf à donner la formalité en débet, quand ces mesures sont prises par les agens de l'État, et qu'il n'a pas été mis de fonds à leur disposition à ce sujet. Les actes et décisions des commissions spéciales, dont cette loi prescrit l'établissement, sont soumis au timbre et à l'enregistrement. (*Instr.* 464.)

MARCHÉS.

1. Les traités passés pour l'arpentage d'une commune, entre un géomètre en chef et des arpenteurs secondaires, contenant affectation d'immeubles par ces derniers, pour la garantie des conventions, sont soumis *au droit proportionnel de 1 fr. pour 100* sur la somme qui forme le prix de la convention, sans qu'il y ait lieu de percevoir de droit particulier, pour l'affectation d'hypothèques, puisqu'elle dérive de la convention principale. (*Décis. du Min. des fin.,* du 16 juin 1807. —Journ., art. 2629.)

MARCHÉS. — Remplacement.

2. Un remplaçant n'étant pas admis, et le remplacé ayant fait un marché semblable au premier, avec un autre individu, pour le remplacer, il n'est dû qu'un seul *droit proportionnel* et le *droit fixe de* 1 *fr.* pour l'acte résilié, cet acte étant devenu nul par un fait indépendant de la volonté des parties. (*Décis. du Minist. des fin.* du 16 juin 1809. — Journ., art. 2614.)

3. L'entretien des églises communales et des presbytères, ne participant point à la distribution des centimes départementaux, cette dépense est à la charge des communes, et par suite, les marchés relatifs à ces bâtimens doivent rester soumis au *droit proportionnel* de 1 *fr. pour* 100. (*Délib.* du 22 juin 1822, appr. par le *Min. des fin.*, le 22 juillet.)

4. Les soumissions faites par les manufacturiers, les traités passés avec eux, pour le travail à fournir aux détenus dans les prisons, pour le salaire de ce travail, et les expéditions qui en sont délivrées, sont sujets au timbre ; les traités sont de plus enregistrables dans les vingt jours de leur date, au *droit de* 1 *fr. fixe*, comme actes faits dans l'intérêt des pauvres. (*Décis. du Min. des fin.*, du 27 nov. 1815. — Journ., art. 5277.)

MARIAGE (Contrat de) (1).

1. Les contrats de mariage qui ne contiennent que la déclaration d'apport, les stipulations de communauté de biens, et toutes autres clauses qui, en formant le pacte de famille et de société entre les conjoints, ne peuvent être considérés comme des dispositions de libéralité au profit des futurs, de leurs parens ou autres, ne sont sujets qu'à un seul *droit fixe de* 5 *fr.* L'é-

---

28 (1) Loi du 22 frimaire an 7, art. 68, §. 3, n°. 1er. — Loi du avril 1816, art. 45, n°. 2.

tablissement de communauté entre les futurs fait partie du contrat, et n'opère pas un droit particulier. (*Décision du Ministre des fin.* du 5 compl. an 10. — Journ., art. 1283.)

2. L'exemption de droit, prononcée par l'art. 68 de la loi de frimaire an 7, en faveur du futur qui reconnaît avoir reçu la dot, ne s'étend pas à la reconnaissance que donne le père du futur, s'il a lui-même la dot; il demeure chargé de la dot, en est comptable, et est soumis au *droit de* 1 *fr. pour* 100; mais on ne doit pas exiger le droit de quittance pour la libération du constituant. (*Solut.* du 18 vend. an 9. — Journ., art. 561, 562 et 655.)

3. La clause d'ameublissement ne peut donner lieu à aucun droit particulier, puisqu'il ne produit point de transmission actuelle; mais si l'époux, qui a ameubli un immeuble, ou ses héritiers, n'use pas de la faculté de le reprendre, de manière que, par le partage, cet immeuble soit assigné à l'autre époux ou à ses héritiers, la transmission devient parfaite, et le droit est exigible au taux réglé pour les transmissions par décès. (*Arr. de cass.*, du 4 mars 1807. — Journal, art. 1724. — *Voy.* Succession (Déclaration de.)

4. Celle par laquelle le futur, pour assurer à la future les avantages stipulés en sa faveur, lui délègue des capitaux placés sur des particuliers, ne donne ouverture à aucun droit. (*Délib.* du 9 mai 1817. — Journ., art. 5755.)

5. Lorsque la mère du futur abandonne à celui-ci, par forme de partage provisoire, et en attendant partage définitif, tout l'actif mobilier de la communauté, évalué 100,000 fr., en déduction de ses droits dans la succession de son père, il est dû 5 *fr.* comme partage, et non le droit fixé pour les licitations. (*Solut.* du 27 mars 1816. — Journal, art. 5405.)

6. Un fils qui reçoit purement et simplement, par contrat de mariage, une somme de 8,000 fr., à laquelle peuvent monter ses droits dans la succession non encore liquidée de sa mère, n'est point censé faire vente ou cession de ces mêmes droits, et conséquemment il ne peut être perçu, sur cet acte, le droit *de 4 p.* 100 fixé par l'art. 69 de la loi du 22 frim. an 7. (*Arrêt de rejet*, du 30 août 1814. — Journ., art. 4959.)

7. Lorsque le futur se constitue en dot ses droits mobiliers dans la succession de sa mère, qu'il estime 6,000 fr., et que le père s'oblige à payer cette somme à un terme fixe, sauf à considérer comme avancement d'hoirie le surplus, si elle excédait la part héréditaire, il est dû le droit de 1 *fr. pour* 100, comme obligation, attendu qu'il ne peut y avoir libéralité en prenant terme pour payer ce qu'on doit. (*Solut.* du 13 janvier 1819.)

8. Cependant une délibération du Conseil d'administration, approuvée par le Ministre des finances, a décidé, le 27 avril 1812, que la disposition d'un contrat de mariage, portant, 1°. promesse par le père de la future, de lui payer 4,000 fr. pour s'acquitter d'autant envers elle de ce qu'elle se trouve avoir à prétendre sur la succession mobilière de sa mère; 2°. que les revenus sont réservés au père jusqu'à une époque déterminée, n'est point une constitution dotale, puisque le père ne fait aucune donation; qu'il n'y a pas paiement de la valeur estimative des meubles qu'il n'a pu représenter en nature; car l'évaluation par experts aurait précédé la disposition, aux termes de l'art. 453 du Code civil, et le contrat aurait stipulé que la somme tiendrait lieu des meubles dont la représentation n'était pas possible; dès lors que cette convention est une véritable cession mobilière; qu'il ne devait être perçu aucun droit pour la réserve des revenus accordés temporairement au père, par

le motif que le prix de la cession avait été réglé en considération de cet abandon. (Journ., art. 4507.)

9. La disposition portant que les père et mère du futur le dispensent de rapporter à leur succession les sommes qu'ils ont payées pour le faire remplacer dans le service militaire, ne donne pas ouverture au droit proportionnel. (*Solut.* du 17 février 1814. — Journ., art. 4756.)

10. Si, au moyen de la constitution dotale, faite à la future par sa mère, les futurs renoncent à demander à la constituante aucun compte ni partage de la succession du père et des aïeux paternels de la future, le *droit proportionnel* de 3 1/2 *pour* 100 doit être perçu. (*Décis. du Min. des fin.*, des 9 octobre 1810 et 24 avril 1819. — *Arr. de cass.*, du 7 septembre 1807. — Journ., art. 1172, 1173, 2947 et 4014.)

11. La renonciation de la part de la future à demander, pendant la vie de son père, le partage des biens de la succession de sa mère, et dont celui-ci restera en possession, au moyen d'une somme de 3,000 fr. qui sera sujète à rapport, lors du partage, mais avec réserve par la fille d'aliéner cette portion de biens, n'est pas une cession d'usufruit en faveur du père, puisqu'il peut être dépossédé sans pouvoir s'en défendre, ni demander d'indemnité. (*Arr. de rejet*, du 8 juillet 1818. — Journ., art. 6471.)

12. La stipulation qu'un immeuble acquis par le futur, deux ans avant le contrat, sera réputée faire partie de la communauté établie entre les époux, sous la condition que la future paiera, soit sur ses propres, soit sur sa part des bénéfices de la communauté, la moitié du prix de cette acquisition, ne donne ouverture à aucun droit. (*Solut.* du 23 juillet 1812. — Journ., art. 4268.)

13. La constitution d'une somme en dot par un

frère à sa sœur, pour la remplir de ses droits successifs, paternels et maternels, est passible du *droit proportionnel*, comme vente, quoique l'acte contienne réserve, au profit de la future, de plus grands droits sur les biens de ses père et mère, parce que cette réserve ne peut donner lieu, de la part de celle-ci, qu'à une demande en supplément d'hérédité, pour les cas où ces droits excéderaient le montant de la somme stipulée, et que l'aliénation n'en est pas moins complète. (*Arrêt de cassat.*, du 7 novembre 1820. — Journ., art. 6876.)

14. La disposition qui porte : « Les biens dont la future a droit de jouir dès à présent, étant régis et administrés par son père qui en touche les revenus, il continuera cette administration jusqu'à la mort de la grand'mère de la future, époque jusqu'à laquelle le père s'engage à lui payer, en équivalent des revenus, une pension annuelle de 3,500 fr. » constitue un bail à vie, un contrat commutatif, et non un simple mandat. (*Arr. de cass.*, du 10 mars 1819. — Journ., art. 6382.)

15. Le contrat portant exclusion de communauté, et par lequel la femme donne quittance à son mari d'une somme dont elle s'oblige de payer les intérêts, et pour sûreté de laquelle elle hypothèque ses biens propres pour le remboursement de cette somme, présente une obligation passible du *droit de* 1 *fr. pour* 100. (*Arrêt de cassat.*, du 16 novembre 1813. — Journ., art. 4735.)

MARIAGE (contrat de.) — Donations entre-vifs.

16. Lorsque la dot comprend un bien-fonds dont les père et mère chargent les futurs de payer le prix au vendeur, il n'est rien dû pour cette disposition, qui ne change pas la nature de la convention. (*Instr.* 366, nomb. 8.)

17. Ainsi, lorsqu'une mère donne des biens immeu-

bles à l'un de ses enfans, à la charge de payer dès sommes en argent à ses frères et sœurs, il n'est pas dû de droit particulier pour ces donations secondaires. (*Arr. de cass.*, du 21 janvier 1812. — *Avis du conseil-d'état*, du 10 septembre 1808. — Journ., art. 4138.)

18. Les abandons de jouissance de biens immeubles que les pères et mères des futurs font à ceux-ci par contrat de mariage, et en vertu desquels les futurs jouissent des biens jusqu'au décès de leurs auteurs, doivent, outre le *droit proportionnel de 1 fr. 25 cent.*, celui *de 1 fr. 50 cent. pour 100.* (*Décis. du Min. des fin.*, des 8 août et 15 septembre 1818. — Journal, art. 6159.)

19. La dot constituée au profit d'une fille pauvre, par les administrateurs d'une fabrique, en exécution d'une fondation faite à ce sujet, est passible du *droit proportionnel.* (*Délibér.* du 31 juillet 1819. — Journ., art. 6470.)

20. L'obligation contractée par le père du futur, au profit de son fils, de loger et nourrir chez lui les futurs époux et leur famille (charge qui est évaluée à 2,000 fr. par an), ou de leur payer une pension de 4,000 fr., remboursable au capital de 80,000 fr., à la volonté du fils, s'ils ne peuvent pas vivre ensemble, est une donation sujète au *droit de 62 cent. 1/2 pour 100 sur 80,000 fr.*, parce qu'il dépend du donataire de rendre cette somme de 80,000 fr., exigible à son gré. (*Arr. de cass.*, du 18 avril 1821. — Art. 64 du recev.)

21. Lorsqu'il est stipulé que la mère de la future promet de loger et nourrir les futurs époux, ainsi que les enfans qui naîtront du mariage, autant de temps qu'il plaira à l'une ou à l'autre des parties, mais à la charge par lesdits futurs époux, qui s'y obligent, de payer à celle-ci une somme annuelle de 400 fr., à titre de pension, il est évident que cette somme ne repré-

sente pas la valeur de la nourriture et du logement
promis, et que la mère a voulu gratifier les futurs.
Dès lors, sans avoir égard à la pension, on doit reconnaître dans la disposition dont il s'agit, une donation mobilière en faveur du mariage, et percevoir 62
cent. 1/2 *pour* 100 sur le montant, multiplié par dix,
de l'évaluation à faire donner à la nourriture et au logement promis aux futurs. (*Délib.* du 4 mai 1822. —
Journ., art. 7215.)

22. La disposition du même contrat portant que,
dans le cas où les futurs époux viendraient à quitter
la maison de leur mère, cette dernière leur paiera une
somme annuelle de 200 fr., à prendre sur les revenus
des biens de la succession du père de la future, dont
la mère conservera l'administration, n'est pas indépendante de celle qui règle la cohabitation, puisqu'elle
ne doit se réaliser qu'autant que les enfans cesseraient
d'habiter avec leur mère: mais la future n'ayant pas
renoncé à demander compte et partage de la succession de son père, l'engagement qu'elle a pris, pour le
cas de séparation, de laisser à sa mère l'administration des biens paternels, est révocable à sa volonté, et
ne saurait, par conséquent, être assimilé à une cession
d'usufruit de l'espèce de celle indiquée dans l'art. ci-
dessus. Il ne s'agit ici que d'un prélèvement sur sa
propre chose, sauf compte à établir ultérieurement;
et ce prélèvement n'est sujet à aucun droit. (*Idem.*)

23. On ne doit pas considérer comme bail à vie la
clause d'un contrat de mariage (dans lequel il est stipulé que les futurs seront logés, nourris et entretenus
dans la maison du père de l'un d'eux, moyennant leur
travail) portant, qu'en cas de séparation, le futur
époux exploitera tous les immeubles appartenant à ce
dernier, à la charge d'une pension annuelle et viagère.
L'avantage qui peut résulter d'un tel contrat ne doit
être considéré que comme produisant, à l'égard du

futur, l'effet d'une donation mobilière sujète au *droit de 62 cent. 1/2 pour 100* sur le capital au denier dix de l'estimation qui sera faite de l'avantage annuel que les futurs obtiendront par l'effet de cette convention. (*Délib.* du 6 avril 1822. — Journ., art. 7227.)

MARIAGE (contrat de.) — Donations éventuelles.

24. Il n'est dû *qu'un droit fixe* de donation éventuelle sur la donation mutuelle que se font les futurs époux par contrat de mariage. (*Décision du Ministre des finances*, du 21 juillet 1820. — Journal, art. 6763.)

25. La promesse par les père et mère du futur, de ne point avantager leurs autres enfans à son préjudice, ne donne lieu à aucun *droit fixe de 5 fr.* (*Délib.* du 6 juin 1817. — Journ., art. 5808.)

26. Lorsque les père et mère, en faisant à leur fils, par contrat de mariage, donation de leur maison, à la charge de payer 500 fr. à ses frères et sœurs, se sont réservé la jouissance d'une moitié de cette maison, et en outre ont réservé pour leurs quatre autres enfans le droit d'habiter cette moitié pendant tout le temps qu'ils resteraient dans le célibat, on ne peut, à cause de cette dernière disposition, percevoir quatre droits fixes de donations éventuelles, puisque la réserve d'habitation est actuelle. (*Délib.* du 9 janvier 1822, approuvée le 30 du même mois par le *Min. des fin.* — Art. 226 du recueil.)

27. La donation par contrat de mariage, des biens que le donateur laissera à son décès, et celle des biens présens et à venir, ne donne lieu au *droit proportionnel* que lorsque l'événement est arrivé. (*Arrêt de cass.* du 5 septembre 1807. — Journal, art. 2948.)

28. Si le donataire entre de suite en jouissance, le *droit proportionnel* est dû sur le contrat. (*Instr.* 463.)

29. Les institutions contractuelles sont considérées comme donations soumises à l'événement du décès. (*Instr.* 290, nomb. 27.)

30. La disposition par contrat de mariage contenant donation de biens présens et à venir, faite à l'un des futurs époux, sans l'annexe de l'état des dettes, est une institution contractuelle qui ne saisit pas actuellement. (*Arr. de rejet*, du 17 mai 1815. — Journal, art. 5208.)

31. Il n'est dû que le *droit fixe*, lorsque les père et mère de la future lui assurent, en sus de sa dot, une somme déterminée, à prendre dans leurs successions, sans intérêts pendant la vie des donateurs; parce que cette donation est soumise à la chance d'événemens qui peuvent la rendre illusoire. (*Délib.* du 9 mars 1809, et *décision du Min. des fin.*, du 1ᵉʳ. mai 1810.)

32. Si la dot, quoique stipulée payable après le décès des père et mère de la future, est constituée avec affectation d'hypothèques, le *droit proportionnel* est exigible. (*Jug. du Trib. de la Seine*, du 21 juin 1817. — *Déc. du Min. des fin.*, du 31 janv. 1820. — Journ., art. 5875 et 6623.)

33. Il en serait de même, si le donateur avait stipulé que la somme donnée, payable six mois après son décès, produirait intérêts à compter du jour de la donation, et s'il se reconnaissait, dès à présent, débiteur de cette somme. (C'est ce qui résulte d'un *Arr. de cass.*, du 22 avril 1817, art. 6013.)

34. La clause portant que la dot constituée conjointement et sans distinction par les ascendans aux futurs, avec imputation sur la succession du premier mourant des père et mère, et qu'il ne pourra être exigé aucun compte du survivant, qu'en rapportant la dot en entier, donne ouverture au *droit fixe* de 5 fr., comme donation éventuelle. (*Instr.* 481.)

35. Une donation, par contrat de mariage, de tous les biens *présens* et à *venir* du donateur, sous réserve de l'usufruit et de la faculté de disposer à concurrence d'une certaine somme, est de la classe des donations énoncées à l'art. 1082 du Code civil; d'où il suit, 1°. que le donateur ne peut être réellement et irrévocablement saisi qu'au décès du donateur, et que l'on ne peut connaître qu'à cette époque la véritable consistance des biens compris dans la donation qui s'étend aux biens à venir; 2°. que ce n'est qu'à la même époque que les préposés de l'enregistrement peuvent et doivent former la demande en déclaration des biens pour le paiement des droits de mutation. (*Arrêt de cass.*, du 28 janv. 1819.)

MARIAGE (contrats de), passés après la célébration.

36. Lorsque le contrat de mariage est passé après l'acte civil qui unit les époux, les donations qu'il contient au profit de ceux-ci, ne doivent pas jouir de la faveur que cette loi n'accorde qu'à celles faites aux futurs, dans les contrats passés avant le mariage; néanmoins la déclaration dans ces actes, de la part des époux, de ce qu'ils ont apporté en mariage, n'est passible que du *droit fixe de 5 fr.* (*Circul.* 1721.)

MARIAGE (Contrat de.) — Déclaration de l'origine de la dot.

37. La reconnaissance, par le futur, d'avoir reçu précédemment de ses père et mère non présens au contrat, une somme en avancement d'hoirie, est passible du *droit proportionnel*, fixé pour les dots mobilières par contrat de mariage. (*Solut.* du 9 juillet 1813.)

38. Une disposition par laquelle le futur déclare qu'une partie de la dot qu'il se constitue, provient de l'ancien fonds de commerce de son père, présent à

l'acte, ne donne lieu à *aucun droit proportionnel*. Pour caractériser la cession, il aurait fallu qu'elle fût consentie est acceptée en termes formels. (*Délib*. du 24 avril 1819. — Journ., art. 6389.)

39. L'apport en mariage, par le futur, de biens appartenant à son père, présent à l'acte, opère le droit de donation, comme si ce dernier les donnait par l'acte même, et non celui de vente, parce qu'on doit présumer que celui qui fait acte de propriété ne s'est constitué ces biens que pour éviter le droit auquel la constitution faite par le père aurait donné lieu. (*Solut*. du 30 fructidor an 10. — Journ., art. 1335.)

40. Le contrat portant que la future se constitue en dot une somme que, par un acte de vente où elle n'a pas comparu, son père a chargé l'acquéreur de lui payer, pour la remplir de ce qui lui revient dans la succession de sa mère, suivant acte en forme, opère le droit d'acceptation de transport *de* 1 *fr. pour* 100. (*Délib*. du 2 juillet 1817. — Journ., art. 5834.)

41. Les conventions faites entre les époux, en vertu de l'article 1525 du code civil, ne donnent ouverture à aucun droit de mutation par décès, de la part du survivant. La décision du 22 août 1809, contraire à cette solution et à la jurisprudence de la cour de cassation, consacrée par un arrêt du 6 mars 1822, a été révoquée. (*Décis*. du 9 mai 1823. — *Instr*. du 8 janvier 1824, n°. 1113.)

42. Il ne sera plus perçu de droit fixe d'enregistrement sur la clause insérée dans les contrats de mariage, par laquelle des ascendans stipulent que la dot constituée aux futurs sera imputée sur la succession du premier mourant des père et mère, et qu'il ne pourra être exigé de compte du survivant d'eux, qu'en rapportant la dot en entier. (Cette décision du 16 juillet 1825, abroge une décision du 11 juillet 1810.) *Voy*. Instr. n°. 1113.

43. La clause qui, en vertu de l'article 1525 du *Code civil*, attribue la totalité de la communauté au survivant des époux, n'est sujète qu'au droit fixe. (*Arrêt de cassation*, du 9 mars 1822. — *Instr.*, nomb. 1113.)

44. La clause insérée dans les contrats de mariage, par laquelle les ascendans stipulent que la dot constituée aux futurs sera imputée sur la succession du premier mourant des père et mère, et qu'il ne pourra être exigé de compte du survivant d'eux, qu'en rapportant la dot en entier, serait soumise au droit proportionnel ; si, par l'effet de cette clause, le survivant des père et mère était appelé à la jouissance des biens propres du prédécédé. (*Décis. du Min. des fin.*, du 16 juillet 1823. — *Instr.* du 8 janvier 1824, nombre 1113.)

Les deux décisions ci-dessus abrogent celle du 1er juillet 1810.

MINE. — Cession. — Droit d'enregistrement.

1. Toute cession du droit d'exploiter une mine ou carrière, moyennant un prix déterminé ou une portion du produit net, est assujétie aux droits d'enregistrement fixés pour les baux d'immeubles ; ainsi, le droit de 4 *pour* 100 est exigible, lorsque la faculté d'exploiter a lieu jusqu'à l'épuisement de la mine, ou que la durée de la jouissance n'est pas limitée, et cette perception doit porter sur la somme stipulée pour le fonds, comme sur celle contenue pour les ustensiles servant à l'exploitation. (*Décis. du Min. des fin.*, du 1er. mai 1810. — *Journ.*, art. 3800.)

MINES. — Actions.

2. L'acte de cession des actions sur des mines n'est soumis qu'au droit de 2 *fr.* pour 100, fixé pour l'aliénation des objets mobiliers, encore bien que cet acte porte que les actions cédées représentent une portion

déterminée de la propriété des mines, des emplace-mens, terrains et bâtimens qui en dépendent (1). (*Arr. de cass.*, du 7 avril 1824. — Journ. des aud. de 1824, p. 143.)

MINEURS. *Voy.* Actes sous-seing privé, n°. 16.—Bail.

MUSIQUE (Cession d'un fonds de.)

La vente de manuscrits et ouvrages de musique qui n'ont pas été gravés, faite avec le fonds d'un magasin de musique, est passible du droit de 2 *pour* 100 ; en effet, on ne peut pas comparer la cession des ouvrages de musique en manuscrits et à graver, à la clientèle d'un homme de loi, ou à la pratique d'un commerce, assimilées aux cessions de créances par l'instr. n°. 386 ; mais la propriété des ouvrages et le droit de graver sont de nature mobilière, comme les planches gravées et le papier imprimé, et se confondent ensemble. (*Délib.* du 29 sept. 1821, approuvée le 19 octobre suiv. par le *Min. des fin.* — Journal, art. 7067.)

MUTATION. Contre qui le droit peut-il être de-mandé ?

1°. Lorsqu'une vente sous-seing privé est présentée à l'enregistrement, la régie peut, à son choix, pour-suivre le paiement des droits de mutation contre ce-lui qui a présenté l'acte, ou contre le nouveau posses-seur. Si l'article 29 autorise la régie à exiger le paiement du droit d'enregistrement de celui qui pré-sente, à la formalité un acte sous signature privée, l'article 12 de la même loi l'autorise aussi, quand il s'agit de mutation d'immeubles, soit en propriété, soit en usufruit, à poursuivre le nouveau possesseur, lorsque la mutation est prouvée. (*Arr. de cass.*, du 10

(1) Art. 69, n°. 1er., de la loi du 22 frimaire an 7.

avril 1816. — Journ., des aud. de 1816. — Arr. du 12 mars 1819. — Autre arrêt rendu par les sections réunies, sous la présidence du garde-des-sceaux, le 12 janvier 1822.)

2. La mutation d'un immeuble en propriété n'est pas suffisamment établie, pour la demande du droit d'enregistrement, par un jugement au possessoire qui maintient, dans sa jouissance, le détenteur de cet immeuble. (*Arr. de cass.*, du 10 février 1815.)

3. Le Code civil, art. 544, 711, 894, 931 et 932, n'a point dérogé à la disposition de l'article 12 de la loi du 22 frimaire an 7, qui déclare que la mutation d'un immeuble, soit en propriété, soit en usufruit, est, par la perception du droit d'enregistrement, suffisamment établie par tels ou tels faits énoncés en cet article 12. (*Arrêt de cass.*, du 23 novembre 1809.)

4. Lorsque l'administration représente un acte sous-seing privé portant mutation, signé de deux parties, l'acquéreur n'est point fondé à prétendre qu'il n'est pas propriétaire, et le tribunal ne peut astreindre l'administration à fournir d'autres preuves de cette mutation, dès que la signature de l'acte qu'elle représente, n'est point contestée. (*Arr. de cass.* du 7 février 1814. — Journ., art. 4782.)

5. Lorsqu'on demande le droit de mutation résultant d'une démission dont on ne prouve pas l'existence, et que des actes ou des faits, énoncés dans ce jugement, indiquent qu'elle n'a jamais eu lieu, l'action n'est pas fondée. (*Arrêt de cass.* du 11 juin 1811.)

6. Lorsqu'il est constant au procès qu'un acte, contenant rétrocession de jouissance d'un immeuble, a été dressé sur papier non timbré, et n'a point été enregistré dans le délai de la loi, il y a abus de pouvoir et contravention aux lois des 13 brum. et 22 frim. an 7, de la part du tribunal qui décharge le contrevenant

des droits d'enregistrement et de timbre, ainsi que de l'amende encourue. (*Arrêt de cassation*, du 26 octobre 1824.)

7. Un acte de démission de biens donne ouverture au droit de mutation, bien qu'ultérieurement, et après la contrainte décernée, l'acte soit déclaré nul par jugement. (*Arrêt de cass.*, du 24 mars 1813.— Journ., art. 4537.)

8. La nullité radicale d'un acte de vente sous seing-privé, prononcée par un jugement postérieur aux poursuites de l'administration, en paiement des droits de mutation, n'empêche pas la continuation de ces poursuites, parce que cette disposition ne peut avoir d'influence sur la régularité de la perception à faire sur l'acte annulé. (*Arrêt de cass.*, du 12 février 1822. — Journ., art. 7162.)

9. La mutation par acte sous seing-privé non daté, consentie en faveur d'un mandataire, est passible du droit, dès qu'il y a eu dessaisissement de propriété. Il n'appartient pas à la direction d'examiner la validité du titre et les excès de pouvoir. (*Arr. de cass.*, du 9 février 1814. — Journ., art. 4928.)

10. Lorsque, dans un contrat de mariage par lequel les époux se sont soumis au régime de la communauté, il a été stipulé, qu'en cas de prédécès des époux sans enfans, la communauté tout entière appartiendrait au survivant, le cas prévu venant à se réaliser, il ne s'opère aucune mutation, et il n'y a conséquemment ouverture à *aucun droit proportionnel*. (*Arrêts de cass.*, des 6 mars 1822 et 30 juillet 1823. — Journal des audiences de 1823, p. 391.)

11. Quelle que soit l'époque que l'on veuille assigner à une mutation, lorsqu'on ne justifie pas qu'elle est en forme probante, elle est toujours réputée faite sous l'empire de la loi en vigueur, et le droit en sus est exigible. (*Arr. de cass.*, du 26 juillet 1813.)

MUTATION. — Donation entre-vifs.

12. Une donation entre-vifs constitue une transmission effective et irrévocable de la chose donnée, et conséquemment donne ouverture à la perception du droit proportionnel de mutation, lorsqu'elle porte que le donateur se dessaisit *actuellement et irrévocablement* de l'objet donné au profit du donataire acceptant, *qui pourra en jouir, faire et disposer dès aujourd'hui, comme bon lui semblera* : la circonstance que l'exigibilité de la somme donnée serait, d'après l'acte, suspendue jusqu'au décès du donataire et de son épouse, ni le défaut de paiement d'intérêts ou de stipulation d'aucune garantie, ne peuvent changer le caractère de cette donation, ni faire qu'elle ne soit soumise qu'à la perception du *droit fixe* (1). (*Arrêt de cassation* du 15 mars 1825. — Bulletin civil 1825, p. 116.)

13. Lorsqu'une donation entre-vifs, par contrat de mariage, est, de sa nature, éventuelle et subordonnée à l'événement du décès du donateur, les droits de mutation en résultant ne sont ouverts qu'à l'époque de ce décès.

14. Si, par une erreur commune aux préposés et aux redevables, ces droits ont néanmoins été perçus comme ouverts à l'époque du contrat de mariage, cette erreur de droit ne peut profiter à aucune des parties, ni être considérée comme constituant entre elles un contrat aléatoire dont rien ne justifie l'existence, dans lequel d'ailleurs la régie serait intervenue sans pouvoir, ni enfin servir de base à une fin de non recevoir contre la demande formée par la régie en paiement des droits ouverts postérieurement, sauf l'imputation sur le montant desdits droits de ce qui aurait été mal-à-propos

---

(1) Art. 4 et 69, §. 4, n°. 1er. ; de la loi du 22 frimaire an 7.

perçu lors du contrat de mariage. (*Arr. de cass.*, du 13 avril 1825.—Bullet. civ., 1825, p. 142.)

MUTATIONS (Preuves de.)

15. Le droit de mutation est exigible par le seul fait de l'inscription au rôle foncier et des paiemens faits volontairement. (*Arrêt de cass.* de 1821.—Contr., art. 258.)

16. La preuve de la mutation résulte d'un contrat de mariage dans lequel le futur se déclare propriétaire de la totalité d'un immeuble, tandis que, par un acte précédent, son père ne s'était démis en sa faveur que d'une portion de cet immeuble. (*Arrêt de cass.*, du 2 mai 1820.)

MUTATION.—Preuves résultant de l'inscription au rôle.

17. Il suffit, pour donner ouverture au droit proportionnel de mutation, que le possesseur d'un bien soit inscrit en son nom au rôle de la contribution foncière, et qu'il ait payé cette contribution. (*Arrêt de cass.*, des 13 floréal an 10 et 14 novembre 1809.— Journ., art. 3467.) *Voy.* un arrêt de 1821, n°. 15.

18. Cette preuve ne cesse pas d'exister, même quand le possesseur a réclamé contre l'imposition, si sa réclamation n'a pas été accueillie. (*Arr. de cass.*, du 1er. sept. 1806. — Journ., art. 3147.)

19. Il n'est pas nécessaire que la convention qui établit cette mutation soit rapportée par écrit. (*Arrêt de cass.*, du 4 déc. 1810. — Journ., art. 3857.)

20. La preuve de la mutation résulte de l'inscription au rôle foncier, et des paiemens faits en conséquence, bien que ceux qui les contestent invoquent un acte de partage non enregistré, fait par leur père, qui leur a assigné les parts qu'ils auraient après son

décès, à la charge de payer les contributions. (*Arr. de cass.*, du 1er. décembre 1812. —Journ.,art. 4397.)

21. Le droit ne cesse pas d'être exigible, bien que l'on oppose et produise contre l'inscription et le paiement un partage transmissible des biens, mais que l'Administration prouve avoir été annulé par un jugement qui a reçu son exécution. (*Arr. de cassation*, du 22 déc. 1813. — Journal, art. 4807.)

22. Pour faire résulter la preuve de la mutation de la double circonstance d'imposition et de paiement d'impôt, il faut qu'il soit constant que la contribution a été imposée et acquittée précisément à cause de l'objet prétendu aliéné. (*Arr. de cassat.*, du 5 février 1810.)

23. Lorsque l'Administration forme la demande du droit de mutation contre un individu, parce que son nom est inscrit sur le rôle de la contribution foncière, et qu'il a payé la contribution, elle n'est pas tenue de prouver que l'inscription sur le rôle a été faite d'après la réquisition de l'actionné, ou d'après la représentation d'un titre translatif de propriété. (*Arr. de cass.*, du 2 août 1809. — Journal, art. 3554.)

24. Lorsqu'un fils *unique* se trouve inscrit aux lieu et place de ses père et mère encore existans, et qu'il a acquitté pour eux les contributions foncières assises sur leurs biens, il serait rigoureux de le regarder comme propriétaire, en vertu d'une démission verbale, puisqu'il est possible qu'il ne les ait acquittés que comme gérant. (*Délibérat.* du 8 mai 1822.)

25. La qualité de communiste ou co-acquéreur solidaire ne donne pas au communiste ou acquéreur la faculté de vendre pour le tout l'immeuble commun. Si donc il vend pour le tout, il y a présomption qu'il lui a été consenti, par les autres communistes ou acquéreurs, une revente passible du *droit proportionnel*.

(*Arr. de cass.*, du 26 octob. 1812. — Journ. , art. 4371.
— Sirey, t. 13.)

26. Le co-associé qui afferme ou vend, en son nom
personnel, une partie de l'immeuble acquis en commun, est censé être devenu tacitement propriétaire
de cette portion, et doit acquitter les droits de mutation qui en résultent. (*Arr. de cass.*, du 29 juillet 1816.
—Journ. , art. 5704.)

27. Lorsqu'après une acquisition en commun, deux
particuliers se partagent l'immeuble inégalement pour
la valeur, il y a cession jusqu'à concurrence du montant de la différence. (*Arr. de cass.*, du 2 mai 1808.)

28. Le jugement qui résilie une vente verbale et
remet en possession l'ancien propriétaire, indique
suffisamment qu'il y a eu mutation, et donne lieu à
la perception du *droit proportionnel.* (*Arr. de cass.*, du
9 nov. 1813. — Journal, art. 4727.)

29. Mais celui qui réintègre un propriétaire dans la
possession d'un immeuble dont s'étaient emparés des
particuliers sous prétexte d'une vente verbale, ne
donne pas lieu à des droits de mutation, lorsqu'il ne
résulte des déclarations des parties aucune preuve
qu'il y ait eu consentement réciproque, ni un véritable
accord sur les conditions de la vente prétendue. (*Arr.
de cass.*, du 6 mai 1822. — Journal, art. 7228.)

MUTATIONS (Droits de.)

30. Lorsque le nouveau possesseur, outre l'inscription aux rôles et le paiement de la contribution foncière,
a fait faire aux immeubles des réparations, nommé
des gardes et fait une déclaration d'abat de bois, sans
que rien ne justifie qu'il ait agi comme mandataire, on
peut lui demander le droit de mutation. (*Arr. de cass.*,
du 31 août 1814. — Journ. , art. 4986.)

31. Lorsqu'un frère cadet vend une propriété acquise précédemment par son aîné, pour lui seul et

II. 17

non pas au nom d'une société , sans qu'il ait été passé d'acte apparent de cette vente, il y a mutation à son profit, bien qu'il produise un acte de partage , passé postérieurement à la vente qu'il a faite, ou qu'il prétende que , lors de l'acquisition de son frère , il était mineur , et qu'il existait entre eux une société tacite. (*Arr. de cassat.* , du 9 octob. 1810. — Journ., art. 3729.)

32. Lorsque les enfans se partagent entre eux des biens-fonds qui appartiennent à leur père vivant , on doit supposer un abandon de la part du père à ses enfans , et ceux-ci sont dans le cas d'être poursuivis pour le paiement du droit , quoiqu'ils allèguent que le père n'a point concouru au partage. (*Arr. de cass.* , du 13 avril 1814. — Journal , art. 4851.)

33. L'inscription au rôle , le paiement des contributions et celui des portes et fenêtres , l'extrait de l'enregistrement d'un acte de congé par un individu , en qualité de propriétaire , sont une réunion de circonstances qui , aux termes de l'art. 12 de la loi du 22 frimaire an 7, font présumer la mutation de propriété , et autorisent à exiger le paiement des droits qui en résultent. (*Arr. de cass.* , du 15 mars 1814. — Journ., art. 4923.)

34 L'art. 59 de la loi du 28 avril 1816 , portant que les mutations ne seront soumises au droit qu'elle établit, qu'autant qu'elles seront postérieures à sa publication , doit s'entendre , tant des mutations par décès que des mutations par vente ; il fait exception à cet égard à l'art. 1er. de la loi du 27 ventose an 9, qui établit que les droits sont réglés par la loi existante à l'époque du paiement de ces droits. (*Arr. de cass.* , des 23 janvier et 6 juillet 1818. — Sirey, t. 18 , p. 245 et 333 , part. 1re.) *Voy.* aussi *Inst.* n°. 845.

35. Les droits de mutation par décès sont dûs et doivent être acquittés au bureau du domicile du dona-

teur , sur une somme d'argent léguée en France , quoique affectée et hypothéquée sur des biens situés hors du territoire français, où le légataire est né. (*Arr. de cass.*, du 21 décembre 1813. — Journ. , art. 4749. — Sirey , t. 14.)

36. Le jugement passé en force de chose jugée , avant la loi de 1816 , et portant condamnation au paiement des droits et doubles droits d'une mutation d'immeubles sous seing-privé , doit être exécuté ; mais la demande doit être réduite aux droits *de 4 pour* 100 en principal , malgré le bénéfice des ordonnances des 18 nov. 1814 et 8 nov. 1815. (*Décis. du Min. des fin.*, du 18 mars 1817. — *Arr. de cass.* , du 6 juillet 1818. — Journ. , art. 5702 et 6134.)

MUTATIONS (Preuves de.)

37. La mutation secrète d'un immeuble en propriété est suffisamment établie, pour la demande du droit contre le nouveau possesseur, par la déclaration faite par les héritiers de celui-ci , lors de l'ouverture de la succession., de la totalité de l'immeuble; tandis que le quart seulement lui était échu, et avait été déclaré lors du décès de la mère de qui il provenait. (*Arr. de cass.*, du 4 août 1818. — Journ., art. 6183.)

MUTATIONS. — Rétrocession.

38. L'inscription pendant plusieurs années au rôle de la contribution foncière du nom d'un propriétaire exproprié, suffit pour fonder la demande du droit de l'enregistrement de la rétrocession secrète qui s'est opérée en sa faveur. Un acte de donation du prix de l'adjudication , passé postérieurement aux poursuites de la direction générale, ne peut nuire à la demande du droit. (*Arrêt de cass.*, du 29 mars 1820.)

39. Il en est de même, quand l'exproprié vend ensuite le bien dont on l'a dépouillé. (*Arr. de cass.*, du 4 mars 1807.)

40. La simulation volontaire d'une vente ne forme point par elle-même un vice emportant nullité radicale, lorsqu'elle n'a pour objet ni d'éluder une incapacité établie par la loi, ni de blesser les droits des tiers. Dès-lors, si, par un changement spontané de leur volonté, les parties, ou l'une d'elles, provoquent l'annullation de cette vente comme simulée, le nouvel acte ou le jugement qui prononce cette annullation, opère une nouvelle mutation de propriété sujète à un second *droit proportionnel* d'enregistrement. (*Arr. de cass.*, du 29 décembre 1821, rendu par les sections réunies sous la présidence de M. le garde-des-sceaux. — Journal de 1822, p. 124.)

41. Lorsqu'un particulier, dont l'immeuble a été vendu par suite de saisie-immobilière, continue, pendant plusieurs années, d'être inscrit au rôle foncier, et d'acquitter, sans réclamation, les contributions assises sur ce bien, l'administration doit induire, de cette inscription et du paiement, une présomption suffisante qu'il est redevenu acquéreur de l'immeuble par l'effet d'une rétrocession secrète. (*Arr. de cass.*, du 18 avril 1821. — Recev. art. 65.)

42. Lorsque le vendeur d'un immeuble a laissé subsister son nom sur le rôle de la contribution foncière, et qu'il a fait le paiement de cette contribution pendant long-temps, on peut demander les droits d'enregistrement de la rétrocession secrète. On doit exiger le double droit, s'il est fait une rétrocession par acte public. (*Arr. de cass.*, du 18 nov. 1818. — Journal, art. 6372 et 4108.)

On prétendrait en vain que si le nom n'a pas cessé d'être porté sur le rôle, c'est par oubli et par négligence qu'il n'a pas été rayé. (*Arr. de cassation*, du 16 février 1814. — Journ., art. 5144.)

43. On peut exiger le droit d'enregistrement du déguerpissement d'un héritage pris à location perpé-

tuelle, quoiqu'il n'existe pas d'abandon écrit de la part du preneur, lorsque la transmission est évidente et peut être prouvée. (*Arr. de cass.*, du 30 mars 1808. — Journ., art. 3072.)

44. Lorsque le possesseur d'un immeuble a échangé en son nom cet immeuble qu'il avait auparavant vendu à un tiers, il résulte, de l'échange, une présomption légale, que ce possesseur a repris, par l'effet d'une rétrocession, la propriété de cet immeuble. (*Arrêt de cass.*, du 21 décembre 1808. — Journ., art. 3964.)

45. La déclaration faite à la mairie par un individu qu'il a acquis de sa belle-mère un immeuble appartenant à celle-ci, l'inscription de cet individu au rôle de la contribution foncière, et le paiement par lui de cette contribution pendant plusieurs années, établissent, aux yeux de la régie, une présomption légale de mutation de propriété, qui l'autorise à décerner contre lui une contrainte en paiement des droits d'enregistrement. Cette présomption n'est pas détruite par la production d'un testament public, antérieur à la contrainte, dans lequel la belle-mère institue sa fille légataire de l'immeuble prétendu aliéné. (*Arr. de cassat.*, du 14 janvier 1824. — Bullet. offic. de 1824, p. 8.)

46. La rétrocession est suffisamment établie, lorsque celui qui a vendu un domaine sous faculté de réméré, le revend à une autre personne, à la même condition, après le délai de réméré, et sans qu'il paraisse d'acte de rachat. (*Arrêt de cassation*, du 2 août 1808.)

47. L'inscription au rôle et le paiement fait en conséquence, le bail d'une partie du bien précédemment aliéné et sa revente, prouvent encore la rétrocession; un seul de ces actes, du fait du nouveau propriétaire, serait suffisant pour exiger de lui le droit de mutation. (*Arr. de cass.*, du 3 avril 1811.)

48. Il en est de même du partage que fait le premier propriétaire des biens qu'il avait aliénés. (*Arr. de cass.*, du 17 août 1813. — Journal, art. 4737.)

49. Lorsque indépendamment de la déclaration de command, le déclarant reste propriétaire aux yeux de la loi, il est dû le droit de rétrocession, dès que la déclaration de command a eu lieu et a été acceptée: en vain le déclarant chercherait-il à justifier que le déclarataire n'avait nul moyen pécuniaire pour acquérir, et que le prix a été payé par lui déclarant, qui a affermé et payé les impôts. (*Arr. de cassation*, du 9 mai 1808.)

50. Lorsqu'un individu a vendu verbalement un objet mobilier, et que cette vente se trouve constatée par l'inscription au rôle et le paiement des contributions de la part de l'acquéreur, si ce vendeur fait ultérieurement des actes de propriété sur cet objet immobilier précédemment vendu, il faut décider qu'il y a eu rétrocession en sa faveur; quelles que soient ses allégations, il y a lieu de réclamer les droits de cette mutation intermédiaire. (*Arr. de cassation*, du 9 nov. 1812. — Journ., art. 4467.)

51. La présomption légale de mutation de propriété pour la perception des droits, s'induit de la nature de l'acte et non de l'intention des parties; ainsi, la caution qui, pour la sûreté de ses engagemens, consent une hypothèque sur les immeubles qu'elle avait précédemment vendus au cautionné, fait un acte suffisant pour établir une nouvelle mutation, et autoriser la régie à percevoir le droit, bien qu'il n'apparaisse aucun acte translatif de propriété, et qu'il n'ait jamais été dans l'intention des parties d'opérer aucune translation de propriété. (*Arr. de cass.*, du 2 juillet 1816. — Journ., art. 5548.)

MUTATIONS. — Preuves insuffisantes.

52. Un tribunal peut, sans violer l'article 12 de la loi du 22 frimaire an 7, déclarer que les preuves indiquées par cet article, pour légitimer la demande du droit de mutation, ne sont pas établies d'après les faits exposés dans la cause. (*Arrêt de cass.*, du 5 février 1810. — Journ., art. 3590.)

53. Si le paiement de la contribution n'a pas été fait par le possesseur présumé ou par un tiers qu'il ait autorisé à cet effet, la présomption d'une mutation ne peut se soutenir, lors même qu'il serait produit un bail consenti par le fils du possesseur présumé, au nom de son père. (*Arrêt de cassation*, du 19 octobre 1814.)

54. L'inscription au rôle et le paiement des contributions cessent d'autoriser la demande du droit de mutation, quand un arrêt en dernier ressort a reconnu que la possession du détenteur est purement précaire, et que la propriété réside en d'autres mains. (*Arrêt de cass.*, du 15 juin 1814.)

MUTATIONS (preuves de.)

55. Un acte de vente, consenti par deux individus au profit d'un tiers, fait supposer, lorsqu'il n'y a point d'acte enregistré d'après lequel ils puissent être réputés propriétaires des biens vendus, qu'ils en sont devenus acquéreurs par un acte secret. (*Arr. de cass.*, du 24 janv. 1815. — Journ., art. 5069.)

56. La demande en résiliation d'un acte de vente qu'un particulier prétendrait avoir consenti au profit d'un autre, suffirait pour prouver la mutation, et donner lieu à la perception des droits. (*Arrêt de cass.*, du 26 août 1806. — Journ., art. 2638.)

57. Lorsque le vendeur d'un bien n'a pas un titre connu et enregistré, on peut former contre lui la de-

mande d'un droit de mutation. (*Arrêt de cass.*, du 22 juillet 1807. — Dict. de 1810, *Verbo* mutation, § 3, n°. 14.)

58. Un mandat par lequel le fondé de pouvoir se charge de vendre en détail et au prix qui lui conviendra, un immeuble pour lequel il s'oblige de payer à son mandant une somme déterminée, est translatif de propriété. (*Arrêt de cass.*, du 20 janv. 1808. — *Idem* n°. 16.)

59. La mutation est encore suffisamment caractérisée, 1°. lorsqu'un particulier, traduit au bureau de conciliation pour servir comme acquéreur une rente affectée sur un bien, ne dénie cette qualité, ni ne conteste la rente ; qu'il prétend seulement qu'elle n'est pas de la quotité demandée, et qu'il est condamné à la payer par un jugement dont il n'interjette pas appel (*Arrêt de cass.*, du 21 prair. an 13.—Journ. art. 2075) ; 2°. quand un individu a acquis un bien en son nom, et que, quelques années après, un autre en consent la vente : celui-ci ne peut point dire que l'adjudicataire a acquis pour lui : en convenant de cette mutation, l'acquéreur ne peut point la faire remonter à une époque qui est contredite par des actes authentiques (*Arr. de cass.*, du 26 juillet 1813.— Journ., art. 4706) ; 3°. quand il est reconnu, par jugement, qu'un tiers a la co-propriété de biens qu'un particulier avait seul acquis. (*Arr. de cass.*, du 22 nov. 1811) ; 4°. par un bail dans lequel le bailleur déclare qu'il a acquis par acte non encore en forme (*Arr. de cass.*, du 23 févr. 1810) ; 5°. par l'aveu du nouveau propriétaire, constatant l'existence d'actes écrits, quoiqu'il prétende que la vente a été modifiée par des actes postérieurs (*Arrêt de cassation*, du 18 décem. 1811. — Journal, article 4260); 6°. lorsque, par un partage sous seing- privé, le nouveau possesseur a figuré comme étant aux droits de l'un des co-

héritiers : il n'est pas nécessaire que la signature de ce possesseur soit mise au bas de l'acte, quand cet acte a reçu son exécution, et que le détenteur jouit des biens que le partage lui assigne. (*Arrêt de cass.*, du 17 févr. 1813.)

60. Aux termes de l'art. 1356 du Code civ., l'aveu judiciaire fait pleine foi contre celui qui l'a fait : d'où il suit que, si l'acquisition d'un immeuble est avouée en justice par le nouveau possesseur, même en l'absence du vendeur, cette déclaration suffit, d'après l'art. 12 de la loi du 22 frimaire an 7, pour autoriser la demande du droit de mutation. (*Arr. de cass.*, du 1er. avril 1822. — Journ., art. 7207, et 376 du Contr.)

61. Il en est de même, lorsqu'un particulier, quoiqu'ayant acquis seul un bien, en prend possession avec un autre, et qu'ils soldent conjointement le prix; qu'ils sont imposés ensemble à la contribution foncière et la paient en commun ; que, par un exploit, ils sont qualifiés adjudicataires du bien, et qu'enfin ils partagent ce bien. (*Arrêt de cass.*, du 12 therm. an 13.)

62. L'inscription au rôle, le paiement des impositions et l'affectation d'une hypothèque sur l'immeuble dont un individu se prétendait simple fermier, est, dans le sens de la loi, une preuve de la mutation qui s'est opérée. (*Arr. de cass.*, du 2 fév. 1813. — Journ., art. 4496.)

63. L'affectation hypothécaire d'un immeuble consentie par deux personnes, dont une seulement est ostensiblement propriétaire de l'immeuble hypothéqué, établit suffisamment la preuve d'une mutation de copropriété, sans qu'il soit besoin de recourir aux preuves résultant de l'inscription au rôle. (*Arr. de cass.*, du 14 mai 1822. — Journ., art. 7239.)

64. La vente de quelques parties d'un bien, faite par un individu à un autre, propriétaire de la totalité de ce bien par acte authentique, prouve une mutation secrète au profit de l'acquéreur, des portions dont la vente est consentie, et donne lieu à la perception du *droit proportionnel.* (*Arr. de cass.,* du 14 nov. 1815. — Journ., art. 5401.)

65. La mutation est suffisamment constatée, lorsque, par une déclaration après décès, le comparant affirme que tel bien avait été donné au défunt. (*Arr. de cass.,* du 31 janv. 1814.)

66. Lorsqu'un cohéritier se trouve posséder un immeuble de la succession, et que, cependant, la valeur de cet immeuble excéde sa part héréditaire, calculée d'après l'estimation qui a servi de base à la régie de l'enregistrement pour percevoir les droits de succession, on est autorisé à réclamer le droit de mutation sur la partie de l'immeuble excédant la part héréditaire, et qui nécessairement ne se trouve entre les mains de l'héritier que par l'effet d'une cession de ses cohéritiers; en vain, l'héritier dirait que c'est à titre héréditaire que l'immeuble lui est échu, en vertu d'un partage secret, dans lequel les biens de la succession ont été estimés à une plus grande valeur que dans la déclaration faite à la régie. (*Arr. de cass.,* du 13 mars 1816. — Journ., art. 5415.).

67. La présomption de mutation, admissible quand un tiers est substitué, sur le rôle de la contribution foncière, au propriétaire antérieurement inscrit, et que celui-ci a fait des paiemens en conséquence, peut s'atténuer, lorsque ce sont des enfans qui ont été imposés à la place de leur père; que ces enfans étaient fermiers de leur auteur, en vertu d'un bail authentique antérieur à leur inscription sur le rôle; qu'ils étaient obligés, par ce bail, à payer la contribution à la charge de leur père, jusqu'à la concurrence d'une somme dé-

terminée; que l'imposition qu'ils ont acquittée, n'excède pas cette somme, et qu'enfin la circonstance de
la minorité d'un des enfans concourt à écarter l'idée
d'une démission ou mutation de propriété. (*Arr. de
cass.*, du 2 août 1814.)

68. Celui qui a pris possession d'un immeuble à titre de propriétaire, ne peut être contraint au paiement
des droits de mutation , lorsqu'il est expulsé par un
jugement portant que la vente verbale, qu'il prétendait avoir été faite en sa faveur, n'existe point. (*Arrêt de cassation* , du 1er. avril 1822. — Art. 387 du
Contr.)

69. L'aliénation ou la location par un associé de
biens non encore partagés, ne prouve point de mutation à son profit des portions afférentes à ses co-as-
sociés. (*Arr. de cass.*, du 20 vend. an 11.)

70. La présomption de la mutation n'est pas suffisamment établie par un bail fait par un particulier
sans indication de la qualité de fermier ou de loca-
cataire, lorsqu'il a cette qualité, d'après un bail sous
seing-privé non enregistré , mais qui a acquis une date
certaine par le décès du bailleur, avant la demande du
droit de la mutation présumée. (*Arr. de cass.*, du 29
juillet 1816. — Journ., art. 5546. — Sirey, tom. 17.)

71. L'acte par lequel plusieurs mandataires obligés
solidairement , sont chargés de vendre en détail un
bien, avec la cession du prix éventuel de la vente ,
moyennant une somme que l'un d'eux garantit par une
hypothèque sur ses propriétés, ne constitue ni une
mutation, ni un cautionnement. (*Arr. de cass.*, du 27
août 1817.)

72. Le jugement qui renvoie en possession d'immeubles précédemment donnés à titre d'antichrèse,
ne donne point ouverture au droit de rétrocession ,
lors même que l'aliénation remonterait à plus de trente

ans, dès qu'il est constant que l'aliénation avait tous les caractères d'une véritable antichrèse. (*Arr. de cass.*, du 4 nov. 1817.)

73. Un jugement qui maintient en possession un détenteur d'immeubles, et qui renvoie le demandeur à se pourvoir au pétitoire, n'est pas une présomption suffisante de propriété pour prouver la mutation ; il faut indiquer un précédent propriétaire et un nouveau possesseur, et, si ce n'est pas dans ces termes que la régie a introduit sa demande, elle a pu être déboutée de ses prétentions. (*Arrêt de cassation*, du 10 février 1813.)

74. Lorsque l'héritier du défunt vend, en son nom seul, un bien de la communauté, le droit de mutation de la moitié de ce bien n'est pas dû d'après cette seule donnée , si d'ailleurs la veuve déclare après, par acte notarié, que c'est par erreur qu'elle n'a pas été comprise dans la vente faite par cet héritier. (*Solut.* du 24 février 1813.)

75. On ne peut induire une mutation de ce que, par un partage des biens d'une succession où il y a cinq héritiers, quatre d'entre eux se divisent ces biens en créant sur leurs lots respectifs la charge de contribuer à l'entretien du cinquième, notoirement en état de démence, et qui, dans cette situation, ne pouvait figurer à l'acte. (*Solut.* du 14 mars 1818. — Dict. de Manut., tom. 5.)

76. On n'est pas fondé à considérer comme opérant une donation , la déclaration par laquelle une tante consent, dans un acte de partage, que ses biens personnels, dont elle se réserve la jouissance et la propriété, soient compris dans le partage que font ses neveux des immeubles de la succession de leur père. L'inscription, existant plusieurs années avant le partage, sur le rôle de la contribution foncière, d'un nom de famille commun à la tante et aux neveux, pro-

priétaires par indivis des biens imposés, pouvant s'appliquer à chacun de ces co-propriétaires, ne peut fournir de preuve de la donation présumée. On ne peut également tirer, du paiement des contributions fait par les fermiers des biens indivis, aucune induction à l'appui de la prétendue donation. (*Arr. de cass.*, du 30 mars 1814.)

MUTATION. — Evaluation de biens.

77. Lorsqu'un acquéreur refuse de représenter son titre d'acquisition, nécessaire pour faire la liquidation des droits de mutation, un tribunal ne peut fixer lui-même d'office le montant du prix de la vente, et ordonner que le droit soit perçu sur cette fixation : c'est à la partie à passer une déclaration telle que la loi le prescrit. (*Arr. de cass.* du 24 juillet 1810. — Journ., art. 3696.)

78. L'augmentation *de 1 1/2 pour* 100, résultant de l'art. 54 de la loi du 28 avril 1816, doit être perçue, non-seulement pour les donations et démissions en ligne directe, mais encore pour toutes les transmissions immobilières susceptibles de la transcription, lors même que les nouveaux possesseurs prétendent qu'il n'existe pas de conventions écrites, et que, pour y suppléer, ils font la déclaration prescrite par l'art. 4 de la loi du 27 ventose an 9. (*Décis. du Min. des fin.*, du 18 mai 1821. — Art. 67 du Recev.)

Voy. Acte sous seing-privé, nᵒˢ 11, 12, 14, 15.

N.

NANTISSEMENT.

Le nantissement en matière de commerce, comme en matière civile, passé sous signature privée et non enregistré, lorsqu'il s'agit d'une dette excédant 150 fr., ne donne point au créancier le droit de se faire payer sur le gage, par privilége et préférence aux autres créanciers, d'après l'art. 2074 du Code civil. (*Arr. de cass.*, du 5 juillet 1820. — Journ., art. 5804.)

NOTAIRES.

1. Les causes de nullité pour contraventions commises par les notaires, ne peuvent dispenser les fonctionnaires de faire enregistrer, dans le délai déterminé par la loi du 22 frimaire an 7, les actes qui en sont frappés, ni le receveur de l'enregistrement de percevoir les droits des dispositions susceptibles d'être annulées. (*Instr.* 263.)

2. Les mêmes principes s'appliquent aux actes des notaires, qui, d'après les dispositions de l'art. 68 de la loi précitée, et dans les cas y prévus, ne peuvent valoir que comme écrits sous signature privée. (*Idem.*)

NOTAIRES. —Actes à double minute.

3. Ces actes seront enregistrés, tant sur la première que sur la seconde minute, au bureau de la résidence de chacun des notaires qui les recevront; les droits seront payés par le plus ancien des notaires qui auront instrumenté, s'ils résident l'un et l'autre dans l'arrondissement du même bureau, ou que la résidence de chacun d'eux soit étrangère au bureau dans le ressort duquel l'acte aura été passé. Le paiement sera effectué par le notaire de ce ressort, si l'autre n'y est pas domicilié; les minutes feront mention expresse de celui des deux notaires qui sera tenu du paiement; et l'enregistrement, dans le bureau où il n'y aura pas lieu à la perception, se fera pour mémoire, avec désignation du bureau où les droits auront été payés, et du notaire chargé de les acquitter. Si les actes sont enregistrés dans le même bureau, il n'y aura lieu qu'à un seul enregistrement; mais ils seront tous deux revêtus de la relation de l'enregistrement, avec mention sur le second acte, que c'est par duplicata. (*Instr.* 400.)

4. Le notaire ne peut exciper du refus ou de la négligence du receveur, à moins qu'on ne l'ait fait légalement constater dans un délai utile; il ne pourrait non plus arguer d'un prêt qu'il aurait fait au receveur, pour prétendre que ce fait suppléait à la consignation des fonds. (*Arr. de cass.*, du 26 mai 1807.)

5. Un acte de notaire, dûment enregistré, ne perd pas l'authenticité, par cela seul que l'enregistrement a été bâtonné dans la suite, à défaut de paiement des droits. (*Arr. de cass.*, du 16 décembre 1811.—Journ., art. 4194.)

6. Le défaut d'enregistrement d'un acte notarié donne ouverture à la responsabilité contre le notaire qui l'a reçu, encore bien qu'il n'ait reçu aucun fonds pour le faire enregistrer; néanmoins cette même responsabilité cesse, si le même acte ne peut produire son effet par quelqu'autre vice indépendant de la faute ou de la négligence du notaire. (*Cour de Nismes*, du 14 mai 1813. — Journal, art. 4661.)

7. La Cour royale de Colmar a décidé, le 21 avril 1812, qu'un bail rédigé en forme d'acte notarié, en l'étude d'un notaire, par l'un de ses clercs, et qui n'avait point été signé par ce Notaire, sous prétexte que l'un des preneurs avait refusé d'y apposer sa signature, avait dû être enregistré dans le délai, malgré son état d'imperfection, parce que le bailleur et quelques-uns des preneurs, non solidaires, avaient signé cet acte, et remis au notaire les droits d'enregistrement et ses honoraires. — Journ., art. 4246.)

8. L'obligation pour prêt est un acte unilatéral; si elle est passée devant notaire et que le prêteur la signe, sans que l'officier fasse mention de cette signature, il ne peut rien en résulter pour sa validité; elle n'est pas moin authentique, parce que, dans les contrats unilatéraux, une telle signature n'est pas nécessaire. (*Arr. de cass.*, du 8 juillet 1818.)

9. Le notaire encourt l'amende de 50 fr. (1), pour avoir écrit et porté sur son répertoire, un acte signé par les parties contractantes et les témoins seulement, mais non de lui. (*Arr. de cassation*, du 15 février 1814. — Journ., 4984.) Le contraire paraissait résulter de l'arrêt de cassation du 2 nov. 1807. (Sirey, tome 8.)

10. Mais si l'acte n'est signé ni par toutes les parties, ni par les témoins, ni par le notaire, l'imperfection de l'acte n'est plus le fait seul de celui-ci, dès-lors il ne peut être passible d'amende pour défaut d'enregistrement ni d'insertion au répertoire. (*Délib.* du 26 sept. 1815.— Journ., art. 5236.)

11. La loi, en punissant d'une amende de 50 fr., le notaire qui a rédigé un acte en vertu d'un autre sous seing-privé, non enregistré, l'a en même temps rendu personnellement responsable du droit de cet acte sous seing-privé ; mais la solidarité ne se présumant pas, on ne peut poursuivre le notaire qu'après que la partie aura été discutée dans ses biens pour le paiement des droits résultant de cet acte. (*Arr. de cass.*, du 3 juillet 1811. — Journ., art. 4011 ; Sirey, t. 11.)

12. Lorsque, par un même procès-verbal, on a constaté, contre un notaire, plusieurs contraventions du même genre à la loi du 25 ventose an 11, il est dû autant d'amendes qu'il y a d'actes dans lesquels le notaire a contrevenu à cette loi. (*Cour de Metz*, du 15 janv. 1819. — Journ., art. 6555.)

13. Le notaire qui a laissé écouler le délai prescrit, sans faire enregistrer un acte par lui reçu, ne peut alléguer, pour être dispensé du double droit, qu'il ait été empêché de remplir cette formalité, soit par le refus du receveur, soit par un autre obstacle ; il eût

---

(1) *Voy.* loi du 22 frimaire an 7, art. 41.

dû faire constater, de suite et légalement, la diligence ou le refus de celui-ci. Le tribunal ne peut admettre une semblable excuse, et suspendre le recouvrement du droit, en prononçant un jugement interlocutoire, pour s'assurer de la réalité des obstacles allégués par le notaire. (*Arr. de cass.*, du 3 oct. 1810. — Journ. , art. 3736.)

14. Les notaires sont obligés de laisser prendre aux employés de l'enregistrement communication de leurs actes, mais cette obligation a ses limites, et ces préposés ne peuvent demander que les paquets cachetés soient ouverts. (*Arr. de cass.*, du 4 août 1811. — Denevers, 1813, p. 465.)

NOTAIRE. — Procuration.

15. Lorsqu'un acte notarié est passé en vertu d'une procuration, il y a nécessité, pour le notaire, d'annexer la procuration à son acte, et d'exiger que le mandataire la lui remette.

Peu importerait que la somme fût d'ailleurs connue, et non aux mains du mandataire.

La contravention à cette règle est passible de 100 fr. d'amende. (Loi du 25 vent. an 11, art. 13.) (*Arr. de Metz*, du 10 décembre 1817.—Sirey, t. 19.—Journ., art. 9301.)

16. Le notaire n'est pas en contravention pour se contenter d'énoncer, dans un acte par lui reçu, que la procuration qui a servi de base à cet acte, est jointe à une de ses minutes; mais, à l'expédition qu'il délivre, il est obligé de joindre celle de la procuration. (*Décis. du Min. de la just.* — Journ., art. 5827.)

17. Le notaire n'a pas encouru l'amende pour avoir omis d'énoncer, dans une obligation, que la procuration qui y a donné lieu était annexée à cet acte, dès que l'annexe existe réellement. (*Déc. du Min. des fin.*, du 11 avril 1815.— Journ., art 5093.)

II. 18

18. Le notaire qui a fait l'avance des droits d'enregistrement d'actes de vente et d'obligation, a une action solidaire contre le vendeur et le créancier, pour
son remboursement, comme contre l'acquéreur et le
débiteur, parce que l'acte est toujours dans l'intérêt
respectif des parties dont le notaire est le mandataire
commun. (*Arr. de cass.*, du 26 juin 1820. — Journ.,
art. 6811. — Sirey, t. 20.)

19. Le notaire peut, pour le paiement de ses avances et honoraires, à raison d'actes qu'il a reçus, action-
ner, sur la simple représentation de ces actes, les parties qui ne justifient pas s'en être libérées, si d'ailleurs
il n'y a pas prescription. (*Arr. de cass.*, du 14 octobre
1811. — Journ., art. 4099. — Sirey, t. 11.)

20. En cas d'insolvabilité du notaire, la demande
du *droit proportionnel* d'enregistrement, sans double
droit ni amende, sera faite directement aux parties
contractantes, sauf l'abandon de cette demande, si
celles-ci produisent une expédition en forme, contenant mention de l'enregistrement, quoiqu'elle soit faussement énoncée. (*Instr.* 340.)

21. Aucune poursuite ne doit avoir lieu contre les
parties, à moins qu'il ne soit constaté, par quelques
renseignemens susceptibles d'être présentés en justice, que les contractans sont débiteurs envers le notaire, du montant des droits d'enregistrement, dont
ils ne lui auraient pas fait l'avance, pour l'acte qui les
concerne, et que l'administration, sur le compte qui lui
a été rendu à cet égard, n'ait spécialement autorisé le
directeur à intenter une action. (*Circul.* du 19 mars
1808.)

22. On ne peut répéter, contre les parties, les droits
d'un acte rédigé par un notaire devenu insolvable,
lorsqu'elles sont munies d'une expédition portant date
du tems où le notaire exerçait encore ses fonctions,
quoiqu'en effet l'acte ait été rédigé postérieurement à

la perte de son titre d'officier public. (*Décis. du Min. des fin.*, du 20 juillet 1808. — Journ., art. 2995.)

NOTAIRES. — Héritiers.

23. La peine du double droit et les amendes fixes de contravention aux lois sur l'enregistrement, ne sont pas dues par les héritiers du notaire, à moins qu'un jugement n'ait prononcé la condamnation du vivant du notaire, ou qu'il n'ait souscrit une obligation. (*Instr.* 340.)

NOTAIRE. — Bail.

24. Un notaire qui reçoit l'acte de résiliement d'un bail, avant que l'acte de bail, reçu par lui précédemment, ou par un autre notaire, ait été enregistré, encourt l'amende de 50 francs. Il n'appartient pas aux tribunaux de déterminer, par des motifs d'équité, les cas où les amendes encourues ne devraient pas être répétées (1). — (*Arr. de cass*, du 11 nov. 1812.)

NOTAIRES. — Inventaires.

25. Les notaires peuvent comprendre dans un acte de liquidation et partage, (qui n'est que déclaratif et non attributif du droit des héritiers), de même qu'ils les comprennent dans un inventaire, des titres de créance, tels que billets et autres, avant que ces titres aient été enregistrés. (*Arr. de cass.*, sect. civ., du 24 août 1818. — Journ, des aud. de 1818, page 505.)

NOTAIRE. — *Voy.* Actes passés en conséquence d'un autre. — Délais. — Prescription, n°. 41. — Procès-verbaux de contravention, n°. 8. — Quittance.

---

(1) Loi du 22 frimaire an 7, art. 59.

NOVATION.

1. Si l'acquéreur d'un immeuble sur lequel était affectée une rente, au lieu d'en rembourser le capital, après la signification de l'acte d'acquisition, transige avec le créancier de la rente, et s'oblige à la continuer, et que le créancier le reconnaisse pour seul et unique débiteur, il y a novation de titre ; alors le *droit de 2 pour 100* est dû sur le capital au denier vingt de la rente. (*Décis. du Min. des fin.*, du 13 juin 1813. — Journ., art. 4642.)

2. Il y a encore novation, lorsque, par acte passé en l'absence du créancier, un héritier se reconnaît personnellement débiteur d'une somme dont la succession est grevée et due par titre en forme ; qu'il s'oblige d'en payer les intérêts jusqu'au remboursement, et lorsque le créancier approuve cet acte par un acte postérieur. (*Arr. de cass.*, du 7 déc. 1814. — Journ., art. 5312.)

3. Quand une rente est convertie en une obligation moindre que le capital de cette rente, il y a lieu de percevoir le droit de quittance sur la somme dont le débiteur se trouve libéré. (*Jugem. du tribunal de la Seine*, du 2 mars 1810. — Journ., art. 4007.)

4. La clause par laquelle un vendeur consent à une constitution de rente en représentation du prix de la vente, n'opère pas une novation ; il n'est pas censé recevoir fictivement le prix, et il peut, en cas de non paiement de la rente, demander la résolution de cette vente. (*Cour de Paris*, 11 mars 1816.)

5. On ne peut voir de novation dans l'acte par lequel un créancier accorde un délai de paiement à la personne qui lui est déléguée par son débiteur. — (*Arr. de cass.*, du 17 janv. 1818. — Sirey, t. 19, p. 140.)

6. L'acte par lequel le fils héritier se reconnaît débiteur envers la veuve du défunt, sa mère, du douaire

stipulé par le contrat de mariage de celle-ci, doit être considéré non comme le titre d'une obligation nouvelle, mais bien comme l'exécution d'un titre antérieur; en conséquence, cet acte n'est pas sujet au *droit proportionnel*. (*Arr. de cass.*, du 10 oct. 1817. — Sirey, t. 18.)

7. Les actes, qualifiés *titre nouvel*, ne sont dans le cas d'être enregistrés au *droit fixe de 3 fr.*, suivant la loi du 28 avril 1816, qu'autant qu'ils n'ont pour objet que de confirmer une obligation déjà existante en vertu d'un titre en forme, et que toute stipulation qui n'était pas insérée dans le titre primordial, est une nouvelle convention qui donne lieu, selon sa nature, au *droit proportionnel* réglé par la loi. (*Avis du Min. des fin.*, du 29 sept. 1821. — *Instr.* 1028.)

NOVATION. *Voy*. Obligation, nos. 1 et 2.

NULLITÉ.

1 En matière d'enregistrement, les juges ne peuvent dispenser un acte du droit, sur le fondement qu'il est nul, si déjà la nullité n'a pas été prononcée contre les parties légitimes. (*Arrêt de cassation*, du 13 février 1815.)

2. Les nullités pour vice de forme, d'un procès-verbal constatant des contraventions aux lois sur l'enregistrement et le timbre, empêchent d'en faire un nouveau pour le même objet. (*Arr. de cass.*, du 23 prairial an 9. — Journ., art. 1177.)

3. La nullité de forme, dans la signification d'une contrainte, pour recouvrement des droits, se couvre par l'opposition basée uniquement sur des moyens tirés du fond. (*Arr. de cass.*, des 7 août 1807 et 14 nov. 1815. — Journ., art. 5401.)

Voy. Contrainte. — Résolution.

O.

OBLIGATIONS (1).

1. Lorsque les obligations sont causées pour valeurs reçues partie en marchandises et partie en argent prêté, sans désignation de prix, on peut admettre les contractans à passer déclaration de la valeur des marchandises et du montant du prêt; le droit doit être liquidé à raison de 2 *pour* 100 sur le premier objet, et de 1 *pour* 100 sur le second. (*Sol.* du 5 germ. an 10 — Journ., art. 1258.)

2. L'acte passé devant notaire, portant reconnaissance de créance résultant de billets à ordre enregistrés, renferme une nouvelle obligation soumise au *droit de 1 pour* 100, parce que la créance est devenue hypothécaire, de chirographaire qu'elle était. (*Arr. de cass.*, du 1er. févr. 1813. — Journ., art. 4427) (2).

3. L'acte par lequel un mari se reconnaît débiteur du prix qu'il a précédemment reçu d'une créance personnelle de sa femme, avec laquelle il est commun en biens, n'est passible que du *droit fixe de 2 fr.*, parce qu'un tel acte n'est qu'une reconnaissance d'une obligation préexistante, et suffisamment établie par la seule force du contrat de mariage des deux époux. (*Arr. de cass.*, du 1er avril 1822. (Art. 386 du contr.) (3).

4. Les obligations souscrites pour supplément de cautionnement en numéraire sont, en cas de protêts, passibles du *droit proportionnel*, sauf à ne les faire enregistrer qu'avec les protêts. (*Décis. du Min. des fin.*, du 6 sept. 1816. — Journ., art. 5522.)

OBLIGATIONS. *Voy.* Déclaration, n°. 14.

---

(1) Loi du 22 frimaire an 7, art. 69, §. 3, n°. 5.

(2) Art. 68, n°. 39, de la loi du 22 frimaire an 7.

(3) Art. 68, n°. 39, de la loi du 22 frimaire an 7. — Art. 43, n°. 19, de la loi du 28 avril 1816.

OCTROIS MUNICIPAUX (Receveurs des).
Voy. Cautionnemens.

OPPOSITION.

De ce que les jugemens, en matière d'enregistrement sont assujétis aux formes particulières réglées par l'art. 65 de la loi, il ne s'ensuit pas qu'ils ne puissent pas être attaqués par la voie de l'opposition, lorsqu'ils ont été rendus par défaut, et sur la seule production du mémoire et des pièces d'une partie. — La disposition finale de l'article 65, qui veut que les jugemens soient sans appel et ne puissent être attaqués que par la voie de cassation, n'a eu pour objet que de déterminer qu'il n'y aurait qu'un seul degré de juridiction. (*Arr. de cass.*; du 17 juillet 1811.)

ORDONNANCE sur référé. *Voy*. Actes passés en conséquence d'un autre.

ORDONNANCE. — Ordre. *Voy*. Ordre.

ORDRE. — Procès-verbaux d'ouverture d'ordres.

1. L'ordonnance du juge-commissaire, à l'effet de faire sommer les créanciers de produire, soit qu'elle ait lieu sur la requête de l'avoué poursuivant, ou sur la minute même du procès-verbal d'ordre, est assujétie au droit d'enregistrement *de 3 fr.*, dans les 20 jours de sa date. (*Décis. du Min. des fin.*, du 17 janvier 1820. — Journ., art. 6590.)

2. Il n'est rien dû sur l'ordonnance de renvoi à l'audience, en cas de contestation, parce qu'elle forme une partie intégrante du procès-verbal d'ordre. (*Idem.*)

3. Les autres parties du procès-verbal d'ordre, considérées comme ne faisant qu'un tout, sont sujètes au droit d'enregistrement *de 50 cent. pour* 100, sur le montant des collocations, et il est dû, pour droits de greffe,

savoir : 3 *fr.* pour l'annexe de l'état d'inscriptions, et 1 *fr.* 5o *cent.* pour chaque production de titres dè créances, conformément au décret du 12 juillet 18o8. (*Idem.*)

4. Le procès-verbal d'ordre peut n'être soumis à l'enregistrement qu'à l'époque de la délivrance des maudemens ou bordereaux de collocation, pourvu toutefois que l'enregistrement précède cette délivrance qui ne donne lieu, par elle-même, qu'au droit de rédaction. (*Idem.*)

5. Les dispositions d'un jugement d'ordre qui ordonne la radiation des inscriptions existant sur l'immeuble vendu, ne donnent pas ouverture à un droit particulier et indépendant de celui qui est dû sur la disposition relative à la distribution des deniers aux créanciers colloqués. (*Arr. de cassation*, du 21 juillet 1818. — Sirey, t. 19. — *Décis. du Min. des finances*, du 3 octobre suivant. — Journ., art 6344.).

ORLÉANS. (Apanage d'.) *Voy.* Procès-verbaux.

P.

PAIEMENT de droits.

1. Les tribunaux ne peuvent, en cas de contestation sur la quotité des droits, ordonner le dépôt d'une somme pour tenir lieu de celle réclamée. (*Arr. de cass.*, du 7 mai 18o6.— Journ. , art. 2466.)

2. Le paiement provisoire des droits n'est exigible que lors de la présentation libre d'un acte à la formalité. S'il s'agit de droits à payer d'après une contrainte décernée par un préposé, la partie n'est pas tenue de les acquitter avant le jugement à intervenir sur la contestation relative à la quotité, si elle a fait opposition. (*Arr. de cass.*, du 15 prair. an 13. — Sirey, tom. 5, p. 266.)

3. Ainsi, lorsque le receveur réclame un droit de jugement, d'après un extrait délivré par le greffier, la partie peut contester la légitimité de la demande, sans être tenue de faire enregistrer préalablement le jugement. (*Arr. de cass.*, du 23 flor. an 13. — Dict. de manutention, t. 2.)

4. On ne peut, dans la vue d'accélérer les recouvremens, faire fournir aux parties des billets à ordre, mais seulement une soumission de payer dans un temps déterminé. (*Solut.* du 27 nov. 1807. — Dict. de manut., t. 2.)

5. Le redevable de droits résultant d'un jugement de la justice de paix, ne peut se refuser au paiement, sous prétexte que ce jugement a été rendu incompétemment. (*Arrêt de cass.*, du 30 novembre 1807. — Journ., art. 2954.)

PARAPHE.

1. La formalité du paraphe n'est ordonnée que pour les livres et registres de commerce, susceptibles d'être paraphés suivant le vœu du Code de commerce (article 10.) Ainsi les procès-verbaux de ce genre mis en tête des registres de l'état civil et de ceux des conservateurs des hypothèques, et les répertoires des fonctionnaires publics, en sont exempts. (*Décis. du Minis. des finances*, du 3 sept. 1817. — *Instruc.* 758.)

2. Le procès-verbal de côte et paraphe, mis en tête des registres de l'état civil, doit être sur papier timbré de la même dimension que celui du registre. (*Décision du Ministre des finances*, du 11 juillet 1811. — Journal, art. 3929.)

PARTAGE.

1. Les co-partageans sont solidaires pour le paiement des droits d'enregistrement de l'acte qui règle leurs droits. (*Arr. de cass.*, du 9 fruct. an 12.)

PARTAGE (1).

2. Il n'y a lieu qu'au *droit fixe de 5 francs* pour les actes de liquidation et partage de succession, qui établissent la masse partageable, même quand ces actes sont faits par des juges ou des arbitres. (*Sol. de l'admin.* du 11 floréal an 12. — Journ., art. 1737.)

3. Les liquidations de reprises contenues dans les partages de succession, communauté ou société, et qui doivent précéder le partage dont ils font nécessairement partie, n'opèrent aucun droit particulier. (*Inst*, 366, nomb. 4.)

4. Lorsqu'un émigré a été rayé après le décès de son père qui avait ouvert partage de présuccession; que, depuis sa rentrée en France, ses frères lui ont délivré, par un partage, une portion égale à celle qu'il aurait eue, s'il n'eût pas émigré, et telle qu'elle avait été fixée par le père commun, suivant son testament antérieur au partage de sa présuccession, on ne peut considérer le partage comme une donation, c'est un sacrifice prescrit par l'honneur, la délicatesse et la piété filiale; c'est une obligation naturelle non soumise au *droit proportionnel.* (*Arrêt de cassation,* du 3 août 1814. — Journal, art. 4906.)

5. La mention faite dans un acte préparatoire à partage, de sommes à rapporter à la masse partageable par deux des cohéritiers, sans justification de titres enregistrés, ne peut autoriser la perception du droit d'obligation, parce que, d'après les principes établis par un arrêt de la cour de cassation du 22 mars 1814, une déclaration tendant à faire connaître l'actif d'une succession, doit être réputée une simple énonciation, et non pas une obligation, lors même qu'elle est faite

_____

(1) Loi du 22 frimaire an 7, art. 68, §. 2, n°. 2. — Art. 45, n°. 3, de la loi du 28 avril 1816.

par le débiteur présent. (*Délib. du cons. d'adminis.*, du 8 août 1821. — Art. 271 du contr.)

6. Il n'y a que les partages purs et simples, ceux qui ne contiennent pas des dispositions indépendantes, ou ne dérivant pas nécessairement de l'acte, pour lesquels la perception doit se réduire à 5 *fr.* (*Arrêt de cass.*, du 4 juillet 1808. — Journ., art. 3289.)

7. Quand dans un partage d'objets achetés en commun, sans autre explication, l'acte attribue plus de la moitié des biens à un des acquéreurs, on doit percevoir sur cet excédant ou plus value le droit réglé pour les ventes. (*Arr. de cass.*, du 2 mai 1808. — Journ., art. 2934.)

8. Si le co-partageant, qui a le lot le plus fort, est chargé de payer les dettes de l'hérédité, c'est une acquisition jusqu'à concurrence du montant des dettes qui excède sa part contributoire, et le *droit proportionnel* est exigible sur cet excédant. (*Arr. de cass.*, du 6 thermidor an 11. — Journal, art. 1850.)

9. Lorsque, par un partage entre un héritier et des légitimaires, ces derniers sont chargés d'acquitter les dettes de la succession, en recevant des biens au-delà de leur légitime, pour une somme égale au montant de ces dettes, il n'y a cession de la part de l'héritier en faveur des légitimaires, que jusqu'à concurrence de la partie des dettes afférente à la portion d'héritier dans la succession. (*Arr. de cass.*, du 26 août 1816. — Journ., art. 5611.)

10. L'acte par lequel quatre frères comprennent, par portions égales, dans leurs lots respectifs, la part revenant à un cinquième enfant en démence, à la charge par chacun d'eux de contribuer à l'entretien de ce dernier, n'est passible que du *droit de 5 fr.* (*Délib. du cons. d'administration*, du 14 mars 1818.— Journ., art. 6037.)

PARTAGES par anticipation.

11. Le partage d'immeubles fait par des père et mère à deux de leurs fils, sous réserve de l'usufruit, leur vie durant, à la charge par les donataires de payer une certaine somme à leurs deux autres frères, dont l'un est *mineur*, et d'acquitter en outre les *dettes que les donataires laisseront à leur décès*, ne doit que le *droit fixe de 5 fr.*, parce que l'obligation de payer les dettes que les donateurs laisseront à leur décès, ne peut se concilier avec le caractère d'une donation entre-vifs. (*Arr. de cassation*, des 14 juillet 1807 et 13 avril 1815. — Journ., art. 5102.)

12. Il n'est également dû que le droit fixe, lorsque, dans le partage qui oblige à des soultes, les ascendans se sont réservés de vendre ou de donner tout ou partie des objets partagés. (*Décis. du Min. des fin.*, du 28 avril 1818. — Journ., art. 6061.)

13. Mais, lorsqu'un ascendant fait entre ses enfans le partage de ses biens présens, à titre irrévocable et de donation entre-vifs, avec réserve d'usufruit, mais sans que ces derniers soient chargés des dettes du donateur, telles qu'elles existeront à son décès, il est dû le *droit de donation*, augmenté de 1 *fr.* 50 *c. p.* 100, s'il s'agit d'immeubles. (*Solut.* du. . . . . — Journal, art. 6216.)

14. Il n'est pas dû un droit particulier pour le partage, parce qu'il forme une disposition dépendante du testament, mais le droit proportionnel doit être liquidé séparément sur la valeur de chaque lot. (*Instruc.* 290, nomb. 30. — Journ., art. 1511.)

15. Quant aux soultes établies par les partages anticipés, lorsque les père et mère ont fait eux-mêmes la distribution et le partage de leurs biens, les soultes qu'ils contiennent ne peuvent être considérées comme des cessions entre les co-partageans, 1°. puisque ceux-

ci n'ont pas été propriétaires des objets que les soultes représentent ; 2°. puisqu'on ne peut pas à la fois recevoir et acquérir. Ces soultes ne peuvent donc pas donner lieu *à un droit de mutation*. (*Sol.* du 31 mai 1815. —*Décis. du Min. des fin.*, du 28 avril 1818.— Journ., art. 6874. — *Dél.* des 19 sept., 24 nov. 1821 et 22 février 1822, *approuvées par le Min. des fin.* les 12 oct., 21 décembre et 8 mars 1822. — Art. 158 et 241 du recueil. — Journ., art., 7061.)

16. Mais, lorsque le démettant s'est réservé, sa vie durant, la jouissance de quelques-uns des biens dont il est dessaisi, et que les démissionnaires qui arrêtent partage, par le même acte, imposent une soulte au profit de celui dans le lot duquel les biens grevés d'usufruit se trouvent, il est dû un *droit particulier de partage* et un *droit proportionnel* relativement au retour. (*Solut.* du 25 mars 1818.)

PARTAGE. — Origine des biens partagés.

17. Le receveur peut, avant l'enregistrement, exiger la justification des titres de co-propriété des partageans; et dans le cas où ils ne seraient pas enregistrés, former la demande des droits de mutation. (*Arr. de cass.* du 2 mai 1808. — Journ., art. 2934.)

18. Lorsque parmi les biens partagés, il s'en trouve qui avaient été *adjugés à un tiers*, dont l'intervention dans l'acte a pour but de déclarer n'avoir aucun droit à ces biens qui avaient été acquis pour les co-partageans, il est dû le *droit proportionnel* de cession, outre celui de 5 fr. fixe. (*Arr. de cass.* du 9 fruct. an 12. — Journ., art. 1878.)

PARTAGES de bois communaux.

19. Les délivrances de bois en coupe ordinaire, aux habitans des communes, à la charge par chacun d'eux de payer une somme pour subvenir aux dépenses communales, doivent être considérées comme un partage

entre co-propriétaires, sur lequel il n'est dû que le *droit fixe* de 5 *fr.*, les sommes réservées pour les dépenses de la commune ne pouvant être réputées soultes. (*Décis. du Ministre des fin.*, du 1er. ther. an 10.)

PARTAGES de biens communaux.

20. Ceux faits entre les habitans, de la jouissance pendant leur vie jusqu'à changement de domicile et à la charge d'une redevance annuelle payable au receveur de la commune, sont passibles du *droit fixe de* 5 *fr.*, lorsque chaque habitant reçoit seulement sa portion dans la chose commune; mais il serait dû le *droit proportionnel* sur le capital au denier dix de la redevance, qu'un habitant paierait à la décharge d'un autre habitant, pour jouir de sa portion. (*Instruc.* 786, nomb. 24.)

PARTAGE (Soulte de.)

21. La soulte de partage entre co-propriétaires d'immeubles acquis en commun est passible seulement du *droit proportionnel* de mutation *de 4 pour* 100, réglé par l'art. 69, §. 7 de la loi du 22 frim. an 7, et non du droit nouveau de 5 *et demi pour* 100, réglé par l'art. 52 de la loi du 28 avril 1816, qui ne s'applique qu'aux ventes d'immeubles sujètes à transcription.(*Arr. de cass.*, du 10 août 1824.— Sirey, t. 25, p. 97.)

22. L'acte, par lequel un père abandonne à ses enfans la propriété de sa portion, dans les biens de la communauté, et reçoit l'usufruit de l'autre portion, doit être considéré comme un acte de partage, passible d'un *droit fixe*; on ne peut y voir une donation ou une échange passible du *droit proportionnel*. (*Loi du* 22 frimaire an 7, art. 69, §. 5, no. 3. — *Arrêt de cass.*, du 16 juin 1824. — Sirey, t. 25, p. 127.)

PARTAGE. *Voy.* Notaire, no. 25.

PARTIES CIVILES.

Les communes sont censées *partie civile*, lorsque les poursuites sont faites dans leur intérêt, *comme établissement particulier*, et dirigées par les maires, les adjoints et autres fonctionnaires. Les communes doivent, dans ce cas, faire l'avance des droits d'enregistrement. (*Circul. du Grand-Juge*, du 8 avril 1808.)

Voy. Procès-verbaux et Actes en matières criminelle, correctionnelle ou de simple police.

PATENTES.

Les préposés de l'enregistrement doivent examiner avec soin, dans les actes présentés à la formalité et relatifs au commerce, à la profession et à l'industrie des particuliers sujets à patentes, s'il est fait mention de la patente prise avec désignation du numéro de la classe et de la date; ils doivent, en cas d'omission, en dresser procès-verbal, qu'ils remettront au procureur du roi à la requête duquel doit être poursuivie la condamnation à l'amende encourue. (*Instruc.*, n°. 669.)

PATURAGE.

Les arrêtés des conseils de préfecture, pris en vertu de la loi du 28 ventose an 11, confirmatifs des jouissances de paturage, pacages et autres usages dans les forêts de l'État, ne sont soumis qu'au *droit fixe de 1 fr.* Ils doivent être enregistrés dans les vingt jours de l'approbation du ministre. (*Instr.* 336.)

PÊCHE dans les fleuves et rivières navigables.

Le droit de pêche s'afferme par adjudication; la minute du procès-verbal d'adjudication est sujète au timbre de dimension, et les extraits et expéditions à celui de 1 fr. 25 cent., à l'exception de l'extrait remis dans les bureaux du préfet, et de l'expédition envoyée à l'administration des forêts. Les droits d'enregistrement et du cautionnement sont perçus comme pour un bail à ferme. Il en est de même de la licence; les droits d'enregistrement en sont acquittés par les parties : les porteurs de licence la font timbrer à l'extraordinaire; elle est enregistrable, sous les peines portées par l'article 42 de la loi du 22 frim. an 7, avant d'être inscrite au secrétariat de la sous-préfecture où l'adjudication eût dû être faite aux enchères. (*Instr.* 246.)

PENSIONS. — Pièces à produire par les veuves et orphelins des militaires, pour obtenir des pensions et secours (1).

1°.—L'exemption du timbre , accordée par la décision ministérielle du 27 octobre 1809, aux extraits de décès à fournir par les veuves et les enfans des militaires, pour obtenir des pensions ou secours, est applicable aux extraits produits pour recevoir les arrérages de ces pensions, sous la condition que l'indication d'emploi sera exprimée dans les extraits.

2°.— Les brevets ou certificats d'inscription au trésor royal, ne sont sujets ni au timbre ni à l'enregistrement.

3°. — Les certificats de propriété, délivrés par le notaire détenteur de l'inventaire ou du partage, pour constater les noms et qualités des héritiers , et la portion à laquelle chacun d'eux a droit, ne sont passibles que de la formalité du timbre.

4°. — La même disposition s'applique aux certificats que les juges de paix sont dans le cas de délivrer à défaut d'inventaire et de partage.

---

(1) Une ordonnance du roi du 16 octobre 1822, détermine les justifications à faire pour obtenir, soit une pension ou des secours, soit les arrérages échus au jour du décès de ces militaires.

5°. — La déclaration, faite par les héritiers et reçue par le notaire certificateur, constatant que le pensionnaire ne jouissait d'aucun traitement, est assimilée aux certificats de vie délivrés aux militaires pensionnés, et dispensés du timbre par l'article 12 de l'ordonnance royale du 20 juin 1817. (*Décision du Ministre des finances,* du 15 janvier 1823.)

PENSION. *Voy.* Constitution de rente, n°. 2.

PENSION ALIMENTAIRE. *Voy.* Ascendans.

PONTS ET CHAUSSÉES. *Voy.* Bail de passage.

POURSUITES.

1. Le paiement des droits d'enregistrement, dus par une femme mariée sous le régime dotal, et provenant d'une cause antérieure à son mariage, peut être poursuivi sur la dot mobilière qu'elle s'est constituée. (*Arr.* du 4 juillet 1811, art. 4643.)

2. Lorsqu'on signifie un arrêt d'admission d'un pourvoi en cassation à plusieurs co-héritiers, parmi lesquels se trouve une femme mariée, il faut, à peine de nullité, assigner en même temps le mari, à l'effet de l'autoriser en justice. (*Arrêt de cassation,* du 25 mars 1812. —Journ., art. 4256.)

3. La femme mariée, qui n'est pas séparée de biens, est valablement assignée avec son mari, au domicile de celui-ci; il suffit de leur laisser une copie de l'assignation, sans que l'huissier soit tenu de délivrer deux copies, l'une pour la femme et l'autre pour le mari. (*Arrêt de cass.,* du 1er. avril 1812. — Journ. , art. 4256.)

POURSUITES en matière criminelle. *Voy.* Procès-verbaux et actes. *Voy. aussi* Compétence en matière criminelle, correctionnelle, ou de simple police. — Contrainte. — Notaires, n°. 23.

PRÉFETS (sous). *Voy.* Comptes, n°. 14.

PRESCRIPTION (1).—Amendes de condamnation.

1. En matière criminelle, elles se prescrivent par 20 ans; celles en matière correctionnelle, par 5 ans; celles de simple police, par 2 ans; celles en matière forestière, par 10 ans. (*Instr.* 748.)

2. La prescription pour les amendes en matière civile, prononcées par les tribunaux civils, telles que les amendes de non comparution au bureau de paix, s'étend à 30 années. (*Arr. de cass.*, du 11 novembre 1816. — Journ., art. 5469.)

PRESCRIPTION. — Amendes de timbre.

3. L'avis du Conseil d'État, du 18 août 1810, qui a appliqué la prescription biennale aux amendes, pour contraventions concernant l'enregistrement, que les préposés sont à portée de reconnaître par des actes présentés à la formalité, est basé sur l'uniformité dans le mode de recouvrement des droits et de celui des amendes, (la contrainte.) — Ainsi, depuis la loi d'avril 1816, le recouvrement des droits et amendes du timbre, étant pareillement poursuivi *par voie de contrainte*, on doit appliquer à ces amendes les dispositions de l'avis du Conseil d'État précité; en conséquence, elles se prescrivent par deux ans, à compter du jour où les préposés de l'enregistrement ont été mis à portée de connaître ces contraventions. (*Instr.* 852.)

4. La prescription trentenaire est applicable aux actions que les parties peuvent exercer en restitution d'amendes sur le timbre indûment perçues, la décision contenue dans l'instruction n°. 852, n'ayant statué que sur les demandes à former par les préposés de

----

(1) Art. 61 de la loi du 22 frimaire an 7.

l'enregistrement. (*Décis. du Ministre des fin.*, du 20 juillet 1821. — Art. 74 du Recev.)

5. Les amendes pour défaut de *copie* littérale de la *mention* du receveur, dans les expéditions, se prescrivent par 30 ans. (*Arr. de cass.*, du 18 avril 1806.)

PRESCRIPTION. — Droits.

6. La prescription, établie en faveur des redevables par l'article 61 de la loi de frimaire an 7, ne s'applique point au cas où l'administration réclame, à raison d'actes qui n'ont jamais été présentés à l'enregistrement. (*Arrêt de cass.*, du 31 août 1808. — Journ., art. 3669.)

7. Les droits et doubles droits d'un jugement portant résolution d'une vente d'immeubles pour défaut de paiement du prix, ne se prescrivent que par le laps de 30 ans, à compter de la date du jugement. (*Arr. de cass.*, des 10 août 1807, 25 avril 1808 et 14 mai 1816. — Journ., art. 5503.)

8. Le décès de l'usufruitier consacre l'extinction d'une charge et non une transmission; ainsi, quand les nus-propriétaires n'ont pas été poursuivis dans les cinq ans du décès qui leur a transmis la nue-propriété, il n'y a plus lieu, lors de la réunion, par mort, de l'usufruit à la propriété, d'exiger aucun droit, attendu que le droit, sur l'intégralité des biens, était exigible dès le décès de la personne qui avait la nue-propriété, et que la prescription est acquise. (*Arr. de cass.*, du 31 juillet 1815. — Journal, art. 5251.)

9. Le *droit fixe*, qui se perçoit sur les testamens, dans les trois mois du décès des testateurs, se prescrit par 30 ans, à compter du décès du testateur. (*Arr. de cass.*, du 8 prairial an 9. — Sirey, t. 1., p. 566.)

19.

PRESCRIPTION. — Biens en litige.

10. Lorsqu'un bien est rentré dans l'hérédité, par l'annulation d'une vente faite par le défunt, la prescription court de la date du jugement d'envoi en possession, si la déclaration de succession a été faite pour les autres biens de l'hérédité. (*Arr. de cassation*, des 30 mars 1813, et 15 mars 1814. — Journ., art. 4540 et 5157.)

11. Le délai pour réclamer la déclaration des biens non compris dans une première déclaration, parce que la propriété était en litige, est de cinq ans, à compter du jour du jugement qui réintègre les héritiers dans la possession de ces biens, surtout si la première déclaration a eu lieu dans un bureau autre que celui auquel doit être faite la nouvelle déclaration. (*Arrêt de cassation*, du 28 juin 1820. — Journal, art. 6781.)

PRESCRIPTION. — Décès non constatés légalement.

12. La prescription de cinq ans, établie pour une succession non déclarée, ne peut être opposée à l'Administration, lorsque le décès ne se trouve pas inscrit sur les registres de l'état civil, ou de la manière voulue par les lois existantes à l'époque de ce décès. (*Arr. de cass.*, des 5 vent. an 9; 19 therm. an 13; 30 juin 1806; 26 nov. 1810; 3 nov. et 30 déc. 1813. — *Instr.* 424.— Journ., art. 4477 et 4708.)

13. Elle ne commence à courir, dans ce cas, que du jour où la Régie a pu avoir connaissance du décès par des actes présentés à l'enregistrement; peu importe que les héritiers aient joui sans trouble, et même qu'ils aient été portés sur le rôle des contributions. (*Arr. de cassation*, du 17 fév. 1818 — Sirey, t. 18, p. 208.)

14. Si le décès n'a pu être connu que par un acte

de notoriété, le délai ne court qu'à compter du jour de l'enregistrement de cet acte. (*Arr. de cass.*, du 25 janv. 1815. — Journal, art. 5089.)

PRESCRIPTION. — Hérédité incertaine.

15. Bien que les droits encore incertains des héritiers dépendent d'un jugement qui peut les réintégrer dans la propriété de ces droits, la prescription n'en commence pas moins à courir de la date du décès, si *aucune déclaration* n'a eu lieu après ce décès. (*Arr. de cass.*, du 3 septembre 1810. — Journ. , art. 3737.)

PRESCRIPTION. — Héritiers rappelés à la succession.

16. Lorsqu'une veuve, légataire universelle de son mari, a acquitté les droits de mutation par décès sur la totalité de la succession, et qu'un jugement rappelle les frères du défunt au partage des biens de cette succession, l'Administration a cinq ans, à partir de la date de ce jugement, pour réclamer les droits dus par les héritiers collatéraux. (*Arr. de cass.*, du 19 juillet 1815. — Journ. , art. 5332.)

PRESCRIPTION. — Legs.

17. La prescription quinquennale, pour les déclarations à faire des legs mobiliers et immobiliers, ne court que du jour de l'enregistrement du testament qui contient le legs. (*Décis. du Min. des fin.*, du 11 octobre 1808. — Journal, art. 3535.)

18. On n'a que cinq ans pour demander les droits de succession dus par l'usufruitier.

PRESCRIPTION. — Succession d'absent.

19. La prescription, pour la demande des droits résultant de la succession d'un individu dont le décès ne figure pas sur les registres de l'état civil, bien qu'il soit inscrit sur ceux tenus au Ministère de la guerre,

ne court que du jour de l'enregistrement du partage des biens du défunt entre ses héritiers. (*Arr. de cass.*, du 29 avril 1818. — Sirey, t. 18.)

PRESCRIPTION. — Succession collatérale déclarée en directe.

20. Lorsqu'un acte fait connaître qu'une succession, déclarée en directe, est dévolue à des collatéraux, la prescription de cinq ans court de la date de cet acte, et non du jour du décès. (*Arr. de cass.*, du 5 sept. 1809. — Journ., art. 3645.)

PRESCRIPTION. — Succession d'un militaire.

21. Le delai de la prescription, pour la demande des droits résultant de la succession d'un militaire décédé en activité de service, ne court pas du jour de l'inscription du décès sur les registres matricules de l'armée, mais du jour de la mise en possession des héritiers. (*Arr. de cass.*, du 22 brumaire an 14. — Journ., art. 2164.)

22. Mais il en est autrement, lorsque le décès se trouve inscrit sur les registres des hôpitaux militaires ou de la marine, et que ces registres ont été déposés à la mairie, parce que, dans ce cas, il est au pouvoir des préposés de la direction générale de se procurer une connaissance légale du décès. (*Arr. de cass.*, du 21 février 1809. — Journ., art. 3203.)

PRESCRIPTION. — Notaires.

23. La prescription établie par l'art. 61 de la loi du 22 frimaire an 7, pour le cas où une contrainte, décernée par la régie de l'enregistrement, demeurerait plus d'une année sans exécution, ne peut être appliquée à des poursuites exercées contre un notaire pour contravention aux lois sur le notariat. — Cette prescription ne peut être opposée à la régie par le redevable, lorsqu'il a formé auprès du Ministre des finances

des demandes tendantes à obtenir la modération ou la remise des condamnations par lui encourues, lorsqu'il a payé des à comptes, et fait d'autres actes qui le supposent débiteur. (*Arr. de cass.*, du 10 décembre 1821. — Sirey, 1822, t. 22, p. 290.)

PRESCRIPTION. — Succession séquestrée.

24. La prescription, quant aux successions de biens séquestrés sur un particulier, ne court que du jour de la main levée définitive du séquestre. (*Arr. de cass.*, des 23 brumaire an 13 et 9 novembre 1813.—Journ., art. 4713.)

PRESCRIPTION. — Successions de prêtres déportés.

25. Lorsqu'il n'y a eu ni séquestre, ni main-levée, ni envoi en possession, en raison des biens d'un prêtre déporté en 1792, la prescription, pour le droit de mutation par décès, ne court que du jour de la vente que les héritiers ont faite des biens de la succession. (*Arr. de cass.*, du 7 janv. 1818. — Journ., art. 6011.)

PRESCRIPTION. — Succession de personnes décédées en pays étranger.

26. Lorsqu'un français est mort en pays étranger, et que son décès n'a pu être connu, on ne peut opposer la prescription de cinq ans. (*Arr. de cass.*, du 8 mai 1809.)

27. Quoiqu'un décès, arrivé dans les Colonies françaises, ne soit pas inscrit sur les registres de France, la prescription n'est point interrompue, puisque les employés de l'enregistrement dans les colonies ont dû fournir à leur administration les renseignemens de ce décès. (*Arrêt de cassat.*, du 9 juin 1817. — Journal, art. 5849.)

28. Le délai de cinq ans est de rigueur pour réclamer les droits de succession, lorsque, à l'époque du

décès, le lieu où le décès est arrivé dépendait du territoire français, quoique séparé depuis. (*Décis. du Ministre des finances*, du 21 juillet 1820. — Journ., art. 6746.)

PRESCRIPTION des droits des actes sous seing-privé.

29. Les actions concernant les droits résultant des ventes d'immeubles sous seing-privé, non-enregistrées, sont soumises à la prescription de trente ans, à compter du jour où ces actes ont acquis une date certaine par le décès de l'une des parties contractantes. (*Arrêt de cass.*, des 18 mars et 13 octobre 1806; 26 août 1807; 20 mars et 28 août 1816. — Sirey, tome 8, page 394; tome 6, page 569; et Dict. de Manut., tome 2, page 448.)

30. La demande du droit pour une mutation dont le contrat est resté secret et inconnu à l'Administration, ne se prescrit que par trente ans du jour où l'acte translatif de propriété a acquis une date certaine. (*Arrêt de cassat.*, du 17 mai 1808. — Sirey, tome 10, page 284.)

31. La prescription, relativement à des droits de mutation résultant d'actes passés dans les colonies, court à compter du jour où ils ont été énoncés dans des actes enregistrés, ou de celui où il en a été fait usage en justice ou devant les officiers publics. (*Arr. de cass.*, du 14 avril 1813. — Dict. de Manut., tome 2.)

32. Elle a lieu par trente ans pour les actes sous seing-privé. (*Arr. de cass.*, du 27 mai 1809.)

33. Lorsque des actes sous seing-privé, contenant mutation d'immeubles, sont relatés dans un inventaire ou une sentence arbitrale, soumis à l'enregistrement, les droits et doubles droits auxquels ces actes donnent ouverture, sont prescrits, si la demande n'en

a été formée qu'après deux ans., à partir de l'enregistrement de l'inventaire ou de la sentence arbitrale.
(*Avis du conseil d'Etat*, du 22 août 1810. — *Arr.
de cass.*, des 1er. juin et 12 décembre 1814: 20 mars
et 21 mai 1816. — journ., art. 4848, 5052, 5445 et
5515. — Sirey, tome 16, page 278.)

34. La prescription biennale peut être invoquée
contre la demande des droits d'une mutation secrete
de biens immeubles réclamés deux ans après l'enregistrement d'un acte qui peut fournir la preuve de
cette mutation. (*Arr. de cass.*, du 25 juillet 1820.
— Journ. du P., t. 2, 1821. — Art. 76 du Recev.)

35. Lorsqu'un acte n'a pas été présenté à la formalité de l'enregistrement, les droits et l'amende ne se
prescrivent que par trente ans. Il ne suffit pas que la
régie ait eu des *moyens* de connaître l'existence de
l'acte pour appliquer l'exception. (*Arr. de cass.*, du
14 mai 1816. — Sirey, tome 16, page 375.)

36. La prescription biennale n'est point applicable à la demande des droits de mutation, ou des doubles droits résultant de ventes réalisées devant notaire,
plus de trois mois après que les mutations ont eu lieu,
lorsque l'Administration n'a pas été mise à portée
d'en constater l'existence par les actes qui ont été revêtus de la formalité, sans recherches ultérieures et
indépendantes de ces actes. Ainsi, le bail qui n'énonce
pas que le titre de bailleur a été enregistré, n'est pas
suffisant pour faire connaître la mutation qui s'est
opérée en faveur de celui-ci. (*Arr. de cass.*, des 29
juin et 17 août 1813, et 27 mars 1817. — Journ., art.
4605, 4701, 4705 et 6803. — Sirey, tom. 18, p. 55.)

37. La prescription biennale est étrangère à l'acte
qui, pris et considéré isolément, ne constate point
de mutation antérieure, et lorsque les découvertes de
cette mutation ont été uniquement le résultat de com-

binaisons et de circonstances particulières. (*Arrêt de cass.*, du 17 août 1813. — Journ., art. 4737.)

38. L'inscription au rôle du nouveau possesseur, sa saisie immobilière et l'ordre ouvert contre lui, ne font point courir la prescription de deux ans, dès que, par ces actes, on n'était pas à portée de savoir si le titre du propriétaire se trouvait enregistré. (*Arr. de cass.*, du 30 juin 1813.)

PRESCRIPTION (Interruption de la).

39. Un acte sous seing-privé ne peut être opposé à l'Administration pour justifier une possession trentenaire et la prescription du droit, que lorsqu'il a une date certaine depuis plus de trente ans. (*Arrêt de cass.*, du 28 août 1809. — Journ., art. 3623.)

40. La signification par acte d'huissier d'une demande en restitution, sans assignation devant un tribunal, suffit pour prévenir la prescription. (*Délib.* du 14 avril 1819. — Journ., art. 6360.)

41. L'opposition motivée et signifiée avec assignation devant les juges compétens, constitue l'instance ; dès-lors la prescription est interrompue. (*Arr. de cass.*, du 27 juillet 1813. — Journ., art. 4631.)

42. Lorsqu'un notaire ayant demandé et obtenu la modération des amendes de contraventions aux lois sur le notariat, prononcées contre lui par les tribunaux, a fourni un cautionnement pour le paiement des condamnations réduites, il ne peut se prévaloir de la prescription annale établie par l'article précité pour le défaut d'exécution, pendant plus d'un an, de la contrainte qui lui est décernée faute de paiement aux époques convenues. (*Arr. de casss.*, du 10 décembre 1821. — Art. 229 du Recev. — Journ., art. 7147. — Art. 364 du Control.)

PRESCRIPTION des droits de l'acte de partage.

43. Le partage enregistré ne suffit pas pour mettre le receveur à portée de découvrir si les titres de tous les co-partageans sont en forme, il faut, pour cela, des recherches ultérieures, et qui ne dépendent nullement de cet acte. Ainsi, le droit de rétrocession que ce partage a donné lieu de découvrir, ne peut se prescrire par deux années, à partir de la présentation du partage à la formalité. (*Arr. de cass.*, du 9 mai 1814. — Journal, art. 4847.)

44. On ne peut non plus faire courir le délai de deux ans pour la demande des droits de mutation secrète de l'acte de donation de ces biens, qui rappèle faussement qu'ils proviennent au donateur suivant contrats de *tels* et *tels* jours : cette énonciation, loin de remplir le vœu de l'avis du Conseil d'État, du 22 août 1810, tend à induire les préposés en erreur. (*Arr. de cass.*, du 10 janvier 1821. — Journal, art. 6936.

PRESCRIPTION. *Voy*. Bureaux d'enregistrement. — Date.

PRIVILÉGE.

1. Quelle que soit la nature de l'action attribuée à l'Administration sur les revenus des biens d'une succession pour le recouvrement du droit de mutation, elle ne peut exercer cette action sur le prix des immeubles tombés en succession, au préjudice des droits acquis aux créanciers ayant hypothèque sur les immeubles, et inscrits antérieurement au décès (1). (*Arr. de cass.*, du 6 mai 1816.—Journ., art. 5625.)

2. L'inscription prise à la requête du trésor contre le commerçant en faillite, et qui est en débet, comme

_____

(1) *Voy*. art. 15, n°. 7, de la loi du 22 frimaire an 7.

comptable public , a privilége sur tous les créanciers; la question de préférence qui lui serait contestée ne peut être résolue que par le tribunal de première instance. (*Arr. de cass.* , du 4 avril 1808.)

3. Le privilége des administrations , sur les biens meubles des comptables, est maintenu par l'art. 2098 du Code civil. (*Arr. de cass.* , du 17 octob. 1814. — Journ. , art. 5239.)

4. L'acquisition faite par un père , comptable public, au nom de son fils mineur, qui n'a aucun moyen d'acquérir , est réputée former la propriété du père , et dans le cas de débet , le bien demeure affecté au paiement de la créance. (*Cour de Limoges* , du 22 juin, 1808.)

5. L'action du trésor sur les biens des comptables est conservée , même après la cessation du service, tant que leur gestion n'est pas apurée par une inscription prise dans les deux mois des actes d'acquisition de ces préposés ; plus tard , l'inscription ne prend rang que du jour de l'inscription. (*Décis. du Min. des fin.* , du 19 avril 1817. — Il convient donc de se bien pénétrer de l'instruction 350. *Lettre de M. le Directeur-gén.* , du 14 juin 1817. — Mém. d'ordre d'Orléans , 1817.)

6. Lorsque le trésor fait vendre des biens sur son comptable reliquataire , et que les titres de propriété de ces biens n'ont pas été enregistrés, l'Administration de l'enregistrement a préférence sur lui pour le paiement des droits résultant de la formalité à donner à ces titres. (*Décis. du Min. des fin.* —Journ. , art. 4466.)

7. Les dispositions de la loi du 5 septembre 1807, concernant les priviléges du trésor sur les biens des comptables , sont applicables au trésor de la Couronne. Les receveurs de l'enregistrement et procu-

reurs du roi sont tenus de se conformer, en ce qui les concerne, aux dispositions de ces articles, pour la conservation des droits de la Couronne. (*Instr.* 37o.)

PRIVILÉGE sur le cautionnement des officiers publics.

8. L'administration a non seulement sur les intérêts, mais encore sur le montant des cautionnemens des officiers ministériels, un privilége pour le paiement des amendes et condamnations prononcées contre les titulaires de ces cautionnemens. (*Arrêt. de cassation,* du 1er. juin 1814. — Journ., art. 4897.)

9. Aux termes de la loi du 5 septembre 1807, le privilége du trésor, pour le paiement des frais de justice, en matière correctionnelle, ne peut s'exercer qu'après ceux désignés à l'article 2102 du Code civil. Cette restriction est, à plus forte raison, applicable au recouvrement des amendes qui rentrent dans les dispositions générales de l'art. 2098 du même Code. Il résulte, de l'arrêté du gouvernement, du 29 germinal an 7, du décret du 27 prairial an 10, et de la loi du 25 nivose an 13, que les cautionnemens des agens de change sont spécialement affectés à la garantie de ceux qui traitent avec eux, et leur confient des fonds. Il suit, de-là, que les frais et amendes dont la condamnation a été prononcée correctionnellement contre un agent de change, pour contraventions commises dans l'exercice de ses fonctions, ne peuvent être payées sur son cautionnement, ni par préférence, ni même concurremment avec des créances qui, d'après les faits établis, auraient pour cause des prévarications de l'agent de change, surtout, lorsqu'il est prouvé que ces créances existaient avant que le débiteur fût tombé en faillite; que les créanciers de la faillite se trouvaient saisis, par la loi, d'un gage sur le cautionnement, avant l'ouverture du droit réclamé par l'administration, et qu'ainsi le privilége sur le cautionnement leur

était acquis en vertu des dispositions des n°s. 2 et 7 de l'art. 2102 du Code civil. (*Arr. de cass.*, du 7 mai 1816. — Journ., art. 5716. — Sirey, t. 17.)

PRIVILÉGE. *Voy*. Décime.

PROCÈS-VERBAL d'adjudication et déclaration de command.

Le procès-verbal d'adjudication et la déclaration de command peuvent être soumis à l'enregistrement dans les vingt-quatre heures. S'ils ont été portés à l'enregistrement dans le délai, et que le receveur ait négligé de les enregistrer, il est garant du dommage qui a pu résulter de cette négligence. (*Arr. de cass.*, du 31 mai 1825. — Bullet. civ., 1825, p. 187.)

PROCÈS-VERBAUX.

1. Les procès-verbaux, rapportés par les membres de l'université, hors des limites de la discipline, de la juridiction et de l'administration intérieure, doivent être rédigés sur papier timbré, et soumis à l'enregistrement dans les quatre jours de leur date, moyennant paiement du droit. (*Délibér.* du 26 juin 1822, appr. par le *Min. des fin.*, le 17 juillet suiv. — Journ., art. 7241.)

2. Une ordonnance du roi, du 20 mai 1814, a remis S. A. S. le duc d'Orléans en possession des forêts et bois dont son père avait joui comme provenant de l'apanage d'Orléans, et qui n'ont pas cessé de faire partie du domaine de l'État, auquel ils peuvent faire retour à défaut d'hoirs mâles. Par cette raison, les agens chargés de la surveillance des forêts de l'apanage ont le caractère d'officiers publics, et peuvent défendre, devant les tribunaux, comme les employés de l'administration des forêts, dont celle du duc d'Orléans n'est en quelque sorte qu'une émanation. (*Lettre du Ministre de la justice.—Paillet*, Manuel de droit.)

3. Les procès-verbaux de ces agens doivent être visés pour timbre et enregistrés en débet. Les jugemens qui interviennent jouissent de la même faveur. Les receveurs tiennent un compte ouvert des droits dus pour cette double formalité; ils adressent, chaque trimestre, aux agens de S. A. S. le duc d'Orléans, un état certifié du montant de ces droits; ce montant est remboursé par l'administration de S. A. S. Il est essentiel de remarquer que le remboursement est indépendant des événemens ultérieurs, et de l'acquittement ou de la condamnation des individus désignés dans les procès-verbaux. Cette faveur est, au surplus, spéciale pour ceux des actes et jugemens qui ont lieu à la requête du duc d'Orléans, comme apanagiste. (*Décis. du Min. des fin.*, du 24 sept. 1817.— *Lettre de M. le directeur gén.*, du 30 du même mois.)

4. Le procès-verbal qui constate des injures, menaces et voies de fait contre les employés, lorsqu'ils sont en fonctions, et qui en empêchent le libre exercice, fait foi jusqu'à inscription de faux. Mais l'action serait exercée personnellement par l'employé, si les injures étaient étrangères à ses fonctions qui n'auraient été ni troublées, ni empêchées. (*Arr. de cassation*, du 22 janvier 1817. — Dict. de Manut., t. 5, page 157.)

5. Un procès-verbal n'est pas nécessaire pour constater les contraventions au répertoire, une contrainte suffit; tout préposé peut la décerner; il n'y a pas de délai pour la signifier. (*Arr. de cass.*, du 2 août 1818.)

6. Les procès-verbaux, les contraintes et significations dont ils sont suivis, peuvent valablement être sur papier timbré à l'extraordinaire. (*Arr. de cass.*, du 15 juillet 1816.)

PROCÈS VERBAUX de contravention.

7. Pour poursuivre le paiement d'une amende encourue par un officier public, il n'est pas nécessaire de

faire viser, approuver ou affirmer le procès-verbal qui
constate les contraventions qui ont donné lieu à l'a-
mende; la contrainte seule est sujète aux formalités
voulues. (*Arr. de cass.*, du 9 juin 1813.— Journ., art.
4673.)

8. Le procès-verbal de refus d'un notaire de communiquer son répertoire aux préposés de l'enregistrement ne peut être argué de nullité, ni sous le rapport
du défaut d'affirmation dans les vingt-quatre heures,
ni à cause de la parenté entre ce notaire et l'adjoint
du maire, qui a assisté à la rédaction de ce procès-
verbal. (*Arr. de cass.*, du 14 mars 1820. — Journ.,
art. 7198.)

PROCÈS-VERBAUX et actes en matière crimi-
nelle, correctionnelle ou de simple police.

9. Les procès-verbaux et actes, destinés à constater,
poursuivre et réprimer les crimes, sont exempts de la
formalité du timbre et de l'enregistrement, lorsqu'il
n'y a point de partie civile (1); et que, s'il y a partie
civile, les actes spéciaux, faits à la requête de cette
partie, ainsi que les jugemens qui prononcent des condamnations civiles, sont seuls assujétis à la double formalité.

Il en est de même à l'égard des procès-verbaux et
actes destinés à constater, poursuivre et réprimer les
délits, sauf l'enregistrement en minute, des jugemens
correctionnels, conformément à l'art. 4 de l'ordonnance
du roi du 22 mai 1816; sauf aussi l'enregistrement, et par
conséquent le timbre des actes à l'égard desquels cette
formalité est exigée par des dispositions spéciales, et no-

----

(1) Art. 16 de la loi du 13 brumaire an 7. — Art. 70 de la loi
du 22 frimaire an 7.

(2) Art. 7 et 69 de la loi du 22 frimaire an 7.

tamment des procès-verbaux et actes constatant les infractions aux lois sur les contributions publiques, lorsque ces infractions sont punies correctionnellement ; des procès-verbaux des gardes ruraux et forestiers, et des actes et jugemens qui interviennent sur ces procès-verbaux.

Ces distinctions ne s'appliquent pas aux exploits et notifications du fait des huissiers, ni aux actes de même nature que sont autorisés à faire les gendarmes et gardes forestiers, tous lesquels exploits et notifications doivent être timbrés et enregistrés, soit qu'il s'agisse de crimes ou de délits (1).

En ce qui concerne les contraventions de simple police, les actes par lesquels elles sont constatées, ainsi que ceux de la poursuite et les jugemens, sont essentiellement soumis à la double formalité.

Dans le cas où ces formalités sont nécessaires, elles ont lieu en débet, toutes les fois qu'il n'y a pas partie poursuivante, à la requête de laquelle l'acte est fait (2).

PROCÈS-VERBAUX des bureaux de conciliation.

10. Les procès-verbaux de conciliation ou de non conciliation, qui ne contiennent aucune disposition donnant ouverture au *droit proportionnel*, doivent être enregistrés au *droit fixe de 1fr.* La loi du 28 avril 1816 (3), qui a porté *de 1 fr.* à 3 *fr.* le droit fixe des transactions, ne contenant aucune stipulation de somme ou valeur, n'est pas applicable aux procès-verbaux de conciliation. — La loi du 28 avril 1816 doit être considérée comme une loi d'exception, qui a laissé subsister sur

---

(1) Art. 68 et 70 de la loi du 22 frimaire an 7. — Art. 4 de l'ordonnance du 22 mai 1816.

(2) Art. 74 de la loi du 25 mars 1817.

(3) Art. 44, n°. 8, de la loi du 28 avril 1816.

II. 20

l'ancien pied les droits de tous les actes qu'elle n'a pas dénommés. (*Décis.* du 10 septembre 1823. — *Instr.* n°. 1104.)

Voy. Actes sous seing-privé. — Actes passés en conséquence d'autres.

PROCÈS-VERBAUX de Carence.

11. Les procès-verbaux de carence, dressés en exécution de l'article 924 du Code de procédure civile, ne peuvent, comme ceux d'apposition de scellés, être enregistrés au *droit fixe* de *2 fr.* par vacation (1); ils ne sont soumis qu'au *droit fixe de 1 fr.*, quel que soit le temps employé à leur rédaction. (*Décision du Ministre des finances*, du 8 octobre 1823. — *Instr.* n°. 1104.)

PROCÈS-VERBAUX sujets à l'affirmation.

12. Les procès-verbaux des employés de l'administration doivent être affirmés dans les vingt-quatre heures, s'il n'y a pas de pièce qui constate la contravention. (*Circul.* 1498.)

13. Il faut que les pièces soient annexées au procès-verbal. (Journ., art. 2253.)

14. Un procès-verbal rédigé par un inspecteur de l'enregistrement contre un huissier qui aurait contrevenu aux articles 49, 52 et 54 de la loi de frimaire an 7, relatifs à la tenue et à la communication à donner du répertoire, est dispensé de l'affirmation. (*Arrêt de cassation*, du 26 juin 1820. — Journal, art. 6771.)

15. La loi du 14 frimaire an 3, qui exige que les procès-verbaux soient affirmés, ne dispose que sur les matières des douanes; on ne peut l'étendre aux

---

(1) Art. 68 de la loi du 22 frimaire an 7.

contraventions, aux droits de timbre, les lois sur cette matière n'ayant pas prescrit cette formalité. (*Arrêt de cassation*, des 13 messidor an 9 et 2 brumaire an 10, et 14 mars 1820. — Journ., art. 7198.)

16. L'affirmation d'un procès-verbal, qui doit recevoir cette formalité dans les vingt-quatre heures, doit avoir lieu dans les vingt-quatre heures de la date *de horâ ad horam*, et non dans l'espace d'un jour, à peine de nullité du procès-verbal. (*Arr. de cass.*, du 5 juin 1809. — Journ., art. 3209.)

PROCÈS-VERBAL. *Voy*. Affirmation de procès-verbaux. — Délais, n°. 12. — Gardes-champêtres. Nullité, n°. 2. — Voirie.

PROCURATION (1).

1. La procuration qui contient don et remise au profit du mandataire, du cinquième d'une somme qu'il est chargé de recouvrer, ne doit, sur ce cinquième, que le droit de 1 *fr. pour* 100 comme marché. (*Décis. du Minist. des fin.*, du 20 janvier 1818. — Journ., art. 5972.)

2. Les procurations collectives que les créanciers de l'arriéré donnent à un agent à Paris, à l'effet de toucher le montant de leurs créances sur le Trésor, sont soumises à autant de droits qu'il y a de créanciers. (*Décision du Min. des fin.*, transmise par le Ministre de la guerre aux commissaires ordonnateurs, le 12 septembre 1817. — Journ., art. 5865.)

3. Plusieurs décisions ministérielles, notamment celle du 15 avril 1820, concernant les héritiers Lezieux, et celle du 30 mai 1821, concernant le sieur Vetu, ont établi qu'en matière de procurations données par des héritiers pour accepter des successions,

---

(1) *Voy*. art. 43 de la loi du 28 avril 1816.

20.

ou pour y renoncer, la pluralité des droits doit s'établir non sur le nombre des successions, mais sur celui des *constituans* : ainsi, la procuration donnée par neuf cohéritiers à l'effet de recueillir une succession ou d'y renoncer, est passible de neuf droits fixes de 2 *fr.*, parce que les héritiers agissent chacun dans leur intérêt particulier. (*Délib.* du 5 juin 1822, approuvée par *M. le Directeur général.*)

4. La procuration donne lieu à autant de droits fixes qu'elle dénomme de mandataires qui doivent agir privativement. Si, dans celle enregistrée, on a laissé le nom du mandataire en blanc, et qu'ensuite on remplisse ce blanc avec les noms de plusieurs personnes dont les diligences devront être faites particulièrement, nul doute qu'il ne s'ensuive l'exigibilité de plusieurs droits, et ainsi un supplément à réclamer, comme la Direction générale l'a reconnu le 23 octobre 1817, en même temps qu'elle a pensé que le délai pour faire la réclamation courait du jour du premier enregistrement.

5. Si un débiteur donne pouvoir de souscrire une obligation à son créancier, qu'il dénomme, le *droit proportionnel* est exigible. (*Sol. de l'admin.* — Manuel de l'enregistrement, p. 93.)

6. La remise par un acquéreur à son co-associé dans l'acquisition de la portion du prix dont il est tenu, à la charge, par cet associé, de demeurer seul chargé envers le vendeur du prix total, ne doit être considérée que comme un simple pouvoir ou commandement, donné par l'un des sociétaires à son co-acquéreur, de rendre au vendeur commun la somme qui, à cet effet, lui est confiée. (*Sol.* du 17 ventose an II. — *Idem.*)

7. La procuration pour acquérir un objet déterminé, et moyennant un prix énoncé dans le pouvoir, n'est pas passible du *droit proportionnel*, parce que

dans cette espèce, il n'y a pas encore vente : mais il n'en est pas de même de la procuration donnant pouvoir de déclarer, au profit d'un tiers, une vente consentie au profit du constituant; la procuration, dans ce cas, équivaut à la déclaration de command après délai, et est passible des mêmes droits proportionnels. (*Délib.* du 21 novembre 1814. — Journ., article 4977.)

8. Les procurations des sous-officiers et soldats en retraite ou en réforme, à l'effet de toucher pour eux, à la caisse du payeur, les arrérages qui leur sont dus pour leur pension, sont exemptes du timbre et de toute espèce de droits. (*Décret* du 21 déc. 1808.)

9. Celles qui seraient données par des militaires d'un grade supérieur à celui des sous-officiers, ne peuvent jouir de cette exemption; il en serait de même si la procuration donnée par des sous-officiers et soldats était consentie à l'effet de régler en même-temps d'autres intérêts. (*Instr.*, n°. 419.)

PROCURATIONS. — Transfert de rentes sur l'État. (1).

10. L'article 43 de la loi du 28 avril 1816, ayant assujéti au *droit fixe de 2 fr.* les procurations et pouvoirs pour agir ne contenant aucune stipulation ni clause donnant lieu au droit proportionnel, il s'ensuit que les procurations pour le transfert des rentes au-dessous de cinquante francs sont passibles du *droit fixe de 2 fr.*, puisque le droit est le *minimum* de celui qui doit être payé pour les procurations. (*Décis. du Min. des fin.* du 26 mars 1823.)

PROCURATIONS. *Voy.* Notaire, n°s. 15, 16 et 17.

----

(1) Art. 1er, de l'ordonnance du 5 mars 1823. — Art. 43 de la loi du 28 avril 1816.

PRODUCTION de titres (1).

Le procès-verbal du juge-commissaire, faisant mention des productions de titres, n'est soumis qu'à un seul *droit fixe d'enregistrement* de 3 *fr.*, puisque toutes les mentions ne composent qu'un seul procès-verbal. (*Instr.* 620.)

PROMESSE de bail.

1. La promesse de bail n'est considérée nulle part, dans la loi, comme valant bail ; en sorte qu'on ne peut exiger le droit de location, lorsqu'elle est comprise dans un acte dont le fond n'est pas cette convention ; aucune perception ne doit être faite pour la promesse. (*Délibér.* du 15 mai 1819. — Journ., art. 6392.)

2. Une promesse de bail insérée dans un contrat de mariage, est passible du droit proportionnel, par cela seul qu'elle fait partie d'un acte synallagmatique de sa nature, et exécutoire pour tous les contractans qui y ont apposé leurs signatures sans réserve (2). (*Arr. de cass.* du 26 novembre 1822. — Bulletin off. de 1822, pag. 315.) *Voy.* Bail.

PROMESSE de vendre.

1. La promesse de vendre, faite avec arrhes, ne vaut pas vente ; elle dégénère en une simple promesse résoluble à la volonté de l'une des parties, aux termes de l'article 1590 du Cod. civ. ; et, si elle ne se réalise pas, parce que l'acquéreur a préféré de perdre les arrhes qu'il avait données, elle n'est passible que du droit fixe. (*Solut.* du 2 septembre 1814. — Journ., art. 4898.)

2. Ne sont pas susceptibles du droit de vente les

---

(1) Art. 68, §. 1er., n°. 51, de la loi du 22 frimaire an 7.
(2) Art. 68, §. 3, n°. 2, de la loi du 22 frimaire an 7.

promesses sous seing-privé, portant que celle des parties qui refusera de passer acte public dans un délai convenu, paiera à l'autre une somme déterminée, à titre de dommages et intérêts, parce que cette stipulation est essentiellement suspensive de la vente. (*Sol.* du 20 messidor an 13. — Journ., art. 2160.)

3. Il en est de même à l'égard de la promesse faite par un débiteur à son créancier, de lui vendre un immeuble désigné, dans le cas où il ne se libérerait pas envers lui aux époques convenues. (*Sol.* du 27 messidor an 13. — Journ., art. 2261.)

4. Le jugement qui envoie un individu en possession d'un immeuble, pour le remplir d'une somme qu'un autre lui devait, et pour le paiement de laquelle il lui avait consenti, dans un acte authentique, la vente de cet objet immobilier, faute de paiement de la somme au terme fixé, opère une mutation, encore que les experts n'aient pas procédé à l'estimation de l'immeuble comme ils le devaient, aux termes de l'acte. (*Arrêt de cassation,* du 22 décembre 1813. — Journ., art. 4764.)

5. La clause dans un acte, par laquelle un père s'oblige d'abandonner à son fils, dans quatre ans, à dater du jour du contrat, des immeubles désignés en paiement d'une somme de 2,000 fr. qu'il a reconnu lui devoir, vaut vente, et l'administration n'est pas obligée d'attendre les événemens pour faire payer le *droit de 5 et 1/2 p.* 100 sur 2,000 *fr.* (*Sol.* du 26 août 1813. — Journ., art. 4606.)

6. On ne peut percevoir le droit proportionnel de vente sur la promesse qu'un frère fait à sa sœur, de lui vendre un bien dont il n'est pas encore adjudicataire définitif, avec clause qu'ils conviendraient ultérieurement du prix, et à condition que la sœur acquitte-

rait les dettes dont le bien était grévé. (*Décis. du Min.
des fin.*, du 7 juillet 1820. — Journal., art. 6944.)

7. On est fondé à réclamer le droit de mutation
d'après un jugement de justice de paix qui, en rapportant les dires des parties, constate qu'il y a entre elles
promesse de vente. (*Arrêt de cass.*, du 13 avril 1820.
— Art. 79 du recueil.)

PROROGATION de délai (1).

1. Il n'est dû que le droit fixe sur l'acte qui accorde
une prorogation de délai pour l'acquit d'une obligation résultant d'un jugement portant condamnation au
paiement d'une lettre de change, quoique, par cet acte
de prorogation, on convertisse en hypothèque spéciale
celle générale résultant du jugement. (*Délib. du cons.*
— Journ., art. 5642, année 1817.)

2. On peut, sans contravention, écrire une prorogation de délai à la suite du billet auquel elle s'applique. (*Délib.* du 6 oct. 1815. — Journ., art. 5248.)

PRUD'HOMMES.

1. Les actes et procès-verbaux des conseils de prud'-
hommes suivent la même règle que ceux qui leur correspondent aux justices de paix, pour la feuille d'audience, le répertoire, etc.; mais l'enregistrement de
tous ces actes aura lieu *gratis*, toutes les fois qu'ils
constateront que l'objet de la contestation est au-dessous de 25 fr. La formalité est de rigueur, quelque
modique que soit la somme.

2. Doivent être enregistrés *gratis* les procès-verbaux
qui constatent, 1°. des contraventions aux lois et réglemens; 2°. des soustractions de matière première par
les ouvriers au préjudice des fabricans. Ces procès-

---

(1) Art. 68, §. 1er. nos. 6 et 51, de la loi du 22 frimaire an 7.

verbaux doivent recevoir la formalité dans les vingt jours de leur date. Les doubles livres d'acquit seront timbrés, mais les trois registres tenus par le Conseil, pour y inscrire le dépôt des dessins, les livres d'acquit et le nombre d'ouvriers, sont exempts du timbre. (*Décision du Ministre des fin.*, du 20 juin 1809. — *Instr.* 437.)

Q.

QUITTANCES (1).

1. Les frais du timbre des quittances sont à la charge de ceux qu'elles libèrent (2). (*Arr. de cass.*, du 28 août 1809. — *Instruc.* 403.) *Voy.* l'article 75 de la loi du 28 avril 1816, qui soumet solidairement les créanciers et les débiteurs au paiement des droits de timbre et des amendes.

2. — 1°. Les quittances de somme, non excédant 10 francs, ne doivent être affranchies du timbre qu'autant qu'elles n'ont pas pour objet un à compte, ou une quittance finale sur une plus forte somme ; dans ces deux cas, elles sont soumises à cette formalité.

3. — 2°. Les quittances délivrées par les desservans et par les maîtres d'école, dont les traitemens n'excèdent pas 300 francs, peuvent être écrites sur papier libre, conformément aux décisions des 17 octobre 1809 et 31 juillet 1822. Les quittances des sommes payées pour l'entretien des horloges, sont assujéties au timbre, s'il s'agit de plus de dix francs.

4. — 3°. La minute de l'arrêté rendu sur un compte de receveur municipal, est exempte de timbre ; mais

---

(1) Art. 16 et 29 de la loi du 13 brumaire an 7.

(2) Code civil, art. 1248.

l'expédition de cet arrêté ne peut être délivrée que sur papier timbré, dans le cas où elle serait demandée par un comptable. (*Décision du Min. des fin.*, du 12 septembre 1823. — *Instr.* 1099.)

5. Chaque quittance du prix des acquisitions faites par le domaine extraordinaire, est sujète au *droit fixe* de 3 *fr.*, attendu que le paiement du prix, étant une suite nécessaire de la vente, la quittance doit participer à l'exemption accordée à la vente (1). (*Décis. du Min des fin.*, du 29 sept. 1812. — Journal, art. 4469.)

6. Celles délivrées par les Trésoriers des hospices du prix des ventes d'immeubles révélés, vendus pour le compte des hospices, doivent le *droit proportionnel*, lorsqu'il n'y a pas de dispositions qui les en dispensent. (*Décis. du Min. des fin.*, du 9 novem. 1813. — Journal, art. 4714.)

7. La quittance d'une somme payée en avancement d'hoirie, est une véritable donation. (*Sol.* du 26 mars 1810. — Journ., art. 5285.)

8. La quittance d'arrérages d'une rente, lorsque l'enregistrement du titre créatif n'est point relaté, autorise la perception du droit de 2 *pour* 100, lorsqu'il est justifié que le titre se trouve enregistré. (*Décis. du Min. des fin.*, du 22 brumaire an 8. — Journ., art. 299.)

9. Lorsque, dans un compte entre un adjudicataire d'immeubles et un seul des créanciers colloqués sur le prix de cet immeuble, ce dernier admet des paiemens qui sont énoncés comme ayant été faits par l'acquéreur à des tiers, le droit de quittance n'est pas

---

(1) Art. 14 et 24 de la loi du 22 frimaire an 7.

exigible sur le montant de ces paiemens , parce que , dans l'absence de toutes les personnes qui ont le droit d'opérer la libération , les simples relations de paie-mens dont il s'agit ne peuvent être considérées que comme des énonciations pour ordre qui ne donnent ouverture à aucun droit. (*Délibérat.* du 15 mai 1822 , *approuvée par M. le Directeur génér.* — Art. 386 du Contr.)

10. Si le mandataire n'excipe pas d'une procuration pour recevoir une somme fixe et déterminée , il doit être considéré comme un comptable ordinaire ; le paiement qu'il fait à son constituant du capital et des intérêts d'une somme p'acée par celui-ci sur une banque , qu'il a été chargé de recevoir , est un reli-quat de compte passible du droit de 5o *cent. pour* 100. (*Délib.* du 7 nov. 1821, *appr. le* 3o *par le Min. des fin.*)

QUITTANCE (Annulation de.)

11. L'acte qui annulle une quittance , pour partie du prix de veute , doit 1 *pour* 100, parce que la con-vention rétablit et fait revivre la créance. (*Arr. de cass.*, du 22 février 1811. — Journal, art. 4217.)

QUITTANCE. — Contrat de mariage.

12. La promesse faite par le père dans le contrat de mariage de son fils , où il se charge et donne quit-tance de la dot de la future épouse , de payer à son fils une rente ou un capital correspondant à cette rente , dans le cas où les époux cesseraient de vivre avec lui , est soumise , non à un simple *droit fixe* énoncé au n°. 5, §. 3 de l'art. 68; mais bien au *droit proportionnel* réglé par l'art. 69, §. 4 , n°. 1 de la même loi. (*Arr. de Cass.*, du 18 avril 1821. — Journ. des aud. de 1821, p. 598.)

13. L'acte par lequel plusieurs légataires recon-naissent avoir reçu de l'exécuteur testamentaire le montant de leurs legs , est passible d'autant de *droits fixes de* 2 *fr.* , qu'il y a de legs distincts , quoique la

délivrance de ces legs ait été précédemment ordonnée par un jugement. — La quittance que renferme ce même acte, d'une somme pour avances et frais dus au notaire liquidateur de la succession, est passible, comme celle des honoraires, du *droit proportionnel* établi par l'art. 69, §. 2, n°. 11 de la loi du 22 frimaire an 7, pour les quittances en général. (*Arr. de cass.*, du 22 avril 1823. — Denevers 1824, p. 224.)

14. La main-levée de l'inscription hypothécaire ou de l'opposition donnée dans l'acte même de quittance, n'opère pas de droit particulier, encore que le droit de quittance soit inférieur à 2 fr., parce que la main-levée est la suite immédiate de la quittance. (*Instr.* 390, nomb. 8.)

15. Le droit pour les quittances de remboursement de rentes et obligations dans lesquelles il n'est pas fait *réserve des intérêts*, n'est dû que sur les sommes qui y sont exprimées. Mais, à l'égard des quittances annonçant *que tous les intérêts échus ont été payés*, le droit est exigible sur le nombre d'années d'arrérages ou d'intérêts révolus, d'après la date du titre, si elle ne remonte pas à 5 ans, ou sur 5 années, si la date du titre est plus ancienne, à moins que le paiement de ces intérêts ne résulte d'actes en forme qui seraient mentionnés. (*Instr.* 390, nomb. 11.).

16. Lorsqu'une quittance porte que le créancier décharge le débiteur de *toutes choses quelconques*, relatives au capital remboursé, il y a lieu de percevoir le droit sur le capital remboursé et les intérêts des cinq dernières années, parce que cette décharge produit le même effet que si le créancier eût reconnu que tous les intérêts ont été payés. (*Délib.* du 21 octobre 1818. — Journ.; art. 6201.)

17. Il n'est dû que le *droit de 50 c. pour 100* sur l'acte par lequel le survivant des père et mère, qui a été tuteur de ses enfans, leur paie la valeur des meu-

bles du décédé, qu'il ne peut représenter en nature.
(*Instr.* 548.)

18. L'acte par lequel un émigré rentré, dont on a
vendu le bien, ratifie la vente faite par l'autorité administrative, et reçoit une somme de l'acquéreur, doit
être enregistré comme quittance. (*Décis. du Min. des
fin.*, du 24 nov. 1814.— Diction. de Manut., t. 5, p.
161.)

19. Le droit d'enregistrement pour les actes par
lesquels les légitimaires acceptent leur légitime en
numéraire, transigent ou donnent quittance, en
renonçant à leur droit d'être payés en biens héré-
ditaires, doit seulement être liquidé à raison de 50
pour 100, attendu que les dispositions de l'art. 16 de
la loi du 18 pluviose an 5, qui accordent aux légitimaires le droit de se faire délivrer, en corps hérédi-
taires, leur légitime, quoique fixée en argent, sont
purement facultatives. (*Circ.* 1709.)

20. Lorsque, par un contrat postérieur à la vente,
l'acquéreur paie, en l'absence du vendeur, le prix de
son acquisition au créancier inscrit par privilége sur
celui-ci, qui le subroge à tous ses droits, la perception ne doit être faite que comme quittance, parce
que, dès l'instant que le paiement s'effectue par la seule
force de la loi et sans l'intervention du débiteur principal, la subrogation a lieu de plein droit, qu'elle ait
été stipulée ou non. (*Délib.* du 17 décembre 1817.—
Journal, art. 5935.)

QUITTANCES soumises au timbre.

21. Celles pour le paiement des peines pécuniaires,
délivrées aux voituriers, en contravention à la police
du roulage, sont passibles de cette formalité. (*Instr.*
345.)

22. Il en est de même : 1°. de celles relatives aux
adjudications de travaux qui se paient sur les centi-

mes additionnels, lorsqu'elles sont supérieures à 10 fr. (*Décis. du Min. des fin.*, transmise par le Ministre de l'intérieur au préfet de la Creuse, le 7 avril 1818. — Dict. de Manut., tome 4) ; 2°. des quittances sur des mandats de sommes dues aux lycées pour les bourses communales (*Décis. du Min. des fin.*, du 31 mars 1812. — Journ., art. 4685) ; 3°. et de celles relatives au paiement des salaires des huissiers en matière criminelle, attendu que ces officiers ne sont ni fonctionnaires, ni salariés par l'état. (*Solut.* du 22 germinal an 10. — Journal, art. 1141.)

23. Dans le cas d'un mandat de plus de dix francs, délivré à une personne étrangère à un établissement public, la quittance ou l'acquit ne pourrait être placé sur ce mandat qu'autant qu'il serait en papier timbré. (*Instr.* 454.)

24. Les quittances de traitement des professeurs de collèges et écoles secondaires, des instituteurs, des bibliothécaires et de toutes personnes attachées aux établissemens publics avec un traitement annuel, qui n'est pas payé par le trésor public, sont passibles du timbre, lorsque les traitemens excédent 300 francs par année. (*Idem.*)

25. Sont également sujètes au timbre toutes les quittances de sommes au-dessus de dix fr., pour paiement fait par les communes aux hospices ; aux lycées, à raison des bourses ; du dixième du produit des droits de jeaugeage et de pesage affecté au bureau de vérification des poids et mesures, et du dixième ou vingtième des revenus fonciers dont le produit est destiné aux acquisitions, constructions, et réparations des églises, presbytères et séminaires. (*Idem.*)

QUITTANCES. — Exemptes du timbre (1).

26. Les quittances des gages et indemnités des maîtres de postes , celle des pensions et secours accordés aux postillons , à leurs veuves et à leurs enfans. (*Idem.* 399.)

27. 1°. Les rôles et quittances des contributions imposées sur les propriétaires qui se réunissent à l'effet de pourvoir à l'entretien des digues (*Instr.* 387) ; 2°. les quittances de secours accordés aux parens des militaires (*Circ.* 1566) ; 3°. celles de restitution de droits indûment perçus. (*Instr.* 397.)

28. Les quittances des traitemens des secrétaires des communes , gardes-champêtres et autres salariés dont les appointemens n'excèdent pas 300 fr. , sont exemptes du timbre. Mais celles des rétributions des commissaires de police y sont sujètes , à moins qu'ils ne les reçussent des deniers de l'état. (*Inst.* 371.)

29. Toutes les quittances de contributions directes sont dispensées du timbre ; celles de contributions indirectes, excédant 10 fr. , sont les seules qui y soient assujéties. (*Circ.* 1566.)

30. Les quittances des sommes payées par les communes , sur les produits des octrois , en remplacement de la contribution mobilière , de même que pour le dixième destiné au pain de soupe des troupes, et les 5 pour cent affectés aux compagnies de réserve. (*Inst.* 454.)

31. Les quittances délivrées par les receveurs de l'enregistrement aux receveurs des communes , des sommes versées à leurs caisses pour fourniture de papier des registres de l'état civil , ne sont que des bor-

___

(1) Art. 16 de la loi du 13 brumaire an 7.

dereaux récapitulatifs du nombre des feuilles livrées, exigés pour renseignemens, les registres ne pouvant être produits à l'appui des comptes : assez souvent les maires des villes délivrent des mandats sur leurs receveurs, au profit du directeur de la poste, pour ports de lettres; du receveur du timbre extraordinaire, pour timbre des registres de l'état civil ; du receveur particulier de l'arrondissement, pour abonnement de casernement, ainsi qu'à d'autres dépositaires des fonds du trésor, recevant pour le gouvernement. Dans ces différens cas, les quittances délivrées aux communes pour des prélèvemens versés au trésor public, qui, partie prenante, ne peut, aux termes de l'art. 29 de la loi du 13 brumaire an 7, supporter le droit de timbre, doivent, conformément à l'article 16, n°. 1 de la même loi, être considérées comme des récépissés exempts des droits de timbre. (*Délib.* du 15 mai 1822, appr., le 28 juin suivant, par le *Min. des fin.*)

QUITTANCE sous seing-privé.

32. Le notaire doit faire enregistrer, dans les dix ou quinze jours de sa date, la quittance sous seing-privé, apposée au bas de la minute d'un acte passé devant lui, sous la peine portée par l'art. 20 de la loi de frimaire an 7. (*Délib.* du 20 fév. 1819. — Journal, art. 6549.)

QUITTANCE. *Voy.* Acte passé en conséquence d'un autre.—Décharge.—Novation, n°. 2.

R.

RADIATION (Jugemens de.)

Les jugemens qui ordonnent la radiation des causes, ne sont assujétis à l'enregistrement qu'autant que la radiation a été prononcée avec la restriction que la cause ne sera replacée au rôle que sur le vu de l'expédition du jugement dont le coût reste à la charge de l'avoué, conformément à l'article 29 du réglement du 30 mars 1808. Dans ce dernier cas, ces jugemens doivent être présentés à la formalité de l'enregistrement, dans les vingt jours de leur date. (*Décis. du Ministre des finances*, du 30 avril 1823. — *Instr.*, n°. 1080.)

RAPPORT d'un juge (1).

1. La nullité d'un jugement rendu en matière d'enregistrement, résultant de ce que la minute de ce jugement ne constate pas qu'il ait été rendu sur le rapport de l'un des juges, ne peut être couverte par un certificat du tribunal, attestant que ce rapport a eu lieu. (*Arr. de cass.*, du 3 janvier 1820.) *Voy.* aussi *arrêts* des 23 août 1808, 19 décembre 1809 et 1er. juin 1813, et un grand nombre d'autres qui décident que le jugement doit énoncer, à peine de nullité, que le rapport a été fait par le juge, comme aussi qu'il a été rendu sur les conclusions du ministère public.

2. Un rapport fait en la chambre du Conseil ne remplace pas le rapport qui doit être fait en audience publique, et rend le jugement vicieux et susceptible d'annulation. (*Arrêt de cass.*, des 7 janvier 1818 et 5 mars 1822. — Bullet. offic. de 1818, p. 11. — Journal des Audiences de 1822, p. 357.)

RAPPORT d'experts. *Voy.* Actes sous seing-privé.

RATIFICATION (2).

1. Lorsqu'on ratifie plusieurs contrats par un même acte, il n'est dû qu'un seul droit de ratification, si les ratifians ont un intérêt commun dans les contrats ; mais il doit être perçu autant de droits qu'il se trouve

---

(1) Art. 65 de la loi du 22 frimaire an 7.

(2) Art. 68, §. 1er., n°. 38, de la loi du 22 frimaire an 7.

de parties qui ont un intérêt différent. (*Sol.* du 29 août 1814.)

2. La ratification par acte séparé, consentie par une femme, de la vente faite par son mari, d'un immeuble propre à celui-ci, ou dépendant de la communauté, opère le *droit fixe de* 1 *fr.* (*Décis. du Min. des fin.*, du 19 avril 1814. — Journal, art. 4799.)

RÉCÉPISSÉ (1).

1. Les récépissés des receveurs-généraux ou d'arrondissement, délivrés aux percepteurs ou préposés spéciaux, pour versemens de sommes prélevées sur les recettes communales, ne sont point passibles du timbre. (*Décis. du Min. des finances*, du 22 août 1809. — Journ., art. 3330.) *Voy.* aussi Communes, n°. 7, et quittance, n°. 34.

2. Ceux des sommes versées à la caisse du Mont-de-Piété, sont, lorsqu'on les soumet à la formalité, passibles du *droit proportionnel de* 1 *pour* 100, même quand ces récépissés sont délivrés à des hospices qui doivent y verser des fonds. (*Décis. du Min. des fin.*, du 5 novembre 1811. — Journal, art. 4207.)

3. Un huissier ne peut, sans encourir l'amende, signifier la copie d'un récépissé délivré par un receveur particulier, en sa qualité de préposé de la caisse des dépôts et consignations, avant que ce récépissé ait été enregistré. (*Arr.* du 6 juin 1820.—Journ., art. 6943.)

4. Les récépissés des avoués, pour communication de pièces, ne sont assujétis à l'enregistrement que lorsqu'on veut en faire usage pour obliger un avoué en

---

(1) Art. 16 de la loi du 13 brumaire an 7 ; art. 70 de la loi du 22 frimaire suivant, et art. 43, n°. 8, de la loi du 28 avril 1816.

retard à remettre les pièces communiquées. (*Instr.* 436, nombres 14 et 18.)

5. Un huissier ne peut, sans encourir l'amende, signifier la copie d'un récépissé délivré par un receveur particulier, eu sa qualité de préposé de la caisse des dépôts et consignations, avant que ce récépissé ait été enregistré. (*Arrêt* du 6 juin 1820. — Journ. , article 6943.)

6. Le récépissé que délivre le secrétaire de la Chambre des notaires, de la remise qui lui est faite de l'extrait d'un contrat de mariage, ou d'un jugement, pour être inséré, conformément à l'article 872 du Code de procédure, est sujet au *droit de 2 fr.* (1). Mais, au lieu de remettre un tel récépissé, la Chambre des notaires, ce qui à la verité n'est prescrit par aucune loi, doit avoir un registre destiné à constater la remise qui doit être faite de ces extraits. (*Arrêt de cass.*, du 16 févr. 1824. — *Inst.*, nomb. 1132.)

RECEVEURS.

1. Ne peuvent juger de la validité ou de l'invalidité des actes, ni se refuser à les enregistrer. (*Décis. du Ministre de la just.*, du 28 mars 1807.)

2. Un receveur de l'enregistrement peut enregistrer lui-même une saisie faite à sa requête. (*Cour de Riom*, du 12 mai 1808.—Journ., art. 5253. — *Sirey*, t. 15.)

RÉCLAMATIONS pour droit en sus, ou Amendes en matière de timbre et d'enregistrement.

Les particuliers, qui se croient fondés à réclamer près du Ministre des finances, soit des remises ou modérations d'amendes ou de droits en sus et doubles droits, soit des prorogations de délais pour le paiement

_____

(1) Art. 43, nos. 8 et 10, de la loi du 28 avril 1816.

21.

des sommes par eux dues au trésor royal, pourront, toutes les fois qu'ils le jugeront convenable, et au lieu de les transmettre directement à S. Exc., déposer ou faire déposer leurs mémoires ou pétitions entre les mains du directeur de l'enregistrement du département où est situé le bureau de perception, en ayant soin cependant de ne rien changer à la forme de ces réclamations, qui devront toujours énoncer que c'est au Ministre des finances qu'elles sont adressées. Les réclamations ainsi déposées seront transmises ensuite par les directeurs à l'administration de l'enregistrement, avec leurs observations motivées, au plus tard dans la quinzaine qui suivra le jour de l'enregistrement. (*Décis. du Min. des fin.*, du 10 octobre 1821.)

RECONNAISSANCES d'enfans naturels. (1).

1. Ces reconnaissances ne peuvent être mentionnées en marge des actes de naissance, sans avoir été préalablement enregistrées, à moins qu'elles n'aient été faites devant l'officier de l'état civil, qui a reçu les actes de naissances, auxquels elles s'appliquent; le droit d'enregistrement doit être perçu sur les expéditions d'actes de naissances, faisant mention de reconnaissances d'enfans naturels, sans relater l'enregistrement de ces reconnaissances; ce droit doit être de 2 *fr.*, lorsque la reconnaissance a été faite devant l'officier de l'état civil, et de 5 *fr.*, lorsqu'elle a lieu devant notaire. (*Décis. du Min. des fin.*, du 22 janvier 1819. — Journ., art. 6276.)

2. Le droit d'enregistrement, à raison de reconnaissances d'enfans naturels faites devant l'officier de l'état civil, ne sera perçu que sur la première expédition qui sera délivrée de chaque acte de reconnaissance; mais l'officier de l'état civil devra, sous sa responsa-

___

(1) Art. 43, n°. 22, et 45, n°. 7, de la loi du 28 avril 1816.

bilité personnelle, faire mention, en marge de la minute de l'acte, de la formalité qui aura été donnée à
la première expédition; il devra aussi rappeler cette
mention dans toutes les expéditions subséquentes qu'il
sera requis de délivrer, et le droit d'enregistrement
sera exigible sur les expéditions des actes de l'espèce,
si elles étaient dépourvues de la mention de la formalité. (*Décis. du Min. des fin.*, du 8 juin 1821. — Art.
82 du Recev.)

REGISTRE. — Timbre (1).

1. Les registres qui doivent être tenus en papier
timbré, sont : 1.° pour les communes, ceux destinés à
inscrire les actes relatifs à l'administration des biens
communaux et aux affaires particulières des dites communes; 2° pour les administrations municipales et dé-
partementales, ceux servant à la recette des attributions qui leur sont accordées sur la vente des biens nationaux et autres objets, et aux délibérations y relatives.

2. Les registres qui ne sont point sujets au timbre
sont ceux tenus pour les arrêtés et délibérations d'administration générale, ceux utiles à l'ordre intérieur
des bureaux; et, parmi ces derniers, on doit ranger les
registres qui servent à constater la remise des pétitions et autres pièces qui parviennent à l'administration. (*Décis. du Ministre des finances*, du 22 germinal
an 7, sur les art. 12 et 16 de la loi du 13 brumaire
an 7.)

REGISTRES. — Commerçans.

3. Les tribunaux de commerce ne peuvent homologuer les concordats qui leur sont présentés, lorsque
les livres du failli ne sont pas timbrés, et que les amendes ne sont pas acquittées. (*Instr.* 913.)

---

(1) Loi du 13 brumaire an 7, art. 12, n°. 2.

4. De ce que, par l'article 8 du Code de commerce, tout négociant et marchand doit ouvrir un livre-journal qui embrasse toutes les opérations de son commerce, opérations que la loi du 13 brumaire an 7, supposait pouvoir être l'objet de plusieurs registres, et qui, depuis le code, font la matière du seul journal, si les négocians, au lieu de ne tenir qu'un registre, le divisent en plusieurs sections ou registres différens adaptés chacun à l'un des objets qui doit être sur le journal, il est indispensable que, pour remplir le vœu du code, ces divers registres soient paraphés et conséquemment soumis au timbre. A défaut de cette formalité, ils ne peuvent être produits, ni déposés, ni énoncés dans un acte. (*Délibér.* du 27 décemb. 1816. — Journ., art. 5653.)

5. L'agent provisoire d'une faillite peut, sans contravention, faire mention, dans le compte qu'il rend aux syndics, des livres non timbrés du failli. (*Idem.*)

REMÉRÉ (1).

1. Si la rentrée en possession du vendeur à réméré n'est pas prouvée par acte enregistré, elle est censée n'avoir eu lieu qu'après l'expiration du délai; et dès-lors elle est passible du droit de 4 *pour* 100, comme en cas de revente; mais, si le retrait a eu lieu en vertu d'acte enregistré dans le délai stipulé, il n'est passible que d'un droit de 50 *cent. par* 100 *fr.* (*Arrêt de cass.*, du 2 août 1818.)

2. L'exercice du réméré n'opère de libération dans le délai porté au contrat, qu'au profit du vendeur, l'acquéreur étant déchargé, de plein droit et par l'effet seul du retrait, du prix ou de la portion du prix dont il est encore débiteur. Il n'y a lieu, dès-lors, à la perception du *droit proportionnel de* 50 *cent. par*

_____

(1) Art. 69, §. 2, n°. 11, de la loi du 22 frimaire an 7.

100 *fr.* que sur les sommes remboursées par l'acquéreur, pour frais et loyaux coûts, et non sur le prix
principal de la vente que celui-ci n'a pas payé. (*Arr.
de cass.*, du 26 août 1823. — Sirey, 1824, p. 38.)

3. L'art. 1660 du Code civil, qui permet de stipuler un délai de 5 ans pour l'exercice du réméré,
n'a pas dérogé à l'art. 69 de la loi de frimaire an 7,
d'après lequel, pour la perception du droit, les retraits
exercés hors du délai convenu par l'acte de vente, sont
considérés comme des rétrocessions. (*Décis. du Min.
des fin.*, du 20 mars 1819.— Journ., art. 6350.)

REMISE , ou modération d'une amende (1).

1. Avant de proposer au ministre la remise ou modération d'une amende de contravention à la loi sur le
notariat, il convient de demander l'opinion du tribunal
qui devra prononcer, ou aura prononcé la condamnation à l'amende. Alors les réductions, quoiqu'en définitive autorisées par le Ministre des finances, se
trouveront néanmoins concorder avec le sentiment
de l'autorité judiciaire, et remplir ses intentions.(*Lettre
de M. le Direct.-gén.*, du 18 janvier 1816.—Dict. de
Manut., t. 5, p. 126.)

2. D'après une décision ministérielle, du 24 mai
1816, les directeurs, dans les affaires relatives à des
contraventions à la loi sur le notariat, devaient inviter
les magistrats du tribunal de l'arrondissement à s'expliquer tant sur la moralité et la capacité des contrevenans, que sur la quotité de réduction dont les amendes encourues étaient susceptibles. S. Exc. le Min. des
finances, après s'être concerté avec Mgr. le Garde-
des-Sceaux, a décidé, le 22 février 1822, que désormais
les avis à donner par les magistrats, dans le cas.

_____

(1) Loi du 22 frimaire **an** 7, art. 59.

dont il s'agit, devront se borner à ce qui touche la moralité et la capacité des officiers publics, et, qu'au surplus, il n'y a lieu d'apporter aucun changement dans la marche suivie pour l'instruction de ces sortes d'affaires. (*Lettre de M. le Direct.- gén.*, du 28 février 1822. — Art. 269 du Recev.) *Voy*. Décharges, n°. 7.

REMPLOI.

1. La simple déclaration du mari, non acceptée par la femme, n'opérant pas le remploi, ne donne ouverture à aucun droit; mais elle produirait celui *de 2 fr. fixe*, si elle était acceptée, cette dernière disposition devant être considérée comme consentement ou décharge de remploi. (*Code Civil*, art. 1475.—*Instr.* 392.)

2. Il n'est dû aucun droit pour l'affectation particulière d'un immeuble par le mari. Cette clause n'a jouté rien aux avantages assurés à la femme par l'art. 1436 du code, et n'a d'autre effet que de restreindre l'hypothèque légale que cet article donne à la femme sur les biens non seulement de la communauté, mais encore de son mari, pour sûreté du remploi de ses propres aliénés. (*Instr.* 392.)

RENONCIATION (1).

1. Les répudiations de donations acceptées et devenues irrévocables, emportent rétrocession de la part du donataire, des objets à lui donnés, en faveur du donateur, et conséquemment une transmission de propriété à son profit, donnant ouverture au *droit proportionnel* de donation. (*Arrêt de cass.*, des 9 juin et 28 juillet 1806. — Journ., art. 2493 et 2430.)

2. La renonciation à une succession faite au greffe

_____

(1) Art. 68, §. 2, n°. 6, de la loi du 22 frimaire an 7.

en faveur d'un tiers acceptant, opère une vente ou une donation, selon qu'elle est faite à titre onéreux ou gratuit, et ne dessaisit point de la qualité d'héritier. (*Arr. de cass.*, du 17 août 1815. — Journ., art. 5365.)

3. La renonciation par un légataire à la nue propriété des immeubles qui lui ont été légués en toute propriété, pour s'en tenir à l'usufruit, est une transmission de propriété en faveur des héritiers présens à l'acte. (*Délibér.* du 11 avril 1817. — Journ., art. 5730.)

4. L'enfant d'un débiteur, assigné en reprise d'instance peut toujours renoncer à la succession de son père, et la renonciation est admissible jusqu'à ce qu'on prouve qu'il a fait acte d'héritier; il n'est tenu de justifier ni d'inventaire ni d'acte exclusif d'acceptation. (*Arr. de cass.*, du 16 juillet 1814. — Journal, art. 5374.)

5. On peut admettre, pour dispenser du paiement des droits résultant d'un legs, la renonciation que le légataire aurait passée par acte notarié. (*Instr.* 386, nomb. 27.)

6. La renonciation à un gain de survie, faite dans les six mois après le décès, doit entraîner la cessation des poursuites commencées pour le paiement des droits résultant dudit avantage. (*Décis. du Min. des fin.*, du 9 novembre 1813. — Journ., art. 4787.)

7. Lorsqu'après avoir cédé ses droits dans une succession échue, on renonce à cette succession moyennant une somme, il en résulte cession. (*Arr. de cass.*, du 31 mars 1817. (Dictionnaire de Manut., tom. 3, page 17.)

8. La renonciation à communauté faite pour un mineur par son tuteur, en vertu d'une délibération du conseil de famille, même sans être homologuée en

justice, est valable. (*Arr. de cass.*, du 22 novembre 1815.)

9. Lorsque la veuve qui n'a pas fait inventaire dans les trois mois du décès de son mari, renonce à la communauté, même sans s'y être immiscée, sa renonciation n'est d'aucune valeur. (*Cour de Paris*, du 2 août 1816.)

10. La forme pour les renonciations aux successions *ab intestat*, s'applique aux renonciations à toutes successions testamentaires. (*Instr.* 386, nomb. 27.)

11. Le père ou la mère ne peut renoncer, au préjudice de ses créanciers, au droit d'usufruit que lui confère l'art. 384 du C. C. sur les biens de ses enfans, jusqu'à ce que ceux-ci aient atteint leur majorité, ou soient émancipés. (*Arr. de cass.*, du 11 mai 1819.)

12. La femme, douataire universelle de son mari ne peut renoncer à cet avantage, lorsqu'elle l'a accepté par divers actes, et qu'elle s'est saisie de différens effets de la succession. (*Cour de Paris*, du 25 février 1819. — Diction. de Manut., t. 5, p. 169.)

RENTES (Cession de.)

1. Le transport de rentes dues par des particuliers non solidaires qui comparaissent à l'acte pour accepter le nouveau créancier, et s'obliger à lui payer les rentes, opère autant de droits de titre nouvel de *3 fr.*, qu'il y a de débiteurs, outre le droit de transport. (*Sol.* du 27 novembre 1818.)

2. La cession faite par un particulier à un autre, d'une rente due par un tiers, pour demeurer quitte d'une rente de pareille somme, dont il est redevable envers lui, n'est pas un échange, puisqu'il faudrait, dans ce dernier cas, que les rentes fussent dues aux contractans par des tiers. (*Solut.* du 13 janvier 1819.)

3. Les rentes foncières, les prestations réelles, déclarées rachetables, ainsi que les rentes constituées,

créées antérieurement à la loi du 11 brumaire an 7, sont susceptibles d'être frappées d'hypothèque; et le *droit de transcription, de 1 fr. 50 cent. pour* 100, ou celui d'enregistrement *de 2 pour* 100, est dû pour la cession de ces rentes. (*Instruc.* n°. 832. — *Délib.* du 31 octobre 1821, appr. le 16 novembre suivant, par le *Min. des fin.*) *Voy.* Diction. de l'enreg., *verbo* Cession de rentes.

4. L'augmentation de ce droit de 1 1/2 *pour* 100, ne serait pas exigible, si, par suite d'une cession antérieure de la même rente, il existait déjà une transcription qui eût arrêté le cours des inscriptions pour des hypothèques créées sur cette rente, avant la loi de brumaire an 7, et si on rapportait la preuve qu'il n'a pas été pris d'inscription avant cette transcription, ou que celles qui auraient été requises sont comme non avenues, soit par la radiation, soit par le non renouvellement. (*Décis. du Min. des fin.*, des 26 octobre 1818 et 9 juin 1820. — Journ. art. 6801.)

5. Ce *droit de* 1 1/2 *pour* 100, n'est pas dû sur la cession d'une rente constituée dans l'ancien ressort du parlement de Toulouse, parce que les rentes créées dans ce pays, n'étaient point soumises au régime hypothécaire. (*Décis. du Min. des fin.*, du 8 février 1819. — Journ., art. 6469.)

6. Une rente dépendante d'une succession ouverte dans une colonie française, où les lois sur le timbre et l'enregistrement n'ont jamais été promulguées, n'en est pas moins soumise au droit de mutation, si cette vente est payable en France, et surtout, si elle est hypothéquée sur un immeuble situé en France. C'est la loi de la situation des biens et non la loi de l'ouverture de la succession qui règle la perception du droit de mutation (1). (*Arr. de cass.*, du 10 novembre 1823. — Sirey, t. 24, p. 80.)

_____

(1) Art. 69, §. 4, n°. 2, loi du 22 frimaire an 7.

RENTE. — Mutation. — Étranger.

7. Le droit de mutation d'une rente due par un français, hypothéquée sur un immeuble situé en France, peut être exigé, quoique la succession de laquelle elle dépend se soit ouverte au profit d'un colon et dans les colonies où la loi sur l'enregistrement n'a pas été publiée, cette circonstance n'empêchant pas qu'il y ait eu, en France, mutation d'un bien meuble existant en France. (*Arrêt de cassat.*, du 10 novembre 1823. — Bull. offic. de 1823, p. 437.)

RENTES sur l'État.

8. Si l'actif d'une succession présente des rentes sur l'État, les légataires particuliers, qui ne sont point passibles, à l'égard du testateur, d'un droit de mutation plus fort que l'héritier ou le légataire universel, sont libérés, d'après l'avis du conseil d'état, du 10 septembre 1808, par le paiement fait par l'héritier ou légataire universel des droits dus sur la totalité de la succession. (*Arrêt de cass.*, du 28 janvier 1824. — Journ. du palais, t. 2 de 1824, p. 145.)

RÉSOLUTION de traité. — Société ou Communauté.

1. Le partage contenu dans un acte de dissolution de société ne donne ouverture à aucun droit particulier, lorsque chaque associé ne reçoit dans son lot, que les biens qui lui appartenaient antérieurement, ou sa portion des biens communs. Il en sera de même, lorsque la société possédant des immeubles acquis pendant la communauté, l'acte de dissolution les assigne à l'héritier, et donne à l'associé survivant des propriétés du même prix, appartenant à la société; attendu que, dans ce dernier cas, il n'y a qu'un simple partage. (*Instr.* 360.)

2. Mais le *droit proportionnel* doit être perçu, lors-

qu'un associé reçoit, dans son lot, des biens apportés par l'autre, ou qu'il lui est attribué des biens communs pour une valeur qui excède la part qui doit lui revenir dans la société. La perception, dans le premier cas, doit porter sur la totalité des biens transmis; elle opère le droit de vente, si l'acquéreur paie le prix; mais il est dû sur le prix fixé pour les échanges, si l'objet cédé se compense avec tout ou partie de la part du cessionnaire dans l'actif de la société. Dans le second cas, le droit de vente est dû sur le montant de la soulte. (*Idem.*)

3. Si deux particuliers ont acquis des immeubles, sans déterminer, dans l'acte, la portion qui appartiendrait à chacun, ils sont co-propriétaires par moitié; et si, par le partage, il en est attribué à l'un d'eux plus de la moitié, l'excédant est passible du *droit proportionnel*, comme soulte. (*Arrêt de cass.*, du 2 mai 1808. — Journ., art. 2934.)

4. Les actes par lesquels des époux rétablissent entre eux la communauté de biens, dissoute par la séparation, soit de corps et de biens, soit de biens seulement, ayant pour effet, aux termes de l'art 1451 du code civil, de faire reprendre à la communauté son action du jour du mariage, on ne peut les considérer comme donation, sous prétexte que des acquêts faits par l'un des époux, pendant le cours de la séparation, seraient, au moyen du rétablissement de la communauté, censés payés des deniers communs. (*Solut.* du 11 juin 1807. — Journal, art. 1376 et 2615.)

RÉSOLUTION. — Restitution.

5. On ne peut exiger la restitution des droits d'enregistrement régulièrement perçus sur une vente d'immeubles, moyennant une rente viagère, quoique la résolution du contrat ait été prononcée en justice,

par suite du décès du vendeur, dans les vingt jours
de la date de l'acte. (*Arrêt de cass.*, du 31 décembre
1823.) *Voy.* Bull. offic. de 1823, p. 499 et 502.

RÉSOLUTION de contrat pour défaut de paiement du prix (1).

6. S'il a été fait un paiement quelconque, ou si l'acquéreur a commencé à jouir, il est dû le droit de
vente. (*Circ.* 1992. — *Arrêt de cass.*, du 7 mai 1806.)

7. Un jugement qui annulle une vente, sur les motifs que cette vente était simulée, et que l'acquéreur
n'avait rien payé, quoique le contrat portât quittance
d'une portion du prix, est une rétrocession : pour que
le *droit fixe* fût seulement exigible, il faudrait que le
contrat résilié eût été vicié dans son essence ; de simples allégations des parties ne peuvent détruire la
preuve matérielle des paiemens résultant des termes
du contrat. (*Arr. de cass.*, du 23 août 1813.—Journ.,
art. 4682.)

8. La résiliation d'une vente verbale prononcée par
jugement pour défaut de paiement, bien qu'elle ne
considère pas le vendeur comme redevenant acquéreur, et n'autorise pas la perception d'un droit de mutation payable par le vendeur réintégré, n'empêche
pas qu'il ne soit dû, par l'acquéreur dépouillé, un premier droit de mutation à raison de la vente résiliée.
Au surplus, le droit du jugement, donnant lieu à un
second droit de mutation, doit toujours être avancé
par la partie qui a obtenu le jugement. (*Arr. de cass.*,
du 6 septembre 1813. — Sirey, tome 15.)

9. Le jugement qui ordonne l'éviction de l'acquéreur, si mieux n'aime ce dernier payer le prix, n'opère
point de rétrocession, quand le prix est payé avant

_____

(1) Loi du 27 ventose an 9, art. 12.

que le vendeur soit rentré en possession; si le *droit proportionnel* avait été perçu, il serait restituable. (*Décis. du Min. des fin.*, du 5 novembre 1819. — Journ., art. 6575.)

RÉSOLUTION pour défaut de paiement du prix.

10. Lorsqu'une vente publique d'immeubles constate que le prix convenu entre les parties a été payé, quoique le vendeur fasse ensuite résilier cet acte en justice, au moyen d'une contre-lettre établissant que le prix n'a point été payé, celui-ci ne peut se prévaloir, vis-à-vis de l'administration, du jugement dans lequel elle n'a point été partie, non plus que de la contre-lettre; il y a rétrocession à son profit. (*Arr. de cass.*, du 11 juillet 1814. — Journ., art. 4935.)

RÉSOLUTION pour cause d'inexécution de certaines conditions.

11. Les jugemens, portant renvoi en possession de biens immeubles, faute de paiement des rentes, formant le titre de transmission de la propriété et autres charges dont ils sont grévés, opèrent le droit de rétrocession; et, comme l'acte de prise de possession n'est que l'exécution de ce jugement, le *droit proportionnel* s'applique au jugement et non au procès-verbal de prise de possession sur lequel il n'est dû que le *droit fixe.* (*Décis. du Min. des fin.*, du 6 pluv., an 13.—*Arrêt de cass.*, des 24 therm. an 13 et 26 frim. an 14.— Dict. de 1810, *verbo* Déguerpissement.)

12. La résolution d'une donation pour cause d'inexécution des conditions y exprimées, est passible des droits proportionnels sur la valeur des biens dans lesquels rentre le donateur. Ce n'est pas comme si le contrat était résolu pour nullité radicale existant dans l'essence même de l'acte. (*Arr. de cass.*, du 14 novembre 1815.— Journal, art. 5400.)

13. Lorsqu'après un jugement par défaut, portant résolution de vente, faute d'avoir satisfait aux conditions du contrat, l'acquéreur, sur l'opposition à ce jugement, a justifié de l'acquit des charges, et s'est maintenu en possession de l'immeuble, le *droit proportionnel* du jugement non encore enregistré cesse d'être exigible. (*Arr. de cass.*, du 22 août 1815.— Journ., art. 5496.)

RÉSOLUTIONS. *Voy*. Jugemens. — Rétrocession. — Restitution de droits.

RESPONSABILITÉ. *Voy*. Amendes.

RESTITUTION de droits. — Prescription (1).

1. La prescription, pour réclamer le *droit proportionnel* perçu sur un jugement par défaut contenant résolution de vente, ne court que de la date du jugement qui, sur cette opposition, annule la clause résolutoire insérée dans le premier jugement, c'est-à-dire du jour où l'on a pu agir contre la régie. (*Arr. de cass.* du 23 février 1818. — Journ., art. 6047.)

2. On ne doit point restituer le droit payé par un héritier évincé d'une succession qu'un jugement postérieur attribue à un légataire universel; seulement le paiement libère la succession. (*Arr. de cassation*, du 13 décembre 1814.)

3. Les enfans qui ont compris, dans la déclaration de succession de leur mère, moitié des biens qu'un partage de communauté sous seing-privé attribuait à leur père, ne sont pas recevables à demander la restitution du droit qu'ils ont payé, parce que l'acte sous seing-privé, qui n'était point revêtu des formalités nécessaires pour la validité d'un partage définitif, ne pou-

_____

(1) Art. 61 de la loi du 22 frimaire an 7.

vant être réputé qu'un simple réglement de jouissance provisoire, ils ont pu déclarer postérieurement qu'ils étaient devenus propriétaires de la moitié des immeubles dépendans de la communauté. (*Arr. de cass.*, du 4 juin 1817. — Journ., art. 6863.)

4. Les droits de mutation par décès, mal-à-propos perçus sur des biens transmis ensuite par une donation entre-vifs, ne doivent pas être déduits du droit de cet acte, surtout lorsque la prescription des droits restituables est acquise à l'État. (*Arr. de cass.*, du 5 juillet 1820. — Journ. , art. 6796. — Sirey, t. 21.)

5. La partie qui a passé une déclaration de succession ne peut en demander la rectification, ni la restitution des droits payés, lorsqu'elle ne fournit point de preuve légale d'erreur. (*Arr. de cass.*, du 4 décembre 1821. — Art. 240 du Recueil.)

6. Mais le jugement par défaut, qui anéantit purement et simplement un contrat de vente, faute de paiement du prix , est passible du droit de rétrocession ; et ce droit n'est pas restituable, lorsque, par suite d'une opposition, il est annulé. (*Arrêt de cass.*, du 6 décembre 1820. — Journal, art. 6922.)

7. Lorsqu'un jugement contradictoire ordonne de faire telle chose dans un délai, sinon que l'on paiera telle somme, et que l'on ne satisfait pas à la première disposition dans le tems fixé , le jugement a acquis l'autorité de la chose jugée, quant à la condamnation, le délai étant de rigueur. (*Arrêt de cass.*, du 1er. avril 1812.)

8. Ainsi on ne peut restituer le droit proportionnel de mutation perçu sur un jugement qui a prononcé qu'à défaut de payer, dans quinzaine, le prix d'une vente d'immeubles, la vente serait dès-à-présent résolue , et dans la propriété desquels l'acquéreur ne s'est maintenu qu'en se libérant après le délai fixé: la

II. 22

restitution n'eût pu être faite que dans les cas prévus par les art. 48 et 69 de la loi de frimaire an 7. (*Avis du Conseil d'état*, du 22 octobre 1808. — *Inst.* 429. — *Arrêt de cass.*, du 8 février 1813. — Journ., art. 4456.)

9. La nullité prononcée d'une adjudication volontaire ne donne pas lieu, comme la nullité d'une adjudication judiciaire, à la restitution du droit d'enregistrement, quand bien même la vente serait frappée de nullité par la loi. L'avis du Conseil d'état, du 22 octobre 1808, n'est point applicable à l'espèce. (*Arrêt de cass.*, du 10 février 1812. — Journ., art. 4150.)

10. Aussi, lorsqu'un jugement par défaut, portant transmission de droits immobiliers au profit d'un individu, se trouve annulé par un arrêt intervenu sur l'appel, il n'y a pas lieu de restituer le droit de mutation perçu sur cette disposition du jugement. (*Arr. de cass.*, du 7 novembre 1821. — Art. 234 du Recev.)

RESTITUTION. *Voy*. Echange. — Jugement. — Résolution.

RÉTROCESSION (1).

1. La rétrocession volontaire d'un immeuble dont la vente est radicalement nulle, n'en opère pas moins le *droit proportionnel*. (*Sol*. du 2 frimaire an 10. — (*Arr. de Cass.*, des 5 germinal an 13 et 15 mars 1820. — Journ., art. 1028 et 6669.)

2. Lorsque des co-héritiers consentent à résilier volontairement un acte de cession par lequel l'un d'eux cède à l'autre, moyennant une somme, les droits qu'il a dans la succession commune, cette résiliation volontaire, qui ne pourrait être regardée comme partage

---

(1) Art. 69, §. 7, de la loi du 22 frimaire an 7.

que si elle était prononcée par jugement, constitue une rétrocession, et opère le *droit proportionnel.* (*Arr. de cass.*, du 10 octobre 1810. — Journ., art. 3726.)

3. Le jugement portant résiliement d'un bail pour cause de détérioration, et condamnation à des dommages-intérêts pour la valeur d'arbres abattus, n'opère point le droit de rétrocession. (*Délib.* du 21 avril 1815. — Journ., art. 5117.)

4. On ne peut considérer comme rétrocession l'acte par lequel un locataire cède à un tiers l'effet de son bail, du consentement du propriétaire, qui décharge le fermier de ses obligations pour le tems restant à courir, mais qui se réserve ses droits pour le tems pendant lequel a joui le preneur, lorsque ce bail ne pouvait être cédé que du consentement du propriétaire. (*Arr. de cass.*, du premier août 1815. — Journ., art. 5187.)

5. Lorsqu'un bail à portion de fruits fait à perpétuité est résilié par jugement, il y a rétrocession sujète au *droit proportionnel*, quand ce bail a transmis au preneur la propriété; dans le cas contraire, il n'est dû qu'un *droit fixe.* (*Sol.* du 20 frimaire an 13.)

6. Un bail passé à un nouveau fermier, pour entrer en jouissance avant l'expiration du précédent, suffit pour prouver qu'il y a eu rétrocession de la part de l'ancien fermier, et autoriser la demande du droit. (*Arr. de cass.*, du 12 octobre 1808. — Journ., art. 3440.)

7. Les rétrocessions de baux sous seing-privé sont sujètes à l'enregistrement dans le délai fixé pour les baux, et passibles du timbre, sous les peines établies par les lois de brumaire et de frimaire an 7. (*Arrêt de cass.*, du 26 octobre 1814.—Journ., art. 5075.)

8. Lorsque deux personnes ont à sous-bail la ferme de diverses propriétés en qualité d'associés, et que

postérieurement , d'après une contestation sur l'existence de la société , l'une d'elles consent par un acte à payer à l'autre une somme de 1000 fr. , pendant la durée du bail principal ; cet acte est enregistrable dans le délai fixé pour les baux, au *droit proportionnel*, en raison du prix de la cession , en y ajoutant le prix principal de la partie cédée du bail pour les années qui restent à courir. (*Arr. de cass.*, du 30 juin 1806.)

RÉTROCESSION. — Ventes.

9. Lorsqu'un individu s'est rendu adjudicataire d'un domaine, et qu'il n'a fait de déclaration de command au profit de personne, un jugement qui, au bout de sept ans de jouissance , déclare que l'adjudication a été faite au profit d'un autre , est passible du droit de rétrocession. (*Arr. de cass.*, du 28 janvier 1811. — Journ. , art. 3860.)

10. Un acte sous seing-privé , portant qu'une vente faite par un acte public est feinte et simulée ; est considéré comme rétrocession, et passible du *droit proportionnel*. (*Arr. de cass.*, du 25 octobre 1808. — Journ., art. 3637.)

11. La rétrocession existe , pour la perception des droits, sur l'acte par lequel un acquéreur déclare que la vente qui lui a été faite était simulée; qu'il n'avait été qu'intermédiaire pour faire passer les biens sur la tête du fils du vendeur , et que de fait ces biens n'étaient pas sortis de la possession de ce dernier , et ont été partagés avec ceux qui composaient la succession. (*Arr. de cass.*, du 1 . mars 1815.—Journ., art. 5135.)

12. Les rétrocessions de donations librement acceptées et devenues irrévocables, opèrent une mutation sujète au *droit proportionnel.* (*Arrêt de cass.* , des 22 frimaire an 11; 9 juin et 28 juillet 1806.—Journ., art. 1105, 1420 , 2430 et 2493.)

13. La répudiation d'une donation en ligne directe de biens présens, faite et acceptée par contrat de mariage, constitue une rétrocession passible du *droit proportionnel*. (*Arr. de cass.*, du 28 juillet 1806.— Journ., art. 2436.)

14. La résolution consentie par transaction qui constate la nullité d'un acte de transmission est une rétrocession déguisée. (*Arrêt de cass.*, du 30 janvier 1815.)

15. Lorsque de différens actes résulte la présomption légale d'une rétrocession de ventes d'immeubles, cette présomption est suffisante pour autoriser la demande du *droit proportionnel*, auquel cette rétrocession donne lieu (1). (*Arrêt de cass.*, du 29 mars 1820.— Bullet. offic. de 1820, pag. 120.) *Voy.* Mutation.

RÉTROCESSION. — Bail à vie.

16. La rétrocession d'un bail à vie, au profit du bailleur, ne peut être assimilée à la réunion d'un usufruit à la propriété : la première donne ouverture à la perception du *droit proportionnel de 4 fr. pour 100* (2); la seconde, à la perception du *droit fixe de 1 fr.* (3). (*Arr. de cass.*, du 18 janvier 1825. — Bullet. civil, 1825, p. 33.)

17. Il y a lieu à la perception des *droits proportionnels* de vente et de rétrocession sur un jugement qui reconnaît l'existence de la rétrocession, en constate l'exécution partielle par des paiemens à compte du prix fait par le cessionnaire, et par la jouissance que ce dernier a eue du domaine rétrocédé depuis ladite convention. Les droits perçus régulièrement

---

(1) Art. 12 de la loi du 22 frimaire an 7.
(2) Art. 69, §. 7, n°. 2, de la loi du 22 frimaire an 7.
(3) Art. 68, §. 1er, n°. 42, de la loi du 22 frimaire an 7.

sur un semblable jugement ne deviennent point restituables par l'évènement ultérieur d'un arrêt qui
aurait réformé ce jugement au chef qui déclarait la
convention tout-à-la-fois résolue et nulle ; et aurait
ordonné que le cédant resterait seul et unique propriétaire, attendu qu'il aurait acquis purement et
simplement et sans rétrocession. (*Arr. de cass.*, du
11 avril 1825. — Bullet, 1825, p. 134.)

RÉUNION d'usufruit à la propriété (1).

1. La dispense du *droit proportionnel*, pour la réunion par acte de cession, n'a lieu que lorsque la transmission de la nue propriété a acquitté les droits sur
l'entière valeur des biens. Il ne suffit pas que ces droits
soient prescrits, il faut qu'ils aient été payés. (*Solut.*,
du 25 pluviose an 9. — Journal, art. 770.)

2. Cependant il convient d'admettre, comme restriction à ce dernier principe, qu'il ne peut plus être
exigé aucun *droit proportionnel* sur la réunion, lors
même que le droit n'a pas été acquitté sur la valeur
entière de la propriété, si le droit perçu l'a été d'a-
près une déclaration devenue inattaquable par l'effet
de la prescription. (*Arrêt de cassation*, du 19 avril
1809, confirmatif d'un jugement du tribunal de Ma-
lines. — Sirey, tome 14.)

3. La contradiction qui semble exister entre les
principes émis aux deux précédens numéros, n'est
qu'apparente, car il résulte seulement de l'arrêt cité
dans le dernier, qu'on ne peut percevoir un *droit proportionnel* pour la réunion, quand même le prix de la
cession serait supérieur à celui sur lequel le droit a
été perçu lors de la transmission de la nue propriété ;

(1) Art. 15, n°. 7, de la loi du 22 frimaire an 7, et art. 44,
n°. 4, de la loi du 28 avril 1816.

attendu qu'en fait de succession ou de donation, le droit est perçu sur la valeur entière, et qu'il s'agirait alors d'obtenir une nouvelle évaluation de biens, ce qui ne peut avoir lieu que dans les délais et les formes déterminés par la loi de frimaire an 7. (*Décis. du Min. des fin.*, du 22 mars 1808. — *Instr.* 386, nombre 39.)

4. En principe général, les réunions d'usufruit par acte de cession, depuis la loi du 28 avril 1816, opèrent, outre le *droit fixe de 3 fr.*, celui de 1 *fr.* 50 c. *pour* 100, établi par l'article 54 de cette loi. (Journ., art. 5818.)

RÔLE FONCIER. — Mutation secrète d'immeubles.

1. La présomption légale (1) d'une telle mutation résulte de l'inscription du nouveau possesseur au rôle foncier, et du paiement des contributions d'après ce rôle. Cette dernière circonstance ne suffit pas seule. (*Arr. de cass.*, des 14 et 22 janvier 1824. — *Instr.*, nombre 1132.)

2. La présomption de mutation, résultante de l'inscription au rôle des contributions, ne peut être détruite par des actes qui n'ont rien d'incompatible avec cette présomption, tels que des baux ou procurations passés par l'ancien propriétaire, antérieurement à l'inscription du nom de l'acquéreur sur le rôle foncier, ou postérieurement à des paiemens faits par cet acquéreur, par suite de l'inscription au rôle foncier. (*Arr. de cass.*, du 5 janvier 1825. — Bulletin civil, 1825, page 18.)

---

(1) Art. 12 de la loi du 22 frimaire an 7, et art. 4 de la loi du 27 ventôse an 9.

S.

SAISIES-ARRÊTS, ou oppositions.

Le Ministre des finances, considérant que les décisions antérieures, insérées dans l'instruction du 4 juillet 1809, n°. 436, n'avaient réglé la perception des droits en matière de saisie-arrêt, qu'en ce qui concerne les déclarations des tiers-saisis, les pièces produites à l'appui, les titres ou conventions qui peuvent y être énoncés, et l'état des effets saisis qui doit y être annexé, n'avait rien statué à l'égard des droits auxquels pouvaient donner ouverture les jugemens qui interviennent entre les saisissans, les parties-saisies et les tiers-saisis; mais il y a pourvu par la décision suivante du 4 juillet 1809, n°. 438 :

1°. Si la saisie-arrêt est fondée sur un titre authentique, le jugement qui statue, toutes parties présentes et consentantes, n'est passible que du droit de 3 *fr.* ou de 5 *fr.*, selon qu'il est rendu en premier ou en dernier ressort;

2°. S'il y a titre sous seing-privé, ou s'il n'existe pas de titre, le jugement de validité, qui donne à la convention force d'exécution, est sujet au *droit proportionnel* de condamnation, indépendamment, dans ce dernier cas, du droit auquel cette convention aurait donné ouverture, si elle eût été établie par acte.

Le droit de titre est dû sur l'objet de la demande tel qu'il est fixé par l'ordonnance du juge, et non par la requête;

3°. Il ne peut être exigé de droits particuliers pour les déclarations de compétence et de validité;

4°. La déclaration du tiers-saisi est passible du *droit fixe de 2 fr.*, qu'elle soit faite devant le juge de paix ou au greffe (1). Elle supporte de plus, dans ce dernier cas, le *droit fixe de rédaction de* 1 *franc* 25 *centimes*.

Le certificat délivré par les fonctionnaires publics, pour remplacer cette déclaration, est sujet au *droit fixe de* 2 *fr*.

Le dépôt au greffe de ce certificat, ou d'une expédition de la déclaration faite devant le juge de paix, est assujéti au *droit de* 3 *fr. fixe*, indépendamment du *droit fixe de rédaction de* 1 *fr.* 25 *cent.;*

5°. L'état des effets mobiliers, joint à la déclaration, donne lieu à un droit distinct *de* 1 *fr. fixe;* mais les quittances et autres pièces à l'appui de cette déclaration ne sont pas susceptibles d'être enregistrées;

6°. L'ordonnance sur requête pour saisir-arrêter, quand on n'a pas de titre, est soumise au *droit fixe de* 3 *francs* (2) ;

7°. Le jugement qui, après celui de validité, ordonne la délivrance des deniers ou la vente des meubles saisis, est passible seulement du *droit fixe de* 3 *fr.;*

8°. Celui qui condamne le tiers-saisi comme débiteur pur et simple des causes de la saisie, doit être assujéti au *droit proportionnel* de condamnation, outre le droit perçu sur le jugement obtenu contre le tiers-saisi.

Il est dû, de plus, sur le jugement de condamnation contre le tiers-saisi, un droit de titre à raison du titre en forme que ce jugement confère à la partie saisie, sauf restitution dans le cas où il serait ultérieurement justifié d'un titre enregistré; mais il n'est

---

(1) Art. 43 de la loi du 28 avril 1816.
(2) Art. 44 de la loi du 28 avril 1816.

dû sur ce même jugement aucun droit de collocation, liquidation ou libération;

9°. Le jugement, qui donne main-levée de la saisie, est passible du *droit fixe de 3 fr.* ou de 5 *fr.*, selon qu'il est rendu en premier ou en dernier ressort;

10°. Celui rendu par défaut, dans le cas de *défaut profit joint*, est sujet au *droit fixe de 3 fr.*, comme jugement préparatoire (1);

11°. Il n'est dû qu'un seul droit pour le jugement qui statue définitivement sur plusieurs saisies faites par plusieurs saisissans contre un seul tiers-saisi, ou par un seul saisissant contre plusieurs tiers-saisis; mais chaque jugement de validité qu'obtiennent les saisissans, qui n'ont pas de titre exécutoire, est passible d'autant de droits distincts de condamnation, outre le droit de titre quand il est exigible;

12°. En cas de saisie sur soi-même, le jugement qui ordonne la compensation est passible du droit de 50 *centimes pour* 100 *francs*, comme opérant condamnation, liquidation définitive ou libération; mais il n'est pas dû de droit de titre sur ce jugement, quand même le titre serait verbal, puisqu'il se trouve éteint;

13°. Les jugemens contenant des dispositions qui auraient pu faire la matière de plusieurs jugemens, sont sujets aux droits auxquels des jugemens distincts auraient donné lieu, en ce sens que les droits de titre et de condamnation sont dus sur les dispositions relatives au bien saisi, indépendamment du *droit fixe* ou *proportionnel* qui est dû par le saisi, à raison de l'exécution ou de la condamnation prononcée contre ce dernier (2). (*Instr. gén.*, du 27 septembre 1823, n°. 1097.)

---

(1) Art. 44 et 45 de la loi du 28 avril 1816.

(2) Art. 11 de la loi du 22 frimaire an 7.

Cette décision est expliquée dans le Recueil des instructions générales.

SALINES DE L'EST. *Voy.* Actions.

SENTENCE ARBITRALE. — *Voy.* Actes passés en conséquence d'un autre. — Arbitrage. — Arbitres.

SERMENT (Prestation de) (1).—Huissiers.

Il n'y a lieu de percevoir le *droit de* 15 *fr.* de la part des huissiers, qu'autant que précédemment commis par les juges de paix ou par les tribunaux de commerce, et auxquels des commissions confirmatives ont été délivrées en exécution de l'art. 2 du décr. du 14 juin 1813, ils n'auraient pas renouvelé leur serment ; mais les tribunaux de commerce et les juges de paix n'ayant plus actuellement le droit de nommer les huissiers, les uns et les autres ne peuvent plus choisir que parmi les huissiers des tribunaux de première instance ceux qu'ils veulent attacher à leur juridiction. Ces huissiers, ainsi chargés d'un service spécial, n'acquièrent pas un nouveau caractère ; ils ne peuvent être tenus de prêter un nouveau serment en cette qualité, et les officiers n'ont à payer le *droit* de 15 fr. que sur la prestation de serment qu'ils font comme huissiers d'un tribunal de première instance. (*Décis. du Min. des fin.*, du 22 mai 1824. — *Inst.* nomb. 1133.)

SOCIÉTÉ. — Héritier.

1. En cas de dissolution d'une société de finance, de commerce ou d'industrie , par le décès d'un de ses membres , l'héritier de l'associé décédé doit , avant l'expiration des six mois, *effectuer le partage*, afin de pouvoir déclarer, en tems utile , les droits

---

(1) Art. 68, §. 5, n°. 4 de la loi du 22 frimaire an 7.

appartenant à l'associé décédé, les meubles ou immeubles dépendans de la succession, par suite du partage, et acquitter le *droit proportionnel* suivant la nature des biens, sur tout ce qui compose l'hérédité, conformément à l'art. 24 de la loi du 22 frimaire an 7. (*Instr.* 36o.)

2. En cas de continuation de société, si les intérêts de l'association ne sont pas représentés par des actions circulant dans le commerce, l'héritier de l'associé décédé est tenu, en exécution de l'art. 27 de la loi du 22 frimaire an 7, de passer une déclaration détaillée des biens de diverses natures, appartenant à la société; sauf, lors même que des immeubles dépendraient de l'entreprise, à ne payer, sur la portion dont la propriété lui est échue, que les droits réglés pour les effets mobiliers. (*Instr.* 52o, n°. 2.)

SOCIÉTÉ (1).

3. Il n'est point dû non plus de *droit proportionnel,* 1°. quand un ou plusieurs sociétaires promettent de verser, à une époque déterminée, le montant de leur mise; 2°. quand les sociétaires conviennent d'ajouter à leur première mise, et stipulent l'époque du versement; et pour toutes les dispositions de cette nature dans l'intérêt général de la société, soit par l'acte même, soit par des actes additionnels et suplétifs; 3°. quand un associé transmet, pour sa mise en commun, des meubles ou des immeubles à la société. — Mais les dispositions n'ayant pas l'intérêt général de l'association pour objet, et purement personnelles, soit à l'un, soit à quelques-uns des associés stipulant respectivement entre eux, soit à des étrangers intervenans, donnent ouverture au *droit proportionnel.* (*Inst.* 29o, nomb. 9, et *instr.* 36o.)

---

(1) Art. 45 de la loi du 28 avril 1816.

4. Il est dû le droit d'obligation sur la disposition par laquelle un des associés, indépendamment de sa mise de fonds, s'oblige de verser une somme dont il lui sera payé intérêt. (*Sol. de l'Adm.* — Journ., art. 1346.)

5. Ce droit n'est pas exigible sur la clause d'une société en commandite portant reconnaissance, par les autres associés, d'une somme quelconque en compte courant obligé, avec intérêts. Cette stipulation est de pure forme ; il n'est dû que le *droit fixe de 5 fr.* (*Délibérat.* du 9 janvier 1819.— Journal, art. 6293.)

6. La disposition par laquelle, après la fixation de la mise en commun de chaque associé, l'un d'eux, qui est commenditaire, affecte sa part d'immeubles en garantie des opérations commerciales, doit être considérée comme faisant essentiellement partie de l'acte d'association; elle n'opère d'ailleurs aucune obligation nouvelle d'un sociétaire envers l'autre, ni des associés envers des étrangers, et n'est en conséquence passible d'aucun droit particulier. (*Sol.* du 23 prair. an 12. — Journ., art. 1758.)

7. La délibération d'une société d'actionnaires, qui oblige chacun de ses membres à verser une somme déterminée par action, dans la caisse du trésorier général de la société, est passible du *droit fixe de 1 fr.*, comme dérivant du premier acte, d'après le principe rappelé dans l'inst. 290, nomb. 9. (*Délib.* du 5 mai 1814. — Journal, art. 4816.)

8. Les actes d'adhésion à une société déjà établie, forment, entre les anciens associés et celui qui se réunit à eux, en adhérant à leurs statuts, une nouvelle société sujète, comme la première, *au droit fixe de 5 fr.* (*Décis. du Min. des fin.*, du 28 frimaire an 8. — Journ., art. 612.)

9. L'acte portant que le produit du travail et de

l'industrie, ainsi que le revenu des immeubles, d'un mari et d'une femme vivant avec les père et mère de l'un d'eux, cesseront, nonobstant les conventions précédentes, d'être confondus dans la maison paternelle, sans que la société d'acquets existant entre toutes les parties soit dissoute, ne fait que modifier les clauses du contrat de mariage constitutif de la société, et n'opère qu'*un droit fixe*. (*Solut.* du 7 août 1819.— Journ., art. 6465.)

10. On doit regarder comme un simple acte de société, passible du *droit fixe de 5 fr.* l'acte par lequel un fermier s'associe un tiers pour l'exploitation en commun de la chose louée, avec condition que les contractans partageront par moitié les bénéfices de l'entreprise. (*Arr. de cass.*, du 20 mars 1822.— Art. 346 du conte. et 306 du Recev.)

11. L'acte qui constate que des jeunes gens, atteints par la loi sur le recrutement de l'armée, ont déposé chacun, entre les mains du notaire rédacteur, une somme déterminée pour être répartie entre ceux d'entre eux que le sort désignerait, opère le *droit fixe de 5 fr.* comme société. (*Délib.* du 1er. juin 1822. —Journ., art. 7238.)

12. Lorsqu'un adjudicataire de travaux publics, qui, par le cahier des charges de l'adjudication, est tenu de fournir caution, fait agréer, au lieu d'une caution, un associé solidaire, il n'est dû aucun droit outre celui résultant de l'adjudication. (*Délib.* du 12 juin 1822. — (Côte d'Or.) — Journ., art. 7232.)

SOCIÉTÉ (Actes de).

13. Les actes de société, de continuation ou de dissolution de société, passés sous seing-privé, doivent être enregistrés avant la remise au greffe des extraits dont la transcription et l'affiche sont ordon-

nées par l'art. 42 du Code de commerce (1). — A l'exception des extraits délivrés par les notaires pour les actes de leurs études, tous autres extraits d'actes relatifs aux sociétés doivent être enregistrés, moyennant le *droit fixe de* 1 *fr.* (2). — La déclaration portant que la société a été formée par convention verbale, doit, lorsqu'elle est signée par tous les associés, solidaires ou gérans, être considérée comme l'acte de société même; et, comme telle, enregistrée au *droit fixe de* 5 *fr.* ou au *droit proportionnel,* avant de pouvoir être déposée. (*Décis. du Min. des fin.,* du 31 janvier 1824. — *Inst.,* nomb. 1132.)

SOCIÉTÉ. *Voy.* Déclaration de succession. — Résolution.

SUCCESSION.

1. Les droits sont dus du moment de la saisie de droit, sans aucun égard à l'appréhension de fait. (*Arr. de cass.,* du 11 février 1807.)

Voyez héritiers.

2. *Enfant à naître.* — Le délai de six mois pour passer déclaration d'une succession à laquelle est appelé un enfant à naître, compte du jour de l'ouverture de la succession, et non de la naissance de l'enfant, sauf la restitution du droit, si l'enfant ne naît pas viable (3). (*Décis. du Min. des fin. et de la just.,* du 9 oct. 1810. — Journal, art. 3797 et 4005.)

SUCCESSION. — Objets à déclarer.

3. Les rentes foncières, comme les rentes constituées, sont de nature mobilière, et doivent être dé-

---

(1) Art. 23 et 42 de la loi du 22 frimaire an 7.
(2) Art. 8 de la loi du 22 frimaire an 7.
(3) Art. 24 de la loi du 22 frimaire an 7.

clarées au domicile du décédé. (*Sol.* du 15 nivose an 8.
— Journ., art. 341.)

4. L'intérêt, dans une coupe de bois, est susceptible de la déclaration au bureau dans le ressort duquel les bois sont situés. (*Sol.* du 6 septembre 1810.)

5. Un coupon d'intérêt dans une entreprise, trouvé dans les papiers du défunt, doit être déclaré au domicile du défunt. (*Sol.* du 5 mars 1811.)

6. Les rentes et créances, dépendant de la succession d'un mineur, doivent être déclarées au domicile du curateur. (*Décis. du Min. des fin.*, du 4 septembre 1810. — Journ., art. 3978.)

SUCCESSION. — Séquestre.

7. Les héritiers d'un séquestré ont six mois, à compter de l'envoi en possession définitive, pour passer déclaration des biens de sa succession. (*Arr. de cass.*, des 23 brum. an 13, et 14 août 1811. — Journ., art. 4098.)

8. Le délai de six mois pour fournir déclaration, dans le cas de séquestre apposé, en vertu d'une convention passée entre les prétendans droits sur les biens d'une succession, doit être compté du décès, et non pas à partir de la levée de ce séquestre, parce qu'autrement il ne tiendrait qu'aux parties de retarder le paiement des droits en faisant nommer un séquestre. (*Arrêt de cassation*, du 6 août 1810. — Journ., art. 3698.)

9. Lorsqu'un prêtre est décédé pendant le séquestre de ses biens, le délai dans lequel ses héritiers ont dû faire la déclaration pour la perception des droits d'enregistrement, ne court que du jour de la mise en possession de ces héritiers; savoir : après la loi du 22 fruct. an 3, si le prêtre était déporté, ou après le certificat d'amnistie, si le prêtre était émigré. (*Décision*

du Ministre des finances, du 28 juillet 1808. — Sirey, tom. 10.)

SUCCESSION (1) (Déclaration de).

10. Cette déclaration ne peut être suppléée par la présentation à la formalité du partage des biens de la succession. (*Arr. de cass.*, du 23 prairial an 9. — Sirey, t. 1er.)

11. Le versement des droits, fait au trésor public à Paris, ne dispense pas de faire cette déclaration dans les délais. (*Décis. du Min. des fin.*, du 18 messidor an 8. — Diction. de Manut., tome 1er. page 397.)

12. La déclaration ne peut être faite par acte extra-judiciaire ; il faut qu'elle soit consignée sur un registre à ce destiné, et souscrite par les héritiers. (*Arr. de cass.*, du 14 mars 1814. — Journ., art. 4912.)

13. Les offres réelles ne dispensent pas de la déclaration, surtout quand elles sont faites sans désignation et évaluation des biens qui peuvent mettre à même de certifier si les offres représentent exactement les droits que l'administration a à répéter. (*Arr. de cass.*, du 18 août 1814. — Journal, art. 5042.)

14. Quoiqu'il y ait contrainte en paiement du droit, les héritiers n'en sont pas moins obligés de faire déclaration de la consistance et de la valeur des biens. (*Arrêt de cassat.*, du 30 octobre 1809. — Sirey, t. 10.)

15. L'héritier doit fournir cette déclaration, lors même qu'un jugement lui accorderait l'option de la faire ou de payer le montant de la contrainte ; les saisies-arrêts qu'on a pu faire contre lui, et qui l'ont déterminé à payer, ne le dispensent pas de cette obligation.

___

(1) Loi du 22 frimaire an 7, art. 69. — Loi du 27 ventose an 9, art. 2 et 3. — Loi du 28 avril 1816, art. 53.

(*Arrêt de cassation*, du 27 mars 1811. — Journ., art. 3864.)

16. L'inventaire fait après le décès de l'un des époux, sert seul de base à la déclaration des biens de la succession du défunt. (*Arr. de cass.*, du 23 mars 1812. — Journal, art. 4171.)

17. La déclaration doit renfermer les élémens nécessaires pour la vérifier ; ces élémens existent quand elle indique, par articles séparés, chacun des immeubles, avec l'énonciation du nom particulier sous lequel le bien peut être connu, les communes dans lesquelles il est situé, et son évaluation. (*Arr. de cass.*, du 14 mars 1814. — Journ., art. 4912. — Sirey, t. 14.)

18. Il n'y a pas contravention possible d'amende à ne pas désigner la véritable contenance des biens; il suffit de les nommer tous et de désigner les lieux de leur situation, pour mettre les employés à même de vérifier les évaluations. (*Arr. de cassation*, du 16 mars 1814. — Journ., art. 4901.)

19. Le receveur doit refuser d'inscrire sur ses registres une déclaration qui ne serait pas assez détaillée. (*Arr. de cass.*, du 16 janvier 1811. — Journal, art. 3838.)

20. On peut, sans contravention, relater, dans une déclaration de succession, des actes sous seing-privé non enregistrés, sauf au receveur à réclamer, à qui de droit, les droits de mutation qui seraient dus, si cet acte était translatif de jouissance ou de propriété. (*Sol.* du 24 pluv. an 12. — Journ., art. 1677.)

21. Les parties, lorsque leur déclaration n'a été écrite, ni signée sur le registre, ne peuvent se refuser au paiement du droit de succession, en alléguant, et même en fournissant la preuve qu'ils ont fait acquitter, par un tiers, le droit demandé, mais que le receveur a négligé ou refusé de présenter ses registres. Les rede-

vables ne sont admis à exciper de la négligence ou du refus d'un préposé, qu'autant qu'ils l'ont fait constater légalement et en temps utile. (*Arr. de cass.*, du 24 avril 1808.— Journ., art. 3103. — Sirey, tom. 9.)

22. La bail authentique ayant cours au moment du décès, est la seule base de l'estimation, sans qu'il y ait lieu à expertise, bien que la partie déclare que le prix qui y est stipulé, ait été porté, pour causes particulières, à un taux excessif. (*Arr. de cass.*, du 13 février 1809. — Journal, art. 3960.)

23. Un Tribunal peut décider en fait qu'un bail sous signature privée, qui n'est pas produit par l'Administration, et dont les parties contestent l'existence, était expiré lors du décès de l'auteur de la succession, et ne pouvait conséquemment être pris pour base de l'évaluation de l'immeuble dans la déclaration des héritiers. Cette décision ne peut être attaquée, surtout lorsque l'Administration n'a pas fourni la preuve ordonnée par un jugement interlocutoire pour constater les faits. (*Arrêt de rejet*, du 30 juin 1813.)

24. On ne peut être admis à prouver, par témoins, qu'un bail enregistré et courant a cessé d'exister avant le décès du propriétaire des biens. (*Arrêt de cass.*, du 21 janvier 1812. — Journ., art. 4130.)

25. La partie n'est pas recevable à prétendre que les mercuriales présentent un revenu plus fort que le véritable. C'est le prix qu'elles fournissent qui sert de base à la liquidation du droit, sans qu'il soit besoin de recourir à une estimation par experts. (*Arrêt de cass.*, du 14 juin 1809. — Journ., art. 3574.)

26. S'il n'existe point de bail, on doit prendre l'affirmation qu'il en est ainsi. (*Circ.* 1109.) Ce n'est qu'à défaut d'actes qui constatent le revenu, que l'évaluation de ce revenu doit être faite. (*Arr. de cassat.*,

23.

des 18 février 1807 et 5 avril 1808. — Journ., art.
2835.)

27. Il y a violation des dispositions de l'art. 15 de
la loi du 22 frimaire, lorsqu'en cas de bail existant,
un tribunal prend pour base de l'estimation la simple
déclaration des parties, attendu qu'alors il adopte un
mode d'évaluation autre que celui indiqué par le législateur, et que, par cela seul, la loi proscrit. (*Arr.
de cass.*, du 25 mars 1812. — Journal, art. 4171.)

SUCCESSIONS (Déclaration de). — Biens aban-
donnés aux créanciers.

28. La cession de biens volontaire de la part d'un failli,
ne confère pas plus aux créanciers la propriété, que
la cession judiciaire ; en conséquence, les biens aban-
donnés volontairement par le défunt à ses créanciers,
ne laissent pas de faire partie de la succession, lorsqu'ils n'ont pas été vendus à l'époque du décès, et
doivent être déclarés par les héritiers. (*Arr. de cass.*,
des 3 ventose an 11, 1er. messidor an 12, 27 juin
1809 et 28 juin 1810. — Journ., art. 1514 et 3681.)

SUCCESSIONS (Déclaration de). — Biens adjugés
au défunt.

29. Le droit de mutation par décès n'est pas dû
pour un immeuble dont le défunt s'était rendu adjudicataire, et qui, après son décès, a été revendu à sa
folle enchère, parce que cette dernière adjudication
résout la première. (*Arr. de cass.*, du 2 février 1810.
— Journal, art. 6571.)

SUCCESSIONS (Déclaration de). — Biens
ameublis.

30. Lorsque, par suite de la clause d'ameublissement insérée dans le contrat de mariage, l'immeuble
ameubli par l'époux prédécédé, reste au survivant ou
à ses héritiers, soit en vertu du partage de la com-

munauté, soit au moyen de la réserve expresse qu'en
a faite le survivant, il est dû un droit de mutation
par décès sur la valeur de la partie dévolue au survivant. (*Arr. de cass.*, du 4 mars 1807. — Journal,
art. 1724.)

SUCCESSION (Déclaration de). — Biens grevés
d'usufruit.

31. Les héritiers d'un bien grevé d'usufruit doivent acquitter, dans les six mois du décès, le droit sur
la totalité de la propriété, sans distraction de moitié
pour la valeur de l'usufruit. (*Arrêt de cassation*, du 11
septembre 1811. — Journ., art. 4058.) Et sans attendre que, par la cessation de l'usufruit, ils aient la jouissance effective. (*Arr. de cass.*, du 16 floréal an 9.)

SUCCESSION (Déclaration de). — Biens rentrés
dans l'hérédité.

32. Lorsqu'une donation entre-vifs, faite par un individu à ses successibles, est annulée après le décès
du donateur, les héritiers n'ont ni déclaration à fournir, ni droit à acquitter pour les biens qui leur
avaient été donnés, sur lesquels le droit de mutation
avait déjà été payé. (*Arr. de cass.*, du 5 juillet 1820.
— Art. 161 du Contr. et 164 du Recev.)

SUCCESSIONS. — Biens réversibles.

33. Les biens acquis des deniers communs par
mari et femme, avec clause que l'objet acquis appartiendra en totalité au survivant, ne doivent point, au
décès du premier, de droit de mutation sur la moitié
que le survivant recueille. (*Arr. de cass.*, des 11 germinal an 9 et 8 germinal an 13. — Sirey, tom. 1,
page 660. — Journ., art. 1298.)

34. Ce principe est applicable aux acquisitions à
titre de réversion de toute espèce sur le dernier survivant des acquéreurs, lorsque l'acquisition est des

deniers communs. (*Arr. de cass.*, du 24 floréal an 9.
— *Solut.* du 22 mess. an 10. — *Délib.* du 9 décembre 1820. — Journ., art. 6857.)

35. Une rente viagère, acquise des deniers communs, avec clause qu'elle sera réversible en totalité sur la tête du survivant, n'est pas passible du droit de mutation au décès du premier; le droit ne serait dû que dans le cas où le survivant serait étranger à ce prix. (*Solut.* du 10 fructidor an 10.)

36. Lorsque le mari et la femme ont vendu solidairement un immeuble de *communauté*, moyennant une rente réversible au dernier survivant, celui-ci ne doit point de droit de mutation à cet égard, au décès de l'autre. (*Délibérat.* du 9 janvier 1812. — Journ., art. 4115.)

SUCCESSIONS.— Biens vendus et acquis à réméré.

37. Les acquisitions à pacte de réméré, faites par le défunt, doivent être déclarées, quand même le retrait aurait été exercé après le décès et avant la déclaration. (*Instr.* 290, nombre 34.)

SUCCESSIONS. — Biens saisis ou vendus préparatoirement.

38. Les héritiers qui trouvent dans la succession un bien dont la vente a été ordonnée avant le décès du propriétaire, décédé immédiatement après, doivent le déclarer comme immeuble, et non comme mobilier. (*Décis. du Min. des fin.*, du 13 août 1814. — Journ., art. 5097.)

39. L'adjudication préparatoire ne dépouillant pas le propriétaire, s'il vient à décéder, les biens mis en vente doivent être déclarés. (*Arrêt de cassation*, du 24 juin 1811. — Journ., art. 4100.)

SUCCESSION (Déclaration de). — Biens contestés.

40. Lorsqu'il existe, dans une succession, des biens certains, et d'autres dont la propriété est contestée, les premiers doivent être déclarés dans les six mois du décès; il en est de même des biens incertains, si l'héritier en a la possession, sauf restitution du droit, s'il est définitivement exproprié; mais, s'il n'en a pas la possession, il doit fournir une soumission de les déclarer dans les six mois de l'acte qui lui en assurera la propriété. (*Solut.* du 18 nivose an 10. — *Décis. du Min. des fin.*, du 22 avril 1806. — Journ., art. 1089 et 2296). *Voy.* Prescription, nos. 31 et 36.

SUCCESSION (Déclaration de). — Biens à locaterie perpétuelle.

41. Le bail à locaterie perpétuelle est transmissif de la propriété ou du domaine utile, tellement que les biens baillés sont compris dans la succession du preneur, et soumis au droit de mutation lors de son décès. (*Arr. de cassat.*, du 5 octobre 1808.)

42. L'héritier, institué par contrat de mariage, est seul passible des droits de mutation par décès, encore bien que l'instituant ait ensuite établi un donataire universel, parce que cette dernière disposition ne peut produire d'effet. (*Arr. de cass.*, du 23 février 1818. — Journ., art. 6036.)

43. Une donation par contrat de mariage, au profit d'un des enfans à naître, donne ouverture au *droit proportionnel*, lorsque le donataire a pris possession après le décès de ses père et mère. (*Arr. de cass.*, du 2 juin 1813.— Journal, art. 4585.)

SUCCESSION (Déclaration de). — Usufruitier.

44. Le droit de mutation par décès, étant dû par l'héritier personnellement, l'usufruitier qui en fait l'avance peut en demander la restitution à l'héritier de

la nue-propriété, sans attendre l'expiration de l'usufruit, et sans être tenu de consentir à la vente d'aucune partie des biens. (*Arr. de cass.*, du 9 juin 1813.
— Journ., art. 3121.)

45. On peut rechercher, pour le paiement du droit de
mutation dû par l'héritier de la nue-propriété d'une
rente, le légataire de l'usufruit de cette rente. (*Arr. de
cass.*, du 24 octobre 1814.—Journ., art. 4989 et 7037.)

46. L'usufruitier, qui a acquitté le droit de mutation pour son usufruit, et qui a offert de payer celui
dû par les héritiers, pour la nue-propriété, ne peut,
lors de ce paiement, imputer ce qu'il a payé à raison
de son usufruit, sur ce qui est dû pour le droit de mutation pour la nue-propriété. (*Arrêt de cass.*, du 18
décembre 1811. — Journ., art. 4134.)

47. On est fondé à réclamer le droit de mutation
par décès sur le legs d'usufruit dont la connaissance
est donnée par un testament ainsi conçu : « Je lègue
aux enfans de N. D. la nue-propriété de la portion
d'immeubles, qui se serait trouvée appartenir à leur
père dans ma succession, aux termes du testament olographe que j'ai fait, et j'ai légué *l'usufruit* à leur père. »
Le légataire ne pourrait prétendre que ce testament
olographe n'a pas eu d'effet, ses droits sont suffisamment établis dans ce dernier acte. (*Délib.* du 13 juillet
1822.).

48. L'héritier qui n'a que la nue-propriété des
biens déclarés, est tenu de payer les droits de mutation, encore que la régie puisse exercer une action récursoire contre l'usufruitier. (*Arrêt de cass.*, des 29
germ. an 11 et 21 mars 1806. — Sirey, t. 3 et 6. —
Journ., art. 2454. — *Instr.* 386, nomb. 38.)

49. L'usufruit légué à un ascendant jusqu'à la majorité de ses enfans, de biens donnés à ceux-ci, se confond dans la personne du donataire avec l'usufruit que

le Code civil lui accorde, jusqu'à ce que les mineurs aient atteint l'âge de 18 ans; et dès-lors il n'est dû aucun droit de mutation pour l'usufruit jusqu'à cette époque. Quant à la jouissance pendant les trois années depuis cette même époque jusqu'à la majorité, elle ne peut, d'après sa limitation expresse, être soumise à la même perception que celle établie par la loi du 22 frim. an 7, art. 15, n° 8, qui n'a pour objet que les usufruits à *vie*, dont la durée est indéterminée, et peut s'étendre à toute la vie de l'usufruitier. (*Arr. de cass.*, du 24 mai 1813.)

50. La transaction par laquelle un héritier collatéral, revendiquant la succession de son parent, cède ses droits à cette succession, pour une somme déterminée, à l'enfant naturel qui l'avait appréhendée, et qui avait acquitté les droits de mutation en ligne directe, ne donne pas lieu à une nouvelle mutation en ligne collatérale. (*Arr. de rejet,* du 24 flor. an 13. — Sirey, t. 5.)

SUCCESSION (Déclaration de). — Biens situés
sur divers bureaux.

51. On doit passer, à chaque bureau, la déclaration biens situés dans son arrondissement. Ce qui a été payé pour le droit relatif à un bureau n'influe point sur le sort de celui qui serait dû à un autre, et la contrainte décernée pour les biens sis dans le ressort de l'un d'eux n'arrête point la prescription pour les autres. (*Arrêt de cassation,* du 7 avril 1807. — Journ., art. 2809.— Sirey, t. 8.)

52. Le légataire d'un usufruit doit faire, dans les six mois , ou sa renonciation au legs, ou passer sa déclaration et en acquitter les droits, bien qu'il n'en ait pas encore demandé la délivrance. (*Arr. de cass.*, du 4 février 1812. — Journ., art. 4160.)

53. Cependant, si le légataire d'un usufruit est dé-

cédé sans avoir été envoyé en possession, conformément aux art. 1011 ét 1014 du Code civil, son legs est
devenu caduc, et ne donne lieu à aucune déclaration.
(*Décis. du Min. des fin.*, du 7 août 1815. — Journ.,
art. 5206.)

54. Le paiement du *droit proportionnel* par l'héritier ou le légataire de la nue-propriété, sur l'universalité de la succession, ne dispense pas l'usufruitier de
payer un droit particulier, indépendamment de celui
relatif à la propriété. (*Arr. de cass.*, du 23 novembre
1811. — *Instr.* 574.)

SUCCESSION (Déclaration de). — Étrangers.

55. L'abolition du droit d'aubaine qui a accordé
aux étrangers la faculté d'hériter en France, leur a,
par là même, imposé l'obligation d'y payer les droits
de mutation des biens qu'ils y recueillent ; ainsi les
créances sur des particuliers Français dépendantes de
la succession d'un étranger mort dans sa patrie, et re-
cueillies par un étranger, sont assujéties au droit de
mutation. (*Arr. de cass.*, du 27 juillet 1819.— Journ.,
art. 6543.)

56. Un religieux étranger, incapable, d'après les
lois de son pays, de recueillir et de transmettre une
succession, ne peut profiter des dispositions testamentaires faites en sa faveur par un Français. (*Arr. de
cass.*, du 24 août 1808. — Journ., art. 3902.)

SUCCESSION (Déclaration de). — Immeubles
par destination.

57. Des héritiers, en passant une déclaration de
succession, ne peuvent ranger les bestiaux et ustensiles aratoires destinés à l'exploitation de l'héritage appartenant au défunt dans la clause des meubles, sous
prétexte que le Code civil n'était point encore publié
lors de la promulgation de la loi de frimaire an 7.

(*Arr. de cass.*, du 20 juillet 1812. — Journal, art. 4284.)

58. Lorsque les héritiers ou légataires universels ont acquitté les droits sur la totalité des biens de la succession, il n'est plus dû de nouveaux droits sur les legs particuliers de sommes d'argent non existant dans la succession (*Avis du Conseil d'État*, du 2 septembre 1808. — *Instr.* 401), à moins que, par leurs rapports avec le défunt, les légataires particuliers ne soient soumis à un droit plus fort que l'héritier légitime. (*Arrêt de cass.*, du 2 avril 1808. — Sirey, tome 8.)

59. Réciproquement, si le droit de mutation a été perçu sur les legs particuliers, lors de l'enregistrement du testament, l'héritier peut demander que le prix en soit déduit, lors de la perception du droit sur l'universalité de la succession. (*Arr. de cass.*, du 8 septembre 1808. — Sirey, tome 9.)

60. Lorsque le testateur a chargé son héritier institué de payer une somme d'argent, pour être employée en *prières*, au ministre du culte qui, lors de son décès, exercera, dans la commune, cette disposition, ne constitue ni un legs, ni une libéralité quelconque, mais une charge de l'hérédité qui ne doit pas être déduite du mobilier à déclarer. (*Arr. de cass.*, du 11 septembre 1809. — Journ., art. 4107.)

SUCCESSION (Déclaration de) par le survivant des époux.

61. Les gains nuptiaux et de survie stipulés entre époux, par contrat de mariage, sont des avantages purement éventuels qui ne s'ouvrent au profit du survivant qu'au décès de l'autre époux. C'est donc à cette époque que la transmission s'opère, et que le droit d'enregistrement est dû. Les art. 1515, 1516 et 1525 du code civil, en réglant les conventions qu'ils rap-

pellent, et en les exceptant des règles relatives aux donations, ne portent aucune dérogation à la loi du 22 frimaire an 7, qui assujétit les transmissions de cette espèce comme donations, au *droit proportionnel*. (*Arr. de cass.*, du 26 mai 1807. — Journ., art. 2625. — *Décis. du Min. des fin.*, du 22 août 1809. — *Instr.* 451.)

62. La stipulation d'un contrat de mariage, portant, qu'en cas de prédécès de la femme sans enfans, le mari n'aura à rendre aux héritiers de cette dernière que ce qu'il a reçu d'elle, ou à cause d'elle, n'est qu'une modification formellement autorisée par l'article 1525 du Code civil; l'effet d'une telle clause est que la femme n'a jamais eu un droit acquis aux bénéfices de la communauté, d'où il suit que, par l'événement de son prédécès, le mari recueillant seul, à l'exclusion des héritiers de la femme, les acquets de cette communauté, cette circonstance n'opère pas, au profit de ce dernier, une mutation de propriété qui donne ouverture à un *droit proportionnel* d'enregistrement. (*Arr. de cass.*, du 6 mars 1821. — Art. 367 du Contr. — Journ., art. 7197, et 308 du Recev.) Cette jurisprudence est contraire aux principes énoncés dans l'instruction 451.

63. Quand les époux conviennent, par contrat de mariage, qu'au décès de l'un d'eux, sans qu'il y ait d'enfans, les bénéfices de la communauté appartiendront en totalité au survivant, celui-ci doit les recueillir, quoique l'époux décédé eût légué à ses héritiers la moitié des acquets, parce que la disposition testamentaire n'a pu porter atteinte à une clause du contrat de mariage. (*Arr. de cassat.*, du 27 mai 1817. — Journ., art. 6081.)

64. La clause d'un contrat de mariage, portant que le survivant pourra conserver les biens acquis pendant la communauté, à la charge de remettre aux enfans nés du mariage, la moitié de la valeur de ces biens,

n'est qu'une condition de l'association; si le survivant profite de cette faculté, il ne doit y avoir de déclaration que celle au nom des enfans, pour la moitié du prix ou de la valeur des conquets. (*Décis. des Min. de la just. et des fin.*, des 17 et 24 août 1813. — Journ., art. 6841.)

65. Le survivant des époux d'un second mariage ne doit faire la déclaration et acquitter le droit de mutation par décès des avantages qui lui sont légués par le prédécédé, que pour la portion disponible, d'après l'article 913 du code civil. (*Arr. de cass.*, du 2 février 1819. — Journ., art. 6475.)

66. Le meurtre commis par la femme contre le mari, donne ouverture aux effets de la donation éventuelle; mais cette cause ayant détruit les chances de survie ouvertes en faveur du mari, la femme s'est ôté le droit de réclamer celles qui existaient en sa faveur; elles sont au contraire censées accomplies au profit du mari, éventuellement donataire. (*Arr. de cass.*, du 5 mai 1818. — Journ., art. 6443.)

67. Les avantages que les époux se sont faits par leur contrat de mariage passé avant la publication de la loi du 17 nivose an 2, se règlent d'après les statuts et coutumes sous l'empire desquels les contrats ont été passés; ce n'est que sur les avantages qui en résultent que le droit de mutation, par décès, doit être liquidé. (*Arr. de cass.*, des 27 floréal an 4; 29 nivose an 6; 29 germinal an 12; 8 et 24 prairial an 13; 4 août 1806 et 1er. février 1820. — Journ., art. 6852.)

68. Ceux stipulés par contrat de mariage passé depuis cette loi, sont réglés par elle, et le survivant n'a pas droit aux gains de survie qui étaient conférés de plein droit au survivant par le statut local. (*Arr. de cass.*, des 18 frimaire an 11; 20 septembre 1807 et 6 mars 1811. — Journ., art. 3918.)

69. Les donations mutuelles, antérieures au Code civil, doivent recevoir leur exécution, et ne sont passibles d'aucune réduction, à raison des avantages accordés aux ascendans par l'art. 915 de ce code. (*Cour de Paris*, du 6 août 1810. — Journ., art. 3659. — *Arr. de cass.*, du 18 mai 1812. — Journ., art. 5880.)

70. Le survivant des époux doit acquitter le droit de succession à raison des avantages qu'il recueille en vertu du statut local sous l'empire duquel il s'est marié, sans avoir égard à la loi existante au moment du décès. (*Arr. de cass.*, des 23 mars 1815 et 30 janvier 1816. — Journ., art. 5314 et 5643.)

71. On doit réclamer les droits de mutation pour douaire et gains de survie, tant que, de la part de la veuve, il n'y a pas eu renonciation formelle à ces avantages. (*Arr. de cass.*, du 3 août 1808.—Sirey, t. 10, page 147.)

SUCCESSION (Déclarations de). — Renonciation.

72. Le survivant qui renonce à ses avantages, est tenu d'en passer déclaration, lorsque, par le même acte, il reçoit d'autres avantages des héritiers du prédécédé, attendu que sa renonciation n'est pas pure et simple. (*Arr. de cass.*, du 5 juillet 1815.—Journ., art. 5345.)

73. De ce que les héritiers présomptifs n'ont que six mois, à partir de la mort de leur auteur, pour déclarer les biens dont la succession se compose, il ne s'ensuit pas nécessairement que ces héritiers doivent répudier l'hérédité dans les six mois, à peine d'être censés l'avoir acceptée pour le paiement du droit de mutation. (*Arrêt de cass.*, du 23 frimaire an 11.— Sirey, t. 3.)

74. L'enfant du donataire doit passer déclaration des biens qui avaient été donnés à ses père et mère par ses aïeux, quoique ces derniers aient survécu au

donataire, si les biens donnés se trouvaient encore dans la succession; cet enfant venant à décéder, même du vivant des ascendans donateurs, ceux-ci ne pouvant pas réclamer, à titre de retour légal, les biens par eux donnés, aucune demande de droit de succession à cet égard ne peut leur être faite ; ces biens, au contraire, devant être recueillis par les héritiers de cet enfant, dans l'ordre et la proportion que le code prescrit au titre des successions, c'est à ces héritiers légaux à acquitter le droit, d'après leur degré de parenté. (Ce principe résulte de l'*Arr. de cass.*, du 18 août 1818. — Journ., art. 6251.)

SUCCESSION (Déclaration de). — Émigrés.

75. L'immeuble dont la remise a été ordonnée au profit d'un émigré, par des actes administratifs, antérieurs à sa mort, doit être compris dans la déclaration fournie au bureau de l'enregistrement, par l'héritier de celui-ci, bien qu'il ait été mis en possession de cet immeuble, par l'état, après le décès de l'auteur de la succession. (*Arrêt de cass.*, du 20 mars 1822. — Journ., art. 7222.)

76. Une femme qui s'était rendue adjudicataire, en l'an 3, des biens de son mari, émigré, amnistié en l'an 10, et décédé en l'an 12, ne devait point déclarer la moitié de ces biens, dès que la communauté avait été dissoute par l'émigration, (*Arr. de cass.*, du 12 novembre 1810. — Journal, art. 3744.)

77. C'est le plus proche parent de l'héritier immédiat de l'émigré décédé, et non le légataire universel de cet héritier, qui doit recueillir les biens rendus en exécution de la loi du 5 décembre 1814. (*Arrêt de cass.*, du 25 janvier 1819.— Journal, art. 6310.)

SUCCESSION (Déclaration de). — Dévolution
à de nouveaux héritiers.

78. Lorsqu'un légataire a acquitté le droit de succes-

sion , et que , par suite d'un testament distinct et reconnu postérieurement , la succession passe à un nouveau légataire , celui-ci ne doit pas ce droit , dès qu'il ne s'agit que d'une mutation et d'une succession qui ne peuvent donner ouverture à deux droits. (*Arr. de cassation*, du 13 novembre 1814. — Journ., art. 5020 et 5395.)

SUCCESSION (Déclaration de) par les tuteurs.

79. Le tuteur qui fait vendre tout le mobilier de la succession échue à son pupille , sans payer le droit de mutation , devient, en sa qualité de tuteur , personnellement passible de l'intégralité des droits dus. (*Arr. de cassation*, du 25 octobre 1808. — Journ., art. 3608.)

80. L'exercice de l'action directe contre le tuteur personnellement, n'a lieu pour le droit principal, qu'autant que l'Administration justifie que c'est par le fait du tuteur qu'elle n'a pu recouvrer ce droit. (*Arr. de cass.*, du 1er. décembre 1812. —Journ., art. 4489.)

SUCCESSION. — Mutation.

81. Le concours par des héritiers qui ont renoncé à la vente d'immeubles qui paraissent provenir de la succession, ne suffit pas pour autoriser contre eux la demande des droits de mutation : il faut qu'il soit prouvé que ces immeubles étaient réellement la propriété du décédé. (*Arrêt de cass.*, du 6 mai 1824. — *Instr.* du 8 septembre 1824, nomb. 1146.)

SUCCESSIONS vacantes.

1. Les curateurs aux successions vacantes sont assujétis aux mêmes obligations que les héritiers purs et simples. (*Instr.* 290, nombre 70.)

2. Cependant, si la nomination de ces curateurs n'avait eu lieu qu'après l'expiration des délais, et si le curateur fournissait la déclaration dans les six mois

de sa nomination, le demi-droit en sus ne serait pas exigible contre lui. (*Idem*, et *instr.* 386, nomb. 34.)

Voy. Actes judiciaires.

SUPPLÉMENT de droit.

1. Le supplément à payer n'étant qu'un accessoire du premier paiement, ou plutôt un à-compte sur ce qui était dû, c'est la loi en vigueur à l'époque où le paiement a été fait, qui doit servir de règle pour la liquidation de ce supplément. (*Solut.* du 2 germ. an 10. — Journ., art. 1274.)

2. Le supplément de droit ne peut être réclamé après les deux ans de la perception, à moins que la prescription n'ait été interrompue par une demande en restitution formée dans le délai par la partie. (*Arr. de cass.*, du 30 mars 1808.)

3. Toute action en paiement d'un droit non perçu sur une disposition dans un acte, ou d'un supplément de perception insuffisamment faite, doit être dirigée contre les parties. (*Instr.* 386, nombre 28.)

4. Il en est de même des supplémens de droits à réclamer sur les ventes de meubles, lorsque les commissaires-priseurs ont rendu leurs comptes, sauf le cas où les droits auraient été éludés par fraude ou par toute autre cause du fait des commissaires-priseurs. (*Instruction* 882.)

5. Si, après une contrainte pour le paiement provisoire d'un droit de mutation, on découvre un acte de cession qui autorise un droit plus fort, on peut décerner une contrainte en supplément. (*Arr. de cassation*, du 30 juin 1806.)

II. 24

T.

TESTAMENT (1).

1. Lorsque les institués ou légataires ont renoncé au testament par-devant notaire, avant de s'être immiscés dans l'objet de l'institution ou du legs, le droit d'enregistrement de l'acte ne peut être exigé. (*Solut.* du 18 novembre 1819.—Dict. de Manut., t. 5., p. 189.)

2. Un particulier qui n'a point fait enregistrer dans les trois mois un testament passé en sa faveur, ne peut se refuser à acquitter le *droit fixe* et le *droit proportionnel*, en soutenant qu'il n'a point hérité à titre d'héritier testamentaire, surtout s'il n'a point renoncé à ce testament dans le même délai. (*Arr. de cass.*, du 24 octobre 1810. — Journal, art. 3767.)

3. Le testament passé en pays étranger ne doit être enregistré en France, au lieu de la situation des biens légués, qu'autant qu'il renferme, au profit de ceux qui en sont porteurs, la disposition de quelque immeuble, d'après l'art. 1000 du Code civil. (*Jug. du trib. de la Seine*, du 10 décembre 1817.)

4. On ne peut exiger l'amende pour défaut de timbre sur un testament olographe d'une personne décédée antérieurement à la loi d'avril 1816 ; cette amende est éteinte par le décès du contrevenant. (*Décis. du Min. des fin.*, du 23 avril 1818. — Journ., art. 6477 et 6546.)

5. Mais, si le testateur est décédé depuis cette loi, l'amende est due par les héritiers, parce qu'alors l'infraction aurait pu être réparée. (*Décis. du Min. des fin.*, du 10 septembre 1810. — Journ., art. 6546.)

_____

(1) *Voy.* art. 21, 38, 43, 45, §. 4; 68, §. 3, de la loi du 22 frimaire an 7.

TESTAMENT. — Dépôt.

6. Les testamens déposés par les héritiers ou autres parties intéressées, doivent préalablement être revêtus de la formalité de l'enregistrement. (*Instr.* 359.)

7. L'acte de dépôt d'un testament olographe est enregistrable dans les douze ou quinze jours de sa date. (*Déc. du Min. des fin.*, du 8 mars 1814.— Journ., art. 4850.)

8. Les actes de suscription de testamens mystiques ou secrets peuvent être enregistrés à la même époque que les testamens. (*Instr.* 290, nomb. 73.)

9. On ne peut enregistrer un testament fait par une personne encore vivante, qu'autant qu'elle requiert, expressément et par écrit, cette formalité. (*Instr.* 432.)

10. Les actes de dépôt de testamens olographes doivent être enregistrés dans les dix jours, suivant l'art. 20 de la loi du 22 frimaire.— L'article 21 qui exempte les testaméns de l'enregistrement jusqu'après le décès des testateurs, ne peut être étendu aux actes de dépôt. (*Arrêt de cassation*, du 14 juillet 1823.— Sirey, vol. 1823, p. 306.)

11. L'obligation imposée, par l'article 21 de la loi du 22 frimaire, à tout légataire, de faire enregistrer, dans les trois mois, le testament portant quelque libéralité à son profit, est absolue, et n'est pas subordonnée à la preuve que ce légataire a connu le testament et qu'il en a fait usage. Il suffit, par rapport au droit d'enregistrement, qu'il n'y ait pas renonciation formelle de la part du légataire à son legs, pour qu'il soit légalement présumé vouloir en profiter. Ainsi, la régie a pu réclamer le paiement du double droit contre un légataire à titre universel, qui n'a pas fait enregistrer le testament dans le délai de trois mois, sans qu'elle soit préalablement tenue de prouver que ce légataire a connu le testament et qu'il en a fait usage.

24.

— Il en est de même par rapport à l'exigibilité du legs. (*Arr. de cass.*, du 26 février 1823.—Bullet. off. , pag. 46 et 49.)

TESTAMENT (1).

12. La nomination d'un tuteur dans le testament qui institue un héritier, est de l'essence du testament, et n'est passible d'aucun droit. (*Délib.* du 5 juin 1816. — Journ., art. 5487.)

13. La clause d'un testament par laquelle le testateur, après avoir disposé d'une partie de ses biens en faveur de mineurs, désigne une tierce personne pour occuper ces biens, ou les affermer à son profit, jusqu'à la majorité des légataires, à la charge de payer à ceux-ci, chaque année, une somme déterminée, doit être considérée comme simple mandat. (*Délib.* du 1er. mai 1822. — Journ. , art. 7206.)

14. Le testament par lequel des père et mère assignent à chacun de leurs enfans les biens qui lui seront dévolus après leur décès, est un partage anticipé ; mais ce partage, qui est une disposition inhérente au testament, n'opère aucun droit particulier de 5 *fr.*, outre celui dû par le testament. (*Solut.* du 14 février 1818.)

TESTAMENT. — Militaire.

15. Le délai de trois mois pour l'enregistrement des testamens des militaires décédés en activité de service , hors du territoire français, ne court que du jour où l'acte de décès a été inscrit sur le registre de l'État civil de leur dernier domicile en France. (*Décision du Min. des fin.*, du 29 janvier 1811. — Journ., art. 4119.)

Voy. Acte passé en conséquence d'un autre.

---

(1) Art. 45 de la loi du 28 avril 1816.

TIERS-SAISI. *Voy.* Acte passé en conséquence d'un autre.

TIMBRE. — Actes à la suite l'un de l'autre.

1. Les actes de cautionnement relatifs aux adjudications des coupes de bois, tant royaux que communaux, et des établissemens publics, devront être rédigés sur des feuilles distinctes et séparées des procès-verbaux d'adjudication. (*Lettre du Ministre des finances à M. le Préfet du Loiret*, du 9 novembre 1813. — Journ., art. 4808.)

2. La décision ministérielle, du 11 octobre 1808, (*Instr.* 403), qui autorise les notaires à expédier, sur la même feuille de papier timbré, les actes ou extraits d'actes et les procurations en vertu desquelles ils ont été passés, et qui doivent y demeurer annexés pour leur validité, est applicable aux cas où les procurations sont seulement rappelées dans les actes faits en conséquence, lorsque ces procurations ont été précédemment annexées à un acte de la même étude. (*Décis. du Min. des finances*, du 17 novembre 1819. — Journ., art. 6584.)

3. On peut aussi mettre sans contravention, 1°. un accusé de réception au bas d'une lettre de voiture (*Solut.*, du 2 vend. an 14. — Journal, art. 2134); 2°. l'addition à un interrogatoire en marge ou à la suite de cet interrogatoire (*Art.* 334 du Code de procédure civile); 3°. l'acquit d'un paiement à la suite d'un mandat (*Décis. du Ministre des fin.*, du 11 février 1806); 4°. l'ordonnance et le procès-verbal de levée de scellés à la suite du procès-verbal d'apposition (*Instr.* 634); 5°. le certificat de l'insertion au tableau des interdictions ou de nomination de conseil de l'interdit, sur l'expédition du jugement d'interdiction. (*Décis. du Min. des fin.*, du 23 juin 1807. — Journ., art. 2585 et 2602.)

4. De ce que l'art. 319 du Code de procédure civile porte que les vacations des experts seront taxées par le président au bas de la minute de leur rapport, on doit nécessairement conclure que la requête qui est présentée à cet effet, peut, aussi bien que la taxe, être portée à la suite de ce même rapport. (*Décision du Ministre des finances*, du 27 mars 1822, conforme à une délibération du Conseil d'administration, du 6 du même mois. — Art. 312 du Recev.)

5. Par la même raison, et en s'étayant sur l'art. 657 du Code judiciaire, et l'art. 43 du décret du 16 février 1807, sur la taxe des frais et dépens, un huissier peut, sans contravention, rédiger à la suite des procès-verbaux de vente de meubles, l'état des frais de vente et autres poursuites. (Journ., art. 6766.)

TIMBRE. — Actes à la suite l'un de l'autre (1).

6. Le greffier ne peut, sans contravention, rédiger l'acte de dépôt du cahier des charges, pour parvenir à une adjudication immobilière, à la suite de ce cahier des charges. (*Solut.* du 20 décembre 1816. — *Décis. du Min. des fin.*, du 15 mars 1818. — Journ., art. 6030.)

7. Le procès-verbal d'adjudication d'immeubles devant notaire, ne peut pas être rédigé à la suite de l'acte de dépôt du cahier des charges. (*Décis du Min. des fin.*, du 5 mars 1819. — Journ., art. 6339.)

8. Il n'y a pas contravention au timbre, lorsqu'à la suite d'une vente, dont le prix est remis aux mains du notaire chargé de payer les créances hypothécaires, on met les quittances successives données par des créanciers à cet officier public. (*Solut.* du 20 janvier 1814.)

---

(1) Art. 23 de la loi du 13 brumaire an 7.

9. Deux exploits de signification d'un même jugement faits à la même requête, aux mêmes personnes, l'un au domicile élu, et l'autre au domicile réel, par deux huissiers différens, peuvent être écrits à la suite de l'expédition de ce jugement. (*Sol.* du 27 août 1812. — Journal, art. 4295.)

10. Les révocations de procurations et de testamens peuvent être faites et expédiées sur la même feuille que ces actes. (*Décret* du 15 juin 1812. — *Instr.* 591.)

11. Les actes de cautionnement et ceux de déclaration de command, en matière de vente de bois de la caisse d'amortissement, peuvent être rédigés à la suite des procès-verbaux d'adjudication. (*Décis. du Ministre des fin.*, du 19 février 1819. — Journ., art. 6308.)

12. La décision ou l'ordonnance du Juge sur l'opposition aux qualités d'un jugement, doit être portée sur les qualités mêmes et non sur une feuille séparée. (*Instr.* 533.)

TIMBRE. — Double emploi de papier timbré (1).

13. La loi qui punit d'amende l'usage d'une feuille de papier timbré pour deux actes, ne s'applique point au cas où il ne s'agit que d'un même acte; mais rédigé d'abord par tel huissier y immatriculé, et notifié ensuite par tel autre huissier qui a substitué son immatricule au moyen de ratures approuvées; si d'ailleurs le premier huissier n'avait pas signé l'acte, et par là l'avait laissé incomplet et non utilisé. (*Arr. de cass.*, du 11 juillet 1815. — Sirey, tome 16.)

14. L'amende n'est pas non plus encourue pour un acte recommencé à la suite de la rédaction biffée, re-

---

(2) Art. 22 et 26 de la loi du 13 brumaire an 7.

lative au même acte. (*Délib.* du 3 décembre 1816. — Journ., art. 5615.) Mais si les lignes raturées formaient le commencement d'un autre acte, la contravention existerait. (*Arr. de cass.*, du 1er. frim. an 10. — Journ., art. 1012.)

TIMBRE. — Empreinte couverte d'écriture (1).

15. L'altération du timbre sec, comme celle du timbre noir d'une feuille de papier, donne lieu à l'amende contre celui qui l'a pratiquée. (*Arr. de cass.*, du 4 juillet 1815. — Journ., art. 5457.)

16. Néanmoins, lorsque le verso des empreintes du timbre noir et sec se trouve couvert d'écriture, il n'y a pas contravention au timbre. (*Décis. du Min. des fin.*, du 16 juin 1807. — Journ., art. 2619.)

17. Lorsque le timbre du papier employé aux répertoires des officiers publics est couvert par l'impression des colonnes, il n'y a pas contravention, de fait, ni d'intention, à l'art. 2 sus-rappelé. (*Décis. du Min. des fin.*, du 26 mai 1820. — Journ., art. 6865.)

TIMBRE. — Colléges.

18. Ne jouissent pas de la faveur de faire timbrer leurs actes en debet. (*Décis. du Min. des fin.*, du 31 août 1813.) Leurs registres sont sujets au timbre. Les baux, marchés, ventes et quittances y sont également soumis, lorsqu'ils sont passés avec des personnes étrangères à l'université. (*Instr.* 621.)

TIMBRE. — Billet à ordre.

19. Un billet à ordre, sur papier non timbré, et dont il a été fait usage, donne lieu à l'amende pour défaut de timbre; l'usage résulte de l'endossement au profit d'un tiers, lors même que ce dernier, au lieu

---

(1) Art. 21 et 26 de la loi du 13 brumaire an 7.

de le faire protester, a poursuivi en justice le paiement de la somme portée au billet. — L'énonciation faite par un huissier dans un exploit qu'il a mis le titre de la créance sous les yeux du débiteur, autorise le receveur à requérir l'exhibition du titre : ce n'est pas par un moyen détourné que l'existence du billet est parvenue à la connaissance de la Régie (1). (*Arr. de cassation*, du 18 janvier 1825.—Bullet. civ., 1825, p. 30.)

TIMBRE.—Expéditions.— Actes administratifs.

20. Les expéditions des actes administratifs, délivrées aux particuliers, doivent être écrites sur papier timbré , sauf aux secrétaires des préfectures, des sous-préfectures et des mairies à exiger des parties intéressées l'avance des droits de timbre , ou à s'en faire rembourser par elles. (*Instr. génér.* , du 26 février 1823 , n°. 1072.)

Voy. Actes administratifs.

TONTINE PERPÉTUELLE D'AMORTISSE-
MENT. — *Voy*. Actions.

TRAITÉ. — Fournitures.

Un traité portant adjudication de fournitures au profit d'un entrepreneur, est soumis au *droit proportionnel de* 1 *fr. par* 100 *fr.*, lorsqu'il a été passé sous l'empire de la loi du 28 avril 1816 (2). Des considérations ne peuvent autoriser les tribunaux à annuler une contrainte décernée par la régie pour le paiement de ce droit (3). (*Arr. de cass.*, du 21 mars 1825. — Bullet. civ. , 1825, p. 124.)

---

(1) *Voy*. les art. 14, 25, n°. 2, et 26, n°. 6, de la loi du 13 brumaire an 7.

(2) Art. 51, n°. 3, de la loi du 28 avril 1816.

(3) Art. 59 de la loi du 22 frimaire an 7.

TRANSACTION (1).

1. Ne sont pas comprises dans la classe des transactions soumises au *droit de 1 pour 100*, celles portant abandon, à titre onéreux, de droits successifs; la somme stipulée étant, dans ce cas, le prix de la transmission d'une part dans les meubles et immeubles de la succession, il y a lieu au *droit proportionnel de 5 1/2 pour 100*, et non à celui réglé pour les cessions de simples créances. (*Arr. de cass.*, des 19 brumaire an 14 et 22 février 1808.— Journ., art. 2851.)

2. Une transaction par laquelle un père, pour remplir un de ses enfans de la part qu'il réclame dans la succession de sa mère, se reconnaît, en qualité de détenteur de cette succession, débiteur envers son fils d'une somme à laquelle les droits de celui-ci ont été réglés à l'amiable, est une cession de droits successifs maternels soumis au *droit proportionnel de 5 1/2 pour 100*. (*Arr. de cass.*, du 7 juin 1820. — Journ., art. 6744.)

3. Lorsqu'une veuve cède, moyennant une somme, une partie de ses biens à son fils qui renonce à toutes ses prétentions contre elle, que sur la réclamation des frères du cessionnaire contre cette cession, celui-ci s'oblige, par transaction, à leur payer 10,000 fr., et enfin que la veuve lui abandonne d'autres biens qu'elle possède, on doit considérer cette somme de 10,000 fr. comme un supplément de prix : la nouvelle mutation de propriété n'est point comprise dans le premier acte, par conséquent le tout est sujet au *droit de 5 1/2 pour 100*. (*Arr. de cass.*, du 4 mars 1807.)

4. La transaction par laquelle des héritiers, à qui

---

(1) *Voy.* art. 68, §. 1er., n°. 45, de la loi du 22 frimaire an 7. — Art. 44 de la loi du 28 avril 1816. — Art. 69, §. 3, n°. 5, de la loi du 22 frimaire an 7.

la loi ne réserve aucune quotité dans la succession, renoncent à leurs prétentions, au profit des légataires universels ; moyennant une somme déterminée que ceux-ci s'obligent à leur payer , n'engendre que le *droit de* 1 *fr. p.* 100 , comme obligation. (*Délib.* du 7 juillet 1819. — Journ. , art. 6444.)

5. La rétrocession, qualifiée de transaction sur procès, d'une vente reconnue par les parties nulle dans son essence , donne lieu à la demande du *droit de 4 pour* 100 , parce que la nullité devait en être prononcée judiciairement. (*Arr. de cass.* , du 30 janvier 1815. — Journ. , art. 5070.)

6. Toute transaction qui remet le saisi en possession des biens aliénés par jugement d'adjudication sur saisie immobilière , confirmé par arrêt rendu sur appel , et déféré à la Cour de cassation , est réputée rétrocession pure et simple. (*Solut.* du 12 prairial an 12. — Journ. , art. 1757.)

TRANSACTION. — Atermoiement.

7. Une transaction entre un commerçant et un grand nombre de ses créanciers, par laquelle ceux-ci lui font remise des trois quarts de leurs créances , et lui accordent un délai fixe pour le paiement de l'autre quart, est un atermoiement sujet au droit *de* 50 *c. par* 100 *fr.* (1). (*Solut.* , du 5 juin 1824. — *Instr.* , du 8 septembre 1814, nombre 1146.)

TRANSFERTS.

1. Les transferts de rentes faits par la caisse d'amortissement sont assujétis au timbre, et sujets à la formalité de l'enregistrement, au *droit fixe de* 1 *fr.*, lorsqu'on est dans le cas d'en faire usage en justice.

---

(3) Art. 69, §. 2, n°. 4, de la loi du 22 frimaire an 7.

(*Décision du Ministre des finances*, du 20 juillet
1810. — Journ., art. 3892.)

2. Ceux des rentes ou effets publics étrangers sont
passibles du *droit proportionnel*, non sur le prix de
la cession, mais sur le cours légalement constaté des
effets cédés. (*Délibér.* du 3 juin 1817. — Journal,
art. 5768.)

3. La dispense du droit d'enregistrement sur les
transferts de rentes ne s'applique qu'aux transferts
purs et simples, faits en bourse par le ministère des
agens de change, et non aux transferts qui ont pour
objet d'autres dispositions sujètes aux *droits proportionnels.* (*Délibér.* du 18 mai 1822.)

INSTANCES contre les tuteurs.

1. Quand même les tribunaux auraient de justes
motifs pour ne pas condamner personnellement les
tuteurs et curateurs soit à la peine du demi-droit en
sus, soit au droit principal, ils ne peuvent déclarer
l'administration non recevable. (*Arrêt de cassation*,
du 4 avril 1807.)

2. Quand les tuteurs et curateurs ont laissé passer
les délais, il doivent être poursuivis, pour le droit
simple, sur les biens de la succession, et, pour le
droit en sus, sur leurs biens propres. (*Instr.* 386.)

3. L'Administration qui a des amendes à répéter
contre un tuteur, et qui a intérêt à contester ou affai-
blir le reliquat dû par le tuteur aux mineurs, n'est
recevable à critiquer en cassation le jugement qui a
donné la préférence aux mineurs, pour leur reliquat
indéterminé, sur les biens du tuteur, qu'après avoir
soumis ce jugement aux juges d'appel. (*Arrêt de
cass.*, du 8 juin 1813. — Journ., art. 4829.)

U.

USUFRUIT.

Voy. Échange. — Expertise. — Partage, n°s. 11 et 22. — Prescription n°. 8. — Rétrocession. — Réunion d'usufruit à la propriété. — Succession (déclaration de).

V.

VENTE (1).

1. Lorsque la vente de la coupe d'un bois taillis ou de haute futaie, et celle du fonds ont été faites par des contrats séparés et à des dates différentes, la circonstance que ces aliénations ont été consenties à la même personne, ne suffit pas pour autoriser la perception du droit *de 5 fr. 5o cent. pour* 100 sur la vente de la superficie, quand il n'y a pas preuve de dol et de fraude, acquise contre les parties. (*Arr. de cass.*, du 7 septembre 1813.)

2. On doit considérer comme purement mobilière, pour la liquidation du droit d'enregistrement, la vente faite par un mari, comme chef de la communauté, de la coupe et superficie d'un bois appartenant à sa femme, bien que par un second acte passé le même jour, celui-ci, se disant fondé de pouvoirs de cette dernière, et se portant fort pour elle, ait vendu au même acquéreur le sol du même bois, parce que les deux actes dont il s'agit peuvent, sans violation de la loi, être considérés comme distincts, quoique faits le même jour, puisqu'ils portent sur des objets qui n'ont pas le même propriétaire, et qui sont

---

(2) Art. 69, §. 7, de la loi du 22 frimaire an 7. — Art. 52 de la loi du 28 avril 1816.

régis par des lois différentes. (*Arr. de cass.* , du 21 mars 1820. — Art. 98 du Recueil.)

3. La vente de l'exploitation d'une carrière et des ustensiles qui y sont attachés, est une vente mobilière en ce qui touche le droit d'enregistrement, bien qu'il s'agisse de matériaux non extraits. (*Arr. de cass.*, du 19 mars 1816. — Journ., art. 5406.)

4. Il ne doit être perçu que le droit *de* 50 *cent.* *pour* 100 sur les ventes faites par les courtiers de commerce, quelque modique que soit la valeur des torts, si elle a été fixée par les tribunaux de commerce. (*Décis. du Ministre des finances*, du 18 mai 1821. — *Instr.* 983.)

VENTES. — Délais de l'enregistrement.

5. Les procès-verbaux de ventes faites par les préposés des douanes ; sont enregistrables dans les quatre jours, comme ceux des préposés des droits réunis. (*Décis. du Min. des fin.*, du 21 août 1810. — Journ., art. 3955.)

6. Le délai est le même pour les ventes de mobilier national faites par les préposés des domaines. (*Sol.* du 14 janvier 1812. — Journal, art. 4282.)

7. Les ventes des effets mobiliers et des marchandises d'un failli, faites publiquement par le syndic, doivent être précédées d'une déclaration, soit que le syndic y procède, soit qu'il appelle un autre officier public : le procès-verbal est sujet à l'enregistrement dans les vingt jours de sa date ; celles à l'amiable peuvent être faites sans déclaration préalable ; il suffit que le procès-verbal soit enregistré dans le même délai de vingt jours. (*Décis. des Min. des fin. et de la just.*, des 26 mai et 9 juin 1812. — Journal, art. 4234.)

VENTES. — Qui a droit de procéder aux ventes publiques ?

8. De ce que les coupes de bois et les fruits pendans par racines, ne sont mobilisés que par l'effet de l'adjudication, il suit que, dans les lieux mêmes où il existe des commissaires-priseurs, les notaires ont le droit exclusif de procéder à la vente publique de ces coupes et fruits. (*Arr. de cass.*, rendu le 1er. juin 1822, par les sections réunies, sous la présidence du Garde-des-Sceaux.— Art. 410 du contr.— Cet arrêt rapporte ceux des 8 mars et 21 juin 1820, dont les dispositions sont rappelées aux art. 6668 et 6904 du Journal de l'enregistrement.

9. Tout autre individu que ceux dénommés spécialement dans les décisions précitées, quand même il serait revêtu d'un caractère public, n'a pas le droit de procéder pour lui ou pour autrui, à une vente publique de meubles aux enchères. (*Circul.* 1498, — *Arr. de cass.*, du 30 messidor, an 10. — Journal, art. 1272.)

10. Il n'est pas permis à un particulier de vendre ou de faire vendre aux enchères, soit en conséquence d'affiches et de publications, soit ses meubles, soit ses immeubles. (*Décis. du Min. des fin.*, du 2 octobre 1811. — Journ., art. 4093. — Sirey, t. 12.)

11. Mais la loi n'établissant point de peine pour les immeubles, on ne peut en établir par induction. (*Arr. de la Cour de Bruxelles*, du 26 juin 1811. — Sirey, tome 12.)

12. Une vente de coupes de bois, faite par un particulier, dans sa chambre (les portes ouvertes), en présence de plusieurs marchands, au plus offrant et sans le concours d'un officier public, est réputée vente publique aux enchères, et, comme telle, faite en contravention à l'art. 1er. de la loi du 22 pluviose an 7.

(*Arr. de cassation*, du 22 mai 1822. — Journal, art. 7247.)

VENTE de Meubles. — Déclaration préalable.

13. Lorsque la vente n'a pas eu lieu au jour indiqué par la déclaration , il doit être fait une nouvelle déclaration. (*Délib.* du 18 avril 1817. — Journ., art. 5813.)

14. Mais , lorsque l'officier public , chargé de procéder à une vente de l'espèce , ne peut la commencer faute d'enchérisseurs , et qu'il la remet à un autre jour , par procès-verbal qu'il soumet à l'enregistrement dans le délai prescrit; il n'est pas tenu de faire une nouvelle déclaration préalable. (*Décis. du Min. des fin.* , du 24 mars 1820. — Journ. , art. 6835.)

15. Quand un notaire a procédé à une vente aux enchères sans déclaration , à défaut d'un procès-verbal dressé sur les lieux mêmes où se commet la contravention , il faut une enquête et non un procès-verbal dressé dans le bureau du receveur sur de simples déclarations de particuliers non assermentés. (*Arrêt de cass.*, du 4 juillet 1810. — Journ., art. 3716.)

VENTE d'Immeubles.

16. Celui qui a acquis un bien dont il a payé le prix comptant, et qui s'en rend adjudicataire ensuite, sur l'expropriation poursuivie par les créanciers hypothécaires de son vendeur, parce qu'il n'avait pas purgé son acquisition, n'est point tenu de payer un second *droit proportionnel* de mutation , puisqu'il n'a pas été dépossédé. (*Délib.* du 19 août 1818, *appr. par le Min. des fin.* , le 17 novembre suivant. — — Journ., art. 6697.)

17. Le droit est dû pour vente , encore que le transport de la propriété ne soit pas fait pour de l'argent , mais à la charge de remplir des conditions

onéreuses. (*Arr. de cassat.*, du 7 février 1814. — Sirey, t. 14, p. 264.)

18. Ainsi, l'acte par lequel un particulier, pour ne plus recevoir dans sa cour les eaux provenant de la maison de son voisin, consent à construire à ses frais, dans la cour de celui-ci, un puisard dont la dépense est évaluée 600 fr., est passible du *droit de 5 fr. 50 c.* pour 100 sur cette somme.(*Délib.* du 22 octobre 1817. — Journ., art. 5895.)

19. Lorsque, par un contrat de vente, il est stipulé que l'acquéreur paiera le droit d'enregistrement en déduction du prix convenu, il faut, pour la liquidation de ce droit, déduire du prix de la vente la somme à laquelle s'élève le droit d'enregistrement. (*Arr. de cassat.*, des 25 germinal et 29 pluviose an 13. — Sirey, t. 7, art. 2287.)

20. Lorsque le prix est converti en une rente viagère plus forte que ne le comporte ce prix, le droit ne peut frapper que sur celui exprimé, sauf expertise, s'il y a lieu. (*Sol.* du 9 prairial an 6. — Journ., art. 272.)

21. Lorsqu'un terrain est vendu avec déclaration que les bâtimens y existans appartiennent déjà à l'acquéreur, sans en rapporter la preuve légale, le Receveur doit faire estimer les bâtimens, et percevoir le *droit proportionnel* sur la valeur des deux objets. (*Délib.* du 29 janvier 1820. — Journ., art. 6616.)

22. Lorsqu'une vente est faite pour une somme déterminée, qui est ou doit être payée avec une inscription sur le grand-livre de la dette publique, représentant, au *cours* du jour de la vente, le prix stipulé, le droit ne doit pas être liquidé sur le capital de l'inscription au denier 20, mais seulement sur le prix porté au contrat. En effet, les inscriptions ayant un cours public, on ne peut, dans les tran-

II. 25

sactions civiles, leur supposer une valeur supérieure. (*Décis. du Min. des fin.*, du 10 therm. an 13. — Journ., art. 2095.)

VENTE d'immeubles.

23. Charges. Toutes les charges doivent être ajoutées au prix, quelque éventuelles qu'elles soient. (*Jugem. du Trib. de la Seine*, du 12 juin 1812. — Journ., art. 4366. —(*Arr. de cass.*, du 24 juin 1811. — Journ., art. 4111.)

24. Le capital des rentes foncières dont sont grévés les immeubles vendus, à charge de les servir, doit être ajouté au prix stipulé. (*Instr.* 178.)

25. La rente créée par le titre même de la mutation, fait charge comme celle anciennement affectée à l'immeuble. (*Arr. de cass.*, du 9 fructidor an 12. — Journ., art. 1851.)

26. La charge, imposée à l'acquéreur qui entre en jouissance au mois de juin, de payer les contributions foncières, à compter du 1er janvier précédent, constitue une augmentation du prix de la vente, et donne lieu à une augmentation proportionnelle du droit d'enregistrement. (*Arrêt de cassat.*, du 19 mai 1819. — Journ., art. 6525. — Sirey, tome 19.) *Voy.* le n°. 64 ci-après.

27. Dans une adjudication devant notaire, les émolumens de l'avoué ou du notaire enchérisseur, sont des charges, ainsi que tous les frais, excepté les honoraires du notaire rédacteur, qui ne peuvent entrer dans la liquidation des droits d'enregistrement. (*Décis. du Min. de la just.*, du 23 mai 1809. — Journ., art. 3259.)

28. VENTE à réméré. — Cette vente a toujours été reconnue comme translative de propriété, et parfaite, quoique résoluble sous condition. (*Déclaration du Roi*, du 10 mars 1708.— *Instr.* 386.)

29. On doit considérer comme vente à réméré pour la perception, celle faite à titre d'antichrèse, à toujours rachetable, moyennant 400 fr.; savoir, 100 fr. payés comptant, 100 fr. acquittables lors de l'entrée en jouissance, et 200 fr. deux ans après, sans intérêts, avec clause qu'à défaut de paiement au terme fixé, le cédant pourra rentrer dans ses biens, trois mois après avertissement. (*Arr. de cass.* du 4 mars 1807.)

30. Lorsque, dans un acte de vente à réméré, le vendeur conserve la jouissance des lieux, moyennant une indemnité ou fermage qu'il s'oblige de payer annuellement à l'acquéreur, il y a lieu de percevoir, indépendamment du droit propre à la vente, un droit particulier pour le bail ou relocation suivant sa durée. — Si le vendeur qui a touché le prix de vente, se réserve la jouissance, sans indemnité, il y a lieu de réunir au prix payé par l'acquéreur les intérêts annuels de ce prix, et de percevoir le droit de mutation pour le tout. (*Délib.* du 17 nov. 1821.)

VENTE de droits successifs.

31. Le *droit proportionnel*, dû pour les immeubles, doit être perçu sur la totalité du prix d'une cession de droits successifs, lors même qu'il est établi un prix particulier pour les immeubles et pour les meubles, si les désignations prescrites par l'art. 9 de la loi de frimaire an 7, ne sont pas faites article par article. (*Arr. de cass.*, du 5 mai 1817. — Journ., art. 6850).

32. Lorsqu'une vente de l'espèce a lieu, les dettes de la succession font charge, quoique l'acquéreur ne soit pas expressément obligé de les acquitter. (*Arr. de cass.*, du 20 nivose an 12.—Journ., art. 1477 et 1782.)

33. Si la cession de droits successifs ne contient aucune clause relative au paiement des dettes, le receveur ne peut exiger qu'on en passe une déclaration, même négative, sauf à requérir l'expertise, dans le

25.

cas où le prix lui paraîtrait inférieur à la valeur vénale des biens déclarés. (*Décis. du Min. des fin.*, du 3 novembre 1820. — Journ., art. 6842.)

VENTE d'immeubles. — Charges.

34. La vente d'un moulin, à la charge par l'acquéreur de rembourser au locataire de ce bien, la prisée des tournans, virans et travaillans, est soumise au droit de 5 1/2 p. 100, sur la totalité du prix du moulin et des ustensiles. (*Délib.* du 18 août 1815.— Journ., art. 5197.)

35. L'obligation imposée à un adjudicataire de vignes, de payer aux vignerons tout ce qui pourra leur être dû, pour mises et façons de l'année courante, et en sus du prix de la vente, n'est point une charge qui doive être ajoutée à ce prix, pour la perception des droits. La récolte étant abandonnée à l'acquéreur, ces frais deviennent naturellement une charge de la jouissance. (*Délib.* du 8 mai 1822.)

36. Lorsque, dans une adjudication, les vendeurs ont déclaré qu'il n'était point à leur connaissance que les immeubles à adjuger fussent grévés d'aucune rente, ni service foncier ; que néanmoins, s'il en existait, ils seraient à la charge des adjudicataires, à partir du jour de la transmission, et sans aucune réclamation de leur part, mais jusqu'à concurrence seulement de 3 fr. annuellement, il y a lieu d'ajouter au prix, 60 fr. pour le capital de cette rente, attendu que cette clause, quoique en apparence éventuelle, a dû nécessairement influer sur le prix de l'adjudication. (*Idem.*)

37. La vente d'un domaine, provenant d'engagemens, faite moyennant une somme, et sous la condition d'acquitter la rente résultant du titre de concession, est passible du droit sur le prix stipulé, en y ajoutant le capital de la rente, bien que le vendeur

prétende que cette redevance est féodale. (*Arrêt de cass.*, du 25 avril 1810. — Journ., art. 3644.)

38. Le traité à forfait dans lequel les parties elles-mêmes déclarent être dans l'impossibilité de procéder à un partage, et duquel il résulte que l'un des héritiers vend à ses co-héritiers la part à lui revenant dans les successions à eux échues en commun, en se rendant garant des hypothèques provenant de son chef ou de celui de son auteur, sur la part des biens par lui vendus, un semblable traité rentre dans la classe de ceux susceptibles de transcription, et par conséquent est passible du droit de 5. 1/2 pour 100. (*Arr. de cass.*, du 4 février 1822. — Journal, art. 7163.)

39. On ne doit percevoir que 4 *fr. pour* 100 sur la vente faite à un individu, par ses enfans, de la moitié indivise d'une maison de la communauté qui a existé entre lui et son épouse. Mais le transport de droits successifs mobiliers, fait par le même acte, par une disposition séparée, et moyennant un prix distinct, est sujet au même droit de 4 *pour* 100. (*Délib.*, du 8 août 1821, approuvée le 30 du même mois par le Ministre des finances. — Art. 150 du Recev. — *Voy.* Licitation.)

40. La vente sous seing-privé de droits successifs mobiliers et immobiliers, doit être enregistrée dans les trois mois de sa date, sous peine du double droit, comme contenant vente d'immeubles. (*Arrêt de cassation*, du 28 août 1809.)

VENTE d'immeubles. — Charge d'usufruit.

41. Un acte de vente par lequel le vendeur se dessaisit d'un immeuble moyennant un prix certain, en faveur de deux particuliers, le père et le fils : savoir, au profit du fils, de la nue propriété de tout l'immeuble, plus de la moitié de l'usufruit dudit immeuble ; et, au profit du père, de l'autre moitié de l'usufruit

est passible du *droit proportionnel*, non-seulement sur la somme totale stipulée pour prix de vente, mais encore sur la moitié de l'usufruit réservé au profit du père. (*Arr. de cassation*, du 5 février 1814. — Journ., art. 5031.)

42. La disposition de l'art. 9 de la loi du 22 frimaire n'est applicable qu'aux meubles qui, par leur nature et leur forme extérieure, peuvent être détaillés, désignés et évalués article par article; ainsi, lorsqu'un acte de cession porte sur des immeubles et sur des créances mobilières, telles que revenus arriérés et litigieux, dont l'indication est difficile, il n'y a pas lieu de percevoir 5 *fr.* 50 *cent. pour* 100 sur le tout, à défaut de ventilation, article par article, des objets mobiliers estimés seulement en masse. Dans ce cas, la voie de l'expertise est ouverte à l'Administration pour faire vérifier la valeur donnée aux immeubles par le contrat. (*Arrêt de cassation*, du 21 octobre 1811, — Journal, art. 4333.)

43. Lorsqu'une vente de meubles et d'immeubles est faite moyennant 65,000 *fr.*, dont 50,000 pour le mobilier, qui se trouve décrit dans un bref état qui précède l'acte, et qui est le résultat d'un inventaire authentique, il convient de ne percevoir que 2 *p.* 100 sur les 50,000 *fr.* (*Arrêt de cass.*, du 5 mai 1817. — Dict. de Manut., tome 4, page 82.)

VENTE. — Dispositions particulières.

44. La vente qui contient quittance à l'acquéreur par les créanciers du vendeur, est passible, outre le *droit de vente*, de celui de 50 *cent pour* 100 pour la libération de celui-ci envers ses créanciers. (*Arrêt* du 4 juillet 1815. — Journ., art. 5472.)

45. La vente peut être parfaite, encore qu'elle soit consentie sous la condition d'être non avenue, à défaut de paiement du prix dans le délai déterminé. Une

telle condition est résolutoire et non suspensive en ce qui touche les droits d'enregistrement. (*Arr. de cass.*, du 14 décembre 1809. — Journ., art. 3687.)

46. Les droits perçus sur un acte de vente ne sont pas restituables, lors même que le vendeur aurait aliéné le bien à un tiers par un contrat postérieur, sans avoir fait prononcer la résolution de la première vente, sous le prétexte que la charge d'acquitter les dettes hypothéquées sur l'immeuble était une condition suspensive qui avait rendu cette première vente incertaine. Le jugement qui, sous ce prétexte, ordonne la restitution des droits perçus sur le premier contrat, renferme une fausse application de l'art. 1181, et violation de l'art. 1184 du Code civil. (*Arrêt de cassat.*, du 22 août 1815. — Sirey, tom. 15, pag. 421.)

· 47. La stipulation dans un contrat d'acquisition faite par un mari et sa femme avec des deniers communs, que l'objet acquis appartiendra en totalité au survivant, ne peut être considérée comme une donation éventuelle, passible du *droit fixe de 5 fr.;* et, à l'évènement du décès, le survivant n'est pas tenu d'acquitter, sur la moitié qu'il recueille à ce titre, le droit de succession. (*Arr. de cass.*, du 11 germinal an 9. — Journal, art. 1298. — *Voy.* Succession, nos. 319 et suiv.)

48. L'intervention de la femme dans une vente d'immeuble, appartenant à son mari ou dépendant de la communauté, ne donne ouverture à aucun droit. (*Décis. du Ministre des fin.*, du 19 avril 1814. — — Journ., art. 4799.)

49. La renonciation par une femme à son hypothèque légale sur des immeubles appartenant en propre à son mari, contenue dans l'acte de vente, ne peut autoriser la perception d'aucun droit particulier

comme désistement ou consentement.. (*Délib.* du 4
juin 1818. — Journ. , art. 6093.)

50. Une vente d'immeubles paraphernaux , par
la femme autorisée seulement de son mari qui reçoit
le prix , donne lieu à la perception d'un droit particulier de 1 *fr. p.* 100 , à titre soit de prêt , soit de
dépôt , parce qu'aux termes de l'art. 1576 du Code
civil , la femme a exclusivement l'administration de
cette nature de biens. (*Délib.* du 19 mai 1815. —
—Journ. , art. 5129.)

51. Lorsque l'acquéreur d'un bien paie le prix comptant, et que le vendeur, pour lui donner toute garantie,
affecte un autre bien , il n'est rien dû à cause de cette
affectation qui résulte de l'acte de vente. (*Délib.* du
4 juin 1817. — Journ., art. 5767.)

52. Si , dans son contexte , un acte contient vente
d'un immeuble , moyennant 30,000 fr., et donation
du tiers de cette somme à l'acquéreur, on doit percevoir le droit de vente sur 30,000 fr., et celui de donation
mobilère sur 10,000 fr. Il n'est pas permis de décider , qu'en résultat, il y a mutation moyennant
20,000 fr. , et que le droit est dû seulement sur cette
somme. (*Arr. de cass.*, du 14 mai 1817. — Journ.,
art. 5863. — Sirey , t. 17.)

53. Lorsque, dans une vente faite à un particulier,
du tiers d'un domaine, et à deux autres, des deux tiers
restant, moyennant 9,000 fr., et à la charge d'acquitter
les rentes affectées sur l'immeuble, le vendeur consent que le premier acquéreur , son créancier, reçoive
la totalité du prix en extinction de sa dette proportionnée, on doit percevoir le droit de vente tant sur le
prix stipulé que sur la charge des rentes, et exiger en
outre celui de 1 *fr. pour* 100, comme cession de créance,
sur les deux tiers du prix abandonné à cet acquéreur.
(*Arr. de cass.*, du 14 messidor an 13.)

54. Lorsqu'un père a donné à son fils, par contrat de mariage, tous ses biens présens et à venir, mais sans stipulation de transmission actuelle; qu'ils vendent ensuite conjointement une portion de ces biens, et que le prix est payé en billets à l'ordre du fils donataire, on doit voir dans le concours du fils à la vente une garantie que l'acquéreur semble exiger, un cautionnement passible du *droit de* 5o *c. p.* 100. (*Délib.* du 31 juillet 1816, app. par le Min. des fin. le 10 octobre 1817. — Journal, art. 5904.)

VENTE. — Double droit.

55. La vente dans laquelle se trouve une clause qui fait remonter la possession de l'acquéreur à trois années, à cause d'une convention verbale, conclue entre lui et son vendeur, autorise la perception du *double droit.* (*Arr. de cass.*, des 22 mars 1808 et 21 octobre 1811.—Journ., art. 4080.)

56. Lorsqu'on prouve qu'une vente passée devant notaire existait plus de trois mois auparavant, par acte sous seing-privé, on est fondé à demander le *double droit.* (*Arr. de cass.*, des 12 thermidor an 13, et 19 juillet 1815. — Journ., art. 5433.)

57. Ce double droit ne peut être exigé du notaire, mais seulement du nouveau possesseur. (*Délib.* du 6 octobre 1815.— Journ., art. 5252.)

58. Quoiqu'il n'ait pas été décerné contrainte, on doit poursuivre, par cette voie, le recouvrement du *double droit*, contre un acquéreur qui présente, dans les délais, son contrat d'acquisition, si antérieurement il a été porté comme propriétaire sur le rôle, et s'il a payé cette contribution. (*Arr. de cass.*, des 24 févr. 1807, 11 mai 1808 et 19 juillet 1815 — Journ., art. 3757 et 5433.)

59. Il en est de même, lorsque antérieurement à

son contrat l'acquéreur avait consenti un bail des biens par lui acquis. (*Arrêt de cass.*, du 23 décembre 1807. — Journal du Palais, 1807.)

60. Pour régulariser la perception faite à raison de 5 fr. 50 c. pour 100 sur une vente d'immeubles, passée devant notaire depuis la loi du 28 avril 1816, lorsqu'il est reconnu que la mutation s'était opérée avant cette loi, et que le double droit était exigible, le Ministre des finances a décidé, le 14 novembre 1818, que le *droit* et le *double droit* seraient liquidés à raison de 4 *pour* 100 en principal, et que, sur le montant de ces droits, déduction devait être faite de la somme payée pour l'enregistrement de l'acte notarié. — Journ., art. 6524.)

61. L'acte de vente de biens dont la jouissance remonte à plus de trois mois, et qui constate même une promesse verbale, antérieure à cette période de temps, ne donne pas lieu à la perception du *double droit*, malgré l'arrêt du 22 mars 1808; attendu que le dessaisissement de la propriété ne date que du jour de l'acte authentique, et que l'entrée en jouissance n'est pas l'entrée en possession. (*Arr. de cassat.*, du 1er mars 1815. — *Décis. du Min. des fin.*, de juillet 1819.)

62. *Le double droit* n'est point dû sur une vente faite moyennant 300 *fr.*, dont 100 *fr.* sont déclarés avoir été payés trois ans auparavant; on ne pourrait invoquer l'art. 1583 du Code civil, qui déclare la vente parfaite entre les parties, dès qu'on est convenu de la chose et du prix : d'abord pour que cet article pût être applicable à l'espèce, il faudrait qu'il fût bien constant que le paiement de 100 *fr.* a eu pour objet la vente réalisée postérieurement, et que les parties étaient convenues dès lors de la chose et du prix. D'ailleurs, l'art. 4 de la loi du 27 ventose an 9, qui soumet les

mutations verbales aux dispositions des art. 22 et 38 de la loi du 22 frimaire an 7, exige des nouveaux possesseurs, à peine du droit en sus, des déclarations détaillées et estimatives à défaut d'actes, dans les trois mois de l'entrée en possession; il faut donc que l'acquéreur *soit entré en possession*, pour que le droit en sus soit exigible, à défaut de déclaration dans les trois mois. Aussi, tous les arrêts de cassation sur cette matière ont été rendus dans des espèces où il y avait entrée en jouissance, *tradition réelle et effectuée*, ou *transmission* prouvée de la manière prévue par l'art. 12 de la loi du 22 frimaire an 7. (*Délibér.*, du 19 juin 1822. — Corrèze. — Article 397 du Contr.)

VENTE sous seing-privé.

63. On est fondé à former la demande des droits d'une vente sous seing-privé par acte qui n'a pas été fait double, si la nullité n'en a pas été prononcée (*Arr. de cass.*, du 24 juin 1806. — Journ., art. 2366), ou lorsque l'acte de vente sous seing-privé énonce qu'il a été fait double, quoiqu'il ne soit signé que de l'acquéreur et non du vendeur, entre les mains duquel il se trouverait. (*Arrêt de cassation*, du 13 octobre 1806.)

64. La régie peut poursuivre contre l'acquéreur le paiement des droits résultans d'une vente d'immeubles, encore que ce fût le vendeur qui eût présenté l'acte à la formalité de l'enregistrement, attendu que la poursuite contre le nouveau possesseur est souvent le seul moyen d'assurer promptement la perception du droit, et d'exécuter l'art. 59 de la loi du 22 frimaire an 7, qui défend de suspendre le paiement des droits. (*Arr. de cass.*, du 10 avril 1816. — Journal, art. 5465.)

65. Quoique ce soit le vendeur qui présente au

bureau une contre-lettre qui élève le prix d'une vente, le paiement *du triple droit* n'est pas moins à la charge de l'acquéreur qui seul peut être actionné pour ce droit. (*Arrêt de cass.*, du 7 février 1816. — Journ., art. 5675.)

66. Lorsqu'un acte de vente sous seing-privé est présenté à l'enregistrement par le vendeur qui veut en faire usage, la régie qui, d'après l'art. 29 de la loi du 22 frimaire an 7, pourrait exiger de lui le paiement du droit, n'en est pas moins fondée à le réclamer, en vertu de l'art. 12, contre l'acquéreur que cet acte lui a désigné, et sur lequel, au surplus, ce droit devra tomber en définitive, aux termes de l'art. 31. (*Arrêt de cass.*, du 12 janvier 1822. — Sirey, t. 22. — Journ., art. 7151.)

Cet arrêt est rendu dans la même espèce que ceux des 30 juin 1813. (Sirey, tom. 20, 26 octobre 1813. — Journ., art. 4711, et 12 mars 1817. — Journal, art. 5727. — Sirey, tom. 17.)

67. Un autre arrêt, du 30 juin 1806, avait déjà établi que, quand le double d'un acte sous seing-privé portant mutation d'immeubles, reconnue et constatée par une contrainte d'un préposé de l'enregistrement, est déposé en son bureau par le vendeur, on n'en doit pas moins continuer le recouvrement des droits contre l'acquéreur; et que, si l'acte est désavoué par celui-ci, le tribunal saisi de l'instance ne peut qu'en ordonner la vérification. (Journ., art. 2486.)

68. La mutation de propriété d'immeubles est suffisamment prouvée, quant à la poursuite du droit d'enregistrement, par l'existence d'un acte de vente sous seing-privé, signé en double original par les parties, lorsque cet acte a d'ailleurs reçu son exécution par l'entrée en jouissance de l'acquéreur, du jour de sa date, et par le paiement d'une partie du prix

de l'acquisition (1). — Le dépôt de cet acte de vente dans les mains du notaire qui ne l'a point constaté, ne peut être considéré comme une preuve du défaut d'intention des parties, d'exécuter le contrat intervenu entre elles. (*Arr. de cass.*, du 11 mai 1825. — Bulletin civil, 1825, pag. 171.)

VENTE. *Voy.* Acte sous-seing privé, n°° 10 et 12. — Promesse.

VISA (2).

1. Le visa pour timbre, des répertoires des porteurs de contraintes, doit avoir lieu gratis. (*Instruc.* 382. *Décis. du Min. des fin.*, du 26 août 1820. Journ., art. 6779.)

2. On doit viser pour timbre en débet les feuilles destinées aux bordereaux d'inscriptions de créances appartenant à l'État, ainsi que les papiers que les procureurs du Roi emploient pour les bordereaux des inscriptions qu'ils sont dans le cas de requérir, aux termes de l'art. 2138 du Code civil, sauf le recouvrement du droit de timbre sur le grévé. (*Circul.* 1501, 1506 et 1539. *Instr.* 233.)

3. Il en est de même, 1° du duplicata des quittances des droits d'inscriptions aux hypothèques, restés en suspens (*Circ.* 1521) ; 2° des arrêtés de préfets, portant autorisation de radier des inscriptions illégalement réquises. (*Instr.* 176.)

4. Tous les receveurs ayant le registre du visa, pour valoir timbre, doivent admettre cette formalité, les formules imprimées des procès-verbaux de saisie, et des transactions en matière de contributions indirectes, pourvu que les droits de timbre soient acquittés à l'instant même où la formalité est donnée.

---

(1) Art. 12 de la loi du 22 frimaire an 7.
(2) Art. 74 de la loi du 25 mars 1817.

(*Décis. du Min. des fin.*, du 8 février 1814. — Journ., art. 4809.)

5. Depuis la loi du 25 mars 1817, les procès-verbaux des gardes champêtres et forestiers peuvent être rédigés sur du papier non visé préalablement pour timbre. (*Délib.* du 28 octobre 1818. — Journal, art. 6353.)

6. On peut viser pour timbre les papiers nécessaires pour instruire contre les communes, à la requête des préfets ou procureurs du roi, en conformité de la loi du 10 vendémiaire an 4, relative à la police intérieure des communes. (*Instr.* 154.)

7. Mais ce visa ne peut être donné, 1° aux actes administratifs (*Circ.* 1566, *instr.* 72); 2° aux affiches, feuilles ou journaux sujets au timbre (*Circ.* 1105); 3° non plus qu'aux procès-verbaux des gardes des particuliers. (*Décis. du Min. des fin.*, du 26 germinal an 7. — Journ., art. 119.)

VOIRIE.

1. Les procès-verbaux en matière de grande voirie sont rédigés par les maires, adjoints, ingénieurs et conducteurs des ponts et chaussées, commissaires de police et gendarmes. Ils doivent être visés pour timbre, ainsi que tous les actes de poursuites en matière de grande voirie, et les expéditions des arrêtés de condamnation. (*Instr.* 415.)

2. Les expéditions de permis d'alignement, de construire, de réparer, et autres, en matière de grande et de petite voirie, sont soumises à l'enregistrement, quand on veut en faire usage. (*Décis. du Min. des fin.*, du 14 février 1809. — Journ., art. 3158.)

FIN DE L'APPENDICE.

TABLE ALPHABÉTIQUE

DES MATIÈRES

CONTENUES

DANS LE RECUEIL DES LOIS DU TIMBRE ET DE L'ENREGISTREMENT.

A

ABANDONNEMENS. Les abandonnemens, pour fait d'assurance ou grosse aventure, sont sujets au droit de 1 *franc* par 100 *francs*, pag. 280.

ABONNEMENS de biens sujets au droit fixe de 5 *francs*, 95. Voy. *Assurance.*

ABSENS. En cas d'absence déclarée, les héritiers légataires doivent, dans les six mois du jour de l'envoi en possession provisoire, faire la déclaration dont ils seraient tenus, s'ils étaient appelés par l'effet de la mort, et acquitter les droits sur la valeur entière des biens recueillis, 272.—En cas de retour, les droits seront restitués, 273. — Quel délai est accordé à ceux qui ont recueilli les biens pour en faire la déclaration, *idem.*

ACCEPTATIONS de Successions, Legs ou Communautés pures et simples sont soumises au droit fixe de 1 *franc*, de transports ou délégations de créances à termes, faites par acte séparé, quand le droit proportionnel a été perçu sur le transport ou la délégation, 82.

ADJUDICATIONS pour les constructions, réparations, four-

II   26

26.

mis à l'enregistrement que sur les expéditions, *ibid.* —
La même amende est encourue pour les actes sous seing-
privé, qui ne sont pas revêtus de la formalité, 70. —
Même amende contre le notaire ou le greffier qui ne
dresse pas acte de dépôt d'un acte ou d'un dépôt,*idem.* —
Amende de 10 *francs* pour défaut de transcription littérale de la quittance du droit dans les expéditions des
actes qui doivent être enregistrés sur minute, *ibid.* —
La même amende est encourue pour défaut d'une semblable mention dans les minutes des actes qui se font
en vertu d'actes sous signature privée, 70 et 71. — Pour
le défaut de transcription de la part des greffiers de la
quittance du droit payé sur la première expédition,
lorsqu'ils livrent de secondes ou subséquentes expéditions d'actes et jugemens qui ne sont assujétis que sur
minute au droit proportionnel, 71. — Amendes de 10
francs contre les notaires, greffiers et secrétaires des administrations centrales et municipales, pour chaque omission dans leurs répertoires, 72. — Elle est de 5 *francs*
contre les huissiers, 73. — Amende de 50 *francs* pour
refus de communiquer les répertoires, 74. — Les registres de l'état civil et ceux des rôles des contributions,
74 et 75. — Amende de 10 *francs* contre le receveur
qui n'a pas distingué, dans la quittance de l'enregistrement, plusieurs dispositions d'un acte qui opéraient chacune un droit particulier, 77. — Ordonnance du 18 novembre 1814, qui fait remise des amendes encourues
pour droit de timbre et d'enregistrement à ceux qui feront la déclaration y prescrite, et paieront les droits ordinaires avant le 1er. avril 1815, 264. — Actes exempts
de la peine du droit en sus, 265. — Délai accordé aux
héritiers, sans être assujétis au demi-droit en sus, 266.—

II. 27

ne court que du jour de la mise en possession, si les biens sont sequestrés, 59. — Déclarations pures et simples en matière civile sont soumises au droit fixe de 1 *fr.*, 85.— Déclaration à faire par les officiers publics, avant de procéder à la vente d'objets mobiliers, 115.— Amendes en cas de contravention, 117.— Pures et simples en matière civile et de commerce sont sujettes au droit fixe de 2 *francs*, 274. —Voy. *Appel.* — *Bureau.* — *Double dro it.* — *Exploits.*

DÉCLARATION DE COMMAND OU AMI. Dans quel cas ne sont-elles soumises qu'au droit fixe de 1 *fr.* ? 85.

DÉFAUTS. Les présentations, les défauts et congés, faute de comparoir, défendre ou conclure, qui doivent se prendre au greffe, sont soumis au droit fixe de 1 *fr.*, 142. — Dans quel délai, *id.*

DÉLAIS pour l'enregistrement des actes et déclarations, 57 et suiv. — Dans les délais fixés pour l'enregistrement des actes et des déclarations, le jour de la date de l'acte ou celui de l'ouverture de la succession ne sera point compté, 60. — De six mois pour faire timbrer et enregistrer des actes qui ne l'auraient pas été, 358. — Pour réparer les omissions faites dans les déclarations, 359. —Voy. *Actes et Déclarations.*

DÉLÉGATIONS sujettes au droit de 1 *fr.* pour *cent,* 103. — Voy. *Acceptation.*

DÉLIVRANCES de legs sont soumises au droit fixe de 1 *fr.*, 85.

DEMI-DROIT, en sus, doit être payé par les héritiers, donataires ou légataires, qui n'ont pas fait leurs déclarations dans les délais prescrits, 68.

DÉMISSIONS de biens en ligne directe sont soumises à l'article 69, §. IV, Nº 1, et §. VI, Nº 2 de la loi du 22 frimaire, 140.

27.

les déclarations d'appel ou de recours en cassation, les significations d'avoué à avoué, et les exploits ayant pour objet le recouvrement des contributions directes ou indirectes, publiques ou locales, 274.

EXTRAITS. Les receveurs doivent délivrer extraits de leurs registres aux parties ou ayant-cause; s'ils sont demandés par d'autres, il faudra une ordonnance du juge-de-paix; 77. — Quel droit peuvent-ils exiger? *id.*

F.

FABRIQUES. Voy. *Donations.* — *Registres.*

FAUX. Les peines prononcées pour le faux s'appliquent aux officiers qui ont fait de fausses mentions d'enregistre-ment, soit dans une minute, soit dans une expédi-tion, 71.

FILIGRANE. Les papiers destinés au timbre porteront un filigrane particulier, imprimé dans la pâte même à la fabrication, 25.

FOLLE-ENCHÈRE. Voy. *Adjudication.*

FOURNITURES. Voy. *Adjudication.*

FRAIS de justice criminelle doivent être avancés par la ré-gie de l'enregistrement, 248. — Pour quels actes? *id.*

G.

GARDES. Voy. *Procès-verbaux.*

GENDARMERIE. Les procès-verbaux sont sur papier li-bre, 338.— Par qui est requis l'enregistrement, et dans quel cas est-il nécessaire? *id.*

GRATIS. Seront visés pour timbre et enregistrés *gratis*, les actes de procédure et jugemens, à la requête du minis-tère public, ayant pour objet de réparer 1° les omissions, et rectifier les actes de l'état civil qui concernent des

J.

L.

S.

T.

FIN DE LA TABLE DES MATIÈRES.

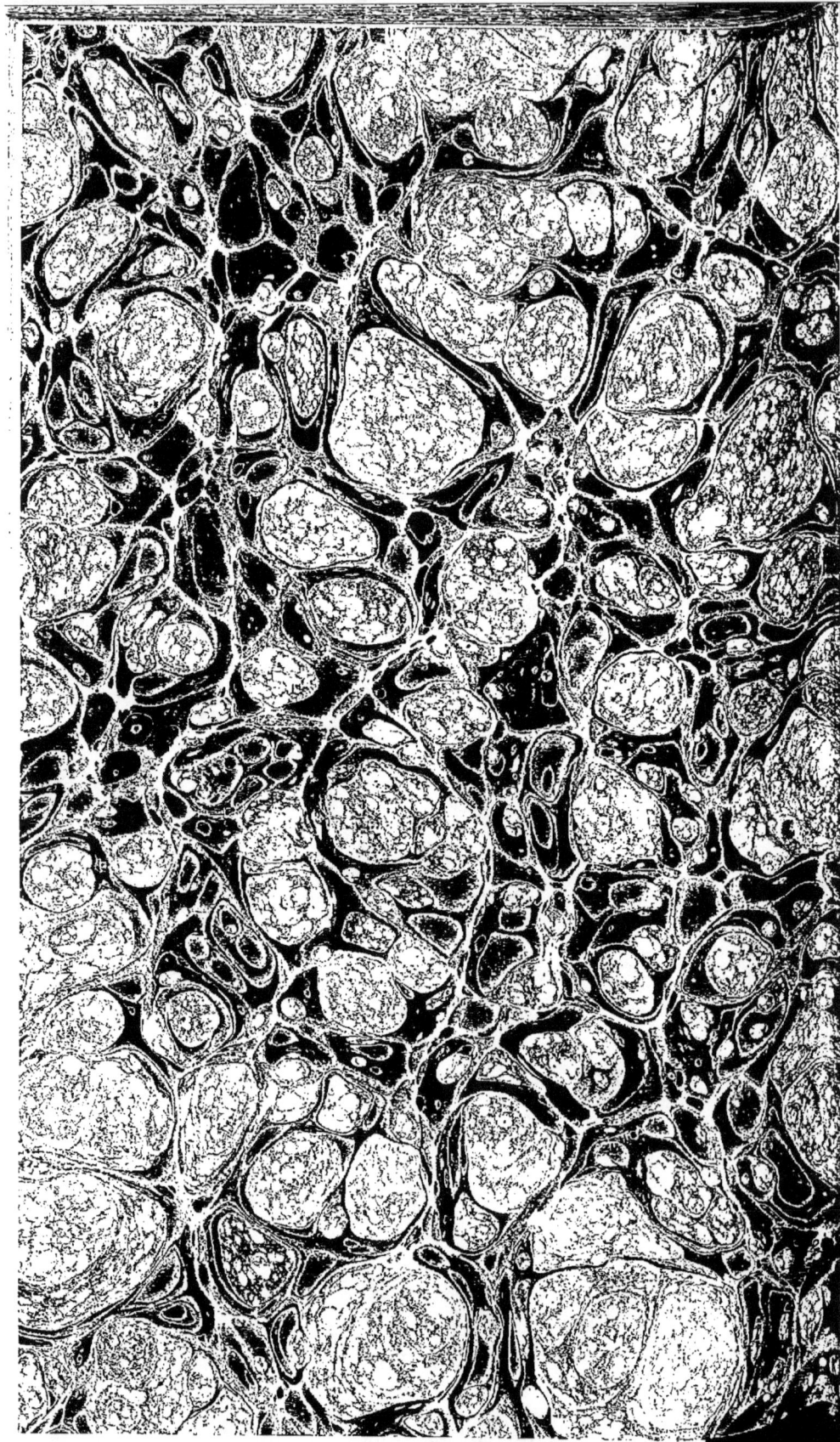

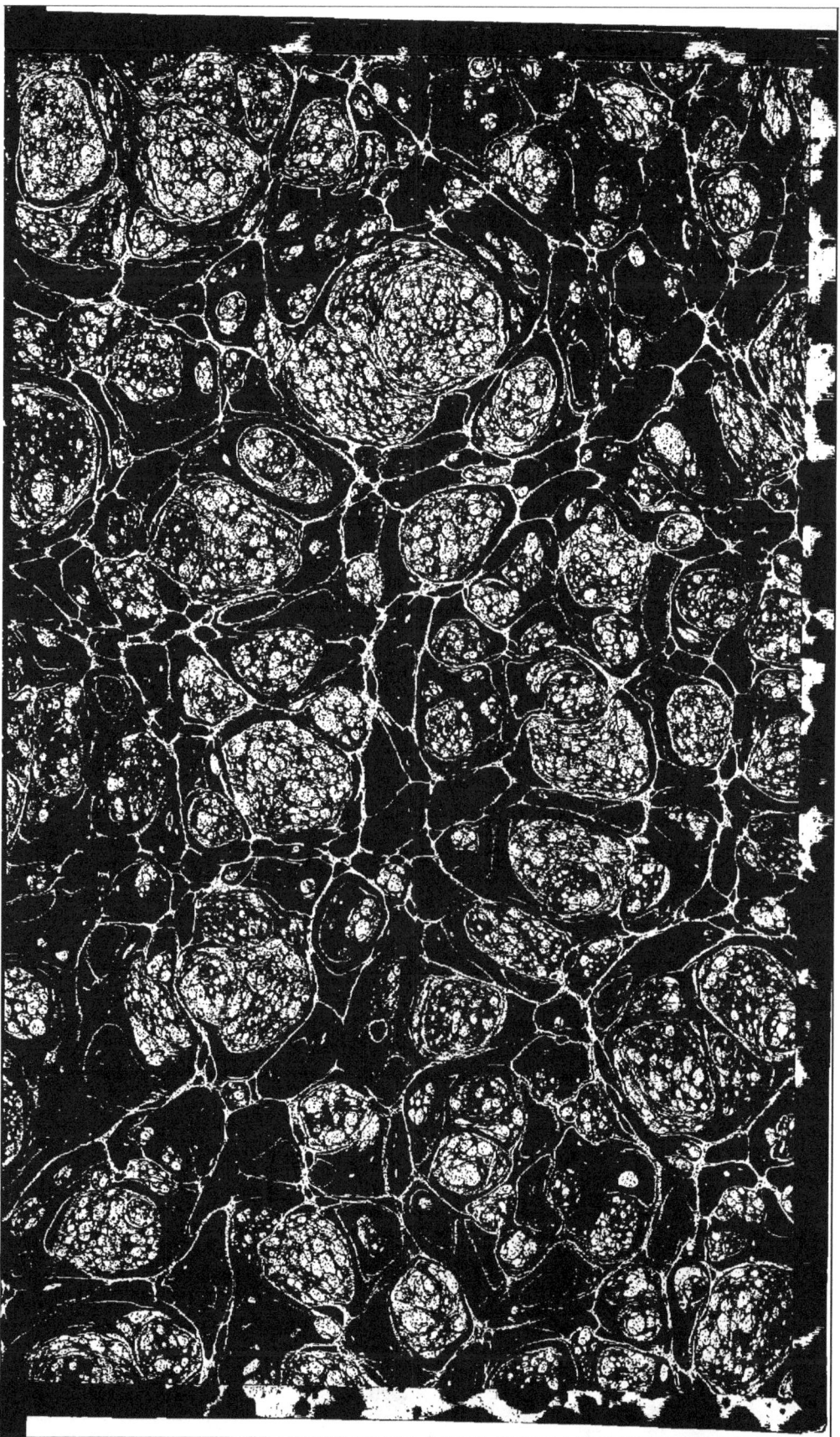